PRINCIPES

DE

LA GUERRE DE MONTAGNES.

MINISTÈRE DE LA GUERRE.

PRINCIPES

DE

LA GUERRE DE MONTAGNES,

PAR M. DE BOURCET,

LIEUTENANT GÉNÉRAL,

COMMANDANT EN SECOND DE LA PROVINCE DE DAUPHINÉ,

COMMISSAIRE PRINCIPAL DE LA LIMITATION DES ALPES, DIRECTEUR DES FORTIFICATIONS.

1775

PARIS.

IMPRIMERIE NATIONALE.

M DCCC LXXXVIII.

AVANT-PROPOS.

Il existe un très grand nombre de livres tant anciens que modernes qui traitent de la guerre, il n'est donc pas difficile de démêler parmi les auteurs ceux qui ont le plus d'expérience et de capacité, ainsi que l'importance plus ou moins grande des objets dont ils veulent donner des détails.

Une très grande partie, et surtout des modernes, traite de ce qui a rapport à la tactique et présente des systèmes nouveaux; il serait bien essentiel d'en adopter quelqu'un qui, en remplissant l'objet pour tous les cas dans lesquels on pourrait se trouver, devînt général et uniforme pour toutes les troupes.

La science de la guerre a nécessairement deux parties, l'une relative aux évolutions et mouvements des troupes, au maniement des armes, aux exercices, à la discipline, etc., et qui est totalement pratique; l'autre qui ne convient qu'aux officiers généraux et qui est totalement spéculative.

C'est dans celle-ci qu'il est nécessaire d'avoir des généraux instruits et doués de toutes les qualités désirables au commandement des armées, et on ne peut compter véritablement sur un état militaire que lorsqu'on ne se trouve point embarrassé dans ce choix et que les officiers généraux en second, troisième, etc., d'une armée se trouvent en état de remplacer le premier s'il est tué ou meurt de maladie.

Le roi de Prusse est une des puissances de l'Europe qui porte le plus d'attention à cet objet, parce qu'on ne parvient au plus haut grade dans son service qu'après avoir passé par les grades inférieurs, et qu'aucune considération ne l'engage à remplacer son général par un autre que celui qui le suit dans l'armée: au moyen de quoi sa ressource est toujours sûre.

Si le nombre des officiers généraux pouvait suffire à cet effet, aucune puissance ne pourrait se promettre plus d'avantage que la France; mais, indépendamment de ce qui vient d'être dit pour les officiers généraux, il est indispensable d'avoir des officiers instruits pour le service de l'état-major des logis, qui sont chargés des reconnaissances militaires d'un pays, des détails des positions d'armées et des autres objets indiqués dans les fonctions d'un maréchal général des logis qu'on trouvera dans cet ouvrage.

La lecture des livres de guerre est utile à tous ceux qui se destinent au service militaire; mais ces livres ne donnent pas toute l'instruction nécessaire.

1° Les auteurs conviennent tous qu'on ne peut faire la guerre sans une connaissance exacte du pays, et aucun ne donne des principes pour l'acquérir.

2° Ils citent quelques camps occupés par des généraux de premier ordre dans différentes campagnes, pour en faire connaître les inconvénients ou les avantages, et on ne trouve point de principes généraux sur le choix des positions.

3° Les précautions à prendre sur les marches en toutes sortes de cas, et surtout dans les montagnes, n'y sont point détaillées.

4° Les projets d'opérations, qui exigent des combinaisons et un examen scrupuleux sur tous les obstacles qu'un ennemi peut y opposer, ne sont pas traités par principes, ainsi que les plans de campagne, qui demandent que les généraux aient des idées de guerre et un coup d'œil accoutumé à bien juger d'un local occupé par l'ennemi ou à occuper soi-même dans toutes les circonstances.

L'éducation d'un père qui a servi partout où Louis XIV a porté ses armes et qui a fait avec distinction la guerre dans les Alpes, jointe à mon expérience dans plus de vingt campagnes de guerre, depuis soixante-six ans que je suis attaché au service de la France, m'ont fait voir que pour bien faire la guerre il faut des principes. Je crois les avoir reconnus par l'usage que j'en ai fait avec succès, ayant été honoré de la confiance des différents généraux sous lesquels j'ai servi, et je les ai mis par écrit pour l'instruction des jeunes officiers. On les rendra plus ou moins généraux suivant l'application qu'on mettra à leur étude.

Les quatre parties indiquées ci-dessus font l'objet des quatre premiers livres; le cinquième traite des communications, des munitions de guerre et de bouche, des diversions, des convois, des différentes espèces de guerre, des quartiers d'hiver, des cantonnements et des retraites; le sixième est une campagne factice dans un pays connu qui présente une espèce de récapitulation et d'application des principes, dans laquelle les jeunes officiers trouveront des modèles de tableaux de marche, d'instruction, d'ordre de bataille et des lieux où il conviendra de former les magasins principaux, les hôpitaux et les entrepôts particuliers de subsistances en tout genre.

Ces principes sur la guerre des montagnes, dont le seul aspect étonne les militaires, prouvent qu'on peut y déterminer des projets d'opérations dont le succès le soit aussi, et je les ai appuyés par des exemples sur différentes opérations qui se sont passées, soit en Italie, soit en Allemagne, dans les dernières campagnes.

Cet ouvrage, dont je ne me suis occupé que pour l'instruction des officiers qui n'ont pas eu occasion de servir dans les montagnes (et pour donner au Roi un témoignage de ma vive reconnaissance pour les bienfaits que je tiens de son aïeul et de lui, sans aucune autre vue d'intérêt), ne me laissera rien à désirer si Sa Majesté veut bien l'agréer et s'il en peut résulter quelque avantage pour le bien de son service.

M. le comte du Muy, Ministre de la guerre, a bien voulu se charger de le présenter au Roi en 1775, en suppliant Sa Majesté de n'accorder aucune nouvelle grâce à ce tribut de ma reconnaissance, et j'ai l'opinion que ce Ministre s'en est acquitté quelques jours avant sa mort, et qu'il en avait fait prendre une copie qui a dû être trouvée à l'ouverture des scellés de sa bibliothèque et faire partie de l'héritage particulier qu'il a laissé pour ses successeurs au Ministère de la guerre.

Il existait à la bibliothèque du Ministère de la guerre, avant 1870, deux manuscrits des *Principes de la guerre de montagnes* de Bourcet; l'un d'eux a disparu en 1871 : c'était le plus complet; celui qui reste, et d'après lequel la présente édition a été établie, est une copie qui date de l'époque, ainsi que l'indique la reliure, et à laquelle il manquait la sixième partie; mais celle-ci a été retrouvée aux archives des fortifications au Ministère de la guerre et par suite l'ouvrage se trouve complété.

Les manuscrits ont été transcrits pour l'impression par M. Arvers, lieutenant-colonel au Ministère de la guerre, qui a rétabli l'orthographe des noms et restitué le sens de certains passages altérés par des omissions ou des corruptions de mots; le Service géographique a reproduit par la phototypie les trente-trois planches qui y sont insérées; on a par ce moyen conservé aux dessins leur cachet authentique et leur caractère naïf. Quelques figures mentionnées dans l'ouvrage font défaut, il sera facile au lecteur de les reconstituer.

PRINCIPES

DE

LA GUERRE DE MONTAGNES.

LIVRE PREMIER.

CHAPITRE PREMIER.

DES PAYS DE MONTAGNES.

Pour bien développer et prendre la connaissance des pays de montagnes, il faut s'en former une première idée; leur plan peut être comparé à celui des îles de maisons d'une ville, dont les rues seraient prises pour les vallées et les culs-de-sac pour les vallons ou gorges, car il n'y a point de montagne qui dans plus des trois quarts de son pourtour n'en soit environnée.

On ne peut connaître l'intérieur d'une ville que par la distinction des rues; on ne peut aussi parvenir à la connaissance d'un pays de montagnes qu'après s'être instruit sur les différentes vallées ou vallons qui s'y rencontrent.

1° On appelle *vallée* l'intervalle que laissent entre elles deux chaînes de montagnes, ou plutôt le berceau formé par deux penchants au milieu desquels se rassemblent toutes les eaux desdits penchants. Les vallées sont ordinairement remplies d'habitations, et il s'en trouve de plus ou moins étendues.

2° On appelle *vallons* les différentes branches des vallées lorsque les ruisseaux qui coulent au fond des vallons ont leur confluent dans la rivière qui arrose la vallée dont ils font branches; et quoiqu'on ait comparé ces vallons ou gorges à des culs-de-sac et qu'effectivement il s'en trouve plusieurs qui ne débouchent nulle part, il ne faut pas regarder cette règle comme n'ayant aucune exception, car il y a aussi beaucoup de vallons ou gorges qui offrent différents cols ou passages pour communiquer à d'autres vallées ou vallons.

3° On donne le nom général de *combe* à une vallée lorsqu'elle se trouve extrê-

IMPRIMERIE NATIONALE.

mement resserrée et qu'elle ne comprend que très peu d'habitations, telle est la combe de Queyras entre Mont-Dauphin et le château de Queyras.

4° On appelle *ravins* les creux qui se forment dans un penchant; ils se produisent par l'écoulement des pluies d'orages et deviennent plus profonds selon que la superficie des penchants se trouve plus ou moins chargée de terre.

5° On appelle *creux de montagnes* ceux qui forment un puits perdu pour l'écoulement des eaux des penchants qui l'entourent, ou un enfoncement qui se trouve dans un penchant; et *creux de rochers*, les cavités qui se trouvent dans quelques-uns. A est un creux de montagne. B et B sont des creux de rochers.

6° On appelle du nom général de *col* tout chemin qui traverse une montagne pour communiquer d'une vallée ou d'un vallon à un autre.

7° On appelle *noue* le rentrant de deux penchants accessibles.

8° On appelle *tourniquet* une montée ou descente en zigzags fort courts d'une montagne ou d'un vallon.

9° On appelle *drayes* les endroits par lesquels les paysans font couler le bois du sommet d'un penchant au bas.

10° Les paysans appellent les penchants du nord d'une montagne du mot d'*envers* et ceux du midi d'*endroit*.

11° Ils appellent *cime* la pointe qui fait le sommet d'une montagne et donnent outre cela des noms particuliers à presque tous les sommets, noms qu'il faut nécessairement marquer dans les cartes ou croquis pour les indiquer dans les instructions ou ordres de marches.

12° On appelle *barricades* les parties d'une vallée resserrée par des escarpements plus ou moins longs où il ne reste que la largeur du lit de la rivière et dont on se sert pour la communication du haut au bas de la vallée, en traversant plusieurs fois ladite rivière pour profiter des parties convexes de ses sinuosités, lorsque la rivière est guéable ou qu'il est facile d'y établir des ponts: tels que CC à l'entrée de la vallée d'Esture et D à l'entrée supérieure de la vallée de Bellin. Souvent même ces sortes de barricades obligent à se servir de l'un ou de l'autre penchant des montagnes qui les forment pour la communication, lorsque les deux rives de la rivière sont escarpées et ne laissent aucun espace que celui de la rivière. Planche A (n° 28).

13° On appelle *chaînes de montagnes* une continuation de hauteurs qui ne se trouvent coupées d'aucune rivière.

Parmi ces chaînes on distingue la grande à laquelle toutes les autres se tiennent, telle que celle qui sépare les États de France de ceux d'Italie; et les autres, qui forment les vallées, sont les contreforts de la grande chaîne; la grande chaîne est indiquée par un trait jaune et rouge.

Il se trouve beaucoup de contreforts qui ont eux-mêmes leurs contreforts, et c'est dans le développement des chaînes qu'on les rencontre.

14° On appelle *gorge* l'ouverture qui sépare deux chaînes de montagnes, au moyen de laquelle on entre dans les vallées ou vallons. Les vallées et les vallons se terminent ordinairement en culs-de-sac du côté où les rivières, torrents et ruisseaux prennent leurs sources, et le sommet des montagnes détermine toujours le milieu des *eaux pendantes* et le point qui sert de limite aux souverains ainsi qu'aux habitants des différentes vallées.

Comme les lignes qui terminent les îles de maisons présentent quelquefois des saillants et des rentrants, de même les penchants des montagnes sont occupés par des vallons plus ou moins profonds, parmi lesquels on doit faire la distinction des ravins.

Les ruisseaux rassemblent les eaux des ravins, les principales rivières ou torrents reçoivent les ruisseaux particuliers; tels sont l'Isère, le Drac et la Durance en Dauphiné; le Var et le Verdon en Provence; l'Esture (*Stura*), la Mayre (*Maira*), la Vraite (*Vraita*), la Pelisse (*Pelice*), le Chisson ou Cluson (*Chisone* ou *Clusone*) et les deux Doires en Piémont (*Dora baltea* et *Dora riparia*). Des fleuves reçoivent ensuite ces mêmes rivières; tels que le Rhône dans la partie de France, et le Pô dans celle de Piémont. On peut donc comparer les rivières qui reçoivent les ruisseaux aux branches d'un arbre qui rassemblent les différents rameaux, et les fleuves qui reçoivent ces rivières au tronc du même arbre qui réunit toutes les branches.

Pour conserver la mémoire de ces ruisseaux, il faut en former des états particuliers, désignant d'abord les principaux et distinguant ceux qui ont leur confluent sur la rive droite d'une rivière, de ceux qui l'ont sur la rive gauche. Cette distinction doit se faire de même pour les rivières, eu égard aux fleuves; et, sur toutes choses, observer le moyen de les passer que l'étendue de leurs cours peut fournir, ainsi que le plus et le moins de difficultés d'augmenter lesdits moyens.

Le cours d'une seule rivière bordée à ses deux rives par une chaîne de montagnes, telle que celle de Suze, ne forme qu'une vallée qui prend différents noms, comme on le voit dans la planche première, où elle prend le nom de vallée de Cézane, ensuite d'Oulx et successivement celui de Suze.

1.

Cette même rivière reçoit la rivière qui arrose la vallée de Bardonnèche et le Val-Étroit (*Vallée étroite*); la gorge pour entrer dans cette dernière vallée se trouve à l'abbaye d'Oulx.

La première planche, qui comprend l'étendue de la frontière du Piémont depuis la Savoie jusqu'à la vallée de Barcelonnette, servira à faire distinguer la grande chaîne qui, depuis le Mont-Cenis, sépare la vallée de Piémont de celle de Maurienne, les vallées de Bardonnèche et de Cézane de celles de Neuvache, des Prés et de Cervière, la vallée de Queyras de celles de Saint-Martin, de Luzerne et de Château-Dauphin, et celle de Barcelonnette qui fait la séparation des vallées de Mayre (*Maira*) et d'Esture (*Stura*).

Elle fera connaître en même temps le milieu des eaux pendantes de France qui coulent dans la Méditerranée et celles de Piémont qui, par la Lombardie, coulent dans la mer Adriatique, et on distinguera de même que les montagnes qui séparent les rivières de l'Arc, la Durance, le Guil et l'Ubaye sont du côté de France, et que celles qui séparent la Doire (*Dora*), le Cluson (*Clusone*), la Pelisse (*Pelice*), la Vraite (*Vraita*), la Mayre (*Maira*) et l'Esture (*Stura*) sont aussi des contreforts de cette même grande chaîne du côté du Piémont.

On s'est contenté d'écrire simplement le nom des vallées, des rivières qui les arrosent et des principaux lieux qui donnent le nom, parce que l'échelle de la carte se trouvant petite et n'ayant pu la rendre plus grande pour l'inspection d'une aussi grande étendue de pays, elle aurait été trop confuse s'il avait fallu y mettre tous les villages. Mais on a eu soin de distinguer la grande chaîne servant à la démarcation des limites de Piémont d'une partie de la Savoie, du comté de Beuil et du Dauphiné par une ombre plus forte et un trait de rouge et de jaune. Quant aux différents contreforts de ladite grande chaîne, on les distinguera par les ombres qui bordent les rivières et on verra qu'ils se tiennent à cette chaîne, tant du côté de France que du côté de Piémont.

On en a usé de même par rapport aux cols et chemins, en n'y marquant que ceux qui communiquent le plus directement aux vallées et dont les directions sont le plus généralement connues, afin d'éviter la confusion d'un grand nombre de cols qui se trouvent tant sur la grande chaîne que sur les contreforts en avant et en arrière.

Les principes de la guerre ayant principalement rapport à celle qui se fait dans les montagnes, sur laquelle peu de militaires ont écrit, on a jugé à propos de donner par cette première planche une idée générale de celles qui font la séparation de la France et du Piémont qu'on connaît sous le nom général des Alpes, afin que les officiers qui voudront s'occuper de ces principes puissent mieux démêler l'objet de quelques diversions qu'on donnera comme exemple et connaître celui du soutien des communications.

Cette même planche servira à faire connaître les plus grands obstacles qui puissent se trouver dans les marches, les différentes branches de quelques projets qu'on donnera aussi pour exemple et surtout l'avantage d'une défensive active sur la défensive simple, indépendamment des difficultés que les montagnes présentent pour les subsistances, les voitures, les transports, comme pour le passage de l'artillerie, ce qui n'empêchera pas néanmoins qu'on ne donne des cartes plus détaillées des parties sur lesquelles se seront exécutées les opérations particulières qu'on citera pour appuyer les principes généraux.

CHAPITRE II.

OBJET DES CONNAISSANCES À PRENDRE.

S'il ne s'agissait que d'avoir vu une frontière par quelques voyages qu'on aura eu occasion d'y faire pour en avoir la connaissance, on n'aurait pas besoin d'instruction et chaque voyageur aurait le même avantage; mais lorsqu'il s'agit d'un ennemi posté qu'on veut attaquer, ou de se défendre contre les entreprises d'une puissance voisine et supérieure, il faut indispensablement savoir, dans le premier cas, les moyens qu'on peut avoir pour approcher et les obstacles qu'on aura à surmonter; et dans le second, connaître en détail tous les débouchés par lesquels on pourrait arriver ou diriger les diversions; en un mot, pour l'un et pour l'autre cas, n'avoir négligé dans la connaissance du local aucune partie et s'être fait un tableau du pays tel, qu'on soit préparé, sur toutes les directions, aux précautions nécessaires et à profiter des avantages que la nature du terrain pourra fournir; ce qui exige des réflexions peu communes, et qu'on ne s'en rapporte qu'à ce qu'on aura vu soi-même ou fait connaître par des yeux accoutumés à bien voir et par des officiers qui, ne hasardant jamais le discours, soient doués de l'intelligence et des talents nécessaires.

Les militaires qui ont traité de la connaissance du pays se sont contentés de parler des fautes qu'on a faites dans différentes campagnes par le défaut de cette connaissance; on a cru convenable d'en former une espèce de théorie afin que les officiers qui voudront s'attacher à cette partie bien essentielle de l'art de la guerre ne négligent rien et entrent dans tous les détails de cette espèce de science sans laquelle un général ne peut bien opérer, et qui est d'une nécessité si absolue, qu'on ne peut sans elle ni prévoir les mouvements et entreprises d'un ennemi, ni projeter aucune marche et encore moins une attaque.

Il semble que la connaissance d'un pays de montagnes se prend plus facilement que celle d'un pays de plaines, et ce préjugé de la part de beaucoup d'officiers qui ont voyagé dans l'objet de l'acquérir, vient de ce que les pays de plaines sont couverts d'arbres, de bois taillis ou autres qui ôtent la faculté de découvrir de loin; au lieu que, dans les montagnes, on trouve presque à chaque pas des hauteurs au moyen desquelles on voit le bas des vallées ou vallons et leurs différents penchants.

Si on veut faire attention, à la difficulté de démêler exactement la liaison des différentes chaînes de montagnes, à celle de distinguer tout ce qui n'est que contrefort de ce qui forme véritablement la grande chaîne, et à la différence qu'il y a de déterminer dans les montagnes la position d'armée ou de la fixer dans la plaine, on trouvera que la connaissance d'un pays de plaines est incomparablement plus facile à prendre que celle d'un pays de montagnes; car, dans le premier le plus souvent les positions n'exigent pas de postes, au lieu que dans le dernier toute position ne peut être bonne qu'autant qu'elle est couverte par des postes plus ou moins multipliés et souvent éloignés de la direction du camp.

La détermination seule de ces postes exige un détail exact du pays et des attentions qui doivent s'étendre sur tous les points par lesquels un ennemi pourrait entreprendre, ainsi qu'on le verra dans la théorie des positions. Cette étude seule présente tant de difficultés et exige tant de capacité militaire, qu'on ne balance pas à penser qu'il faut presque la vie d'un homme pour connaître exactement une étendue en longueur de cinquante à soixante lieues de montagnes, lorsque les différentes chaînes forment une largeur de vingt à trente lieues, telles que les Alpes depuis les Suisses jusqu'à la mer Méditerranée, et que le même homme connaîtrait le double du pays en plaine en y employant au plus trois années.

On ne peut pas exiger qu'un général connaisse exactement tout le détail d'un pays où il aura à faire la guerre, ce sera beaucoup s'il peut s'en être formé un tableau qui lui présente le local en gros, et, quoiqu'il fût fort à désirer qu'il n'ignorât aucune partie du détail et la division du pays, il n'est pas possible de réduire le Roi à ne confier le commandement de ses armées qu'à cette condition.

D'où suit nécessairement la conséquence qu'il faut donc lui procurer des officiers qui en soient instruits, et qui puissent lui présenter les idées ou projets convenables à la position des ennemis et à celle de son armée. Sauf à lui de les examiner, d'en aller connaître le local et de les rectifier, si elles en ont besoin, ou qu'elles ne s'accordent pas aux intentions particulières qu'il aura reçues de la part du Roi.

Pour connaître le pays militairement, il faut remarquer les endroits qui pourraient servir à l'établissement des camps, les postes qui peuvent couvrir une route sur laquelle on dirigerait des convois, les débouchés dont l'ennemi pourrait faire quelque usage, et tous ceux qui pourraient avoir rapport aux opérations de la guerre dont on peut être occupé, soit offensive soit défensive.

N'avoir rien négligé sur le cours des rivières et ruisseaux, si c'est un pays de plaines.

Si c'est un pays de montagnes, avoir pris connaissance exacte des revers de chaque montagne, afin de se trouver en état de couvrir les gauches et les droites de l'armée par des postes et l'occupation des hauteurs favorables.

Savoir exactement les distances d'un lieu à un autre, pour combiner le temps des marches, ainsi que le nom des sommets des montagnes, mamelons, villages, hameaux, chapelles, rivières, ruisseaux ou torrents et ceux des cols ou passages.

Il faut juger des positions par leurs avantages ou inconvénients, ce qui exige un coup d'œil judicieux dont l'expérience seule peut procurer le talent; et c'est du coup d'œil que dépendent toujours les décisions d'un général, tant pour le choix de ses camps que pour les postes particuliers à faire occuper.

CHAPITRE III.

MOYENS D'ACQUÉRIR LA CONNAISSANCE D'UN PAYS DE MONTAGNES.

Dans la reconnaissance de toute l'étendue d'une frontière, il faut commencer par s'instruire de la démarcation des limites entre les terres de la domination d'une puissance et celles de la puissance voisine. Si c'est dans un pays de montagnes, c'est ordinairement le milieu des eaux pendantes, et si c'est un pays de plaines, ce sont les flancs qui la démarquent, ou des rivières, torrents ou ruisseaux, et souvent des bornes plantées de distance en distance suivant les alignements connus.

Tout officier qui voudra connaître soit un pays de plaines, soit un pays de montagnes doit s'attacher principalement aux pendants des eaux, et on ne craint pas de dire que, sans cette connaissance exacte, personne ne pourra jamais se vanter d'avoir la connaissance nécessaire d'un local. Si les officiers qui ont été chargés de faire des reconnaissances s'étaient fait un devoir de parcourir le sommet des eaux pendantes, les maréchaux des logis et les généraux auraient eu de meilleurs éclaircissements, et si on n'avait employé auxdites reconnaissances que des officiers qui, avec le talent du local, eussent eu celui de saisir un pays militairement, les positions d'armées auraient été déterminées avec beaucoup plus d'avantages et beaucoup moins d'inconvénients.

Il faut espérer que les premières expériences qu'on a faites feront prendre plus de soin qu'on en a pris jusqu'à présent pour en assurer le choix, et qu'un général sera mieux aidé, non seulement dans l'exécution de ses projets, mais encore dans les moyens de les former relativement aux plans de campagne et à toutes les circonstances dans lesquelles il pourra se trouver.

Le milieu des eaux pendantes n'est point facile à reconnaître, à moins qu'on ne le parcoure exactement, et sur cet objet on ne doit jamais s'en rapporter à une chaîne de montagnes qui semble l'indiquer et qui en est cependant très éloignée.

On ne peut le bien déterminer dans les montagnes qu'en remontant à la source des ruisseaux qui grossissent les rivières dont les vallées se trouvent arrosées.

Lorsqu'on a dit que le milieu des eaux pendantes formait la ligne de démarcation des limites entre deux souverains, il faut faire la différence des eaux qui coulent dans la direction du levant de celles qui coulent dans la direction du couchant; on dira la même chose pour celles du nord et du midi, et cette différence est d'autant plus essentielle que, sans elle, on se tromperait souvent sur l'étendue des terres de la domination de quelque puissance; par exemple, il semble que le milieu des eaux pendantes qui distinguent les limites de la France de celles du roi de Sardaigne doit se prendre sur la chaîne des montagnes qui déterminent les eaux pendantes de la France et celles de Piémont et de la Lombardie; et néanmoins la Savoie, qui appartient au roi de Sardaigne, se trouve sur le pendant des eaux de France, comme le comté de Beuil et une partie du comté de Nice.

Pour remédier à cet inconvénient, il faudra donc chercher quelque dénomination particulière au moyen de laquelle on puisse distinguer la différence de ces pendants d'eau, et on ne peut mieux faire qu'en regardant la chaîne de montagnes qui sépare l'Italie de la France comme grande chaîne, et toutes celles

qui s'y tiennent comme contreforts de ladite grande chaîne; d'où il résultera que
le contrefort qui sépare la France du Dauphiné comprendra dans sa sommité
le milieu des eaux pendantes qui démarquent la limitation de la France et de
la Savoie, comme le milieu du Var devrait naturellement démarquer celle de
la France et du comté de Beuil avec partie du comté de Nice.

Cette chaîne doit, avec d'autant plus de raison, être la grande chaîne, qu'elle
divise les Alpes en deux parties presque égales, et que les autres chaînes ne sont
que ses contreforts, qui se prolongent au levant jusqu'à la plaine de Piémont et
au couchant jusqu'au pays ouvert entre les montagnes et le Rhône.

La principale attention de tout militaire qui voudra se mettre dans le cas de
connaître un pays doit d'abord être de s'en former une idée par le moyen des
cartes géographiques; elles sont en général fort mauvaises, mais elles indiquent
au moins les principaux ruisseaux et les rivières, et, si l'on veut remonter aux
sources des unes et des autres, on verra qu'elles se trouvent très rapprochées de
celles dont les eaux coulent dans le même penchant ou dans une direction alternativement opposée, que par conséquent le terrain sur lequel se trouvent ces
différentes sources domine ceux qui l'environnent et qu'ordinairement il y a
une chaîne de montagnes plus ou moins élevée qui détermine le sommet des
eaux pendantes ou un rideau de peu d'élévation qui domine le terrain contigu.

On verra encore que dans le même penchant d'un ruisseau à l'autre le terrain
est en dos d'âne et présente naturellement un penchant du côté de chaque ruisseau. Si on a la faculté de parcourir le sommet des eaux pendantes, on connaîtra
donc les différents penchants, et de même en parcourant à peu près le milieu de
l'intervalle de deux ruisseaux, on jugera de la facilité ou des difficultés qu'il y
aurait de communiquer de l'un à l'autre.

Les hauteurs qui déterminent les eaux pendantes sont plus ou moins élevées,
accessibles ou inaccessibles, couvertes de bois ou de pâturages et de terres cultivées, et on peut dire la même chose des dos d'âne qui séparent les ruisseaux. Il
faut distinguer scrupuleusement ces différences, car un dos d'âne pourrait se
traverser en moins d'une heure, tandis qu'un autre qui se trouvera entre deux
ruisseaux encore plus rapprochés que ceux de l'autre dos d'âne demandera deux
ou peut-être trois heures par rapport à sa hauteur et autant de temps à employer
pour monter un de ses penchants et descendre l'autre, ou pour tourner le ravin,
soit par sa naissance, s'il y a possibilité, soit par quelque point rapproché du
confluent du ruisseau qui le forme dans la rivière qui arrose la vallée.

On doit observer encore que souvent les deux penchants qui bordent le même ruisseau, se trouvant cultivés, pourront donner le moyen de traverser en peu de temps le ravin ou petit vallon qu'ils forment; que quelquefois le ruisseau coule dans un lit profond vers son confluent, tandis que ses rives sont plates vers sa source, ou que les penchants qui le bordent sont escarpés près de ses rives et cultivés plus haut, ce qui oblige souvent à faire un long détour pour communiquer d'un penchant à l'autre dans le même vallon. Ces différences déterminent les positions et c'est d'après les connaissances relatives à ces détails qu'on dispose ses postes et qu'on projette offensivement ou défensivement.

Pour bien lire dans les cartes, il est indispensable de parcourir les points qui déterminent les eaux pendantes; par exemple, si on veut connaître exactement le pays compris dans la première planche, il sera nécessaire d'examiner les lignes qui forment les eaux pendantes des principales rivières qui s'y trouvent, telles que celles L pour les eaux pendantes des rivières X Y, celles O pour les eaux pendantes des rivières M N; enfin prendre toujours le milieu de l'intervalle des sommets des ruisseaux qui coulent dans différents penchants, d'où résultera la connaissance des parties qui sont les plus élevées.

Si le pays qu'on a à parcourir est couvert de montagnes, partie accessibles et partie inaccessibles, ou coupé par des hauteurs cultivées, il est indispensable de monter sur les plus hauts sommets dans différentes parties pour en connaître les rivières. Si ces hauteurs sont couvertes de bois, il faudra choisir quelques-uns des points les plus découverts et les plus hauts pour en connaître les penchants et voir les vallons ou ravins qui les divisent, ainsi que pour déterminer la communication qu'on y pourrait établir, s'assurer dans tous les cas de quelque bon indicateur qui n'ignore aucune dénomination des villages, hameaux, rivières, ruisseaux et autres parties comprises dans l'étendue du pays qu'on pourra voir et qui sache en même temps les distances par heures de chemin.

Si le pays est une plaine, il faudra s'attacher à connaître exactement le cours de la principale rivière ou fleuve qui l'arrose, et sur ses deux rives, les autres rivières ou ruisseaux particuliers qui le grossissent : parcourir le cours de celles qui auront leur confluent sur la rive gauche et successivement celles qui auront leur confluent sur la rive droite.

Profiter des clochers les plus élevés des villes, bourgs et villages situés dans l'intervalle desdites rivières pour se former un tableau du pays, et ne pas négliger le détail des points où ces différentes rivières ou ruisseaux prennent leur source.

Détailler les grandes routes qui se trouvent sur les deux rives du fleuve, les chemins qu'on nomme du terme général de *voisinaux*, pour la communication d'un village à l'autre, et faire la distinction de ceux-ci à ceux qui ne servent qu'à *investir* ou à *divertir* les *terres cultivées*, observant la nature des terrains sur lesquels ils sont établis, s'ils sont gras et de difficile communication en temps de pluie, ou graveleux et secs.

Examiner les rives des fleuves, rivières et ruisseaux, non seulement dans l'objet d'y établir des ponts et d'y former des rampes, mais encore par rapport au commandement que les terrains d'une rive pourront avoir sur ceux de la rive opposée.

Former un état bien circonstancié des ponts établis sur lesdites rives ou gués pratiqués et des obstacles qu'on y peut opposer pour en défendre le passage, afin de se préparer d'avance aux moyens de le vaincre.

N'omettre dans le mémoire local de cette reconnaissance ni les canaux et *navilles*, ni les marais, ni les étangs, bois de hautes futaies ou taillis qu'on y trouvera.

Indiquer la situation des places, leur capacité à plus ou moins de forces, l'objet qu'elles peuvent remplir pour la défense du pays, les moyens de les éviter ou de les investir, les châteaux entourés de fossés et maisons fortes qui peuvent servir de postes, les villes, bourgs ou villages fermés par une enceinte ou entièrement ouverts, le nombre de troupes qu'on y pourrait mettre en cantonnements, soit en hiver soit dans des marches particulières.

Si le pays est coupé de hauteurs formant des rideaux accessibles, il sera nécessaire d'en connaître les directions et, autant que faire se pourra, l'étendue en longueur et largeur, les pentes, pour la facilité ou difficulté de les traverser, et surtout les points les plus élevés sur lesquels se trouvent nécessairement les milieux des eaux pendantes, et qu'on doit parcourir avec un examen scrupuleux.

Examiner aussi si elles sont couvertes de bois ou de terres cultivées, s'il s'y trouve des habitations et de quelle espèce, s'il y a des communications ouvertes, multipliées ou rares et de quelle nature, si elles se réduisent à des points déterminés ou non.

Faire attention aux penchants qui se trouvent souvent plus étendus d'un côté que de l'autre, aux plaines qui couronnent lesdites hauteurs, s'il y en a, et généralement à tout ce qui en peut donner l'idée la plus exacte; car il y a de ces sortes de hauteurs qui n'ont qu'un penchant sur une partie de leur étendue du côté du couchant et du nord, et un seul penchant aussi du côté du midi et du levant, telles sont celles qui séparent le Weser des sources de la Lippe et de la Leine du côté de Bielefeld qui n'ont qu'un penchant sur ces rivières, et qui présentent à leur sommet une plaine de trois ou quatre lieues du côté de Herford, et celles depuis Paderborn jusqu'aux sources de la Diemel qui, au contraire, n'ont qu'un penchant du côté de la Diemel et présentent une plaine en penchants très cultivés et très accessibles du côté de la Leine.

CHAPITRE IV.

TALENT NÉCESSAIRE POUR BIEN CONNAÎTRE UN PAYS.

Tout officier n'est pas également propre pour acquérir la connaissance d'un pays; les uns ont le talent naturel du local et dans leurs tournées en conservent si bien la mémoire qu'ils se trouvent en état d'y diriger des marches ou d'y projeter des attaques et des défenses; d'autres, après avoir passé plusieurs fois dans un pays, ne sont pas en état d'en rendre compte et encore moins d'en tirer les avantages désirables.

Parmi ceux qui ont le talent du local, les uns connaissent le pays militairement et les autres n'en connaissent simplement que le terrain sans y distinguer aucune position particulière; c'est dans le choix de ces officiers qu'un général doit être attentif, en se servant des premiers pour ses projets et des seconds pour la simple direction des marches, car ces derniers ne sont que des guides, au lieu que les autres peuvent être très utiles à un général ou au maréchal général des logis.

Ce n'est pas assez pour un officier chargé d'un détail relatif à la connaissance d'un pays que d'avoir le talent de bien saisir un local. Il est nécessaire qu'il soit en état de marier, par les connaissances qu'il prend dans ses tournées, un terrain contigu qu'il n'a pas la liberté ni le temps de parcourir ou qui appartient à un prince étranger qui ne lui permettrait pas d'y voyager, avec un terrain qu'il parcourt, c'est-à-dire une partie de terrain connue avec une partie inconnue, et c'est ici où il faut faire usage de toutes les ressources de son imagination et pour cet effet s'adresser aux officiers municipaux les plus intelligents des lieux qu'on veut connaître, en comparant leurs rapports aux idées qu'on s'en forme, afin de parvenir à se faire un tableau presque aussi fidèle de la partie qu'on ne connaît pas

que de celle qu'on voit. Il ne faut cependant pas croire que tout homme soit également en état de faire ce discernement; la grande expérience en donne l'habitude
et elle s'acquiert plus ou moins vite, selon l'application avec laquelle on y tra-
vaille et selon qu'on y a aussi plus ou moins d'aptitude; mais ce talent est d'une
nécessité indispensable au maréchal général des logis d'une armée et à ses aides;
rien n'y conduit plus tôt que le détail des ruisseaux, l'étendue de leur cours et
les terrains qui les séparent, puisqu'on juge par comparaison et qu'on s'y trompe
d'autant moins qu'on s'applique davantage aux questions à faire aux personnes
qui les connaissent et auxquelles il faut peu d'intelligence pour en faire un
tableau exact.

Ce n'est pas assez pour un officier subalterne de connaître un pays militairement, il faut qu'il ajoute à cette connaissance les moyens de la transmettre soit
au général de l'armée, soit au maréchal général des logis et quelquefois à des
officiers qu'on détachera avec quelques corps de troupes.

Les mémoires serviront très bien à ceux qui auront parcouru le pays, mais en
transmettront difficilement la connaissance à ceux qui n'y auront pas voyagé, au
lieu que les cartes pourront être utiles à l'un et à l'autre, ce qui doit engager les
officiers qui voudront servir dans l'état-major des armées à faire chaque jour de
tournée un croquis ou espèce de carte du terrain qu'on a reconnu et de rassembler
chaque semaine en un seul morceau les cinq ou six croquis en prenant pour cet
effet un jour de séjour. Chacun de ces croquis répète le pays dans la mémoire,
la réunion de cinq ou six feuilles dans une seule en fait la répétition, et l'assemblage
de toutes les cartes d'une semaine en une seule suffira pour qu'on n'en oublie
aucune partie.

Il sera donc avantageux : 1° que les officiers qu'on emploiera à connaître un
pays, et qui sont ordinairement aides-maréchaux des logis, sachent bien dessiner
et bien s'exprimer pour faire connaître le détail du pays qu'ils auront reconnu,
et qu'on puisse distinguer dans leur croquis bois, marais et différentes noues
qui s'y trouvent; 2° qu'ils aient appris assez de géométrie pour pouvoir fixer les
positions des camps qui leur paraissent avantageux, ou tout au moins pour les
figurer par approximation, lorsqu'ils ne pourront se procurer des instruments.

La méthode de déterminer les hameaux et villages par triangles en se formant
une échelle divisée en lieues, demi-lieues et quarts de lieues est très bonne lorsqu'on n'a pas lieu de mieux faire, et l'enclave de ces triangles se remplit à vue ou
de mémoire.

CHAPITRE V.

DÉTAIL DU PAYS.

En mettant en mémoire chaque jour le pays qu'on aura parcouru, on y comprendra les villages, hameaux, châteaux ou maisons seules, leurs distances et communications respectives, comme les rivières, torrents, ruisseaux ou ravins avec leurs points de communication ou gués, le détail des escarpements ou penchants rapides qui les environnent, des maisons fortes, églises, cimetières ou murs de clôture qui s'y trouvent, en un mot, de tous les avantages qu'en pourraient tirer des troupes qui en seraient à portée, soit en profitant des élévations et maisons crénelées, soit en s'y couvrant de quelques retranchements dont ils pourraient être susceptibles.

1° Dans la reconnaissance des environs d'une ville ou d'un village, il est nécessaire d'observer la situation, si elle domine ou si elle est dominée, si l'enceinte est couverte de fortifications ou susceptible d'être retranchée, la nature du terrain qui l'environne, les communications et distances des églises et cimetières, les clôtures des jardins ou des cours, la quantité d'habitations et leur espèce.

2° Dans la reconnaissance d'un marais, le faire sonder, en voir le débouché et les bords dans son pourtour, distinguer les parties praticables à pied et à cheval ou pour toutes voitures, de celles qui ne le sont pas.

3° Dans celle d'une forêt, en connaître les sorties et les routes, faire la distinction des bois taillis de ceux de haute futaie, et dans ces derniers, ceux qui permettent le passage dans leurs intervalles de ceux qui se trouvent mêlés de bois taillis et qu'on ne peut traverser sans faire des coupes.

4° Dans la reconnaissance du cours des rivières, examiner la nature des rives par leur hauteur et profil, distinguer les parties qui dominent de celles qui sont plates, connaître la vitesse et le volume des eaux pour juger du plus ou moins de difficulté qu'on trouverait à leur passage, indiquer les gués, les ponts ou les parties propres à en établir.

Pour avoir ce détail, il faut nécessairement parcourir les deux rives de chaque principale rivière ou torrent, prendre des éclaircissements des habitants les plus intelligents de chaque village et surtout des chasseurs du pays, et ne rien constater qu'après s'être assuré de la vérité par des particuliers ou par l'exposé *univoque* de plusieurs personnes.

5° En parcourant les vallées et vallons pour la connaissance des rivières ou des ruisseaux, on pourra également reconnaître les différents chemins qui communiquent d'un lieu à un autre et ceux qui traversent les montagnes.

Ces derniers, appelés *cols*, prennent souvent le nom des villages qui se trouvent les plus rapprochés de leur débouché, tels que ceux du Mont-Genèvre, de Vars, etc., en Dauphiné; d'autres prennent le nom des montagnes qu'ils traversent, tels que ceux du Mont-Cenis, du Petit Saint-Bernard en Savoie, du Lautaret sur la petite route de Grenoble à Briançon; mais comme il se trouve des villages auxquels ils débouchent dans chaque vallée, leur nom varie et tel col prend le nom du hameau ou village dans une vallée, qui change ensuite de nom dans l'autre vallée où il débouche; par exemple le col de Maurin, dans la vallée de Barcelonnette, s'appelle col de Saint-Véran dans la vallée de Queyras, de même celui dit de Seillac (*Ceillac*), dans le vallon de Saint-Véran, s'appelle col de Saint-Véran dans le vallon de Seillac (*Ceillac*).

Parmi ces cols il s'en trouve très peu qui puissent servir au passage de l'artillerie, car dans l'étendue désignée il n'y a que ceux du Petit Saint-Bernard en Tarantaise, du Mont-Genèvre dans le Briançonnais et de l'Argentière dans la vallée de Barcelonnette, les autres ne pouvant servir que pour des bêtes de charge et la plus grande partie seulement pour des gens à pied. Il en doit être de même dans les pays de plaines où les marais, bois, étangs peuvent mettre des obstacles pour les voitures.

En faisant la reconnaissance des chemins, on doit faire attention à leur largeur et à leur sol lorsqu'ils traversent des penchants rapides, examiner le côté de la montagne pour la liberté du passage des bêtes de charge et le côté de la chute du penchant pour la solidité du sol; car tel chemin pourrait avoir assez de largeur dans le bas qui ne permettrait pas le passage des bêtes de charge, si la montagne se trouvait coupée à pic ou surplombait, et la largeur d'une charge pouvant être évaluée à six pieds tout compris, il faut qu'elle ne touche pas la montagne, et voir si le chemin n'étant point bordé du côté de la chute par quelque bouteroue ou mur servant de parapets, les chevaux ou mulets peuvent passer sans danger.

A l'égard des chemins qui doivent servir au passage de l'artillerie, indépendamment de huit à neuf pieds qu'ils exigent pour leur moindre largeur, il faut que le sol en soit solide et que les tournants puissent donner la liberté du tirage à tous les bœufs ou chevaux qui formeraient les attelages, sans quoi il faudrait s'assurer

de quelque moyen pour y suppléer par des *poulies* de retour, lorsqu'il n'est pas
possible de donner assez d'étendue auxdits tournants. Planche 8 (n° 17).

6° Il faut encore faire la distinction du penchant qui présente un facile accès,
car il est très rare de trouver des montagnes totalement inaccessibles; elles ont
toutes en général quelque revers praticable et cette observation est indispensable
pour un officier établi dans un poste, qui doit prendre les précautions nécessaires
à sa sûreté et n'admettre aucune partie totalement impraticable que lorsqu'il s'en
sera convaincu par lui-même; une confiance aveugle ayant fait perdre dans de
pareilles circonstances plusieurs postes avantageux qui ont décidé de la défaite
d'une armée et l'ont réduite à ne pouvoir plus rien entreprendre de la campagne
ou à abandonner une partie de ses conquêtes.

Rien n'est donc plus dangereux que les personnes qui hasardent le discours sur
la connaissance d'un pays; on ne saurait avoir trop d'attention à n'y pas donner
aveuglément sa confiance, ni prendre trop de précautions pour s'assurer de la
vérité du détail dont on peut avoir besoin : car souvent un fossé, un rideau, un
ravin, un marais, un escarpement ou un bois peuvent faire changer la direction
des marches et exposer les troupes à des inconvénients qu'on n'a pas prévus et auxquels il serait bien difficile et peut-être impossible de remédier, surtout dans les
montagnes où la facilité de se procurer quelque autre débouché ne se rencontre
que rarement.

7° Enfin, indiquer les ressources que la partie du pays qu'on reconnaît peut
fournir en hommes, en voitures, en bestiaux, en fourrages, en grains et moulins, en fours, bois à brûler, eau à boire, sans négliger l'examen des chemins
ouverts pour les communications d'un village à l'autre, les facilités ou difficultés
d'ouvrir de nouvelles routes et de ne pas confondre ces chemins avec ceux que
les habitants pratiquent pour investir ou divertir leurs possessions.

CHAPITRE VI.

DISTINCTION DES PAYS ET ÉTENDUE DES CONNAISSANCES À PRENDRE.

Pour juger des mouvements de son ennemi et déterminer les opérations d'une
campagne, il est indispensable de connaître l'étendue du pays dans lequel on doit
faire la guerre.

La guerre se borne ordinairement à l'étendue qui sert de limite aux souverains auxquels on veut la déclarer; la Savoie, le haut Dauphiné, le cours du Var, sont par exemple l'étendue sur laquelle la France aurait à opérer contre le roi de Sardaigne; elle se trouve bornée au nord par les Suisses, au midi par la mer Méditerranée. L'intervalle de la mer Océane à la Meuse fait l'étendue de la guerre des Flandres et de la plus grande partie du Hainaut. Celui de la Meuse à la Moselle fait celle de la frontière du Luxembourg; comme celui de la Moselle à Bitche, celle de la frontière des Deux-Ponts; celui de Bitche au Rhin du côté de Lauterbourg, celle de la frontière de Mayence, et l'étendue du cours du Rhin, depuis Strasbourg jusqu'à Huningue, celle de la frontière d'Alsace.

Soit qu'on fasse une guerre offensive ou défensive, il faut autant que possible ajouter à la connaissance de la frontière celle qui regarde la frontière de l'ennemi, et on ne peut prendre trop de précautions pour se l'assurer, en profitant du temps de paix pour y faire voyager des gens intelligents, en s'assurant de quelques personnes qui puissent donner les éclaircissements dont on a besoin, et encore mieux en entretenant sur la frontière des indicateurs qui puissent servir de premiers guides.

Le simple détail de quelques débouchés particuliers peut suffire aux officiers subalternes qui n'auront qu'un canton déterminé à défendre; mais la connaissance d'un général et de son maréchal des logis doit embrasser, indépendamment de l'étendue où il doit opérer, les pays les plus rapprochés de la droite et de la gauche, en sorte qu'il soit en état de prévoir toutes les diversions qu'on pourrait lui opposer. En supposant donc que la guerre se fasse sur la frontière qui sépare le Dauphiné du Piémont, il doit connaître le comté de Nice, qui se trouve à sa droite, et la Savoie, qui se trouve à sa gauche; ou si la guerre embrasse l'étendue comprise entre la mer Méditerranée et les Suisses, il sera nécessaire en premier lieu d'être prêt à remédier aux entreprises que les ennemis pourraient faire par la droite en se servant de leurs débouchés, en second lieu d'être maître de la mer, ou en état d'empêcher les débarquements, ou tout au moins de se passer des ressources qu'on en pourrait tirer; on dira la même chose des autres frontières.

CHAPITRE VII.

DES PARTIES RESSERRÉES ET PRINCIPAUX DÉFILÉS.

Les parties dans les vallées où les chaînes de montagnes se rapprochent davantage et resserrent brusquement l'ouverture desdites vallées doivent d'autant mieux

3

être observées dans les connaissances qu'on prend d'un pays, qu'il s'en trouve quelques-unes où il serait impossible d'attaquer de front les troupes qui y seraient postées, telles par exemple que les barricades de la Gardette dans la vallée de Bellin, celles de la vallée d'Esture (*Stura*) entre Brézès (*Berzezzio*) et Pont-Bernard, le pas de la Rissole entre Saint-Paul et Tournoux dans la vallée de Barcelonnette, Rocca-Tailla sur le chemin de l'Escarène à Sospel, le chemin de Lantosque et Balzirozzi dans le comté de Nice, le tourniquet de la Combe de Queyras, les ardoisières du Villar d'Arène dans le haut Dauphiné, et la Charbonnière à l'entrée de la Maurienne, ou le château de Bard dans le Val d'Aoste.

Il peut aussi se trouver dans les plaines des parties resserrées par des marais, étangs ou bois.

Ces parties resserrées faisant le plus souvent l'objet principal de la défensive doivent donc obliger le général à chercher tous les moyens possibles de les tourner, ou à donner le change à son ennemi par des diversions qui l'y affaiblissent et qui en rendent l'accès plus facile.

Pour tourner les parties resserrées, il faut donc connaître exactement tous les terrains qui les environnent, les moyens de les parcourir et de surmonter les obstacles qu'un ennemi attentif y ferait rencontrer, car on doit supposer qu'ayant pour objet de défendre une de ces parties resserrées, il aura pris toutes les précautions nécessaires pour n'être pas tourné dans les postes qu'il y prendra. Ainsi dans une circonstance où il se trouverait retranché sur toutes les parties des environs de sa position de façon à y résister aux entreprises qu'on pourrait tenter contre lui, il faudrait chercher à le tourner par des parties plus éloignées, en prenant des positions qui en facilitent le moyen et qui, présentant quelque autre objet, ne puissent pas faire soupçonner que les troupes qui s'y trouvent soient uniquement destinées au but qu'on se propose de remplir.

Il arrive souvent dans les montagnes que les seuls débouchés favorables aux projets qu'on a formés se trouvent coupés de quelques parties resserrées; c'est dans ce cas qu'il faut éviter de donner connaissance à son ennemi du véritable objet qu'on a en se déterminant à quelque diversion, et en réduisant l'armée en petits paquets; mais cette méthode, qui dans tout autre pays serait dangereuse, devient indispensable dans les montagnes et fait la science de cette espèce de guerre, lorsque le général qui s'en sert a des ressources et des moyens toujours préparés pour se réunir quand il est nécessaire; d'ailleurs ce n'est que dans des marches et contremarches qu'on peut espérer faire prendre le change à son ennemi et le décider à se dégarnir sur certaines positions pour se renforcer sur d'autres, mais cela ne peut s'exécuter que lorsqu'on se trouve supérieur et qu'on fait par conséquent une guerre offensive.

Il est donc très important de connaître non seulement les chemins et sentiers qui se trouvent dans un pays de plaines, mais encore toutes les parties accessibles de chaque revers dans les pays de montagnes, et le détail de cette connaissance ne doit être négligé sur aucun point, c'est-à-dire qu'il faut connaître le pays comme un berger qui garde des troupeaux et qui sait par où il faut les diriger pour profiter de quelques parties de pâturage qui se trouvent souvent entre deux escarpements, et connaît les débouchés de toute la montagne à laquelle il est réduit, tant pour la garde de son troupeau que pour sa nourriture.

On dira la même chose sur ce qui regarde le bas des vallées et les petites plaines qui se rencontrent dans les montagnes, dans lesquelles il faut non seulement observer la nature des rives de chaque rivière ou torrent qui les arrosent, mais encore toutes leurs différentes sinuosités, car une négligence sur cet objet a fait perdre au roi de Sardaigne le fruit d'une très grande entreprise à l'affaire de Coni en 1744.

CHAPITRE VIII.

DES NEIGES.

L'espace sur lequel se fixent les opérations est naturellement déterminé dans les montagnes par les frontières et limites des puissances qui font la guerre, et, comme dans l'étendue qu'elles renferment, il y a des parties méridionales et d'autres septentrionales, il en faut faire la distinction pour le commencement et l'ouverture des campagnes, de façon qu'il pourra par exemple être permis de mettre les troupes en mouvement du côté du midi dans les mois de mars et d'avril, et que, dans les autres parties on ne pourra les mettre en mouvement que dans les mois de juin et de juillet, à cause de la quantité des neiges qui couvrent les passages et les sommets ou penchants des montagnes; telles sont les frontières qui séparent les États du roi de Sardaigne d'avec la France, la partie comprise depuis la vallée de Barcelonnette jusqu'à la mer; seule l'étendue des comtés de Beuil et de Nice fournit par la bonté de son climat le moyen d'y commencer les opérations de guerre dans le mois de mars et de les continuer jusqu'au mois de décembre, au lieu que la partie comprise depuis Barcelonnette jusqu'aux frontières

3.

des Suisses ne peut permettre aucune opération d'offensive avant la fin de juin et ne donne la liberté de les continuer que jusqu'à la fin de septembre; ainsi un général doit se fixer à ces époques, tant pour déterminer ses marches que pour décider sa retraite, lorsqu'il lui est impossible d'établir ses quartiers d'hiver dans les plaines qui se trouvent au delà des montagnes au travers desquelles il se sera ouvert un passage.

Ces observations engagèrent S. A. S. Mᵍʳ le prince de Conti à faire, en 1744, la conquête du comté de Nice pendant les mois d'avril et mai pour profiter de ces deux mois qui ne permettaient pas de marcher sur la frontière du Dauphiné, sur laquelle il avait décidé les principales opérations de sa campagne, en sorte qu'il profita de tous les temps que pouvaient donner les parties méridionales et septentrionales; ce fut aussi la crainte des neiges et l'impossibilité d'établir des quartiers d'hiver dans la conquête de Coni qui décida, à la fin de la campagne, la retraite de l'armée combinée.

Une semblable raison détermina encore le roi de Sardaigne, en 1742, d'abandonner la position du château des Marches près Montmélian pour se retirer en Piémont, plutôt par la crainte que les cols du Petit Saint-Bernard et du Mont-Cenis ne fussent fermés par les neiges que par la manœuvre des Espagnols; le roi de Sardaigne aurait pu se soutenir en Tarantaise et en Maurienne, ayant Conflans pour couvrir le débouché de la première vallée et Charbonnières pour couvrir celui de la seconde; mais comme il n'aurait pu y subsister que par les approvisionnements qu'il aurait pu tirer du Piémont, il aima mieux repasser les Alpes et abandonner la Savoie que de s'exposer à voir sa communication absolument interrompue avec la plaine du Piémont par la neige, et son armée réduite par là à manquer de tout.

Les montagnes ayant l'inconvénient de se charger beaucoup de neiges, on doit en tirer avantage pour l'objet d'une défensive dans la construction des places aux débouchés desdites montagnes, et faire entrer dans son calcul les époques auxquelles la puissance voisine pourra les attaquer, le temps qu'elle pourra employer à l'attaque, et la facilité ou difficulté qu'elle trouvera à y conduire son artillerie et ses munitions, afin de proportionner la fortification à la résistance dont on peut avoir besoin pour s'assurer que les places ne seront point assujetties avant les neiges. C'est sur ce point que les gouverneurs desdites places doivent constater leur défensive, comme ce doit être aussi relativement à ce calcul qu'on pourra entreprendre, car un général qui opérerait d'offensive serait taxé d'imprudence s'il ne prévenait pas les neiges afin de faire retirer son artillerie dans le cas où ses succès ne seraient pas bien assurés, ou qu'ayant pris la place il n'aurait pas le temps d'en réparer les brèches pour s'en former un point d'appui, d'autant mieux que la puissance voisine sur laquelle elle aurait été conquise la reprendrait sur la garnison, par les mêmes brèches, immédiatement après la retraite de l'ennemi.

Suivant ce qui vient d'être dit, on doit regarder une place en état de tenir trois ou quatre mois de tranchée ouverte comme une place imprenable dans la partie septentrionale des montagnes qui séparent le Piémont de la France, puisqu'on pourrait tout au plus en commencer le siège au mois de juillet et qu'on ne pourrait pas s'exposer à le continuer après le 20 septembre sans se mettre en danger de perdre toute l'artillerie qui y serait employée, si l'armée, comme on doit le supposer, se trouvait forcée à une retraite avant la chute des neiges qui ferment tous les passages.

D'après cet exposé, on comprend qu'il y a peu de précautions à prendre pendant l'hiver dans les frontières voisines des grandes montagnes où les neiges forment des remparts impénétrables, mais qu'il est très nécessaire de reconnaître les débouchés par lesquels l'ennemi pourrait y arriver pendant l'été, afin de s'y précautionner, soit par la construction de quelques redoutes ou retranchements dans les parties les plus resserrées, soit par la destruction des chemins, l'occupation de quelques postes, ou par tout ce qui pourrait contrarier ou retarder ses approches, observant de faire enlever tous les grains, fourrages et bestiaux, rompre les moulins et les fours en aval des places, lorsqu'on jugerait qu'elles pourraient être investies et assiégées.

CHAPITRE IX.

PRÉCAUTIONS À PRENDRE POUR ENTRETENIR LES COMMUNICATIONS AU TRAVERS DES MONTAGNES QUI SONT COUVERTES DE NEIGES.

Quoiqu'on semble admettre pour principe, dans les montagnes, l'impossibilité des communications, lorsqu'elles se trouvent couvertes de neiges, et qu'effectivement cette impossibilité ne puisse se vaincre par les voitures à roues, il ne faut pas donner une confiance absolue au rapport qui en pourrait être fait, car il est un temps dans l'hiver pendant lequel les neiges ne formeraient aucun obstacle contre la marche de l'infanterie, même de la cavalerie; d'ailleurs il faut faire quelque distinction des passages ou cols les plus praticables qui, malgré la grande quantité de neiges, pourraient s'entretenir ouverts pour les gens de pied et bêtes de charge au moyen de quelques précautions, ce qui est d'une très grande ressource pour le transport des subsistances et pour la marche des recrues et remontes.

Avant de prendre ces précautions, on observera dans les montagnes que ce n'est pas la neige qui tombe qui est la plus à craindre, parce qu'il serait facile d'ouvrir des chemins après sa chute, mais que ce sont les vents qui en rendent l'opération infructueuse en comblant de quart d'heure en quart d'heure toutes les traces, par la neige qu'ils font mouvoir comme de la poussière, ce qui, ôtant au voyageur avec ce qu'il conduit, toute marque de sentier, l'engage souvent dans des creux où il se plonge et périt, sans qu'il lui soit possible de s'en retirer; d'ailleurs les brouillards étant fort épais, les neiges emportées par les vents contribuant encore à couvrir les repères qui serviraient à diriger sa marche, tels que mamelons, croix, clochers ou maisons, le voyageur trouve une difficulté presque insurmontable à parvenir jusqu'au plus prochain hameau ou village.

La malheureuse expérience qu'on faisait autrefois de ce danger par la perte de plusieurs personnes ou bêtes de charge a engagé le Roi à faire bâtir quelques maisons particulières sur les plus hauts sommets et dans les lieux les plus déserts pour servir de refuges au voyageur et d'hôpital aux pauvres; ces hôpitaux sont munis d'une cloche que l'ermite ou concierge particulier est obligé de sonner jour et nuit pendant le mauvais temps et au son de laquelle les voyageurs dirigent leur pas.

Indépendamment de cette précaution très salutaire, on plante des perches de vingt à trente pieds de hauteur et d'environ six pouces de gros, vis-à-vis les unes des autres, sur les deux bords du chemin, en les plaçant de vingt en vingt toises, ce qui indiquerait parfaitement le chemin si elles étaient bien entretenues et qu'on prît soin de faire remplacer sur-le-champ celles que le vent fait tomber, en rendant les officiers municipaux des bourgs ou villages à qui appartiennent lesdites montagnes responsables de l'entretien desdites perches.

Le meilleur moyen pour entretenir des communications ouvertes serait un mouvement non interrompu afin de remédier au comblement produit par le vent; ce mouvement peut se faire par quelques brigades de mulets ou autres bestiaux, disposées de distance en distance et qui, allant et venant sur un intervalle déterminé, tiendraient la trace toujours marquée; c'est la seule ressource dont on puisse faire un usage convenable dans l'objet dont on parle; et en les mettant en mouvement chaque fois qu'on pourrait craindre de voir les traces effacées, on pense qu'il serait possible d'entretenir la communication ouverte pendant l'hiver dans les montagnes pour les bêtes de charge, au moins sur les passages et cols principaux; elle serait dispendieuse, mais il est des circonstances où rien ne doit être épargné.

On a indiqué le moyen de remédier aux inconvénients du vent, mais outre les dangers du vent on a encore à craindre les dégels qui détachent les neiges des penchants, les font couler dans le bas des vallées et entraînent avec elles des bois et terres, formant ce qu'on appelle vulgairement des *lavanches,* dont la coulée emporte avec elle ou ensevelit tout ce qui se trouve dans sa direction, et dont la vitesse extrême agitant l'air à deux ou trois cents pas à la droite et à la gauche, fait périr les voyageurs qui s'y rencontrent par la compression de l'air.

On ne saurait se précautionner contre ce danger, parce qu'on ne peut être averti du moment de cette chute et que, de l'instant du départ de ces coulées à leur arrivée dans le bas, il n'existe pas assez de temps pour se sauver en avant ou en arrière; mais comme on connaît dans les montagnes les endroits où ces sortes de *lavanches* sont le plus à craindre, on s'arrange seulement de façon à passer avant le soleil levé ou avec le plus de vitesse qu'il est possible sur les lieux les plus dangereux.

Indépendamment du moyen qu'on a indiqué pour entretenir la communication ouverte, il est un temps où, malgré la grande quantité de neige, les montagnes peuvent permettre la communication, même à des bêtes de charge : c'est lorsque les neiges sont gelées à une certaine profondeur, car pour lors on choisit le matin pour les passer, parce que le soleil n'ayant point chauffé la surface des neiges, elle peut soutenir un poids d'autant plus grand que la gelée est plus profonde; cette facilité dans quelques circonstances doit faire un objet d'attention, tant pour le général qui agit offensivement que pour celui qui est réduit à une défensive simple ou active, d'autant qu'on peut regarder les montagnes autant et même plus praticables que dans l'été si on en excepte le danger d'un vent chaud ou d'un prompt dégel.

Pour dernières ressources, les habitants se servent de raquettes pour traverser les montagnes couvertes de neiges; ces raquettes sont de petits cercles de vignes et couvert d'oliviers dont les terres étaient soutenues par des murs de six et jusqu'à huit pieds de hauteur formant des terrasses étroites qui, par l'inégalité de terrain, n'étaient point allégées, et avaient par conséquent plus ou moins de largeur, et qui, par leurs dispositions multipliées, n'offraient à l'ennemi aucun moyen d'attaque, parce qu'il aurait été forcé de gravir plusieurs de ces murailles établies en amphithéâtre avant d'arriver à portée des compagnies qui campaient sur les terrasses du village situé sur un mamelon occupé dans tout son pourtour et d'une gauche attachée à la montagne.

La seconde se trouvant interrompue par des penchants qui formaient des vallons, par des hauteurs accessibles et dont le Mont-Lens, qui était la supérieure, était isolé et commandait les autres de trop près pour que l'ennemi eût pu négliger son occupation sans s'exposer à être battu en flanc par le canon sur la hauteur du Mont-Gros, on ne pouvait par conséquent en défendre les approches, ce qui aurait rendu la position non seulement insoutenable, mais encore si défectueuse que les troupes n'auraient eu aucune retraite, et ce défaut fut confirmé par la nécessité dans laquelle on se trouva, après la prise dudit Mont-Lens, de faire rembarquer les troupes, qui n'eurent plus aucune autre ressource pour échapper à la poursuite de l'armée combinée de France et d'Espagne; et pour plus grande précaution, l'ennemi avait un camp volant, en avant de ladite position, de douze bataillons, dans le but d'empêcher qu'on ne reconnût de trop près et la position des troupes et le front des retranchements, et dans celui de se trouver à portée de renforcer le point sur lequel les troupes d'offensive auraient fait de plus grands efforts. On verra dans la disposition de l'attaque des retranchements de ce camp, qu'on donnera pour exemple, les moyens pris pour écarter le camp volant.

TROISIÈME PRINCIPE.

Les positions peuvent embrasser plus ou moins d'étendue; mais de quelque façon qu'elles puissent être déterminées, la maxime essentielle à y observer est de pouvoir se communiquer directement et le plus commodément qu'il sera possible de la droite à la gauche, et que les derrières soient libres.

L'objet des positions est toujours mieux déterminé dans les montagnes que dans les plaines, parce qu'on ne craint ordinairement dans les premières que quelques débouchés dont on connaît les directions particulières et que les mouvements de l'ennemi ne peuvent s'étendre que sur un petit intervalle, au lieu que dans les plaines il faut presque toujours que les positions embrassent l'étendue

LIVRE II.

CHAPITRE PREMIER.

CHOIX DES POSITIONS OU CHAMPS DE BATAILLE.

On entend par position d'armée les champs de bataille à portée desquels doivent s'établir les camps à occuper, soit pour l'objet d'offensive, soit pour celui de défensive, et le choix de leur direction de la droite à la gauche; c'est ce qu'on appelle castramétation, qui fait la partie la plus essentielle de la guerre, à laquelle on ne donne pas toute l'attention désirable et qui exige les plus sérieuses réflexions.

Les plus fameux militaires qui ont écrit sur la guerre se sont contentés de dire qu'il fallait que les droites et les gauches des positions fussent bien couvertes, ils ont ajouté quelques réflexions sur les différents camps occupés par les armées dont ils ont détaillé les opérations, mais aucun n'a raisonné en Général sur les principes qui peuvent en assurer le choix par les avantages ou inconvénients que les différentes situations du local peuvent présenter.

Si on ne peut disconvenir que les événements les plus considérables et les plus décisifs de la guerre, tels que les batailles, combats, affaires générales ou particulières, entre deux armées opposées, n'ont été occasionnés que parce que l'une d'elles a pris des mauvaises positions, il est de la plus grande conséquence de s'appliquer aux moyens d'acquérir les connaissances qui pourront conduire à leur choix; mais comme ce choix ne dépendra pas seulement de la nature du terrain et des avantages qu'il pourrait fournir, qu'il se trouvera souvent subordonné aux camps que l'armée ennemie occupera ou aux marches que les circonstances des événements obligeront de combiner, il est nécessaire d'établir des principes qui puissent s'appliquer aux deux cas suivants : ou la guerre se fera entre puissances égales, ou une des armées se trouvant supérieure et agissant offensivement, réduira l'autre à la défensive.

IMPRIMERIE NATIONALE.

Dans le premier cas, si l'une des deux armées est campée et que l'autre veuille entreprendre sur elle, il faudra qu'elle s'en approche; l'établissement du camp de la première devra se faire suivant les principes, ou elle s'exposera à être dépostée et peut-être battue, et la marche de la seconde dépendra des moyens qu'elle pourra trouver pour assurer son entreprise; l'une et l'autre donneront lieu à des réflexions particulières.

Dans le second cas, comme on ne suppose pas que l'armée inférieure se décide à une défensive simple et qu'il y a lieu de croire qu'elle fera choix d'une défensive active, c'est elle qui doit profiter de tous les avantages que pourront procurer les bons principes; car l'armée supérieure ne pouvant avoir pour objet que d'en venir à une action générale ou de déposter l'inférieure par les diversions que sa supériorité de forces lui donnera les moyens de faire, il faut que l'armée de défensive se garantisse de l'un comme de l'autre de ces inconvénients.

CHAPITRE II.

PRINCIPES SUIVANT LESQUELS ON DOIT DÉTERMINER LES POSITIONS.

PREMIER PRINCIPE.

Le plus facile débouché d'un ennemi est celui contre lequel il faut toujours prendre les plus grandes précautions, et en général, si on suppose qu'on puisse camper parallèlement à la position du camp ennemi, il faut déterminer la direction des camps à occuper devant lui de façon à éviter d'être surpris.

Cette parallèle doit toujours être, autant qu'il est possible, hors de la portée du canon, et un de ses points servira de pivot, suivant les avantages que le local pourra fournir, dans l'objet de disposer l'établissement du camp de façon qu'il puisse répondre aux suppositions ci-après :

1° La droite de cette parallèle sera telle qu'elle ne puisse être attaquée que difficilement, c'est-à-dire avec désavantage.

2° La gauche aura seule l'avantage de ne pouvoir être attaquée;

3° La droite ni la gauche n'auront point cet avantage et ce ne sera que le centre.

4° On ne trouvera aucun avantage de cette espèce ni à la droite, ni à la gauche, ni au centre.

Pour la première supposition, si la droite est forte elle servira de pivot, et on effacera la gauche pour la direction du camp, et si c'est la gauche qui a l'avantage de la force, on effacera la droite.

Dans le cas de la troisième supposition, on disposera le champ de bataille de façon que ce même centre fasse avec la droite et la gauche un angle saillant plus ou moins ouvert selon la disposition du camp ennemi.

Enfin si, dans le cas de la quatrième supposition, la droite ni le centre ni la gauche ne présentent aucun avantage, alors ce même centre devra former un angle rentrant, et se procurer à peu de distance, à sa droite et à sa gauche, un saillant au moyen de quelque bonne redoute qui présentera sur chacun de ces deux points le même avantage que dans la seconde supposition.

En réfléchissant sur les principes établis dans ces quatre suppositions, on verra, relativement à la première et à la seconde, que l'ennemi ne pourra se former qu'à un éloignement hors de la portée du canon; que, s'il veut attaquer le centre, il prendra le flanc, et que si ses dispositions sont d'attaquer l'un ou l'autre, il le pourra par un système oblique qui est celui que nous avons vu suivre au roi de Prusse et à son élève le prince Ferdinand; ces inconvénients l'empêcheront d'attaquer, ou le mettront dans le cas de se compromettre, s'il s'y hasarde. On verra que le principe de la troisième supposition force l'ennemi à attaquer le centre et donne l'avantage à l'armée de le renforcer autant qu'elle voudra pour augmenter les obstacles qu'il présentera déjà de lui-même; enfin que, par le principe de la quatrième supposition, la droite et la gauche du camp formeront le sommet de l'angle d'un réduit dont les branches répondront, d'une part, aux corps détachés et, de l'autre, au point rentrant du centre de l'armée, ainsi qu'on pourra le voir dans la planche première, dans laquelle on observera, figure 1, que le point A, qui fait la droite de la ligne d'équerre au principal débouché de l'ennemi, sert d'appui pour soutenir la conversion B C; que le point D, figure 2, soutient la conversion E F; que le point G, figure 3, sert de saillant aux deux ailes H I, I K; et enfin que les points M et N servent de saillants aux rentrants O et P, formés par les lignes Q R et S T, d'une part, et les réserves W X et Z Y, d'autre.

Cette disposition bien entendue, on campera l'armée de façon que son front de bandière puisse se trouver à portée de la ligne qui détermine le champ de bataille.

Comme il arrive souvent à la guerre qu'on prend une position qui ne se trouve éloignée que d'une marche de l'ennemi, il faut toujours, avant de la déterminer, faire toutes les suppositions possibles; car si, ayant établi son camp suivant les

4.

principes, l'ennemi fait quelque mouvement au moyen duquel son débouché principal change, il serait indispensable de changer aussi la direction du camp; si le
mouvement est assez prompt pour n'en pas donner le temps, on se trouverait dans
une position désavantageuse, ce qui ferait un grand inconvénient auquel on ne
doit jamais s'exposer.

Pour l'éviter, il faut disposer l'établissement du camp de façon qu'il puisse
répondre à toutes les suppositions qu'on pourra faire, et que le champ de bataille
soit établi sur ce principe qui peut s'adapter à tout local.

On peut ajouter aux quatre suppositions qu'on a faites pour établir les principes, le cas auquel la droite et la gauche se trouveraient bien couvertes et qu'il
n'y aurait que le centre contre lequel l'ennemi pût entreprendre; mais comme
cette cinquième supposition présente des avantages pour le moins aussi considérables que les saillants du troisième principe, on doit en profiter, en établissant
son camp de façon que la droite et la gauche servent de flancs contre tout ce qui
s'avancerait dans la direction du centre.

Lorsqu'on a dit dans la première supposition que la droite ou la gauche de la
parallèle doivent se trouver bien couvertes, il ne faut pas imaginer qu'une rivière,
quoique considérable et qui ne puisse pas se guéer, soit en toute circonstance
dans le cas de servir à l'appui de la droite ou de la gauche d'une position, car il
y en a où un camp se trouverait mal assis, si l'une de ses extrémités se terminait
à ladite rivière, à moins que l'autre extrémité ne fût bien couverte; et pour faire
comprendre le désavantage d'une pareille position, on citera la bataille de Coni,
où les deux armées se trouvaient avoir un pareil appui, celle du roi de Sardaigne
sur l'extrémité de sa gauche, et celle de l'armée combinée de France et d'Espagne
sur l'extrémité de sa droite, représentée dans la planche B (n° 30), par laquelle on
verra que l'extrémité de la gauche de l'armée de France appuyait à trois grandes
navilles d'une très bonne défense, et que l'extrémité de la droite du roi de Sardaigne était en l'air, et que, malgré les chevaux de frise que ce souverain avait
fait établir en retour d'équerre, si l'armée combinée avait disposé son mouvement
pour tourner la droite de l'armée austro-sarde, elle se serait trouvée très resserrée dans un espace triangulaire où elle aurait pu être compromise, n'ayant
pas pu effacer sa droite autant qu'il eût été nécessaire pour éviter cet inconvénient.

Ce principe, quoique général, peut être susceptible de quelques exceptions,
non seulement dans les plaines, relativement aux obstacles plus où moins grands
qui séparent les armées, tels que rivières, ravins, marais, etc., mais encore dans

les montagnes, où le plus souvent on se trouve assujetti à la défense de quelques passages déterminés; et il en doit être de ce principe comme des règles d'architecture civile ou militaire dont on est quelquefois obligé de s'écarter; c'est donc au général d'une armée et surtout à son maréchal général des logis à réfléchir sur le parti le plus convenable et le plus avantageux aux opérations que les circonstances pourront déterminer, ce qui exigera une capacité suffisante pour bien combiner tous les mouvements que l'ennemi pourrait faire.

DEUXIÈME PRINCIPE.

L'étendue du front de bandière doit être relative à la force des armées et subordonnée à la nature des terrains qu'on doit occuper, faisant attention qu'elle ne puisse jamais être coupée, s'il est possible, par des vallons, ruisseaux, bois ou marais, et que le général puisse voir d'un coup d'œil, autant qu'il sera possible, la droite, le centre et la gauche; que la direction de la première ligne ne soit pas trop rapprochée ni trop éloignée du champ de bataille particulier pour chaque parti, c'est-à-dire que l'éloignement n'excède pas trois ou quatre cents pas et qu'elle n'en soit pas à moins de trois cents pas de distance.

Ce qui vient d'être dit regarde les pays de plaines ou coupés seulement de quelques petites hauteurs cultivées et bien accessibles, mais ne peut servir de règle dans les montagnes, où on se trouve presque toujours dans le cas des camps dont le front est interrompu et ne peut contenir que quelques bataillons et escadrons dans chacune de ses parties; car, dans ce cas, il faudra déterminer un champ de bataille particulier pour chaque partie, et observer surtout que les communications de l'une et de l'autre soient bien établies et ne puissent pas être interrompues et coupées par l'ennemi.

Il peut même arriver qu'il se trouve des positions telles qu'un bataillon ou seulement une ou deux compagnies d'infanterie aient leur champ de bataille particulier; comme celle que prit en Provence l'armée commandée par M. le maréchal de Maillebois, sur la fin de 1746, dont la gauche appuyait à Grasse et la droite au village d'Auribeau, ou comme celle que les ennemis occupaient au Mont-Gros dans le comté de Nice, lorsque S. A. S. Mgr le prince de Conti fit attaquer les retranchements qui couvraient les hauteurs de Montalban, du Mont-Gros et de Mont-Lens par l'armée combinée de France et d'Espagne qui était à ses ordres sous l'autorité de l'Infant Dom Philippe.

La première se trouvant par son front au sommet d'un penchant cultivé en vignes et couvert d'oliviers dont les terres étaient soutenues par des murs de six et jusqu'à huit pieds de hauteur formant des terrasses étroites qui, par l'inégalité de terrain, n'étaient point allégées, et avaient par conséquent plus ou moins de largeur, et qui, par leurs dispositions multipliées, n'offraient à l'ennemi aucun moyen d'attaque, parce qu'il aurait été forcé de gravir plusieurs de ces murailles établies en amphithéâtre avant d'arriver à portée des compagnies qui campaient sur les terrasses du village situé sur un mamelon occupé dans tout son pourtour et d'une gauche attachée à la montagne.

La seconde se trouvant interrompue par des penchants qui formaient des vallons, par des hauteurs accessibles et dont le Mont-Lens, qui était la supérieure, était isolé et commandait les autres de trop près pour que l'ennemi eût pu négliger son occupation sans s'exposer à être battu en flanc par le canon sur la hauteur du Mont-Gros, on ne pouvait par conséquent en défendre les approches, ce qui aurait rendu la position non seulement insoutenable, mais encore si défectueuse que les troupes n'auraient eu aucune retraite, et ce défaut fut confirmé par la nécessité dans laquelle on se trouva, après la prise dudit Mont-Lens, de faire rembarquer les troupes, qui n'eurent plus aucune autre ressource pour échapper à la poursuite de l'armée combinée de France et d'Espagne; et pour plus grande précaution, l'ennemi avait un camp volant, en avant de ladite position, de douze bataillons, dans le but d'empêcher qu'on ne reconnût de trop près et la position des troupes et le front des retranchements, et dans celui de se trouver à portée de renforcer le point sur lequel les troupes d'offensive auraient fait de plus grands efforts. On verra dans la disposition de l'attaque des retranchements de ce camp, qu'on donnera pour exemple, les moyens pris pour écarter le camp volant.

TROISIÈME PRINCIPE.

Les positions peuvent embrasser plus ou moins d'étendue; mais de quelque façon qu'elles puissent être déterminées, la maxime essentielle à y observer est de pouvoir se communiquer directement et le plus commodément qu'il sera possible de la droite à la gauche, et que les derrières soient libres.

L'objet des positions est toujours mieux déterminé dans les montagnes que dans les plaines, parce qu'on ne craint ordinairement dans les premières que quelques débouchés dont on connaît les directions particulières et que les mouvements de l'ennemi ne peuvent s'étendre que sur un petit intervalle, au lieu que dans les plaines il faut presque toujours que les positions embrassent l'étendue sur laquelle l'ennemi peut se mouvoir, et qu'il n'y a que des places fortifiées en avant des droites et des gauches, ou des ravins, bois ou marais profonds qui en puissent diminuer l'étendue; celles-ci sont le plus souvent indiquées par les principaux débouchés sur la direction desquels l'ennemi peut s'avancer, ou par la facilité qu'on peut trouver à y ouvrir des marches dans toutes directions, au lieu que celles des montagnes n'ont jamais rapport qu'à des débouchés connus et qui ne peuvent se multiplier; mais les uns ou les autres devant avoir leur objet particulier, il faut, avant d'en décider le choix, examiner scrupuleusement si elles peuvent remplir ceux d'un plan de campagne, et pour cet effet imaginer tous les moyens dont l'ennemi pourra faire usage pour s'en approcher et pour en déposter les troupes qu'on y aurait placées. La règle la plus générale, dans la détermination de ce choix, est d'observer que l'ennemi ne puisse l'en tourner qu'en plusieurs, ou tout au moins une marche forcée, afin d'avoir le temps d'en changer; ce qui exige les précautions d'en avoir reconnu et préparé d'autres, relativement à toutes les situations dans lesquelles on pourrait se trouver.

La position de Grasse dont on a parlé ci-devant, par rapport à la bonté de sa droite, de son centre et de sa gauche, nous servira encore pour faire connaître l'objet qui doit déterminer le choix du local des positions.

L'armée française, abandonnée à ses propres forces par la retraite précipitée des Espagnols, ne se trouvait plus en état de défendre le Var; il était donc nécessaire qu'elle prît une position en arrière de cette rivière, qui pût se soutenir par elle-même et au moyen de laquelle on pût résister avec un petit nombre à l'effort d'un plus grand, et retarder le progrès de la marche des ennemis; aucun local ne pouvait mieux y convenir que celui de Grasse :

1° Parce qu'il se trouve sur l'un des deux seuls débouchés par lesquels l'ennemi pouvait s'avancer, et que se dirigeant sur l'autre débouché, ses colonnes auraient prêté leur flanc droit aux troupes du camp de Grasse.

2° Parce que, indépendamment des obstacles qui se trouvaient sur son front, elle tirait dans toute l'étendue comprise entre elle et la mer et par conséquent l'ennemi ne pouvait y faire aucun mouvement qui ne fût aperçu.

3° Parce qu'elle avait à une lieue sur ses derrières le vallon dans lequel coule la *Ciagne*, qui, par sa rive droite, offrait une très bonne position et assurait la retraite des troupes; enfin parce que le local se trouvait dans un centre d'où les troupes pouvaient se porter sur toute direction, même sur les hauteurs de *Serenon*, dans le cas auquel l'ennemi y eût dirigé quelque détachement.

QUATRIÈME PRINCIPE.

Ce n'est pas toujours un ravin, une rivière ou des bois qui doivent fixer le choix des positions, c'est celle des ennemis, ou les dispositions relatives au plan de campagne qu'on a formé; mais dans tous les cas on doit éviter qu'ils ne puissent arriver sur le flanc ou gagner les derrières.

Pour donner une plus juste idée de ce qu'on vient de dire, supposons une rivière telle que la planche deuxième l'indique, une armée postée sur la rive gauche au point A B, un ravin profond avec des penchants très rapides devant la position d'une autre armée qui aurait à se garantir des entreprises de la première; la position C D de cette dernière serait bonne si l'ennemi ne pouvait déboucher du point A que suivant la direction A C ou B D; mais si, ayant fait un mouvement pendant la nuit pour remonter la rivière, il s'était mis à portée de déboucher suivant une direction F H ou H I, la position deviendrait totalement défectueuse parce qu'il prendrait le camp en flanc et de revers. Pour éviter ce double inconvénient, il aurait fallu prendre la position C E, qui ne laisse à l'ennemi que la ressource de l'attaque sur son front, si les droites et les gauches se trouvaient comme dans celle-ci bien soutenues, ou celle de parcourir une très grande étendue et de faire une très grande marche pour la tourner par la droite ou par la gauche, ce qui aurait donné le temps à celle-ci de marcher pour en aller prendre quelque autre. Cet exemple a rapport à la première position prise à Makeln, trois jours avant la bataille de Rosbach, il doit servir pour tous les cas où il serait libre à un ennemi de remonter une rivière qui séparerait les deux armées, ou de la défendre; et de même dans tous ceux séparés par un rideau ou une chaîne de montagnes, car si on n'avait pas changé le 3 novembre 1757 cette première position qu'on avait prise le 2, le roi de Prusse, qui avait marché dans l'espérance de prendre l'armée en flanc, n'aurait pas été, comme il le fut, forcé de se refuser à l'attaque pour laquelle ses colonnes étaient en marche le 4 au matin.

Supposons encore, planche troisième, une montagne O O, une place fortifiée X et une armée campée la droite à la place, la gauche au point V, ayant devant son front un penchant rapide, un village vers son centre, et le bois ou penchant de la montagne à sa gauche; l'ennemi pouvant y arriver par les directions N N, P P, S S, cette position ne serait bonne qu'en occupant le sommet de la montagne par une ou plusieurs brigades d'infanterie suivant l'étendue du plateau supérieur et la facilité plus ou moins grande que l'ennemi aurait pour arriver sur cette montagne, et dans la supposition qu'on ne peut avoir assez de troupes pour occuper cette position telle qu'on l'indique, il faudrait la prendre dans la direction M Z, Z H, formant le saillant Z, afin d'éviter que l'ennemi n'arrive sur le flanc ou sur le derrière de la position avant qu'on ne pût changer. Il y a donc beaucoup d'occasions à la guerre où il ne faut s'arrêter aux avantages particuliers d'un terrain pour y avoir un camp, s'il est trop étendu, à moins qu'il ait en même temps celui de ne pouvoir être tourné que par un long détour qui obligerait l'ennemi à une ou plusieurs marches pour y parvenir, et que son front présente de grands obstacles. D'ailleurs il faut éviter, comme on l'a dit, que le front d'un camp soit coupé par des ruisseaux ou par des bois, comme il le serait par exemple aux points N et P, et généralement il est indispensable de proportionner l'étendue des positions au nombre des troupes; dans cet ordre d'idées il eût été avantageux de pouvoir occuper la montagne par quelques brigades d'infanterie et de lier cette position avec celle N P, qui aurait pu couvrir le centre, ce qui aurait forcé l'ennemi de réduire son attaque au point de la montagne qu'on aurait pu renforcer, sur lequel on aurait pris la précaution de faire des abatis et d'opposer tous les obstacles que l'art aurait offerts; car si cet ennemi avait voulu attaquer par le centre, il se serait trouvé dans un rentrant très dangereux, et il ne lui aurait pas été possible de diriger son attaque dans l'étendue de la droite, tant par rapport à l'escarpement qui bordait le front de cette partie que par rapport à la Place.

L'inspection seule de cette planche présentera aux officiers, qui l'examineront avec attention, les moyens de masquer, jusqu'au moment de l'attaque, le rentrant du centre, en faisant prendre la position générale dans la direction la plus rapprochée de la ligne droite, avec une instruction bien détaillée pour l'officier général qui commanderait le centre, de porter ses troupes dans la direction convenue; d'où il résulte qu'un maréchal général des logis qui proposerait cette position au général de l'armée devrait lui en faire connaître les avantages dans une supposition et les inconvénients dans l'autre, et que si le général s'en rapportait absolument à cette explication, sans aller reconnaître par lui-même, il ne serait pas en état de donner les ordres nécessaires relativement aux dispositions de l'attaque.

CINQUIÈME PRINCIPE.

Parmi les positions qu'on pourra prendre, celle qui embrassera le moins

5

d'étendue et couvrira plus de débouchés sera préférable, soit pour les objets d'offensive, soit pour ceux de défensive.

C'est dans ce choix que paraîtra plus particulièrement la capacité d'un général, et comme il ne peut s'y décider que d'après les comptes qui doivent lui être rendus par le maréchal général des logis, il est nécessaire que cet officier les examine très scrupuleusement, et en fasse reconnaître ou reconnaisse par lui-même les avantages ou les inconvénients avant de les proposer au général, qui. indépendamment de ce rapport, doit encore les voir par lui-même.

Si le camp ne doit regarder que le débouché d'une vallée, on se servira des ravins les plus profonds et les moins praticables, observant de lier la position de la droite avec celle de la gauche de la vallée, de façon que l'un ne soit pas trop avancé par rapport à l'autre, c'est-à-dire que les ravins dont on se servira puissent avoir leurs confluents très rapprochés l'un de l'autre dans le bas de la vallée.

On reconnaît dans la longueur du côté de ces ravins les points qui pourraient le mieux en assurer la défense, et s'il y a des parties faciles à escarper, on en profitera; car le moindre escarpement vaut mieux que toute élévation de terre en parapet.

S'il y a des parties dans les différentes sinuosités de ces ravins qui puissent découvrir quelque étendue du front extérieur de la position, on s'en servira pour établir les batteries de canon, au cas qu'on en puisse avoir avec soi, ou pour y établir des carabiniers.

Il en est de même de tous les points qui peuvent découvrir les avenues, chemins ou sentiers qui conduiront sur le front du camp; et lorsqu'on trouvera des parties trop accessibles, enfilées ou plongées par des plateaux, on les évitera ou l'on s'y couvrira de retranchements.

Les positions peuvent avoir pour objet de couvrir une étendue de pays; dans ce cas, il faut les distinguer des positions dont on vient de parler, car celles-ci sont relatives aux différentes branches d'un projet tant d'offensive que de défensive, et servant toujours de points pour l'assemblée d'une armée, il est on ne peut plus essentiel de les déterminer dans quelque partie qui puisse répondre à peu près au centre de ladite étendue, afin de n'être point surpris par les mouvements que les ennemis pourraient faire par leur droite ou par leur gauche; et c'est le plus souvent le local d'une position de défensive, lorsqu'on craint quelque entreprise sur une frontière qu'on veut défendre, comme ce sera aussi presque toujours le point d'où partiront les troupes d'une armée d'offensive pour les opérations d'un projet de campagne.

Si le camp qu'on voudra prendre a pour objet de couvrir plusieurs débouchés, on observera de profiter de toutes les facilités que le pays offrira pour les communications de la droite à la gauche de la position, et de s'en procurer par toutes sortes de moyens lorsqu'on n'en trouvera pas de préparées.

Il ne sera point différent, dans le choix de cette position, de la déterminer comme on l'a dit, le plus éloigné que faire se pourra des deux extrémités de l'étendue qu'on aura en vue, car si la position est trop rapprochée de la droite, il faudra plus de temps pour se porter en force sur la gauche, et alternativement plus de temps pour se porter sur la droite, lorsque la position sera décidée dans le voisinage de la gauche, et c'est ce temps précieux qu'il faudra savoir se ménager.

Par exemple, si la France voulait entreprendre sur la frontière de Piémont, du côté du Dauphiné, l'assemblée de son armée devrait se faire sur un point également éloigné des deux extrémités de l'étendue sur laquelle elle aurait à opérer, et duquel l'ennemi ne pût pas savoir où il aurait plus de précautions à prendre, et ce point est naturellement dans les environs de Mont-Dauphin, qui se trouve à égale distance de la vallée d'Esture (*Stura*) d'une part et de la vallée de Suze de l'autre part, qui font dans leur intervalle toute l'étendue du pays qu'ils auront à garder.

De même, si le roi de Sardaigne voulait entreprendre sur la frontière du Dauphiné, il choisirait pour position centrale les environs de Saluces.

Ce principe doit être le même pour l'objet de la France, car Mont-Dauphin se trouve pour la France à peu près également éloigné du camp de Tournoux et de Briançon, comme Saluces ou la vallée de Château-Dauphin qui y débouche se trouve à peu près au centre de Demont et d'Exilles.

Ce principe est le même partout, soit plaine ou montagne; en observant que la décision du choix de fixer ce point dans le local dont les derrières peuvent se couvrir avec facilité, et sur lesquels on puisse toujours se retirer ou établir ses communications pour assurer les convois de munitions de guerre et de bouche dont on peut avoir besoin, avec cette différence que les pays de montagnes sont plus favorables que les pays de plaines, parce que les premiers sont réduits à des passages déterminés qu'on peut plus facilement défendre, et que les derniers peuvent être tournés en deux ou plusieurs marches, il sera indispensable d'avoir sur ses derrières d'autres positions préparées pour remplir le même objet jusqu'à ce qu'on arrive sur quelques Places qui puissent servir de points d'appui.

On doit distinguer dans les camps à prendre, ceux de l'armée de ceux de quelque corps ou réserves particulières, quoique les mêmes précautions doivent se prendre dans les uns comme dans les autres.

Cette distinction aura principalement lieu dans les endroits où le centre de l'étendue qu'on voudra occuper se trouvera coupé de montagnes inaccessibles ou qui ne présenteront que des débouchés très difficiles, et sur lesquels il y aurait peu de précautions à prendre, car, dans ce cas, on pourra placer de fortes réserves sur la droite ou sur la gauche, en avant de l'armée, dans la partie la plus commode des derrières de cette étendue, mais toujours aux environs du centre de l'intervalle compris entre la droite et la gauche.

S'il est dangereux de multiplier les détachements dans les pays de plaines parce qu'ils affaiblissent l'armée et que d'ailleurs ils peuvent être attaqués et forcés avant que l'armée ait pu marcher à leur secours, il est avantageux dans les montagnes d'en avoir sur tous les débouchés dont on projette de faire usage, pourvu que le front qu'ils auront à garder se trouve resserré et que leur communication avec l'armée ne puisse pas être coupée, car ils servent à assurer la tranquillité de ladite armée et à pouvoir reconnaître l'ennemi de plus près pour être averti de tous ses mouvements, ainsi qu'à faire arrêter les subsistances. La guerre de montagnes permet et exige souvent qu'on fasse usage des petits paquets, ce qui est toujours dangereux dans les pays plats.

Ce qui vient d'être dit ne doit pas faire imaginer qu'il soit irrégulier de faire détacher quelques corps de troupes en avant des droites et des gauches de l'armée dans les pays de plaines, et quelquefois même en avant du centre; il devient indispensable de prendre cette précaution lorsque l'étendue de la position laisse une rivière, un bois, une hauteur en avant du camp, afin de se procurer l'avantage d'observer et d'éclairer les mouvements de l'ennemi et de faciliter les moyens de reconnaître de plus près sa position; mais il faut que la retraite des différents corps puisse toujours se faire sans obstacles sur l'armée, et qu'il soit également facile de les remplacer, de les reformer et de les soutenir.

SIXIÈME PRINCIPE.

Ne jamais appuyer sa droite ou sa gauche sur une rivière qui sépare les armées, quand même l'ennemi serait à deux ou trois lieues plus haut que le

camp qu'on voudrait prendre, parce qu'en dérobant une marche la nuit, il pourrait se trouver sur le flanc ou sur le derrière de la position, qui deviendrait alors
mauvaise et d'autant plus dangereuse que, s'il y forçait le passage, on se trouverait tourné par les derrières et séparé vraisemblablement de l'objet qu'on aurait
à défendre; si, au contraire, les deux armées se trouvaient sur la même rive,
pour lors il n'y aurait aucune difficulté d'appuyer sa droite ou sa gauche à ladite
rivière, observant d'effacer beaucoup la droite, si la gauche présentait des
obstacles invincibles, et alternativement, d'effacer beaucoup sa gauche, si la
droite était bien appuyée, ainsi qu'on l'a dit dans le premier principe.

CHAPITRE III.

DU COUP D'OEIL.

Pour déterminer les positions, il faut se servir des officiers qui ont acquis
beaucoup d'expérience, et s'il faut le décider sur le champ, il n'y a qu'une
grande connaissance du local et un coup d'œil militaire qui puissent en fournir
les moyens; comme le talent de ce coup d'œil, qui fait la principale qualité d'un
bon militaire, est extrêmement rare, il faut ou que le général l'ait ou qu'il y
supplée par des officiers bien instruits sur toutes les parties du local et accoutumés à bien voir.

Le coup d'œil qui doit décider d'une position est bien différent du coup d'œil
par lequel un général fait mouvoir et manœuvrer ses troupes un jour d'affaire,
car ce dernier dépend toujours des efforts qu'on voit faire aux ennemis sur
quelques points du champ de bataille, et des diversions dont on s'aperçoit, et
n'exige qu'un bon jugement pour prendre les précautions nécessaires et s'assurer
les moyens de rendre les entreprises de l'ennemi infructueuses; au lieu que le
coup d'œil qui doit décider d'une position se trouvant totalement spéculatif, il
faut s'en être fait une longue habitude pour ne pas s'y tromper, et être en état de
juger de tous les moyens que peuvent avoir les ennemis d'entreprendre, afin de se
préparer à la défense nécessaire pour pouvoir exécuter le plan de campagne et
remplir les vues de la cour, soit par des mouvements bien combinés dans l'objet
de déposter son ennemi, soit par des diversions et ruses de guerre, soit par des
dispositions d'attaque bien réfléchies et dont le succès paraisse assuré ou tout
au moins très plausible; d'où il est facile de conclure que peu d'officiers se trou-

vent avoir une expérience assez consommée pour déterminer cette position avec moins d'inconvénients, et qu'on ne peut s'occuper d'un objet plus utile que celui d'établir des principes suivant lesquels on puisse juger d'un coup d'œil chaque position du pays.

Cette observation conduit assez naturellement à cette réflexion qu'il serait très essentiel au bien du service d'avoir sur chaque frontière quelque officier général susceptible du commandement de l'armée qu'on aurait à opposer à l'ennemi contre lequel on serait obligé de faire la guerre, ou tout au moins d'y avoir des officiers qui, par leurs talents et les connaissances qu'ils y auraient acquises, fussent en état d'instruire le général et lui indiquer les moyens de rendre utiles les différents mouvements de cet ennemi, ou même dangereux pour lui, s'il en projetait de trop irréguliers; c'est sur le choix desdits officiers qu'aucune considération ne doit avoir lieu.

CHAPITRE IV.

NÉCESSITÉ D'AVOIR PLUSIEURS POSITIONS DÉTERMINÉES.

Lorsque les deux armées qui sont respectivement en guerre se trouveront en présence, n'étant séparées que par des rivières, ravins ou penchants rapides, chacune d'elles doit profiter de tous les moyens qui se présenteront dans leurs positions pour prendre des revers sur son ennemi, et s'il s'en trouve une qui commande la position de l'autre et qu'elle puisse y avoir du canon, celle qui se trouvera la plus basse doit chercher à se couvrir de tous les feux par des traverses ou les autres moyens que la nature du pays indiquera, et plus avantageusement en cherchant une position plus en arrière ou en n'en prenant aucune qui ait des inconvénients; mais en général, l'armée d'offensive, qu'on suppose par conséquent supérieure en nombre, aura moins de précautions à prendre que l'armée défensive.

Les précautions de l'armée d'offensive ne s'étendront qu'aux moyens d'attaquer l'armée inférieure, si le front de sa position peut le permettre, ou la déposter par des manœuvres en cherchant à la tourner, ou à lui donner beaucoup d'inquiétude sur quelques autres parties principales de son pays, par des diversions; au lieu que les précautions de l'armée de défensive exigeront une attention scrupuleuse sur tous les points accessibles de la position, ainsi que sur tous les débouchés qui répondent à sa droite ou à sa gauche par lesquels on pourrait la tourner.

Indépendamment de cette attention, le général doit avoir prévu d'avance tous les cas et préparé le lieu où il pourra prendre une position sur les derrières, relativement à ce qu'il imaginera des entreprises qu'on pourra tenter contre lui, et pour cet effet il doit en déterminer plusieurs dans son projet de défensive. De même le général de l'armée d'offensive doit avoir aussi décidé la combinaison de ses marches, relativement à l'objet qu'il aura en vue, et les moyens de diversion dont il pourra profiter pour se rendre maître de la position qui lui sera la plus avantageuse, car dans les plaines comme dans les montagnes il se trouve souvent des places et des postes qui correspondent à plusieurs débouchés, et si le général en défensive doit avoir plusieurs positions déterminées, celui d'offensive doit les avoir prévues, et diriger ses diversions, ses mouvements et tous ses projets suivant cette prévoyance, afin d'accélérer ses opérations et éviter l'embarras qu'une position déterminée par son ennemi pourrait lui donner s'il n'y avait pensé.

Il est donc indispensable d'avoir reconnu des positions dans différents points qui répondent à toutes les suppositions qu'on pourrait faire sur les entreprises de l'ennemi. Ce qu'on dit ici sur des positions générales doit s'étendre également sur des positions et postes particuliers, lorsqu'ils sont établis dans un espace un peu étendu et qu'ils ont la ressource de pouvoir changer le point de leur défense, suivant les directions différentes par lesquelles on marche à eux, mais ne peut jamais servir pour des positions sur un passage déterminé, dont la disposition de défense ne peut varier; ainsi on rendra cette règle plus ou moins générale, selon que l'espace des positions pourra l'exiger, en observant qu'il faut toujours entretenir quelques détachements aux positions reconnues, tant pour être averti du mouvement des ennemis que pour leur en imposer, et donner le temps de s'y porter lorsque les circonstances le demanderont.

On ajoutera même ici qu'il conviendrait d'y établir des signaux dont l'exécution soit à la charge de l'officier qui commandera, relativement à la table qu'en aura fait dresser d'avance le général de l'armée ou l'officier principal, pour tous les cas dont il désirera être informé plus promptement; cette ressource est presque toujours assurée dans les pays de montagnes, et doit d'autant moins être négligée que sans elle on se trouverait souvent prévenu par un ennemi actif et qui prendrait des positions très avantageuses, dont l'occupation de sa part amènerait le succès de ses entreprises; ainsi, dans quelque circonstance où l'on se trouve, soit d'offensive, soit de défensive, il faut premièrement avoir déterminé d'avance ses nouvelles positions après chaque mouvement des opérations générales ou particulières; secondement, que les marches soient bien ouvertes; troisièmement, que l'armée y arrive sur une ou plusieurs colonnes qui s'y développent en ordre de bataille, et enfin que tout soit disposé de façon à y recevoir le combat si on s'y trouvait forcé par l'ennemi et qu'il ne fût pas possible de s'y refuser; mais dans le cas auquel cette position n'aurait pas autant d'avantage qu'une plus en arrière dans l'objet de défensive, ou qu'une en avant dans celui d'offensive, il faudrait doubler les marches pour profiter de la plus avantageuse, et c'est ici le cas où il est très nécessaire de faire faire des marches forcées aux troupes. Il faut donc bien reconnaître les positions et ne les déterminer qu'avec toutes les réflexions dont elles peuvent être susceptibles.

Pour donner une idée plus nette relativement à la nécessité d'avoir reconnu différentes positions, on rapportera la situation de l'armée du Bas-Rhin aux ordres de M. le prince de Soubise à la fin de l'année 1758, et dont M. le duc de Broglie prit le commandement.

L'armée, avant le départ de ce prince pour la Cour, occupait la position de Friedberg et les ennemis occupaient en avant l'intervalle compris entre la Lahn et la Kinzig : ce prince fit préparer sa position en retranchant Friedberg pour sa droite et la hauteur de Johannisberg qui aurait fait sa gauche, pour le cas auquel l'ennemi marchât à lui entre le Weil et la Wetter; il détermina une seconde position, dont la gauche appuyait à Friedberg et la droite vis-à-vis du confluent de la Wetter dans la Nidda; pour le cas auquel il débouchât sur lui par l'intervalle de la Wetter et de la Nidda, une troisième entre le Nidder et la Nidda, et enfin une quatrième position à Bergen pour répondre au débouché que les ennemis pourraient tenter entre le Nidder et la Kinzig, qui fut véritablement celle que M. le duc de Broglie prit et où il battit le prince Ferdinand, comme on le verra par le cinquième exemple.

La méthode d'avoir plusieurs positions déterminées doit avoir lieu principalement lorsqu'on peut déboucher sur elles par plusieurs directions, comme celle dont on vient de parler; elle est également indispensable lorsqu'on veut défendre pied à pied l'avant d'un pays, comme on le fit après l'abandon du comté de Nice, en défendant d'abord le Var, en se portant ensuite sur Grasse et successivement sur le Ciague, sur l'Argens et au Puget, pour couvrir Toulon : ou qu'on se retirât devant un ennemi qui suit et qui est supérieur, ainsi que l'a pratiqué M. le maréchal de Maillebois en 1746, lorsqu'il abandonna la Lombardie pour se retirer dans le comté de Nice; mais elle devient indispensable pour un camp volant, dont l'objet est de défendre une place et d'en empêcher d'abord l'investissement; on donne pour exemple de ce dernier cas les trois positions reconnues en avant de Briançon, qui répondent aux débouchés par lesquels le roi de Sardaigne pourrait s'en approcher, l'une au camp du Roux pour barrer le débouché de la vallée de Queyras, une seconde à la hauteur de Gimont pour défendre les débouchés du Mont-Genèvre et du Bourget, et enfin la troisième au camp de Buffère pour arrêter tout ce qui pourrait déboucher par le col de l'Échelle et la vallée de Neuvache.

CHAPITRE V.

AVANTAGES OU INCONVÉNIENTS DES POSITIONS.

Il y a des positions dans les montagnes dans lesquelles un détachement de huit à douze cents hommes, occupant un poste principal en avant de la position, serait en état de se défendre contre une armée et assurerait la tranquillité de l'armée campée en arrière; tel est le poste des Barricades dans la vallée d'Esture, en ne le considérant que sous le débouché qui y est relatif, si l'armée était campée entre Démont et ce poste, pour empêcher l'armée de France d'entrer en Piémont par la vallée d'Esture; mais cette position, par rapport aux débouchés des vallées qui y sont contiguës, n'aurait pas le même avantage, car on a vu dans la campagne de 1744 la facilité qu'il y a de s'en rendre maître, quand même il y aurait eu un plus grand nombre d'hommes pour la défendre; tel est aussi le poste de la Ferrare dans les montagnes de Trente en Lombardie, avec cette différence que ce dernier ne laisse que très peu d'inquiétude à prendre sur la droite et sur la gauche de l'armée qu'on supposerait occupée entre Rivoli et les Cabarets de la Couronne, au lieu que celui des Barricades peut facilement être tourné, ainsi qu'on le verra par le détail des opérations relatives au passage des Alpes en 1744.

Pour juger plus solidement de la bonté de la position qu'on indique de la Ferrare, on remarquera que tout le front de cette position se réduit à trois points principaux, savoir : au débouché de Rivoli sur la rive droite de l'Adige, à celui de Ferrare sur le plateau supérieur de la même vallée, et au débouché de Riva à l'extrémité du lac de Garde; on remarquera encore que la droite est fermée par un rocher inaccessible, que la vallée dans laquelle coule l'Adige est séparée de la position de la Ferrare par un escarpement à pic au travers duquel il ne se trouve qu'un très petit sentier, que ce plateau supérieur de la Ferrare présente un ravin dont la source est au sommet du Mont-Baldo, et dont les penchants qui le bordent n'offrent que deux passages déterminés, l'un par le hameau de Campistello, l'autre par le village de la Ferrare, tous deux également faciles à défendre par les postes de la barrière et du mamelon; que la gauche de cette position est occupée par un lac bordé des deux côtés par des escarpements, dont celui de la gauche présente seul un sentier ou défilé que peu d'hommes défendraient, et qu'enfin le Mont-Baldo qui sépare la droite et la gauche de cette position ne peut être traversé qu'en arrière de ladite position.

On remarquera sur toutes choses que le poste de la droite ou de Rivoli est beaucoup plus en arrière que celui de Ferrare, et que celui de Riva est très avancé sur les deux autres; quoiqu'on ait dit précédemment que les positions d'un côté à l'autre d'une vallée ne doivent pas être très avancées l'une par rapport à l'autre, celle qu'on propose doit se trouver exceptée, ainsi que celles qui auront les mêmes avantages, car la raison qui a fait décider cette règle dans la guerre de montagnes est relative au danger où se trouverait la position d'un penchant plus avancé d'être battue en flanc ou tournée, au lieu que celle qui est représentée dans la planche neuvième se trouve dégagée de ces inconvénients, car l'ennemi ne pourrait s'avancer du poste de la Ferrare que par la vallée de Dolce ou de l'Adige, d'où il ne pourrait pas seulement la voir, et l'avantage que procure le Mont-Baldo en séparant celle de la Ferrare de celle de la gauche ou de Riva en démontre la bonté.

La disposition des troupes dans cette position que la réserve de M. de Maillebois a occupée en 1735 sous les ordres de M. le maréchal de Noailles, était d'avoir cinq cents hommes à Rivoli pour défendre le passage de l'Adige qu'on ne peut guéer, et plus en arrière, le débouché sur Rivoli, au moyen de deux redoutes qui les liaient au pied de l'escarpement.

Deux cent cinquante hommes à la position de la Ferrare, dont cinquante employés pour la défensive du mamelon F, cinquante à celle de la barrière et de l'escarpement A, et cent cinquante placés à la position B, pour la défense de tout le penchant compris entre la barrière et le mamelon; et la disposition fut d'autant meilleure, qu'on y a vu, cette même campagne, douze bataillons ennemis pendant trois mois campés à Campistello, au point C, et sur le plateau D en arrière du village de la Ferrare, n'avoir jamais osé tenter l'attaque de deux cent cinquante hommes qui avaient été destinés à sa défense.

Elle fut prise dans le temps que l'armée des ennemis s'était retirée dans les montagnes de Trente, frontières du Tyrol, et que l'armée combinée de France,

d'Espagne et de Piémont campait à *Zevio* sur la rive de l'Adige, ayant une réserve à Bussolengo sur le chemin de Trente, et une à San-Bonifacio en avant de
l'Adige, sur le chemin de Padoue.

CHAPITRE VI.

DISTINCTION DES POSTES ET POSITIONS DANS LES RECONNAISSANCES À FAIRE.

On pourrait citer plusieurs positions dans lesquelles une simple garde de troupes
ou de paysans serait en état de défendre un débouché contre une armée entière;
ces dernières sont communes dans les montagnes, si on ne les envisage que relativement aux passages qu'elles gardent; ainsi on conclut qu'il est de la dernière
conséquence de les reconnaître et d'en faire la destination dans les projets de
guerre, tant pour l'objet d'offensive que pour celui de défensive, car si par ignorance on place un gros corps dans une position où un très petit aurait suffi, on
s'affaiblit et on perd les moyens de parvenir au succès d'une campagne, ou, si on
fait une disposition d'attaque sur le front d'un de ces postes, on court risque d'y
être repoussé et d'avoir perdu beaucoup de troupes à une entreprise téméraire.

Quoiqu'il semble que tout camp, dont la droite et la gauche sont appuyées à
des escarpements et ne peuvent être tournées que difficilement, soit fort bon, il
faut suspendre sagement jusqu'à ce qu'on connaisse l'étendue comprise entre cette
droite et cette gauche, car si la vallée dans laquelle elle se trouve a beaucoup de
largeur dans le bas, telle par exemple que la vallée de Suze depuis cette place
jusqu'à Turin, que la vallée de Graisivaudan depuis Grenoble jusqu'à Montmélian; ou que ladite vallée soit bordée par des penchants cultivés et par conséquent
accessibles, telles que celles de Monétier, des Prés et de Neuvache, sous Briançon,
de Pragelas, depuis le col de Sestrières jusqu'à Fenestrelles, de Queyras et de
Barcelonnette, quelque position que l'on y puisse prendre, on ne pourra s'y soutenir contre une armée entière supérieure, si elle n'est pas couverte par quelques
ravins qui prennent leurs sources au haut des montagnes et dont les confluents
soient à peu près vis-à-vis l'un de l'autre, ou au moins séparés par une rivière
qui ne soit point guéable, et comme il y aurait de l'imprudence à attaquer des
postes de la nature de ceux qu'on a présupposés, il y aurait aussi de la témérité
à rester dans un camp de ladite espèce vis-à-vis une armée supérieure.

Pour mieux indiquer les attentions qu'on doit avoir dans les connaissances des

6.

camps, on examinera celui de Tournoux dans la vallée de Barcelonnette, et celui de Palon entre Mont-Dauphin et Briançon, sur la rive droite de la Durance, qui ont été occupés dans différentes circonstances et qui ont été susceptibles de différentes opinions de la part de ceux qui les ont reconnus et occupés.

CAMP DE TOURNOUX.

Le camp de Tournoux, dans la vallée de Barcelonnette, est dans une position telle qu'il n'y a absolument que son front à défendre, parce que ses derrières sont escarpés, que sa gauche appuie à une montagne inaccessible et que la droite est terminée par des penchants si rapides qu'aucune troupe ne pourrait les gravir ni y tenter une attaque.

Le front de ce camp présente quelques parties fort rapides et d'autres plus faciles à monter, mais en général il est de nature à être défendu par quatorze bataillons contre cinquante.

Le camp occupé à la fin du dernier siècle dans la guerre de 1700, et dans la dernière guerre, a toujours passé, dans l'esprit de la plus grande partie des militaires, pour une position très bonne dans toutes les circonstances où on se trouvera occupé d'une guerre contre le roi de Sardaigne, et a fait imaginer, depuis l'acquisition de la vallée de Barcelonnette en échange des vallées, que ce camp formait la seule défense de ladite vallée; mais par l'examen particulier qu'on a fait de cette position, on la trouve sujette à beaucoup d'inconvénients dont le détail convient parfaitement à ce chapitre et confirmera les principes qu'on y a établis.

L'ennemi qui voudra entreprendre sur le camp de Tournoux ne peut y déboucher que par deux points, savoir : la gorge de Meyronnes, le côté du Chatelard et le pas de la Rissole; par les deux derniers débouchés il ne lui est pas aucunement possible d'y arriver avec des canons, il présente d'ailleurs des parties si resserrées qu'on ne peut pas imaginer l'entreprise possible, car le pas de la Rissole est un défilé très facile à défendre, et dont la communication avec le camp de Tournoux est nécessairement dirigée sous la redoute de la gauche de ce camp, sans qu'il reste aucune ressource aux troupes qui voudraient s'y avancer de pouvoir passer ailleurs, tant à cause des escarpements qui se trouvent au-dessus de ladite redoute, que parce que la montagne qui borde la rive gauche de l'Ubaye vis-à-vis de ce poste ne peut être praticable, et le débouché du Chatelard est déterminé par deux défilés sous l'église du village que cent hommes peuvent défendre, et l'autre par le tourniquet de *Poniac* dont il est encore moins possible à l'ennemi de faire usage, mais il a l'avantage de pouvoir arriver par la gorge de Meyronnes, en s'avançant par le col de l'Argentière, très praticable pour toutes sortes de voitures, sur le village de l'Arche, et cet avantage est d'autant plus grand que les troupes du camp de Tournoux ne pourraient défendre le vallon de l'Arche sans se compromettre, et que la redoute qui ferme la gorge de Meyronnes du côté dudit camp ne résisterait pas au canon du petit calibre; il est néanmoins certain que la partie dudit camp qui fait face à ce débouché est la plus rapide, et par conséquent susceptible d'une meilleure défense, et que si un ennemi voulait attaquer par les parties du camp les plus accessibles, il serait nécessairement forcé de se rassembler dans la petite plaine de Glaisoles pour s'y former, et de longer la rivière en la remontant jusqu'au-dessous de la grosse redoute, ce qui l'exposerait premièrement au danger des batteries du camp qui plongent de très près cette petite plaine, et secondement à prêter son flanc gauche aux retranchements à la demi-portée du mousquet, et elle se trouve si coupée par les sinuosités de la rivière, qu'on ne présume pas qu'il osât jamais tenter de la remonter pour déterminer ses attaques loin du débouché de Meyronnes, qui le porte toujours sur le hameau de Glaisoles; il paraît donc que la position de ce camp rassemble tous les avantages, et que les inconvénients ne sont que pour les troupes qui en voudront tenter l'attaque; ce qui a sans doute déterminé plusieurs anciens militaires à le regarder comme une place de guerre, ou tout au moins comme une position des meilleures dans les montagnes; mais en examinant les environs de ce camp, on reconnaît qu'il y a sur la rive gauche de l'Oronaye, au-dessus du débouché de l'Oronaye, quelques plateaux en amphithéâtre qui enfilent toute l'étendue du camp et qui se trouvent à la même hauteur, s'ils ne sont pas supérieurs, où l'ennemi fera marcher du canon par des chemins tout formés au travers des bois en partant de Certamussat, sans que les troupes du camp de Tournoux puissent l'empêcher, et d'après cette observation on conclut que ce camp n'est pas à beaucoup près aussi avantageux qu'on l'a pensé jusqu'à présent, et qu'il serait même dangereux de vouloir le défendre contre un ennemi supérieur : 1° parce qu'il pourrait y bloquer les troupes en s'avançant, d'une part sur Saint-Paul par le col de la Mirandole, et de l'autre sur Jauziers, pour se porter sur les hauteurs de Parpaillon; 2° parce que ce camp n'a pour retraite que le chemin de *M. d'Usson* ou ceux pratiqués dans la dernière guerre qui débouchent tous dans le vallon de Parpaillon et ne pourraient l'assurer qu'autant que les ennemis ne seraient pas avancés sur les hauteurs par lesquelles, du fond du Parpaillon, on peut se rendre aux Orres ou à Crévoux, et dans tous les cas ces débouchés ne doivent jamais être regardés comme avantageux aux troupes du camp, parce qu'ils se trouvent dirigés dans des escarpements affreux, et débouchent dans un bas dont on ne peut s'assurer; car en supposant, comme nous l'avons déjà dit, que l'ennemi rencontrerait beaucoup d'obstacles à vouloir s'avancer par Jauziers, par les défilés du Chatelard et le tourniquet de *Poniac*, on ne peut disconvenir qu'il ne puisse monter la montagne qui borde la rive droite de l'Ubaye, et arriver sur les hauteurs de Parpaillon, comme on ne pourra nier qu'ayant forcé le col de la Mirandole et descendu à Saint-Paul, il ne se trouve très en état de défendre le passage de la Rissole; ainsi de quelque façon qu'on envisage cette position, elle sera défectueuse, tant qu'on n'aura pas une retraite assurée pour arriver sur les Orres ou sur Crévoux, et qu'on ne pourra empêcher l'ennemi de s'avancer avec du canon sur les plateaux qui enfilent toute l'étendue du camp; et comme on ne peut rien opposer à cet inconvénient, on pense qu'il faut abandonner l'opinion de défendre ce camp, à moins qu'on ne soit assuré que l'ennemi ne pourra pas forcer le col de la Mirandole, par lequel il pourrait descendre sur Saint-Paul et bloquer les troupes du camp, que d'autre part le Castelet de Serène suffirait pour couvrir le débouché de la vallée de Maurin; mais dans la supposition que ces deux points puissent être occupés de façon à ne pas craindre d'y être forcé, pour lors il n'y aurait aucun inconvénient à se placer au camp de Tournoux et à y rester, parce que la retraite des troupes pourrait en ce cas se faire par le col de Vars, et il serait d'autant plus essentiel de s'assurer de ces deux débouchés, que l'ennemi ne pourrait se porter sur Mont-Dauphin avec du canon que par le pas de la Rissole où il ne pourrait passer qu'en longeant l'Ubaye au bas du camp de Tournoux, sous le feu duquel il serait obligé de marcher, et qu'il ne pourrait plus bloquer et encore moins attaquer.

CAMP DE PALON.

Pour faire encore mieux sentir combien les différentes circonstances peuvent changer l'avantage de quelques positions reconnues, on citera ici le camp de Palon sur la rive droite de la Durance, entre le village de l'Argentière et celui de Chantelouve, dans la vallée qui communique de Briançon à Mont-Dauphin.

M. de Catinat, informé que le roi de Sardaigne débouchait par le col de Vars sur Embrun avant la construction de Mont-Dauphin, ne chercha point à défendre les débouchés de la frontière avec le peu de troupes qu'il avait à ses ordres; mais

ayant l'objet principal de couvrir Briançon qui assurait les derrières de Fenestrelles et d'Exilles appartenant encore au Roi, il se détermina en bon militaire à
chercher une bonne position dans laquelle il pût rassembler toutes ses forces et
remplir son objet sans craindre d'y être attaqué qu'avec un désavantage marqué
de la part des ennemis.

Le camp de Palon, qu'il avait fait reconnaître, lui parut la position la plus avantageuse et il le choisit de préférence à celle de Pertuis-Rostang, occupée anciennement par M. le Connétable, parce qu'il comptait que cette dernière ne défendrait
que très médiocrement la rive gauche de la Durance et qu'elle laissait à l'ennemi
la liberté de s'avancer par les penchants qui bordent la rive droite jusqu'au Lautaret, d'où il lui couperait sa communication sur Grenoble; au lieu que, dans la
position de Palon, il occupait le centre de la rive droite et pouvait observer de très
près le grand chemin qui communique de Mont-Dauphin à Briançon, en remontant
la rive gauche, et il étendit ses précautions jusqu'aux cols d'Izouard et des Ayes
par où l'ennemi aurait pu déboucher sur Briançon venant de la vallée de Queyras.

Le camp de Palon a sur son front un escarpement dans lequel les habitants de
Freyssinières et de Palon ont établi en zig-zag leur communication, et au pied
duquel coule la Durance, à la rive droite de laquelle se trouve dans le bas le château de Rama.

La gauche de ce camp appuyait à la montagne qui sépare la dépendance de
l'Argentière de celle de Freyssinières, et la droite au ravin de Chancelar, ayant sur
ses derrières la chaîne de montagnes qui sépare le Briançonnais du Champsaur.

La France était encore à cette époque maîtresse des vallées de Pragelas,
d'Oulx et de Cézane, qui se trouvaient défendues par les places de Fenestrelles et
d'Exilles, aussi son principal objet consistait d'empêcher que l'ennemi qui débouchait par Guillestre ne s'avançât sur Briançon et n'interceptât la communication
sur Grenoble par la petite route; il prit donc toutes les précautions possibles, non
seulement pour assurer la droite et son front, mais encore pour ouvrir par sa
gauche une bonne communication avec l'Argentière et la Vallouise, d'où, par le
col de l'Échauda, il se communiquait dans la vallée du Monestier et successivement
par le Lautaret avec l'Oysans.

Cette position était trop bonne pour permettre au roi de Sardaigne d'en tenter
l'attaque, et ce prince se détermina à déboucher sur Embrun, dont il fit le siège,
et à faire avancer un gros détachement sur la ville de Gap, qui fut brûlée pour
n'avoir pas voulu contribuer.

Le peu de progrès de la marche de ce détachement engagea ce souverain à faire marcher dans le Champsaur la plus grande partie de ses forces, et M. de Catinat, exigeant avec raison que ses troupes gagnassent le défilé de Corps pour s'avancer sur la Mure et Grenoble, quitta la position de Palon et marcha par le col de Pousterle sur Vallouise, et par les cols de l'Échauda, du Lautaret et du Mont-de-Lans; il entra par le col d'Ornon dans le Valbonnais, arriva à Aspres et s'y trouva posté en même temps que le roi de Sardaigne parut à Lesdiguières; sa marche fut vraisemblablement disposée de façon que ses troupes étaient en mouvement pendant trois heures, se reposaient pendant trois heures et recommençaient successivement à se mouvoir et à se reposer de trois heures en trois heures pendant le jour et la nuit, ce qui lui fit faire beaucoup de diligence.

POSITION D'ASPRES ET CAMP DE CORPS.

La position d'Aspres est déterminée par le confluent de la Séveraise dans le Drac et occupe un plateau qui défend également la rive droite de la première rivière et celle de la seconde, ayant sur ses derrières un chemin sur Corps qui est un défilé d'autant plus facile à défendre que, se trouvant dans des penchants inaccessibles, les troupes qu'on y emploierait ne pourraient jamais être tournées et n'auraient que leur front à défendre.

Cette nouvelle position en imposa si fort au roi de Sardaigne qu'il fit retirer ses troupes et que, la campagne se trouvant déjà fort avancée, il ne lui aurait plus été possible de rien entreprendre.

En réfléchissant sur la disposition de M. de Catinat, on trouve un général de premier ordre qui, non content d'avoir fait reconnaître la position la plus avantageuse à la défensive de la frontière, a d'autres positions déterminées pour toutes les circonstances dans lesquelles il pourra se trouver, et il doit être confirmé dans l'opinion qu'il n'y a rien de si nécessaire à la guerre que la connaissance exacte et militaire du pays; mais quoique ce grand officier ait su profiter de cette connaissance par les positions qu'il a prises, et qu'il n'ait pas perdu de temps pour y primer son ennemi, il aurait essuyé le désagrément de le voir s'avancer sur Briançon, si ce même ennemi n'avait regardé comme diversion la marche de ses troupes sur Lesdiguières, et s'était préparé à la disposition de marche sur Briançon, pour le moment auquel il aurait appris l'abandon du camp de Palon, et l'armée de M. de Catinat engagée dans le Valbonnais d'où elle n'aurait pu faire la navette aussi promptement que celle du roi de Sardaigne; et s'il y a de l'avantage à avoir plusieurs positions, il y aurait beaucoup d'inconvénients, dans certains cas, d'en abandonner quelques-unes trop promptement pour en aller occuper d'autres, sur les avis qu'on pourrait avoir des diversions de son ennemi, à moins qu'on ne fût à portée d'y revenir, quand on le voudrait, sans obstacles et assez à temps pour y observer ses mouvements. Telles auraient été les positions de Palon et d'Aspres, s'il n'y avait eu qu'une ou deux marches de l'une à l'autre.

La position d'Aspres donne lieu à des réflexions bien utiles pour le choix des positions; elle est disposée de façon que le Drac, torrent inguéable, en couvre la droite, et que la montagne qui borde la rive gauche de la grande Séveraise, torrent très rapide, mais guéable dans quelques points et surtout en automne et au printemps, en couvre le front. Cette position est d'une étendue de quatre mille toises, et par conséquent trop grande pour être occupée par une armée inférieure vis-à-vis d'une supérieure qui camperait à la rive gauche de la Séveraise; ainsi M. de Catinat n'a pris la position d'Aspres que dans l'objet de défendre le débouché de Corps, par la tête du grand défilé qui se trouve entre la Croix-d'Aspres, où il commence, et le bourg de Corps, avec l'attention de se mettre à cheval sur le Drac pour défendre également les hauteurs par lesquelles on pourrait de Lesdiguières monter à *Beaufain* en se servant du pont du Loup pour sa communication de la droite à la gauche du Drac, ce qui lui donnait le moyen de soutenir avec très peu de troupes l'effort d'un beaucoup plus grand nombre, car deux ou trois nids de pie suffisaient pour défendre le défilé de Corps et deux redoutes établies sur les hauteurs de Beaufain auraient fermé tout passage de Lesdiguières par la rive gauche du Drac; ainsi la disposition de ce général se réduisait à défendre les deux points qui étaient les seuls par lesquels les Piémontais pouvaient s'avancer sur Grenoble, ce qui ne leur laissait plus que la ressource de pénétrer par la Provence, et fournissait à la France les moyens de faire avancer des secours sur Grenoble, et successivement à Corps, pour donner à M. de Catinat la supériorité nécessaire. Il résulte de ce qui vient d'être dit que la position d'Aspres doit plutôt s'appeler camp de Corps parce qu'il ne faut jamais s'exposer dans un camp dont la retraite ne peut se faire que par un défilé.

OBSERVATIONS GÉNÉRALES SUR LES POSITIONS.

On peut inférer de tout ce qui a été dit concernant les camps que lorsque leur front est entièrement coupé d'escarpements ou penchants rapides, et qu'il se trouve bien retranché, on ne doit jamais l'attaquer, et qu'il en est très peu de ceux qui puissent permettre une attaque, mais que la maxime générale dans la guerre de montagnes doit être de chercher à les tourner, ou à déposter son ennemi par des manœuvres, et que c'est le plus ou moins d'expérience militaire et de capacité dans les généraux qui décide presque toujours du succès des opérations dans l'exécution d'un projet, et non le nombre des troupes, quoiqu'il soit désirable d'être plutôt supérieur en nombre qu'inférieur dans toute sorte de pays lorsqu'on y fait la guerre.

Les lieux les plus éloignés des villes, bourgs et villages qui pourraient servir à camper un nombre de bataillons, ainsi que ceux qui se trouveront dans leur intervalle au bas des vallées ou sur des penchants demandent un examen scrupuleux pour la direction de leur front par les droites et par les gauches qui se soutiendront dans les débouchés de l'avant et des derrières pour l'objet de leur position, pour l'eau, le bois à y faire trouver aux troupes, et les moyens de leur fournir des munitions de guerre et de bouche; mais comme il peut arriver qu'un général, pour une bonne position, soit obligé de faire camper quelques bataillons dans les endroits où l'eau et le bois manquent, il faut nécessairement qu'il en soit prévenu à l'avance, pour y faire suppléer par une quantité de barriques qu'il aurait soin d'y faire voiturer, ainsi que les autres choses nécessaires; par exemple le poste de Castiglione, l'un des plus respectables du comté de Nice, qu'il faut nécessairement occuper quand on craint le débouché de Sospel, est dans le cas de manque d'eau, et ne pourrait se soutenir sans la précaution d'y avoir fait des approvisionnements d'avance par quantité de ces barriques.

Avec de l'eau et du bois dans les camps, il faut de la paille pour le soldat et du fourrage pour les chevaux, et que les munitionnaires aient des manutentions assez rapprochées pour y fournir du pain aux troupes, ou tout au moins qu'avec un nombre de mulets ou bêtes de charge suffisant ils puissent en faire le transport, car les voitures à roues peuvent rarement y servir; il faut encore que les convois puissent y arriver sans obstacles de la part des ennemis ou par la difficulté des chemins; ces considérations doivent entrer pour beaucoup dans la détermination d'un camp pour toute sorte de pays, mais il faut savoir vaincre les obstacles qui paraissent les plus insurmontables lorsque les positions sont importantes, et s'écarter des règles de commodités lorsque l'avantage d'une position est réel : c'est ici principalement où il ne faut rien épargner, car si des vues d'économie pouvaient faire préférer une position à l'autre, sans réfléchir sur les avantages ou inconvénients, il deviendrait très dangereux de faire la guerre dans les montagnes comme dans un pays de plaines; et l'inconvénient des ressources nécessaires à un camp se trouvant souvent dans les montagnes, c'est une attention sur laquelle le général d'une armée doit être prévenu et sur laquelle l'intendant doit toujours être préparé, afin que rien ne puisse suspendre l'exécution des opérations dont le succès dépend le plus souvent d'un poste ou d'une position. De cette réflexion suit la nécessité d'avoir des généraux et des intendants qui aient une connaissance particulière du pays de montagnes, et prennent d'avance les précautions dont ils pourraient avoir besoin.

Indépendamment de ces ressources, il est indispensable de déterminer l'étendue de chaque camp pour le front de bandière sur une ou plusieurs lignes; et si le camp ne peut être que décousu, c'est-à-dire que les bataillons occupent des terrains qui ne puissent former un alignement, il faut avoir pour maxime de rendre les débouchés respectifs propres à leurs marches pour qu'ils puissent se réunir à l'endroit qui se trouvera le plus avantageux.

Le nombre des habitants doit être pour quelque chose dans l'examen des positions, car s'ils sont aguerris comme ceux des vallées au delà des Alpes qu'on nomme ordinairement du nom général de Barbets ou Vaudois, on doit proportionner les postes éloignés au plus ou moins de crainte qu'on peut avoir de leurs entreprises et observer de traiter avec beaucoup de douceur et de ménagement ceux de qui on ne doit pas se méfier, en donnant pour les uns et les autres les ordres les plus rigoureux pour empêcher les maraudes qui donnent souvent aux habitants l'idée de se révolter.

CHAPITRE VII.

DES POSTES.

Il ne faut jamais confondre les positions d'armée avec celles de quelques corps détachés, car les premières ont toujours rapport au plan général de la campagne et les dernières ne se décident que pour couvrir et faire la sûreté des premières, pour occuper des terrains trop étendus pour l'armée et qu'il serait dangereux de laisser occuper par un ennemi, ou pour se procurer l'avantage de reconnaître l'ennemi de plus près.

Si le corps détaché qui les occupe est composé de plusieurs bataillons et escadrons, il formera une réserve; s'il n'est composé que de quelques détachements, on ne le regardera plus que comme un poste; dans le premier cas, on suivra les principes des positions détaillées ci-devant, et dans le second, celui des postes qu'on trouvera ci-après.

En faisant la reconnaissance d'un poste on ne doit pas se contenter de l'examiner de tous les points à attaquer pour en assurer la défense; les officiers de l'état-major d'une armée, ainsi que ceux qui s'y trouvent postés et tous ceux qui en prennent connaissance, doivent réfléchir sur les moyens de l'attaquer dans le cas où l'ennemi s'y serait posté et que par des circonstances on l'aurait abandonné; car il est arrivé très souvent qu'après avoir pris toutes les précautions possibles pour la sûreté d'un poste qu'on aura à défendre, on ne sait plus comment s'y prendre pour l'attaquer, lorsqu'on se trouve obligé d'y marcher après l'avoir abandonné.

On appelle en général poste dans les montagnes un mamelon ou élévation particulière qui défend un ou plusieurs débouchés par l'endroit le plus resserré, ou qui se trouve à la portée du mousquet de quelque communication, la découvre et assujettit ceux qui veulent y passer d'en déposter les troupes qui la défendent; les postes s'occupent par plus ou moins de troupes et doivent découvrir l'ennemi.

Les uns, qu'on nomme postes avancés, et qui sont ordinairement formés par des troupes légères, sont ceux qui couvrent le débouché le plus près de l'ennemi; on ne doit pas les confondre avec les grand'gardes du camp qui occupent les postes à un quart de lieue ou demi-lieue au plus de l'armée, au lieu que les postes avancés se trouvent à deux ou trois lieues et quelquefois davantage.

Les autres sont ceux qu'on établit dans l'intervalle des corps détachés aux postes avancés, et qui par cette raison s'appellent intermédiaires.

Les premiers font toute la sûreté de l'armée et demandent de la part de ceux qui les déterminent la plus scrupuleuse attention pour le choix, et de la part des officiers particuliers à qui ils sont confiés la vigilance la plus exacte, une valeur intrépide et des soins étendus pour être informé de la position des ennemis, de leurs mouvements, de leurs forces, soit par les patrouilles, soit par les désertions ou par les espions; mais la méthode la plus sûre pour être bien informé est celle d'envoyer des détachements. A la guerre le choix des officiers qui doivent commander les postes avancés doit toujours tomber sur quelqu'un de ceux qui ont marché plusieurs fois à ces détachements; les postes doivent encore être confiés de préférence à ceux qui ont une connaissance plus particulière du pays et qui ont plus d'expérience sur la guerre des montagnes.

On distingue dans la première espèce de postes ceux qu'on abandonne à leurs propres forces, et qui par cette raison s'appellent postes fixes; tels sont ceux qu'on met dans les maisons fortes, tours, redoutes ou parties retranchées, en avant, en arrière, et sur les flancs des postes avancés ou intermédiaires, desquels ils ne diffèrent qu'en ce que les derniers sont relevés toutes les vingt-quatre heures ou de cinq en cinq jours, et que les autres ne le sont que rarement, et souvent point du tout pendant toute la campagne; on les confie ordinairement à des compagnies franches.

Les postes intermédiaires se placent le plus souvent dans les villages, hameaux, granges qui se trouvent dans l'intervalle des postes avancés, et leur objet est de secourir promptement les premiers, de veiller à ce que rien ne passe sur leurs derrières par la gauche ou par la droite, de servir de retraite auxdits postes dans le cas où ils seraient forcés de se replier, et de concourir à tout ce qui peut favoriser le soutien du premier poste.

L'une ou l'autre de ces espèces de postes se placent dans les montagnes aux fourches de quelques vallons ou chemins principaux, dans l'objet de couvrir l'armée et de s'assurer des vallons ou chemins dont leur position réunit les différentes branches, d'être plus à portée d'être informé des inconvénients des ennemis, car c'est le plus souvent sur les avis des officiers qui y commandent que le général détermine les siens; ainsi on ne saurait y employer des officiers trop intelligents, valeureux ou expérimentés, pour éviter les inquiétudes que causent, dans un cas contraire, les avis réitérés qu'ils donnent sur des mouvements de peu de conséquence, et le plus souvent feints de la part des ennemis, ce qui engage à donner des alertes au général qui déterminent quelquefois des mouvements dangereux.

Dans la reconnaissance des postes entre le détail des bois de haute futaie et taillis, parce que outre la nécessité d'en faire couper pour les besoins du soldat, de l'officier et des manutentions, ils peuvent servir à l'établissement de quelque embuscade, ainsi il est de la prudence des officiers postés dans leur voisinage d'y entrer et de marcher à portée de les faire fouiller exactement et d'en reconnaître toutes les routes.

Les deux espèces de postes dont on vient de parler ont de plus leurs postes particuliers qui comprennent la garde de tous les débouchés par lesquels l'ennemi peut s'avancer sur eux, ou qui doivent servir à leur retraite, et les officiers qui y commandent ne sauraient être trop attentifs à acquérir la connaissance la plus détaillée des environs de leur position, afin de se mettre en état de s'y soutenir par la disposition de leurs troupes, et pouvoir remplir l'objet pour lequel on leur a confié lesdits postes dont la conservation ou la perte décident presque toujours du bon ou du mauvais succès d'une campagne.

La reconnaissance des postes doit être faite en même temps que celle des camps, puisque c'est de leur choix que dépend le plus souvent la sûreté et la tranquillité de l'armée.

Si les postes à occuper ont rapport à l'armée, ils doivent se trouver sous les principaux débouchés tant en avant du camp que sur les droites et les gauches. S'ils ne s'établissaient que pour couvrir quelques officiers chargés de faire quelque reconnaissance, il sera indispensable de mettre sur les débouchés des droites et des gauches de la direction des marches de ces mêmes officiers, un sergent ou un caporal, pour être averti non seulement de ce que l'officier commandant le poste verra devant lui, mais encore pour le faire retirer lorsque la reconnaissance sera faite; on dira la même chose des postes qu'on établira pour la sécurité de marche d'un convoi quelconque de munitions de guerre et de bouche.

Si on a une communication à garder pour la sûreté des derrières d'une armée, les postes doivent être établis de façon à pouvoir se soutenir réciproquement, et comme la plus grande partie des troupes qu'on destinera à ce soutien doit toujours être la plus rapprochée des points par lesquels l'ennemi pourrait entreprendre, on pense que le milieu de l'étendue de cette communication doit naturellement former le poste de ce corps de troupes, afin qu'il puisse porter plus promptement des secours aux points qui se trouveront menacés, et on ne doit pas négliger de profiter pour la détermination du choix de tous les avantages que la nature et l'art pourront procurer.

La raison qui fait déterminer le choix de ces postes dans les montagnes sur les principaux débouchés n'aura plus lieu dans les pays de plaines, où tout peut servir de débouché, lorsqu'on y ouvrirait des marches, mais cela n'empêche pas qu'il ne soit indispensable d'en établir tant en avant que sur les droites et gauches de l'armée : 1° sur les ponts ou gués qui faciliteront le passage des rivières s'il y en a; 2° à la tête des défilés, dans les bois ou à portée des parties resserrées soit par des étangs ou marais, soit par des taillis ou autres.

Les positions d'armée dans les plaines n'exigent le plus souvent que la destination de quelques réserves en avant des camps ou sur les ailes, pour être averti des mouvements d'un ennemi qui tenterait de s'y avancer, pour en couvrir les approches et les défendre, et souvent pour donner le temps à l'armée de marcher à quelque nouvelle position, soit en avant, soit en arrière; ces mêmes réserves peuvent être destinées à des positions plus éloignées où on aurait à craindre quelques diversions, comme aussi pour y donner de la jalousie à l'ennemi et l'obliger à diviser ses forces, ou pour entreprendre sur quelque point important sur lequel il n'aurait pas pris assez de précautions, et en général les camps dans les pays de plaines n'exigent que rarement des postes et les grand'gardes suffisent; mais les camps dans les pays de montagnes ou couverts de rideaux, bois, marais ou autres obstacles qui peuvent empêcher l'ouverture des marches, et qui déterminent les chemins à un nombre fixe, ne s'occupent jamais sans poste; c'est dans ces derniers pays qu'il sera plus facile de trouver des positions de défensive active, c'est-à-dire des points où on pourra sans inconvénients rassembler toutes les troupes d'une armée inférieure, au lieu que, dans les pays de plaines, on n'aura que la ressource des environs de quelque place.

CHAPITRE VIII.

FONCTIONS D'UN MARÉCHAL GÉNÉRAL DES LOGIS.

Cette charge n'est point connue pour l'étendue de ses fonctions, elle ne peut être remplie indistinctement par tout officier général, ainsi qu'on pourra en juger par le détail ci-après :

Un maréchal général des logis est l'âme d'une armée, comme un bon major l'est d'un régiment et un sergent d'une compagnie. Il doit avoir acquis, par son expérience et son application, les connaissances des parties les plus sublimes de la guerre, car il faut qu'il combine, qu'il examine et qu'il prévoie les événements, et qu'avec un bon jugement pour tirer parti des circonstances dans lesquelles il pourra se trouver, son esprit puisse lui fournir des idées ou projets d'opérations.

Ce n'est pas assez pour lui de connaître le pays comme un bon guide, il faut qu'il le connaisse militairement; et sur cet objet on ose dire qu'il y a beaucoup de négligence, car avec des talents naturels ces objets militaires d'un local s'acquièrent très difficilement et exigent un examen scrupuleux et des réflexions fondées sur de bons principes, relativement aux positions, aux postes et à la facilité ou difficulté des marches, ou concernant les troupes ou les envois de toute espèce; d'où il est aisé de conclure qu'on ne peut trop prendre de précautions pour assurer la bonté du choix, lorsqu'il sera question de remplir cette charge et d'y employer des aides.

Toutes les idées ou projets d'opérations doivent être présentés par lui au général, qui ne doit être occupé que de les rectifier; car ayant ses correspondances à entretenir, tant avec le Ministre de la guerre qu'avec les ambassadeurs et différents généraux d'armée, et à prévoir tout ce qui peut avoir rapport aux munitions de guerre et de bouche, à l'entretien et aux réparations des troupes, à leurs recrues ou remontes, à l'ordre et à la discipline, il lui deviendrait impossible de faire chaque jour les reconnaissances nécessaires pour pouvoir projeter des mouvements sans négliger quelques-unes de ces parties essentielles; il est donc nécessaire qu'il soit aidé et qu'on lui présente des idées.

Le maréchal général des logis, faisant tous les ordres pour les mouvements particuliers et généraux des troupes, doit toujours avoir leur position présente à sa mémoire, et les reconnaissances qu'il doit faire par lui-même ou qu'il doit faire faire par ses aides, chaque jour, sur les débouchés les plus rapprochés de l'ennemi, le mettant à portée de connaître aussi leur position, en s'aidant encore des rapports des déserteurs et des espions et surtout des détachements de guerre, qu'on ne saurait trop multiplier et qui procurent l'unique moyen d'être instruit non seulement de la position, mais encore de tous leurs mouvements, il sera plus en état que personne de juger de ce qu'il peut y avoir à entreprendre de leur part comme de la part de l'armée à laquelle il se trouve attaché. C'est donc lui qui doit présenter au général toutes les opérations qui lui paraîtront convenables relativement aux reconnaissances qu'il a faites ou fait faire.

Il doit connaître les talents, le zèle, la vigueur et la capacité de tous les officiers généraux et principaux de l'armée, afin d'être en état de proposer de mettre ceux qu'il connaîtra à la tête des colonnes et des détachements, lorsqu'il sera question d'une opération importante ou qu'on marchera à portée de l'ennemi; car pour les mouvements des troupes, lesquelles en sont éloignées et qu'il n'est question que de changer de quartier ou de camp, tout officier général peut y suffire.

C'est au maréchal général des logis à prévenir les munitionnaires des mouvements des troupes, du nombre de fours par lesquels elles doivent être fournies en pain, à indiquer les lieux d'entrepôt pour les vivres et ceux nécessaires aux manutentions, la quantité d'approvisionnement pour chaque entrepôt et les chemins pour la direction des convois.

Il doit être instruit de tous les effets d'artillerie et munitions de guerre pour en déterminer les emplacements et les transports. C'est à lui à faire toutes les instructions pour les officiers commandant des détachements ou des colonnes et à les faire signer au général, il doit en même temps leur fournir des itinéraires et des guides.

Il doit être chargé de la correspondance de tous les quartiers, et toutes les lettres des officiers généraux ou particuliers détachés doivent lui être renvoyées tant pour en projeter les réponses que pour en faire le rapport au général, parce que ayant fait l'instruction desdits officiers, personne mieux que lui ne peut connaître ce qu'il convient d'y ordonner.

C'est à lui à dresser tous les ordres de bataille et de marche, à en fournir des extraits, quand ils ont été approuvés du général, au major général et au maréchal général des logis de la cavalerie, à faire avertir les officiers généraux et le quartier général de l'heure à laquelle les équipages chargeront, ou du rendez-vous desdits équipages, pour le mouvement que le général jugera à propos de faire faire à l'armée.

Lorsqu'il en aura déterminé quelqu'un dans l'intervalle d'un ordre à l'autre, et qu'il conviendra de le cacher le plus longtemps possible, il prendra la précaution de les avertir par des billets peu d'heures avant le départ.

C'est au maréchal des logis à faire préparer toutes les marches et d'en faire ouvrir souvent dans des directions inutiles, pour donner le change à l'ennemi, en y marquant même les camps.

Le maréchal général des logis doit déterminer l'étendue des camps, soit qu'ils puissent être réguliers, soit qu'ils se trouvent décousus; le choix des camps doit être relatif à celui des positions, c'est-à-dire au champ de bataille, qui ne doit jamais être plus éloigné que de trois à quatre cents pas du camp, et le champ de bataille est de la plus grande conséquence à la guerre et exige un coup d'œil que la grande expérience et l'habitude du local peuvent seules procurer.

Chaque position offre différents alignements dont un seul est avantageux, et c'est dans la détermination de celui-ci que consiste véritablement la capacité du maréchal général des logis. Ainsi on ne doit pas en confier la direction différemment, car on ne doit pas supposer que tout officier général soit assez expérimenté pour assurer la bonté de ce choix, d'où dépend le plus souvent la sûreté de l'armée et le succès des opérations tant d'offensive que de défensive; on a trop souvent éprouvé les inconvénients qui ont résulté de ce mauvais choix, pour ne

IMPRIMERIE NATIONALE.

pas prendre à ce sujet les précautions nécessaires; c'est une partie du service de la guerre qui mérite le plus d'attention et sur laquelle il ne faut s'en rapporter qu'à des yeux accoutumés à bien voir.

Il doit faire reconnaître les granges dans les villes, bourgs, villages ou hameaux pour estimer les quantités de fourrages qu'elles contiennent, afin de les indiquer par des instructions particulières à chaque corps; lorsque l'armée fourragera au sec et lorsqu'elle fourragera au vert, il sera nécessaire qu'il évalue par arpents à peu près la quantité qu'ils peuvent produire de trousses, qu'il reconnaisse les chaînes à former pour la sûreté des fourrages et détermine le nombre de troupes et l'espèce de celles qui devront les former.

Comme il est chargé de tout ce qui a rapport au logement, il proposera au général le quartier qu'il saura le mieux lui convenir, et en faisant loger chacun à son rang et selon son grade, il doit avoir attention à ce qu'aucun officier qui n'aura pas droit de loger n'occupe des maisons, soit aux environs du camp, soit au quartier général.

Il doit connaître le nombre et l'espèce des maisons de chaque ville, bourg ou village, leurs distances respectives et communications, soit pour le cas auquel il se trouverait forcé de faire marcher l'armée en cantonnant, soit pour celui de l'établissement des quartiers d'hiver.

La compagnie des guides doit être à ses ordres, et, indépendamment du capitaine de cette compagnie, il est nécessaire qu'il ait un capitaine des guides particulier très instruit de la connaissance du pays dans lequel on fera la guerre.

La compagnie des guides doit être au moins de cinquante hommes dont trente à cheval et vingt à pied; ses capitaine et autres officiers seront chargés du détail et de la discipline de cette troupe, dont le service se bornera à garder les guides-paysans, à les contenir, à les suivre et à porter les différents ordres que le maréchal général des logis aura à faire passer aux corps d'armée, aux corps détachés et aux officiers commandant dans les postes.

Le capitaine des guides bornera son service à suivre partout le général, à prendre dans chaque village les guides qui lui seront nécessaires et à les changer à proportion qu'on s'éloignera, à les interroger pour savoir s'ils connaissent bien les chemins; et à en avoir par tous les lieux des environs de l'armée il en formera un état au moyen duquel il sache toujours ceux dont il aura besoin.

Ces guides seront gardés par les soldats de la compagnie des guides, dans quelque maison rapprochée du logement du maréchal général des logis, et un officier de chez lui; il faudra donc distinguer le capitaine des guides du capitaine de la compagnie des guides.

Il faut tout ce qu'il y a de plus vigoureux en troupes pour l'ouverture des marches, car il y a le plus souvent des postes à attaquer, et on ne doit pas négliger de mettre à leur suite une compagnie d'ouvriers et quelques voitures contenant les outils, bois, cordages et machines nécessaires à la construction des ponts sur les ruisseaux ou ravins qui se trouvent dans la direction.

Ce service est un des plus essentiels de la guerre, soit pour donner le change à son ennemi par des mouvements simulés soit pour s'en approcher véritablement et l'attaquer; il exigerait des troupes non seulement vigoureuses mais instruites, d'où suit nécessairement le besoin de former un corps de troupes particulier pour remplir l'objet de l'ouverture des marches et celui des escortes, dans les reconnaissances à faire, pour le général de l'armée ou les officiers de son état-major des logis, qui chaque jour doivent reconnaître les camps et différents mouvements de l'ennemi, les moyens de profiter de leur mauvaise position, comme aussi ceux d'éviter que par des marches dérobées ce même ennemi surprenne le camp ou force à un mouvement rétrograde trop précipité qui, indépendamment de l'indécence, occasionnerait le plus souvent une déroute.

Les ingénieurs géographes ne doivent être occupés que de lever les camps, le chemin des colonnes et les parties de pays que le général exigera et dont leur chef doit donner uniquement une copie au général et une autre au secrétaire d'État du département de la guerre.

Le maréchal général des logis a besoin de quatre aides au moins, l'un pour le bureau, qui sera chargé des ordres de marche et instructions, un second pour l'ouverture des marches et les deux autres pour toutes les reconnaissances à prendre, et on pense que ce nombre peut être suffisant; on n'en mettait pas autrefois à la suite des colonnes ni à celle des corps détachés.

Comme les idées et projets d'opérations que le maréchal général des logis ou ses aides peuvent se former exigent des réflexions et une discussion, dans laquelle entrent nécessairement les avantages ou inconvénients dans les moyens d'opérer, relativement à la situation des ennemis, à ce qu'ils peuvent présenter d'obstacles et à toutes les suppositions qu'on peut faire sur le parti qu'ils pourront prendre, en regardant leurs officiers généraux et ceux de leur état-major aussi bien instruits et aussi entreprenants qu'on peut l'être, le maréchal général des logis doit assembler ses aides, qu'on suppose officiers ayant des principes et de l'expérience, et leur proposer lesdites idées; cette discussion ne peut produire qu'un bon effet, tant pour les aides que pour le chef, en les autorisant ou les réfutant, et souvent en faisant quelques changements aux dispositions nécessaires à l'exécution, et c'est dans ces entretiens particuliers que peuvent se former les meilleurs officiers; d'où il suit que le choix des aides-maréchaux généraux des logis mérite la même attention que celui de leur chef, qu'il ne suffit pas d'avoir du zèle et de la volonté, qu'il faut : 1° de l'application et une aptitude pour les parties sublimes de la guerre; 2° la même aptitude pour la connaissance militaire du pays; 3° qu'ils soient capables des plus grands secrets, car tous les projets et opérations de guerre petits ou grands, étant détaillés dans le bureau du maréchal général des logis et confiés par conséquent à ses aides, il est de la plus grande importance que rien n'en transpire; 4° qu'ils puissent *figurer* pour mieux transmettre la connaissance qu'ils auront à donner d'un local soit au général de l'armée soit au maréchal général des logis; 5° qu'ils ne s'en rapportent qu'à ce qu'ils auront vu par eux-mêmes; 6° enfin qu'ils ne craignent pas la fatigue, qu'ils soient vigoureux et valeureux.

LIVRE III.

MARCHE DES ARMÉES.

CHAPITRE PREMIER.

LIEU D'ASSEMBLÉE.

La première attention sera de déterminer la position où, suivant le plan de campagne, il conviendra d'assembler l'armée; elle sera en arrière des places de la frontière ou en avant; si elle est en arrière, on fera approcher les troupes desdites places, suivant l'époque à laquelle pourront commencer les opérations, et comme les marches pour y arriver n'ont rien de différent de celles qu'il faut pour le changement de garnison de ces places, on ne détaillera le mouvement de l'armée que pour les marches en avant desdites places.

Si les points sur lesquels on est déterminé d'opérer se trouvent près de l'endroit qu'on aura choisi pour rassembler les troupes, on pourra, sans les déplacer, faire des détachements du camp pour établir les petits postes et successivement ceux qui feront l'objet des premières opérations; si au contraire les points se trouvent à une ou plusieurs marches de cette première position, le projet de marche s'étendra sur plusieurs débouchés ou sur un seul.

S'il s'étend sur plusieurs débouchés, on choisira la position la plus rapprochée du milieu de l'intervalle de tous les débouchés pour y faire avancer les corps destinés aux opérations, et on partagera l'armée en différents camps suivant le nombre des débouchés à suivre, en déterminant le nombre des troupes de chaque camp proportionnellement aux facilités plus ou moins grandes de leurs débouchés respectifs et aux opérations dont chaque division pourra être chargée.

S'il ne s'étend que sur un seul débouché, on fera rapprocher l'armée pour la mettre à portée, mais on observera, dans le premier comme dans le second cas, que si les opérations embrassent une certaine étendue de terrain, il convient de faire rassembler l'armée en trois positions à peu de distance des places qui lui appartiennent, et qu'il ne doit y avoir qu'une marche de la position du centre à celle de la droite ou à celle de la gauche, et par conséquent que toute l'étendue des trois positions ne doit occuper que l'espace de sept à huit lieues au plus, qu'elle soit à peu près également éloignée des deux extrémités de l'étendue sur laquelle on aura à opérer, afin d'avoir occasion de faire des diversions; cette méthode cachera à l'ennemi le véritable point qu'on aura déterminé pour son débouché dans le projet de campagne, et menacera les points de l'étendue sur laquelle on aura dessein d'opérer, puisque l'armée se trouverait à portée d'y marcher et d'y arriver presque en même temps.

CHAPITRE II.
CALCUL DU TEMPS POUR LA MARCHE.

Les premières positions occupées, lorsqu'on voudra marcher en avant, il est indispensable de prendre connaissance de tous les chemins ou sentiers qui permettront d'y faire marcher des troupes; ces chemins se trouveront dans les plaines, dans les vallées ouvertes ou dans des vallées ou vallons resserrés, ils auront assez de largeur pour permettre la marche de plusieurs hommes de front, ou ne présenteront que des défilés.

Si les chemins sont dans des plaines ou vallées ouvertes, ils pourront être multipliés et établis sur une plus grande largeur; et, suivant que les terrains se trouveront moins coupés de ravins, on s'y ouvrira de nouvelles marches, en sorte qu'on puisse espérer de s'y avancer sur plusieurs colonnes et arriver en peu de temps aux nouveaux camps.

Si les chemins se trouvent dans des vallées resserrées, il sera rare qu'on y trouve plus d'une communication, et elle sera le plus souvent établie dans le bas de la vallée ou dirigée sur les penchants, tantôt à la rive droite de la rivière qui arrosera ladite vallée, tantôt à la rive gauche, et souvent partie sur l'une et partie sur l'autre selon que les escarpements couperont lesdits penchants, ce qui rendra la marche de l'armée qui voudra s'y avancer très lente, et ne lui permettra d'arriver aux nouvelles positions que par divisions partant à deux jours d'intervalle lorsqu'il y aura plusieurs jours de marche, ou successivement tous les jours lorsqu'il n'y aura qu'une seule marche.

Si les chemins sont assez larges pour permettre que les colonnes s'avancent sur plusieurs hommes de front, les divisions qu'on mettra en mouvement seront les plus fortes et il arrivera plus de troupes dans le même jour.

Si au contraire les chemins ne présentent que des défilés, on se trouvera dans le cas de ne pouvoir faire marcher qu'une très petite quantité de troupes; ce qui arrivera lorsque la largeur des chemins ne se soutiendra pas dans toute la longueur, puisque s'il se trouve quelques défilés dans la direction des chemins les plus larges, ils ne deviendront pas plus avantageux à l'accélération des mouvements que les plus étroits, et comme le temps de la marche doit entrer dans le projet qui en sera combiné, il faut fixer deux heures par chaque lieue, en sorte que si la colonne avait trois lieues à faire et se mettait en marche à six heures du matin, elle n'arriverait qu'à midi, et pour savoir à quelle heure arriverait la queue de la colonne, il faudrait savoir combien il peut partir d'hommes par heure, en déterminant les instants de leurs mouvements à une seconde pour chaque homme, ce qui en ferait sortir du camp trois mille six cents par heure, ou quatorze mille quatre cents en quatre heures, si c'est dans des défilés, et le double ou le triple si on peut marcher sur deux ou trois hommes de front; par conséquent les derniers hommes d'une colonne partant quatre heures plus tard n'arriveront qu'à quatre heures après midi, d'où il sera aisé de voir quel nombre d'hommes on pourra engager à chaque colonne pour les faire arriver au nouveau camp et sur quelques positions à des hauteurs fixes.

Outre le calcul dont on vient de parler, il faut faire entrer dans les combinaisons les accidents qui peuvent survenir à chaque marche, soit par la chute des soldats, soit par le retard que quelques-uns y peuvent produire par des pas moins allongés, ou par telle autre cause qu'on voudra, car il est certain qu'un soldat qui s'arrête suspend, dans un défilé, la marche de tout ce qui est derrière lui.

Le temps de la marche dépend de la vitesse avec laquelle on fait avancer les soldats, et comme il peut y avoir trois sortes de marches (la *prompte* qui demande beaucoup de vitesse, contre un ennemi qui fuit, pour se porter plus promptement au secours d'un poste, ou pour essuyer moins longtemps les feux d'un ennemi posté; la *marche ordinaire* pour des mouvements d'un lieu à un autre, ou contre un ennemi éloigné; la *marche lente*, telle que celle des arrières-gardes, ou celle d'une troupe qu'on ne veut pas faire arriver dans une position plus tôt qu'une autre qui aurait plus d'espace à parcourir pour s'y rendre dans le même temps), il est nécessaire de déterminer le temps qu'une troupe mettra à parcourir le même espace relativement à la vitesse avec laquelle elle s'avancera, en fixant à peu près à trois mille toises par heure l'espace parcouru par celles qui s'avanceront d'un pas ordinaire, et à quinze cents toises celui de la marche lente.

Suivant ce calcul, si, pour avancer dans une nouvelle position on trouve le moyen de mettre en mouvement plusieurs colonnes par différents débouchés, il faudra indiquer, dans les instructions qu'on donnera aux officiers généraux, l'espèce de marche suivant laquelle ils devront conduire leurs colonnes, en comparant l'espace à parcourir avec le temps qu'on voudra mettre dans la marche.

CHAPITRE III.

PRÉCAUTIONS INDISPENSABLES POUR ASSURER LES MARCHES.

Les marches ne peuvent s'entreprendre sans avoir pris les précautions suivantes, selon que les troupes doivent marcher sur un ou plusieurs débouchés.

Il est indispensable : 1° si la marche se fait dans les montagnes, que les sommets qui séparent les débouchés soient occupés par les troupes de l'armée qui marche, et qu'on s'assure de toutes les hauteurs qui dominent les droites et les gauches de l'intervalle dans lequel on veut se mettre en mouvement, et si c'est dans un pays de plaines, qu'on s'assure des droites et des gauches à quelque distance de la direction de marche;

2° Que les troupes partant à même heure puissent arriver dans un temps déterminé à l'endroit qu'on veut occuper et que, si on marche par plusieurs colonnes, elles puissent se communiquer d'espace en espace, afin d'être averti des endroits où elles se trouveront, soit par des aides de camp, soit par des signaux convenus, et beaucoup mieux par ce dernier moyen que par le premier;

3° Qu'on soit informé d'avance par les aides-majors maréchaux généraux des logis, ou par le capitaine des guides, ou par les gens du pays, des obstacles qui peuvent se trouver dans la marche, et qu'on soit toujours en état de rassembler les travailleurs et outils nécessaires pour réparer les chemins ;

4° Qu'indépendamment des postes qu'on aura fait occuper d'avance le long de la direction des marches, il y ait toujours une avant-garde considérable qui précède chaque colonne de troupes dans la disposition qu'on indiquera ci-après, et, sur toute chose, que les troupes qui marchent sur une ou plusieurs colonnes puissent toujours se mettre en bataille sans confusion et aussi promptement que les circonstances pourront l'exiger, ce qui obligera à des détails particuliers et bien exacts dans les ordres de marche;

5° Qu'on connaisse exactement le détail du terrain qu'on aura à parcourir, en distinguant les parties les plus ouvertes de celles qui se trouvent resserrées, et qu'on ait une connaissance exacte du camp qu'on veut occuper;

6° Qu'on prenne des précautions contre les pluies d'orage, qui d'un moment à l'autre peuvent grossir considérablement les ruisseaux et qui, en les rendant impraticables, sépareraient les colonnes en plusieurs parties; et que, s'il y a quelques ponts à construire ou quelques réparations à faire aux chemins, on les fasse faire d'avance, ou, si on n'en avait pas la possibilité, on porte avec soi les bois nécessaires pour la construction desdits ponts, à moins qu'on ne soit assuré d'en trouver sur les lieux et de pouvoir s'en servir;

7° Qu'on s'assure des subsistances pour le temps de la marche en faisant porter des pains pour les soldats, soit par des paysans, soit par des brigades de mulets de vivres qui précéderont les mêmes équipages à la suite de l'armée, soit par l'établissement de fours et manutentions en avant ou à portée des lieux où l'armée marchera, suivant qu'on se trouvera plus ou moins éloigné de l'ennemi;

8° Que les troupes, l'artillerie, les vivres et les équipages soient assemblés en différents lieux les plus à portée qu'on pourra des débouchés sur lesquels ils doivent être dirigés, et que rien ne s'ébranle qu'aux heures marquées dans l'ordre de marche qui aura été donné;

9° Que l'artillerie, les vivres et les équipages se trouvent toujours couverts par les troupes, et ne puissent pas être attaqués par des partis qui pourraient se glisser par les gauches et par les droites de l'armée et sur ses derrières;

10° Que les communications sur les derrières de l'armée se trouvent toujours couvertes afin d'assurer les convois de subsistances et munitions de guerre, ainsi que la marche des traînards, recrues, remontes et de tout ce qui voudra joindre l'armée;

11° Qu'il y ait à chaque colonne un détachement de l'hôpital ambulant avec tout ce qui peut lui être nécessaire;

12° Que les chemins soient indiqués par des petits fagots de paille ou par des poteaux dans toutes les fourches qui se trouveront dans leur direction;

13° Que la marche se fasse dans une disposition telle que l'armée soit toujours en ordre de bataille, c'est-à-dire que si elle marche sur une seule colonne, la première ligne en fasse la tête, la seconde ligne le centre, la réserve la queue;

Que si c'est par deux colonnes, la moitié de la première ligne fasse la tête de celle de la droite, et l'autre moitié celle de la colonne de gauche, et de même de la seconde ligne et de la réserve;

Si c'est par trois colonnes, ce sera le tiers, et par quatre le quart, observant cette disposition tant dans les pays de montagnes que dans ceux de plaines, car on a vu souvent que, faute d'avoir fait marcher les troupes en ordre de bataille, elles sont arrivées dans leur nouveau camp si en désordre qu'il a fallu une ou deux heures pour les placer suivant ledit ordre, ce qui deviendrait très dangereux dans des positions rapprochées de l'ennemi.

Il deviendrait égal de composer la première colonne de la première ligne en entier, la seconde de la seconde ligne et la troisième de la réserve; c'est au maréchal général des logis à juger de la disposition qui sera la plus convenable, mais on ne doit jamais s'écarter du principe de faire marcher l'armée dans l'ordre exact où elle doit être mise en bataille pour combattre.

Ces précautions sont les principales des marches, et comme leur objet est des plus importants de la guerre, on trouvera dans les chapitres suivants les détails et les explications dont quelques-unes sont susceptibles.

CHAPITRE IV.

COMBINAISON DES MARCHES.

Les précautions de faire arriver les colonnes en même temps dans l'endroit qu'on voudra occuper exigent que l'étendue du chemin et le temps nécessaire pour le parcourir soient bien employés. Les marches peuvent se faire dans l'objet de se rapprocher de la position d'un ennemi ou de s'en éloigner, pour occuper une position principale ou pour empêcher que l'ennemi ne l'occupe.

Si on marche pour s'approcher d'un ennemi, il faut multiplier les colonnes autant qu'on le pourra pour arriver en force, et que les avant-gardes et têtes des colonnes soient composées des meilleures troupes et ayant, autant que cela se pourra, du canon avec elles; car, s'il ne pouvait déboucher qu'une seule colonne à la fois dans le terrain à occuper, soit qu'elle fût d'un homme de front ou de six, qui est le plus grand nombre dans les montagnes, il ne serait pas difficile à un ennemi attentif d'y opposer des obstacles invincibles; ainsi, dans quelque disposition que se fasse la marche d'une armée, sur une ou plusieurs colonnes, il est essentiel que la tête puisse résister à l'effort que l'ennemi pourrait lui opposer, et à cet effet, s'il ne s'y trouvait qu'un seul chemin, il faudrait s'en procurer quelque autre, soit dans les penchants, soit par les plus grandes hauteurs, afin d'être en état de déboucher par plusieurs points sur le lieu où devrait s'asseoir le nouveau camp, ou, s'il était absolument impossible de pratiquer de nouveaux chemins ou sentiers, il faudrait tout au moins occuper avant la marche de l'armée tous les plateaux et mamelons qui peuvent favoriser l'entrée des troupes et leur donner le temps de s'y rassembler un peu en force.

Lorsqu'on marche par plusieurs colonnes, comme l'ennemi ne peut opposer autant de résistance sur plusieurs points que sur un seul, on doit présumer que le débouché se fera sans obstacles, pourvu que la tête de chaque colonne se présente en même temps sur les différents points qui répondent au camp; mais on ne doit pas négliger l'attention de multiplier l'arrivée des troupes, tant par le bas des vallées que par les penchants ou plus grandes hauteurs, parce qu'il est certain que, plus la tête fournira de débouchés sur le nouveau camp et plus le premier nombre sera considérable, et, dans ces occasions, on ajoute aux précautions dont on vient de parler celle d'envoyer dès la veille, ou seulement quelques heures d'avance, un gros détachement pour remplir les objets nécessaires et à la sûreté de la marche et à la position qu'on s'est proposé d'occuper.

Si on marche pour s'éloigner de l'ennemi, il faut commencer par se débarrasser de l'artillerie, des vivres et des équipages, sans qu'il paraisse qu'on dégarnit le front de la position qu'on veut abandonner, et disposer son mouvement pour l'entrée de la nuit, observant d'entretenir les feux, tant des gardes avancées que de celles du camp, assez de temps pour que l'ennemi ne puisse pas soupçonner la retraite, et dans ce cas on doit se servir des troupes des postes avancés et des gardes du camp pour former l'arrière-garde.

On ajoute à la précaution d'entretenir les feux celle de faire mouvoir quelques hommes devant lesdits feux, ce qui se pratique avec très peu d'hommes et peut souvent faire prendre le change quand leur mouvement d'un feu à l'autre n'est point interrompu.

Si on marche pour aller occuper une position principale, il faut faire précéder l'armée par des détachements qui puissent aller prendre des postes en avant et sur les droites et gauches des nouvelles positions, tels qu'on soit assuré de ne trouver aucun obstacle à s'y avancer, et cette précaution doit se prendre au moins vingt-quatre heures d'avance, pour ne pas tomber dans l'inconvénient de camper en arrière de ladite position dans quelque endroit désavantageux, ou de marcher à colonne renversée pour retourner au camp qu'on aurait quitté.

Lorsqu'il est question d'empêcher qu'un ennemi occupe une position principale, il suffit le plus souvent d'avoir des postes dans les parties les plus resserrées de l'étendue de ses marches ou sur les hauteurs qui dominent les chemins; mais si la position de l'armée qui veut empêcher cette occupation principale est trop éloignée pour soutenir les postes qu'on indique, il faut la faire rapprocher en faisant choix d'un camp dont les débouchés soient également à portée desdits postes et dans lequel on puisse attendre l'ennemi pour le combattre si, ayant forcé lesdits postes, il tentait de s'y avancer, ou donnant les moyens de se retirer et de replier lesdits postes sans risquer d'être entamé, si on n'est pas en état de résister à l'effort de son ennemi.

La précaution d'avoir des chemins d'espace en espace, pour que les colonnes puissent se communiquer, est d'autant plus indispensable que, sans cette ressource, une colonne pourrait être attaquée par un corps supérieur et se trouverait compromise ou à la tête, ou au centre, ou à la queue, si on ne pouvait la renforcer et la secourir; car quelque effort que fît l'officier général commandant la colonne voisine de celle qui serait attaquée pour lui donner du secours, il n'aurait que le moyen de marcher à colonne renversée pour rentrer dans la vallée de ladite colonne et prendre la queue de ses troupes, il pourrait même y trouver des obstacles, suivant la disposition qu'aurait pu faire l'ennemi, s'il n'avait aucun autre débouché; ainsi on ne doit point engager des troupes par différents chemins que les troupes de chaque débouché pourraient mettre en usage, soit pour assurer leur marche, soit pour se défendre contre toute autre entreprise en se mettant en bataille, ou pour avoir la facilité de se retirer.

La maxime si essentielle de marcher toujours en ordre de bataille exige nécessairement des communications multipliées d'une colonne à une autre, et cette précaution étant plus difficile dans un pays de montagnes que dans les pays plats, demande, de la part des officiers de l'état-major, un examen scrupuleux des positions les plus respectables à prendre, dans le cas où on se trouverait obligé de rassembler les troupes et de se mettre en bataille, avec l'attention d'établir, le plus à portée qu'il sera possible de ces positions, les communications au moyen desquelles les colonnes pourraient se réunir.

Cet examen et cette attention ne peuvent être confiés qu'à des officiers non seulement instruits mais encore expérimentés et dans lesquels on ait reconnu des idées militaires, car c'est de la disposition qu'ils feront et des connaissances qu'ils en donneront dans les ordres de marche que les officiers généraux marchant à la tête desdites colonnes pourront exécuter les mouvements déterminés pour lesquels il faudra leur donner encore des instructions particulières.

Pour mieux faire entendre ce qu'on vient de dire et donner une plus juste idée des talents nécessaires aux officiers qui seront chargés de cet examen, on supposera que l'armée, partant de Briançon pour entrer en Piémont, marche sur trois colonnes : celle de la gauche dirigée par la vallée des Prés, le col de l'Échelle et la vallée de Bardonnèche sur Oulx, dans le bas de la vallée de Cézane ; celle du centre par le Mont-Genèvre sur Cézane, et la troisième par la vallée de Cervières sur Bousson.

Premièrement, l'officier qui aura reconnu le chemin de la colonne de gauche aura examiné les positions militaires à prendre dans cette direction, comme ceux qui auront reconnu le chemin des deux autres colonnes en auront fait autant de celles de leurs directions ; il est donc question de déterminer le parti à prendre sur les trois suppositions, il dépendra : 1° de la force de l'ennemi ; 2° des diversions qu'on peut avoir à craindre ; 3° de l'objet que l'on aura en vue, et enfin des avantages ou inconvénients que peut produire le mouvement auquel ce parti donnera lieu.

On ne pourra déterminer de positions dans la direction de la colonne de la gauche qu'aux points de Melezet et de Milor (*Millaures*), parce que ce sont les seuls où il soit possible de se rassembler et de résister aux premiers efforts d'un ennemi entreprenant, à cause du peu d'étendue de leur front et de l'avantage qu'on aurait en occupant les hauteurs où l'ennemi ne pourrait s'avancer sans être découvert et éprouver l'inconvénient de monter des penchants rapides devant des troupes postées qui peuvent être renforcées par d'autres, tant par leur derrière que par leur flanc droit où il se trouve des communications. (Planche n° 10.)

Les positions de la colonne du centre se déterminent, la première au point A le plus rapproché de la communication du Mont-Genèvre aux Acles, d'où par le col de la Mulotière on arrive dans la vallée de Bardonnèche, ayant en avant d'elle des montagnes escarpées et la hauteur des Clavières qui dominent le penchant du Mont-Genèvre du côté de Cézane ; la seconde au point B sur le col de la Coche, ayant à sa gauche un ravin très profond et à sa droite des bois et une montagne inaccessible et d'où, par le col de Gimont, elle peut communiquer à la colonne de droite.

Les positions de la troisième colonne se prendront : la première à l'entrée du vallon du Bourget sur la rive droite du ruisseau de Cervières, dont la rive gauche est bordée d'une montagne escarpée; la seconde au milieu des eaux pendantes du col du Bourget, toutes deux sur le penchant de la montagne de Gimont, d'où la communication avec le Mont-Genèvre sera toujours libre, cette dernière lisant dans toute la vallée de Cézane et pouvant profiter d'un mamelon qui défend tous les débouchés par où l'ennemi pourrait s'avancer.

Le choix des positions une fois déterminé, on comprendra facilement qu'il faut que les officiers généraux qui marcheront à la tête des colonnes en soient instruits, non seulement pour leur colonne particulière, mais encore pour celles qui marchent à leur droite et à leur gauche, et que leurs instructions leur indiquent la communication dont ils pourraient faire usage; et, s'ils sont obligés de se réunir à l'une ou à l'autre desdites colonnes, ou seulement d'y faire marcher des secours, il est nécessaire d'ajouter encore à leurs instructions la direction qu'ils doivent faire suivre aux troupes qui auraient à marcher pour se réunir à une autre colonne : par exemple, si la colonne de gauche s'arrêtait au point de Milor (*Millaures*) ou de Melezet et qu'elle ait besoin de secours, il serait inévitable d'y faire marcher des troupes de la colonne du centre qu'on dirigerait par le col de la Mulotière; de même, si la colonne de droite avait besoin de secours, celle du centre lui en porterait par le col de Gimont et de Gondran ou par l'intervalle compris entre ces deux cols, d'où il résulte que si on voulait rassembler les trois colonnes sur un seul point, ce ne pourrait être que par ces deux communications qu'il faut toujours conserver.

Il résulte de ce qui vient d'être dit pour les marches d'armées dans les pays de montagnes qu'on ne doit pas penser qu'on puisse réunir les colonnes et se mettre en bataille sur toute sorte de points; que les positions ne peuvent se prendre que relativement à la situation du local et plus encore relativement aux communications; au lieu que, dans les pays plats, soit que les colonnes se voient, soit qu'elles ne puissent s'apercevoir, il sera aisé de les réunir sur tel point qu'on jugera le plus convenable, lorsqu'on sera assuré des communications ou tout au moins de la facilité d'ouvrir les marches d'une colonne à l'autre.

On remarquera, dans l'exemple dont on se sert, que les communications de la colonne de gauche à celle du centre ou de la droite se réduisent à deux, au lieu que celles de la colonne du centre à celle de la droite sont plus en nombre, et par conséquent que la réunion de ces deux dernières sera plus facile et qu'elles

pourront mieux se secourir, ce qui exigera plus de précautions à prendre sur la sûreté de la marche de celle de la gauche.

Il est encore indispensable d'avoir égard à la nature des chemins, car si les
trois suivant lesquels les colonnes se trouvent dirigées peuvent être susceptibles
de passages de voitures à roues et de la grosse artillerie, ce qu'on a dit peut suffire; mais s'il n'y avait qu'un chemin qui pût servir à son transport, pour lors
l'armée ne se réunirait en entier que sur sa direction, et on se bornerait à favoriser
et assurer la marche des autres colonnes par détachement; ainsi il est fort essentiel que cette distinction soit comprise dans les instructions particulières des officiers généraux commandant les colonnes, et il l'est de même de n'en pas parler
dans l'ordre de marche, afin que l'ennemi n'en puisse être prévenu.

Les vallées sont toutes séparées, ainsi qu'on l'a déjà dit, par des chaînes de
montagnes plus ou moins élevées et dont les sommités, comme les penchants, se
trouvent mêlées d'escarpements et de parties accessibles, mais il n'y en a aucune
qui n'offre des débouchés pour la communication des vallées, et c'est dans l'occupation des hauteurs que ces passages doivent être bien reconnus, parce que ce sont
les seuls qui puissent servir au soutien et à la communication des colonnes, et
quoiqu'on ait pris la précaution d'occuper les hauteurs, on ne doit pas négliger
l'avantage de ces communications, d'autant que les ennemis pouvant forcer
quelques postes desdites hauteurs, la colonne qui en serait voisine ne se trouverait pas toujours en état de soutenir les efforts qu'il pourrait faire sur elle
après le succès de la première attaque, si les colonnes engagées dans d'autres
débouchés ne pouvaient marcher à son secours par des communications particulières.

Ce doit être aussi par ces mêmes communications que tous les aides de camp
doivent marcher pour informer le général des hauteurs auxquelles se trouveront
les colonnes, observant le chemin qu'elles auront pu faire pendant que l'aide de
camp aura été en marche, et c'est pour cet objet qu'on ne saurait employer des officiers trop intelligents, car il faut que par des indications bien connues l'officier
général puisse juger du point répondant à son débouché, lesquelles indications se
prendront par rapport aux villages, hameaux, croix, chapelles ou mamelons, formant différents repères de la direction de marche de la colonne sur le mouvement de laquelle on prendra des informations.

S'il est avantageux de trouver des communications dans l'intervalle des colonnes,
il serait peut-être dangereux qu'une colonne dépassât l'un de ces débouchés avant

que l'autre en fût à hauteur dans la gorge ou vallée opposée. Ainsi on ne saurait avoir trop d'attention à faire faire des haltes aux troupes à mesure qu'elles se trouveront plus avancées, pour donner le temps aux plus reculées d'arriver à même hauteur; et comme il se trouve souvent des vallées dirigées presque en ligne droite sur les positions qu'on veut occuper, tandis que les vallées les plus éloignées s'en écartent beaucoup par de longs détours, c'est un des objets principaux à faire entrer dans les combinaisons des marches, en y remédiant soit par des haltes proportionnées, soit par des mouvements fixés à différentes époques comme on l'a dit ci-devant, ou enfin par la distribution entière des troupes qui doivent former les colonnes dans les lieux qui se trouvent à peu de chose près également éloignés des endroits où elles doivent se rassembler dans une nouvelle position. Sur quoi il est à observer que, lorsque la marche des troupes se trouve relative à l'attaque d'un poste ou à l'occupation d'un camp qui peut être disputé, ces précautions deviennent beaucoup plus essentielles et qu'on ne doit pas les négliger sous quelque prétexte que ce puisse être, comme on le pourrait si la marche n'avait pour objet que la position d'un nouveau camp éloignée de celle des ennemis; car de l'arrivée de toutes les colonnes en même temps aux points rapprochés des lieux où on veut entreprendre dépend le plus souvent le succès des opérations, soit parce que l'aspect de plusieurs colonnes dont les ennemis ne connaissent point la profondeur les intimide, soit parce qu'un général, voyant la tête de ses troupes paraître en même temps, aura la liberté de faire ses dispositions générales suivant que les ennemis auront fait les leurs, et n'engagera point ses troupes à des mouvements inutiles qui ne servent qu'à les fatiguer et qui diminuent l'ardeur dont on a beaucoup plus besoin dans les pays de montagnes qu'ailleurs.

Indépendamment des moyens qu'on a d'être averti des hauteurs auxquelles marchent les colonnes par les aides de camp, on pourra se servir encore plus utilement pour cet objet des signaux qu'on fera établir sur les sommités les plus apparentes des montagnes qui séparent les vallées dans lesquelles marchent lesdites colonnes, lesquels signaux seront convenus et détaillés dans les instructions particulières de chaque officier général conduisant les colonnes. Les tables des signaux doivent comprendre non seulement les moyens d'avertir des hauteurs auxquelles se trouvent les colonnes, mais encore des mouvements qu'elles auront à faire suivant les circonstances; c'est-à-dire qu'on doit connaître par eux les mouvements que les ennemis pourraient faire, la quantité de troupes dont on aurait besoin pour résister à leur entreprise, ou la nécessité de réunir l'armée et de la mettre en bataille, afin qu'il ne puisse y avoir un moment de perdu sur toutes les précautions que la prudence exigera.

CHAPITRE V.

OBSTACLES DANS LES MARCHES.

Les obstacles sont quelquefois multipliés dans un débouché, tandis que les débouchés voisins s'en trouvent exempts, et si ces obstacles n'étaient pas prévus d'avance, on exposerait la marche des troupes qui se trouveraient engagées dans ce débouché à trop de lenteur ou à des inconvénients considérables.

Ces obstacles peuvent être de plusieurs espèces : 1° par la difficulté des chemins trop étroits; 2° par la nécessité de passer des ruisseaux ou ravins sur lesquels les ponts manquent ou sont mal établis; 3° par les ravins nouveaux auxquels les pluies d'orage donnent lieu et le volume d'eau dont ils augmentent les ruisseaux ou ravins déjà formés; 4° par la chute de quelques rochers ou la grande quantité de terre, graviers et gros cailloux que ces mêmes pluies d'orage font descendre des penchants et qui comblent les chemins, et enfin par l'occupation de quelques postes importants de la part des ennemis ou autres dispositions qu'ils feraient pour s'opposer à la marche des troupes.

Les quatre premiers obstacles peuvent être tels que, par le secours de l'art, on les diminue ou fasse évanouir.

S'ils exigent beaucoup de travail, on y doit faire attention et rendre la marche des autres colonnes relative au temps que ces obstacles exigeront de plus pour la marche des troupes qui devront en supporter l'inconvénient; si au contraire on peut les faire évanouir facilement ou les diminuer, c'est aux officiers de l'état-major d'en prévenir le général afin qu'il y emploie les ingénieurs, officiers de mineurs ou d'ouvriers et les travailleurs nécessaires, suivant la nature et la quantité de travail, et assez longtemps d'avance pour que l'ouvrage soit perfectionné lorsqu'il sera question de rendre les mouvements relatifs à ceux de son ennemi; dans ce cas, il faut que le général prenne des connaissances par des ingénieurs ou officiers particuliers de son armée qui auront parcouru ledit pays dans d'autres circonstances, et qu'indépendamment de ces connaissances, le maréchal des logis et ses aides cherchent, parmi les gens du pays les plus intelligents, tous les éclaircissements dont ils peuvent avoir besoin, en comptant pour peu de chose les rapports des personnes qui ne se seront pas convaincues par elles-mêmes des faits dont elles feront déclaration; car rien n'est si dangereux que la confiance qu'on donne à des personnes qui hasardent le discours sur ce qu'elles ont entendu dire.

Lorsque tous les éclaircissements auront été pris et qu'on aura fait l'analyse des rapports pour savoir s'ils sont conformes, on se précautionnera sur tout ce qui sera nécessaire et on fera marcher, dans tous les cas, des détachements de travailleurs, de mineurs, d'ouvriers, avec des ingénieurs à chaque colonne, lesquels occuperont l'intervalle entre l'avant-garde et la tête des colonnes pour se trouver à portée d'exécuter ce qui conviendra pour assurer les chemins, ponts et généralement tout ce qui sera nécessaire pour le projet de la marche; mais lorsque, par tous les rapports qu'on aura confrontés, on sera certain que ces obstacles sont d'une nature à arrêter la marche des troupes et que les réparations exigeraient plusieurs jours de travail, pour lors on devra suspendre la marche de l'armée et faire avancer des détachements qui, en contenant les ennemis, puissent favoriser et soutenir le travail qu'on jugera nécessaire jusqu'à ce qu'il soit dans un état de perfection, car il y aurait beaucoup d'imprudence de faire marcher l'armée et de la voir arrêtée dans une mauvaise position, et souvent dans un défilé, faute d'avoir préparé sa marche en avant.

Si l'obstacle dépend de l'occupation d'un poste important de la part des ennemis, il est indispensable d'en projeter l'attaque et de faire toutes les dispositions possibles pour les en chasser et l'occuper soi-même, ce qui exige qu'on suspende la marche jusqu'à ce qu'on soit assuré dudit poste et de tous ceux qui, comme celui-ci, demanderaient la même précaution.

Quant aux autres opérations que les ennemis pourraient faire, il faut nécessairement les prévoir et, sur cet objet, faire toutes les suppositions possibles, car on ne serait plus à temps de se précautionner si, la marche ayant lieu, on trouvait quelques dispositions ou mouvements imprévus. Ces suppositions sur tout ce que pourrait entreprendre un ennemi audacieux et bon militaire doivent se faire sur chaque débouché dans lequel on engagera la marche d'une colonne; si l'obstacle qu'on aura pu prévoir se trouve sur une direction, il faut nécessairement suspendre la marche des colonnes de droite et de gauche jusqu'au moment auquel l'obstacle sera évanoui; d'où il résulte que toute marche doit être si bien combinée qu'une colonne ne soit pas forcée de faire halte trop longue pour attendre que les précautions nécessaires à la marche de la colonne voisine soient bien prises et bien assurées.

CHAPITRE VI.

AVANT-GARDES.

La quatrième précaution indiquée pour les marches demande une disposition d'avant-garde plus étendue que celle de la règle ordinaire.

1° Cette avant-garde doit être assez forte pour résister aux troupes que les ennemis auront dans les postes avancés, afin de balayer tout ce qu'elle trouvera en avant ou sur les flancs de la direction de marche.

2° Le corps qui la composera doit avoir son avant-garde particulière, et on disposera les troupes, tant cavalerie qu'infanterie, par plusieurs divisions, de façon qu'il n'y ait jamais qu'une ou deux divisions qui marchent et qu'elles soient à trente pas de distance ou à quarante, afin que, si une première division était repoussée, la seconde puisse la remplacer et faire son effort; bien entendu que les troupes de la première division et celles des divisions suivantes qu'on voudra remplacer se rangeront et défileront, par la droite et la gauche de celles qui marchent, pour aller prendre la queue de toutes les troupes qui composeront l'avant-garde.

3° Cette avant-garde doit avoir un corps de réserve de grenadiers ou autres soldats d'élite à cent pas en arrière des divisions et qu'on destinera toujours pour les plus grands et derniers efforts.

Enfin cette avant-garde doit faire marcher, à mi-penchant et à peu près à même hauteur qu'elle, des détachements ou partis, tant pour assurer la marche que pour avertir l'officier général ou partisan qui la commandera de tout ce qu'ils apercevront ou rencontreront dans leurs diversions, observant de se montrer au corps de l'avant-garde, autant que cela sera possible, et de marcher à vue afin d'entretenir la fermeté et la confiance dans les troupes.

La raison qui autorise les dispositions qu'on propose pour cette avant-garde se trouve dans le peu d'étendue du front sur lequel on peut attaquer dans les montagnes; d'ailleurs l'expérience, dans cette espèce de guerre, a toujours fait connaître que les postes s'assujettissaient très rarement par le premier effort, et que ce n'est qu'à différentes reprises qu'on peut espérer d'obliger l'ennemi à l'abandon de celui qu'il défend; il faut donc différentes divisions, car il n'est pas toujours possible de faire reprendre plusieurs fois une attaque par les mêmes troupes.

D'après cette observation, si les troupes sont à la suite les unes des autres, on

se trouvera fort embarrassé dans le choix et la distinction de celles qu'on destinerait au second et au troisième effort, tant parce que la retraite de celles qui ont·
attaqué mettrait la confusion dans celles qui les suivent, que parce que tous les
rangs ne sauraient être que par un pur hasard capables de former la tête d'une
seconde attaque; au lieu qu'en distinguant par division les corps qu'on veut faire
attaquer successivement, on aura le temps de faire choix des soldats les plus ardents
et les plus intrépides, et, le premier effort décidant ordinairement le succès ou la
retraite,.l'intervalle qu'on laisse d'une division à l'autre donne le temps à la division qui vient de combattre de se rallier pour former sa retraite en règle et
arrête quelquefois la fuite par trop précipitée des soldats de la queue, qui, n'envi-
sageant que le demi-tour à droite des soldats qui les précèdent, font aussi le tour
et marchent en arrière avec indécence sans savoir pourquoi, ce qu'ils n'oseraient
plus faire, voyant à peu de distance une division s'avancer en bon ordre pour les
remplacer. (Planche n° 11.)

On pourrait également se servir de cette méthode pour chaque colonne dans
les attaques générales combinées; ainsi cette avant-garde doit manœuvrer avec la
même disposition et dans un ordre approchant de celui de l'armée, car ses opérations décident presque toujours du succès, ce qui fait qu'on doit la composer
de troupes d'élite en destinant les troupes irrégulières à commencer les attaques,
les grenadiers à faire le principal effort et en réservant les autres troupes pour les
soutenir et leur fournir les secours nécessaires pour déterminer le succès de leur
entreprise ou pour leur faire trouver en arrière une retraite assurée, en leur
donnant le moyen de se rallier et de prendre vigueur pour recommencer leur
attaque, si le premier effort n'a pas réussi.

En faisant choix des grenadiers, soldats d'élite et troupes irrégulières qui doivent
composer une avant-garde, on ne doit pas moins jeter les yeux sur les officiers
généraux et particuliers qui ont le plus de fermeté et qui, sans être téméraires,
sont le plus entreprenants; il arrive souvent que l'inspection seule du poste qu'on a
à attaquer effraye par les penchants ou escarpements qui le bordent, et c'est dans
ces circonstances qu'un officier doit rassurer sa troupe, en indiquant les moyens
qu'il trouvera de rendre son attaque moins difficile et quelquefois très peu dangereuse, car le soldat qui prend confiance en son chef est toujours prêt à exécuter
tout ce qu'il lui prescrit et l'abandonne rarement lorsqu'il lui inspire du zèle et de
l'ardeur par son exemple.

On doit toujours être préparé sur les quatre suppositions qui suivent.

PREMIÈRE SUPPOSITION.

Si l'ennemi est en avant de la direction de marche et qu'il n'en soit qu'à deux marches de distance, il pourra dérober une marche et se trouver par conséquent à une seule d'éloignement, et, par sa disposition, s'avancer sur l'armée qui s'approche de lui et la joindre dans sa marche.

Cette supposition est d'autant plus essentielle qu'elle exige qu'on se trouve préparé à le combattre ou à se refuser au combat qu'il voudrait engager; pour cet effet, il est indispensable de reconnaître dans chaque direction de marche plusieurs positions à prendre relativement à cette supposition, afin de n'être jamais surpris, et ces positions demandent d'être choisies et déterminées suivant la plus exacte disposition des principes.

DEUXIÈME SUPPOSITION.

Si l'ennemi se trouve sur le flanc droit ou gauche de la direction de marche, il sera nécessaire d'occuper les hauteurs et tous les débouchés qui pourront se trouver entre lui et l'armée en marche, et, indépendamment de cette précaution, de faire ouvrir la marche sur le penchant de la gauche de la vallée qu'on parcourra s'il est sur le flanc droit, et alternativement sur le penchant de la droite lorsque l'ennemi se trouvera sur le flanc gauche.

TROISIÈME SUPPOSITION.

Si l'ennemi se trouvait sur le derrière de l'armée, l'arrière-garde devrait pour lors être disposée de la même façon que l'avant-garde dans la première supposition, et l'ordre de marche se détailler comme celui d'un mouvement à colonne renversée, c'est-à-dire que les troupes qui devraient se trouver à la tête fissent la queue de la colonne avec les mêmes précautions d'avoir reconnu des positions où elle pût s'arrêter, soit pour combattre, soit pour arrêter l'ennemi, et se procurer les moyens de se refuser à un combat douteux.

QUATRIÈME SUPPOSITION.

Si l'ennemi se trouvait en avant et en arrière de la direction de marche, ainsi que la chose arriva lorsque M. le maréchal de Maillebois marcha de Novi à Plaisance pour secourir l'armée de l'Infant bloquée par les troupes autrichiennes, et que l'armée du roi de Sardaigne marchait sur les derrières de celle du Roi pour aller renforcer au commencement de la campagne de 1746.

Dans ce cas, qui réunit la première et la troisième supposition, il deviendrait indispensable de proportionner l'avant et l'arrière-garde au nombre et à l'espèce de troupes contre lesquelles on pourrait avoir affaire, et, indépendamment de cette précaution, avoir quelques positions bien reconnues à occuper sur la droite ou sur la gauche de la direction de marche, dont l'ennemi ne puisse se rendre maître et d'où on puisse changer sa direction de marche, ou avoir une place sur laquelle on puisse arriver sans obstacles; car on ne doit jamais s'exposer à l'inconvénient de se trouver entre deux feux, ni hasarder un pareil mouvement dans les montagnes, lorsqu'il n'y a qu'un seul débouché.

CHAPITRE VII.

PARTIES RESSERRÉES ET DÉFILÉS.

La cinquième précaution qui nécessite la connaissance des parties les plus resserrées et les plus ouvertes, ainsi que celle du détail du nouveau camp à occuper, dépend pour l'ordinaire de la capacité du maréchal général des logis et de ses aides; et, puisque c'est sur cette connaissance que doivent être fondées les instructions qu'on donne aux officiers commandant l'avant-garde et les colonnes, il faut leur prescrire les mouvements qui résultent des défilés qu'on trouve ou des dangers dans lesquels on pourra être exposé, soit par la chute des pierres, soit par les postes qui défendent ces défilés et contre lesquels il est indispensable de se précautionner.

Si ces parties resserrées sont bordées de part et d'autre par des rochers escarpés ou penchants inaccessibles, on ne trouvera aucun moyen de se servir du débouché qu'en dépostant d'avance les troupes qui occuperaient les positions de droite et de gauche; et comme, pour arriver sur les hauteurs qui dominent ces positions, il serait nécessaire de diriger les troupes sur les derrières de l'ennemi, on sent combien il est important d'en prévenir les officiers principaux, car il ne serait pas possible de faire ces sortes de passages sans avoir pris les précautions qu'on indique.

Si au contraire un des côtés de la partie resserrée est terminé par des penchants accessibles quoique extrêmement rapides, on doit déterminer son passage sur lesdits penchants avant de s'engager dans le défilé; celui représenté par la planche n° 12 serait d'une nature à pouvoir se procurer une nouvelle défense par les eaux, et ce ne serait pas le seul qui aurait le même avantage dans les montagnes.

Cette nouvelle défense n'exigerait de la part des ennemis qu'une espèce de batardeau construit dans l'intervalle, au moyen duquel le cours de la rivière se trouverait suspendu, et si les eaux remontaient jusqu'à l'extrémité, elles rempliraient tout l'intervalle compris entre les deux penchants sans qu'il fût possible de détruire ledit batardeau par le canon ou par quelque autre moyen que ce pût être, à cause de la sinuosité du défilé qui le cacherait.

Or, quel moyen de passer au travers d'une ouverture remplie d'eau? Il est donc nécessaire de s'ouvrir un passage par l'un des penchants et d'en former le chemin avec des travailleurs lorsqu'on aura déposté les ennemis des hauteurs qu'ils occupent.

Si les penchants qui forment les défilés appelés vulgairement dans les montagnes barricades se trouvaient totalement inaccessibles ou qu'il fût trop difficile de s'y former un chemin, il ne resterait de ressource, pour pouvoir se servir du débouché, que dans des marches combinées par d'autres vallées, pour parvenir à quelque point plus avancé de celle où se trouvera ladite barricade, et comme celui-ci peut se trouver le seul débouché propre au transport du canon et des voitures à roues, il doit être ouvert par préférence à tous les autres, quand même il faudrait pour y parvenir mettre toute l'armée en mouvement; on en trouvera un exemple dans le passage des Alpes entrepris et exécuté avec succès en 1744 par S. A. S. Mgr le prince de Conti.

A l'égard des parties ouvertes, on profitera de tous les avantages que pourront présenter les penchants et l'on proportionnera à leur plus ou moins grande étendue le nombre des détachements qu'on y dirigera, à moins qu'ils ne soient traversés par des ravins impraticables dont le passage est déterminé sur un ou deux points, auquel cas le nombre des détachements sera fixé à celui des débouchés; mais si le penchant avait à peu près une lieue d'étendue, il faudrait, indépendamment du corps qu'on destinerait à l'occupation des hauteurs, avoir des détachements entre ledit corps et l'armée pour en mieux assurer la marche et éviter les chicanes que l'ennemi pourrait faire trouver dans quelque point de cet intervalle.

Lorsque l'armée combinée déboucha en 1745 par la côte de Gênes pour entrer en Lombardie, comme elle avait à parcourir le pied d'un penchant fort étendu bordé à sa partie basse par la mer, M. le maréchal de Maillebois, jugeant qu'il ne pouvait se promettre un succès dans sa marche, s'il n'avait pas couvert le débouché du Pont de Nava sur le haut Tanaro, fit marcher un corps de huit ou dix bataillons pour s'avancer sur Triola (*Triora*) et de là sur Rezzo et la Pieve (*Pieve*), et comme il aurait été également difficile à l'armée et à ce corps d'observer le milieu de l'intervalle qui restait entre les bords de la mer et le détachement sur Rezzo et la Pieve, ce général ordonna l'occupation de tous les postes qui se trouvaient dans ledit intervalle et y dirigea une colonne qui, se trouvant à portée de l'armée qu'elle avait à sa droite et du corps des hauteurs, avait la facilité de pouvoir donner des secours à sa gauche et d'assurer la communication de l'une à l'autre, ce qui rendit la marche de l'armée très facile, et ne laissait rien à craindre sur toute la gauche. Il se trouve même des penchants dans lesquels il serait nécessaire d'avoir quatre ou cinq corps de troupes à différentes hauteurs pour couvrir la marche de la colonne qui serait dirigée par le bas de la vallée, et ce sera toujours l'étendue et la qualité des penchants plus ou moins accessibles qui indiquera les précautions qu'on aura à prendre. (Planche n° 15.)

CHAPITRE VIII.

RUISSEAUX ET RAVINS.

Quant aux inconvénients des pluies d'orage, fort fréquentes en été dans les montagnes, ils exigent qu'on s'assure des moyens de traverser les ruisseaux qu'elles grossissent, qui couperaient la marche et formeraient des obstacles d'autant plus grands que les troupes se trouveraient exposées à la fureur desdites eaux ou obligées de faire halte jusqu'au moment de leur écoulement, ce qui suspendrait quelquefois de vingt-quatre heures la marche de toutes les colonnes.

On peut y remédier par plusieurs moyens suivant la nature des rives qui bordent les ruisseaux.

1° S'ils sont resserrés par des rives bordées de rochers ou de terre, dont la solidité puisse permettre qu'elles ne soient point entamées, il faudra avoir des bois pour y établir des ponts *provisionnels;* ou si la largeur du ravin était trop considérable pour la portée des bois qu'on pourrait y employer, dans ce cas il faudrait remonter ledit ravin jusqu'à ce qu'on eût trouvé une partie plus resserrée et déterminer les ponts provisionnels sur ladite partie, observant de faire préparer d'avance les chemins qui devraient monter jusqu'auxdits ponts et ceux qui, des ponts pourraient porter en avant du ravin sur la direction de la route qu'on aurait à parcourir.

2° Si les ravins qu'on aura à passer ne peuvent se traverser dans le bas des vallées, comme cela arrive ordinairement, il faut : 1° préparer le lit du ruisseau de façon que les gros cailloux qu'il pourrait entraîner ne forment aucun obstacle à la marche; 2° entonner les eaux dans un espace assez large pour que leur profondeur et leur rapidité ne soient pas insurmontables à l'infanterie qui les voudrait traverser.

Pour préparer le lit de façon à éviter les gros cailloux, il sera nécessaire d'établir dans le rentrant du ravin, au-dessus et au-dessous de l'endroit le plus favorable au débouché, des cassis assez solides pour n'être point entraînés par la rapidité de l'eau. On appelle *cassis*, dans les montagnes, les gros murs en pierres sèches qui contournent les ravins et dont les parements extérieurs sont élevés par retraite de trois pouces à chaque assise, avec un talus d'un cinquième de la hauteur; ces cassis se construisent en gros quartiers de pierres avec des gros bois entrelacés de fascines et chargés de gros cailloux avec l'épaisseur et hauteur convenables, laissant entre le fond supérieur du ravin et l'inférieur un espace de sept à huit toises, plus que moins, pour le passage, qui soit à peu près de niveau, ce qui produira des effets également favorables à la marche.

Le cassis supérieur arrêtera les cailloux que les eaux feront descendre de la montagne, ce qui évitera aux troupes le danger auquel ils les exposeraient en roulant sur elles.

Le cassis inférieur fera perdre à l'eau sa grande rapidité et la cascade la fera tomber sur une place de niveau, ce qui facilitera le moyen de guéer le ruisseau, retiendra le sol du chemin et empêchera les affouillements sur les rives voisines du passage.

Les eaux du ruisseau n'approfondiront pas le ravin dans l'intervalle de ces huit toises et le chemin se soutiendra à la même hauteur. Cette espèce de réparation est la plus en usage dans les montagnes sur les ravins formés dans des penchants, observant d'en appuyer les fondations sur un terrain solide et de former, pour les premières assises, des encastrements à contre-pente sur des alignements déterminés.

3° On pourra éviter les ravins les plus dangereux en préparant sa marche sur le penchant opposé, ce qui ne pourra s'exécuter qu'au moyen de plusieurs ponts établis sur la principale rivière qui coulera au bas du vallon, et, comme elle doit recevoir l'eau de tous ces ravins, elle augmentera considérablement son volume et sa vitesse, et exigera par conséquent des précautions assez sages pour prévenir tous les dangers plus ou moins à craindre.

Ce troisième moyen peut être d'une facile exécution dans beaucoup de vallées dont les penchants se trouvent également accessibles, mais il ne serait d'aucune ressource dans celles où le penchant opposé aurait des escarpements, non plus que dans celles où l'étendue du lit de la grande rivière ou torrent ne permettrait aucune construction de pont par la grande difficulté qu'on trouverait à en établir solidement toutes les culées; en ce cas on se servirait du premier et du second moyen, et s'il se trouvait des obstacles à remonter le ravin pour avoir un point plus étroit (précaution indiquée dans le premier moyen), il faudrait avoir du bois de longueur suffisante pour former un pont dans l'endroit désigné, ou pratiquer un chemin qui pût contourner le ravin en formant un cassis dans le rentrant.

Il suit de ce qu'on vient de dire qu'on ne doit mettre aucune colonne de troupes en mouvement dans les montagnes sans y avoir un détachement de travailleurs, quelques mineurs et soldats de la compagnie d'ouvriers avec un ou deux ingénieurs, et qu'indépendamment des outils, cordages et bois dont ces travailleurs seront chargés, suivant les différentes circonstances, les ingénieurs et les officiers de mineurs et d'ouvriers connaissent d'avance les ressources qu'on peut trouver dans l'étendue de la route qu'on aura à parcourir, soit par les tournées qu'ils y auront faites d'avance par ordre du général, soit par les éclaircissements qu'ils prendront des habitants du pays et principalement des officiers municipaux des villages de ladite route qui sont ordinairement les plus intelligents.

Le maréchal des logis de l'armée et ses aides doivent prendre les mêmes connaissances et savoir, comme on l'a déjà dit, tous les moyens de remédier aux obstacles qui se trouveront ou pourront se trouver dans les marches, au moyen de quoi le général, auquel ils auront rendu compte, fera ses arrangements relatifs à leurs projets, et si ces obstacles sont d'une nature à ne pouvoir être vaincus qu'en plusieurs jours de travail, il détachera les travailleurs d'avance avec des troupes pour protéger leur travail, comme on l'a dit ci-devant, mais il suffira de les faire marcher avec l'avant-garde ou les campements, s'il ne doit être question que d'un travail de deux ou trois heures.

C'est principalement sur cet objet qu'on ne saurait trop prévenir d'avance les inconvénients, car tels obstacles qu'on ne connaîtrait pas suffiraient pour empê-

cher le débouché de l'armée, et la confiance de n'en trouver aucun dans la direction de la marche serait seule capable d'engager l'armée à une fausse opération
qui, dans certains cas, déciderait de toutes celles de la campagne à son désavantage, surtout si la marche se trouvait rapprochée de la position de l'ennemi.

Plusieurs des précautions dont on vient de parler peuvent s'adapter aux pays
de plaines, et c'est aux officiers de l'état-major des logis à les indiquer et à les
prévoir, comme c'est à eux à faire ouvrir des marches pour multiplier les colonnes
lorsqu'on marchera à de nouveaux camps ou lorsqu'on voudra faire croire à l'ennemi qu'on veut faire marcher l'armée sur une direction, tandis qu'on sera préparé à s'avancer sur toute autre.

Plus on multipliera l'ouverture des marches dans différentes directions, moins
l'armée pourra connaître celle qu'on voudra suivre.

CHAPITRE IX.

MARCHE SUR UNE SEULE COLONNE.

Il arrive quelquefois, dans les pays de montagnes ou coupés de bois, marais,
ruisseaux, rivières, etc., qu'une armée campe sur une seule ligne et embrasse une
grande étendue par son front. Si cette armée a quelque entreprise à tenter par
sa droite ou par sa gauche, elle peut faire un mouvement par l'une ou par l'autre
simplement de l'étendue de son camp, c'est-à-dire que, si le mouvement se fait
par la droite, la gauche arrivera au point où était la droite, ou que s'il se fait par la
gauche, la droite arrivera au point où était la gauche : ce mouvement qui ordinairement ne paraît pas sensible devient toujours très avantageux. On a vu l'armée
de l'Empereur en 1734, campée sur la rive droite de l'Enza, en Lombardie, depuis
le confluent de cette rivière dans le Pô, par deux simples mouvements de cette
espèce, arriver jusque sous les murs de Parme et se trouver en état d'investir
cette place par un simple mouvement sur la Baganza, ce qui donna lieu à la bataille de Parme; car l'armée combinée de France et de Piémont, se trouvant campée
à Sanguinara pour empêcher cet investissement, marcha le troisième jour dans
l'objet d'aller également occuper le camp de Baganza, et les deux armées en mouvement pour aller occuper le même camp en vinrent aux mains le même jour 29
de juin, fête de St Pierre; il fut heureux pour l'armée combinée de s'être trouvée
prête à marcher et d'avoir prévenu son ennemi, ce qui lui procura la victoire;

car si elle n'avait pas fait attention aux mouvements des Autrichiens, ou qu'elle eût occupé une position plus éloignée, M. de Merci, qui commandait l'armée d'Autriche, aurait assuré l'investissement de cette place, qui à cette époque formait l'entrepôt des munitions de guerre et de bouche et des malades de l'armée combinée, ce qui aurait réduit cette armée à manquer de tout et l'aurait forcée à combattre avec beaucoup de désavantage ou à passer en entier sur la rive gauche du Pô, en abandonnant tous les établissements qu'elle avait sur la rive droite.

Le mouvement de toute une armée par une seule colonne donne toujours l'avantage de se mettre en bataille par un à-gauche si son ennemi se présente sur ladite gauche, ou par un à-droite si l'ennemi se présente sur sa droite, ce qui dans plusieurs circonstances donne la facilité de s'approcher ou de s'éloigner de son ennemi sans se compromettre.

On en aura un exemple par les opérations qui précédèrent la bataille de Lutzelberg.

Lorsqu'on a dit, dans l'énoncé de la cinquième précaution à prendre, que les officiers de l'état-major devaient indiquer dans leurs éclaircissements les parties de chemin qui pourront être sujettes à la chute des pierres, on n'a point entendu parler de celles que les pluies d'orage pourraient détacher des rochers qui bordent les vallées, parce qu'il n'est pas possible d'en prévoir les accidents; mais il est des parties dans les montagnes où il serait dangereux de s'engager lorsque l'ennemi occupe le sommet des vallons dans lesquels on dirigerait sa marche, parce que, maître de détacher quelques soldats sur chaque penchant pour faire rouler des pierres, il ne deviendrait plus possible de l'aborder, à moins qu'on eût d'autres chemins pour gagner les sommités ou pour tourner son poste : tel est le col de Fenêtre, en y montant par la vallée de Suze, où un capitaine d'infanterie qui en occupait le poste en 1708, avec deux compagnies franches, arrêta le général piémontais Rebinder qui marchait à la tête de quatorze compagnies de grenadiers et autant de piquets pour s'emparer de ce poste, ce qui engagea le roi de Sardaigne à faire marcher son armée par d'autres débouchés pour aller investir Fenestrelles et lui fit perdre plusieurs jours.

LIVRE IV.

CHAPITRE PREMIER.

NÉCESSITÉ D'UN PLAN DE CAMPAGNE.

Chaque frontière exige des réflexions particulières, et les plans de campagne diffèrent selon les intérêts des souverains et selon les vues politiques qui les font agir; les frontières sont ordinairement déterminées par des rivières ou par des hauteurs dont le milieu des eaux pendantes fait toujours la principale limite.

Si la puissance qui doit déclarer la guerre n'a besoin que de ses propres forces, ou si elle est obligée de rechercher quelque alliance, soit pour des diversions éloignées ou rapprochées, soit pour la marche de quelques troupes qui soient obligées de se réunir à celles du prince allié, le plan de campagne doit y être subordonné, et il en sera de même de celui de la puissance qui aura à se défendre, si elle peut soupçonner un projet de rupture avec son voisin. En général le plan d'une campagne doit être fixé à la conquête d'une province, d'une place ou d'un simple canton, dont la frontière de la puissance en offensive aurait besoin pour être mieux couverte; il peut arriver aussi que l'objet de la guerre n'ait rapport qu'à la vengeance qu'on voudra tirer de quelque insulte particulière, ou qu'au soutien de quelque branche de commerce, et enfin à la seule ambition d'un souverain qui, sans réfléchir au désordre d'une guerre et au malheur d'une nation, ne cherche que les moyens de se faire la réputation d'un conquérant ou d'envahir sans équité les États de son voisin pour agrandir l'étendue de sa domination.

Dans quelque objet qu'une guerre se déclare, il sera toujours nécessaire de former un plan de campagne.

CHAPITRE II.

DISPOSITIONS GÉNÉRALES.

Le général auquel le Roi aura confié le commandement de son armée doit, avant toute chose, proposer le lieu où il croira devoir assembler son armée et, relativement à l'instruction qu'on lui donnera dans laquelle le plan de campagne sera compris, décider, suivant la connaissance qu'il aura prise ou fait prendre de la frontière sur laquelle il aura à opérer, le projet de ses mouvements et de ses entreprises, ce qui donnera lieu au Ministre de la guerre, auquel il l'aura communiqué, de prendre d'avance toutes les précautions auxquelles ledit projet sera soumis, tant pour le nombre des troupes réglées ou irrégulières, l'artillerie avec ses troupes et tous ses agrès, les officiers généraux, ceux de l'état-major tant des logis que de l'infanterie, de la cavalerie et ceux du génie, l'intendance, les commissaires des guerres, médecins, chirurgiens, aumôniers et entrepreneurs ou régisseurs généraux des vivres, fourrages et hôpitaux.

D'après ces premières dispositions, le général se rendra au lieu où il voudra faire assembler son armée, exécutera ses premiers mouvements suivant toutes les suppositions possibles qu'il aura faites d'avance sur les dispositions de son ennemi, soit que cet ennemi ait déjà fait rassembler ses troupes, soit qu'il commence seulement à donner des ordres pour les rapprocher du point le plus menacé de sa frontière.

Si les troupes de l'ennemi sont rassemblées, il deviendra plus facile de prévoir, par le lieu de leur assemblée, quelles pourront être ses dispositions; si elles ne le sont pas, il sera nécessaire que le projet général en offensive soit tel que le général de défensive ne puisse pas avoir la liberté de les rassembler autre part que sur la direction du premier mouvement de son ennemi, sans s'exposer à voir la frontière entamée; mais si, malgré cette réflexion, cette armée de défensive se rassemblait sur quelque point d'une direction opposée ou peu relative à ses premières entreprises, dans ce cas le général d'offensive doit changer quelque chose à son projet, selon ce qu'il pourra imaginer des vues de son ennemi; c'est de ces premières dispositions qui se feront de part et d'autre que les projets d'offensive ou de défensive dépendront, et comme le général d'offensive aura dû faire toutes les suppositions possibles sur les obstacles qu'on pourra opposer à ses premières opérations, il faut penser que celui de défensive aura pris de son côté les mêmes précautions et qu'il sera préparé à tout événement.

Ce qui vient d'être dit n'a rapport qu'aux dispositions générales; il arrive presque toujours que les opérations qui font l'ouverture des campagnes ont le succès qu'on espère, et que les secondes varient nécessairement parce que la même ignorance qui a empêché le général de défensive de s'opposer aux premières entreprises force le général d'offensive de rendre ses mouvements relatifs aux obstacles ou inconvénients que le général de défensive lui présente; car on ne peut pas se flatter d'avoir pu tout prévoir, et pour peu qu'on trouve de changement dans la direction des positions qu'on a fait prendre par supposition à son ennemi, on est réduit à de nouvelles réflexions qui changent le plus souvent toutes les idées d'un général et qui exigent des suppositions toutes différentes de celles qu'il aurait faites pour l'ouverture de sa campagne.

CHAPITRE III.

DES PROJETS DE GUERRE DANS LES MONTAGNES.

Un projet peut être général ou particulier; s'il est général, il embrasse les principales opérations de toute la campagne, et s'il est particulier, il ne regardera qu'une première opération dont le succès en indiquera d'autres, selon la circonstance et la position de l'ennemi; mais, soit qu'il embrasse plusieurs objets, soit qu'il se réduise à un seul, il dépendra toujours de la constitution et de l'étendue du pays, du nombre et de l'espèce des troupes qu'on peut avoir pour ou contre, des moyens de se soutenir en campagne plus ou moins de temps, suivant qu'on se trouvera approvisionné de munitions de guerre et de bouche et de tout ce qui peut avoir rapport aux opérations dont le projet sera susceptible, de la saison dans laquelle on pourra rassembler et mettre en mouvement les troupes qui composeront l'armée, des obstacles à vaincre dans les premières entreprises, des précautions à prendre pour en assurer le succès, et enfin des objets qu'on aura en vue; il est donc indispensable de former ces projets d'avance et d'en détailler toutes les parties, tant pour combiner la marche des troupes que pour connaître le détail des dépenses que lesdits projets occasionneront, et savoir si on aura assez de fonds à y destiner et s'il deviendra possible d'y satisfaire.

Cette condition est générale pour tout projet de guerre, mais elle deviendra plus difficile à remplir dans la guerre de montagnes, où, quoique avec toutes les troupes et l'argent nécessaires, on n'aura pas toujours le temps de former les approvisionnements, et qu'en s'y préparant d'avance, on indiquera le plus souvent à son voisin la détermination qu'on aura prise de lui faire la guerre, si on n'emploie pas, dans les moyens d'établir les magasins et entrepôts de munitions de guerre, les ruses qui pourraient diminuer ses soupçons.

Cette réflexion doit engager le Ministre à tenir les frontières de cette espèce toujours approvisionnées en grains, farines et fourrages et en artillerie de siège et de campagne avec les agrès nécessaires, afin d'éviter les soupçons de la puissance voisine, qu'il sera toujours facile de surprendre avec ces précautions. Il faudra encore que les troupes soient divisées dans l'intérieur des provinces du Royaume de façon à pouvoir marcher par beaucoup de divisions sur la frontière où on aura à faire la guerre, afin de s'y trouver en force.

Les projets seront d'offensive si on est supérieur et de défensive si on est inférieur, et particulièrement de l'une et de l'autre si la guerre se fait entre puissances égales.

CHAPITRE IV.

DU PROJET GÉNÉRAL D'OFFENSIVE.

De quelque façon qu'on envisage une frontière, elle sera toujours assez étendue pour être subdivisée au moins en deux parties, l'une plus favorable aux objets qu'on aura en vue et l'autre presque toujours susceptible de quelque diversion. Il sera donc nécessaire que le projet de campagne embrasse les deux parties, et comme il doit avoir plusieurs branches, on doit établir l'examen des opérations sur les plus ou moins grands obstacles qu'on aura à vaincre, sur les inconvénients ou avantages qui résulteraient de leurs succès dans chaque branche, et, après s'être fait les objections les plus plausibles, se déterminer pour la partie qui pourra conduire à de plus grands avantages, en employant les diversions et tout ce qui pourra le mieux faire prendre le change à son ennemi et lui faire imaginer qu'on s'est décidé pour quelque autre partie ; comme aussi, en supposant que toutes les diversions, contremarches ou autres ruses dont on pourrait se servir pour cacher son véritable objet ne puissent réussir, il faut être préparé à profiter d'une seconde et d'une troisième branche du projet, sans donner le temps à son ennemi d'y réfléchir ; et ce sera l'examen des opérations relatives à chaque branche qui déterminera les lieux pour l'assemblée des troupes de l'armée, qui doivent, tant qu'on pourra, se trouver tels qu'il y ait toujours un corps de troupes placé de façon à pouvoir renforcer le corps d'armée principal ou celui destiné à des diversions; car si les pays de montagnes ont l'inconvénient de réduire toute l'étendue de la frontière à quelques passages déterminés pour l'exécution des projets, ils ont l'avantage de permettre la division des troupes de l'armée en plusieurs corps sur différentes positions, et de les y voir postées de façon à n'avoir rien à craindre des entreprises de l'ennemi le plus actif par leur bonté et les obstacles que la constitution des pays présentera.

Par exemple, si la France voulait faire la guerre au roi de Sardaigne, en formant le projet de campagne on regarderait la frontière de Piémont comme divisée en trois parties, savoir : la Savoie, le Dauphiné et la Provence, et, en examinant les débouchés de Savoie, on verrait qu'ils sont réduits aux cols du Mont-Cenis et du Petit Saint-Bernard, le premier débouchant sur la Brunette et Suse, le second communiquant dans la plaine de Piémont par le val d'Aoste, très étroit et qui a vingt lieues de défilés avec une place à son extrémité inférieure qu'il serait difficile d'assujettir.

Si on réfléchit sur les débouchés du Dauphiné, on en trouve qui conduisent sous les différentes places que le roi de Sardaigne a sur la frontière et qui donnent sa liberté d'y marcher avec du canon; on en trouve d'autres qui permettent de l'avancer dans la plaine sans exiger aucun siège.

Si on examine les débouchés de la Provence, on trouve un premier obstacle au passage du Var, beaucoup d'inconvénients à s'avancer par la côte et peu d'avantage à espérer dans le pays où elle conduit à cause de la difficulté des communications. Après l'examen des avantages et des inconvénients relatifs à chacune de ces trois parties, supposé qu'on se détermine au choix de la Provence pour les opérations de l'armée et qu'on veuille se servir du Dauphiné pour une diversion, on assemblerait le plus gros corps à portée du Var, on destinerait un corps particulier pour le Dauphiné, dont la position serait rapprochée du point destiné à la diversion, et on placerait convenablement un troisième corps à Digne ou à Sisteron, dans le double objet de marcher dans le comté de Nice, si le passage du Var avait le succès espéré, ou d'aller renforcer le corps destiné à une diversion en Dauphiné pour y opérer suivant la seconde branche du projet, dans le cas où le passage du Var rencontrerait de trop grandes difficultés.

La position de Digne ou Sisteron serait d'autant plus convenable qu'ayant devant elle des montagnes considérables et un pays impraticable à la marche d'une armée, les Piémontais ne pourraient s'y avancer que par détachements et qu'en passant à portée des troupes du Dauphiné ou de celles du bas Var, et qu'il n'y a que cinq jours de marche pour porter les troupes qui y seraient campées sur Mont-Dauphin ou sur Nice.

Si la France avait une guerre à entreprendre contre l'Espagne, elle regarderait les Pyrénées, qui font la limite des États, comme la ligne sur laquelle les opérations devraient se terminer, et elle en diviserait l'étendue en trois parties, savoir : le Roussillon du côté de la Méditerranée, le comté de Foix et la partie rapprochée de l'Océan du côté de Bayonne, et, le plan de campagne dépendant des intentions du Roi, Sa Majesté déciderait ses entreprises sur la Catalogne; pour lors les deux autres parties serviraient pour des diversions, et alternativement si le Roi décidait sur la Galice, le Roussillon et le comté de Foix offriraient des moyens de diversions.

De même, si les Français se décidaient de faire la guerre aux Hollandais, ils regarderaient leur frontière également divisée en deux parties, l'une à la droite de la Meuse par l'intervalle de cette rivière au Rhin sur Grave et Nimègue, l'autre à la gauche de la même sur Maëstricht, Berg-op-Zoom, Breda et Bois-le-Duc.

Par la même raison, si la France avait une guerre à entreprendre contre la reine de Hongrie, elle regarderait les Pays-Bas et le Luxembourg comme une partie, et le pays situé à la rive droite du Rhin comme une seconde partie, avec cette différence que dans les deux suppositions précédentes une partie peut servir pour des diversions, au lieu qu'ici il n'y aurait que la précaution à prendre pour couvrir la frontière éloignée de celle sur laquelle s'étendrait le plan de campagne, les diversions se trouvant trop éloignées.

CHAPITRE V.

DU PROJET GÉNÉRAL DE DÉFENSIVE.

Le projet général d'offensive embrassant toute l'étendue d'une frontière, celui de défensive doit aussi nécessairement comprendre tous les points sur lesquels on aura quelque entreprise à craindre; et si le premier exige une disposition pour la répartition des troupes, celui-ci demandera une juste combinaison des forces qu'il conviendra d'employer sur chaque point, suivant le nombre et l'espèce qu'on en pourra mettre en campagne.

De cette combinaison résultera la détermination de les diviser en plusieurs ou en un seul corps; si on les divise en plusieurs, il faut que les places ou les obstacles ordinaires dans un pays de montagnes puissent suppléer à leur faiblesse sur les points où il pourrait être question d'en établir, sans quoi ces corps divers se trouveraient ou compromis ou hors d'état de résister aux efforts des troupes d'offensive qu'on y pourrait faire déboucher en force.

Si on les rassemble sur une seule position, il faut :

1° Qu'elle se trouve à peu près au centre de l'étendue qu'on voudra défendre, afin d'être à portée de profiter de tous les avantages que pourront fournir les fautes de l'armée d'offensive, si elle s'avançait trop avant sur la droite ou sur la gauche de cette position;

2° Que la position ait une libre communication avec ses derrières pour pouvoir y recevoir des secours, pour y avoir les munitions de guerre et de bouche, et tout ce qui pourrait être nécessaire aux troupes;

3° Que la position présente un front difficile à gravir et que les droites et les gauches appuient à des escarpements, à des rivières d'un volume d'eau assez considérable et trop rapides pour être guéées, à des marais, bois et autres obstacles qui ne puissent permettre aux troupes d'offensive de les tourner ni de les attaquer de front sans un désavantage trop grand pour qu'on ose l'entreprendre;

4° Que les pays contigus à cette même position soient défendus par quelques places de guerre, à moins que la position ne soit elle-même sous quelque place;

Enfin que les troupes trouvent à portée l'eau et le bois sans craindre que la disposition des postes avancés de l'armée d'offensive puisse en empêcher la prise et la coupe.

La réunion des troupes dans une position de cette espèce donnera le moyen au général de faire une défensive active toujours préférable à la simple, au lieu que la division des troupes en plusieurs corps n'empêchera pas l'armée d'offensive de percer par quelque endroit et de séparer lesdits corps de façon à ne pouvoir se joindre que difficilement.

Lorsque toutes ces considérations auront été réfléchies, il faudra chercher à pénétrer l'objet du général d'offensive et, après avoir employé tous les moyens qu'on pourra imaginer pour résister à ses entreprises, supposer qu'il aura pu pénétrer quelque point de la frontière, afin d'être préparé à tout événement; ce qui nécessite un choix de différentes positions, suivant les différentes circonstances dans lesquelles on pourra se trouver, ou oblige à un projet de retraite sous quelque place, si on ne se trouve pas forcé de faire entrer dans plusieurs places de guerre le corps de troupes qu'on aura rassemblé. Il est donc beaucoup plus difficile d'établir un projet de défensive qu'un projet d'offensive, parce qu'on ne pourra jamais démêler exactement les vues d'un général d'offensive, que ses mouvements seuls pourront indiquer, et que, par suite de l'avantage qu'il trouvera en dérobant une ou plusieurs marches au général de défensive, ce dernier sera nécessairement bien souvent dans le cas de ne pouvoir profiter des moyens de défensive que pourrait lui offrir la disposition de la frontière et de se trouver primé dans des positions essentielles, ce qui formera toujours le plus grand inconvénient dans tous ses projets, quelque supposition qu'il eût pu faire.

DU PROJET DE GUERRE ENTRE PUISSANCES ÉGALES.

Ce projet dépendra le plus souvent de la politique, car il n'est pas vraisemblable qu'une puissance déclare la guerre à une autre lorsqu'elle n'a pas une supériorité de forces, à moins que la situation de sa frontière ne lui donne l'avantage de surprendre son ennemi ou de faire des progrès avant qu'il y puisse faire arriver ses troupes; mais il y aurait de l'imprudence à ne pas remédier à un pareil inconvénient par les précautions dont ladite frontière pourrait être susceptible, ou à laisser cette même frontière avec assez peu de troupes pour y craindre une surprise.

Si l'objet politique exige le soutien de quelque place ou d'une frontière importante, dans ce cas le projet doit embrasser tous les moyens de prévenir les mouvements de l'ennemi par l'occupation de tous les points qui pourraient concourir à la défense de cette place et par les précautions de faire trouver à cet ennemi les plus grands obstacles à son approche, surtout en se formant à portée de ladite place ou camp retranché, qu'il ne puisse attaquer sans se compromettre.

Si la position exige une diversion pour occuper sur une frontière l'armée d'une puissance contre laquelle on serait en guerre et qu'il y ait de l'avantage à soutenir cette diversion, dans ce cas il faut que les opérations de l'armée de diversion menacent quelque place de conséquence et que ses mouvements soient combinés de façon à donner beaucoup de crainte, tant par les contributions que par les autres avantages qu'elle pourrait se procurer si le pays était dégarni de troupes; et, dans tous les cas, le projet de guerre entre puissances égales doit embrasser toutes les ruses et toutes les diversions qui doivent conduire à faire changer d'état à ladite guerre en gagnant la supériorité sur l'ennemi par l'avantage remporté sur quelques-uns de ses corps de troupes, et autres moyens qui puissent l'affaiblir et le réduire à la défensive.

On ajoute ici que si les événements de cette guerre entre puissances égales, ou plutôt de cette diversion, étaient assez heureux pour faire espérer la conquête entière de cette partie de frontière en une campagne, il serait d'une très bonne politique de ralentir le succès des opérations, afin d'étendre la durée de cette même diversion jusqu'à deux et même trois campagnes: par exemple, si le Roi faisait la guerre à la reine de Hongrie en Allemagne et qu'en s'alliant avec quelque puissance d'Italie, il pût faire dans ce dernier pays une diversion qui entretînt un corps d'armée de cette souveraine un peu considérable en Lombardie, il ne serait pas de l'intérêt du Roi de finir trop promptement la guerre d'Italie, parce qu'alors la reine de Hongrie porterait toutes ses forces en Allemagne et qu'il n'y serait pour lors point soutenu du corps de troupes de la puissance d'Italie qui aurait aidé à sa diversion. Cet exemple suffit pour démontrer la bonté de cette dernière observation, et M. le maréchal de Villars s'en servit avantageusement à la guerre de 1733 en Italie, en persuadant au roi de Sardaigne de se procurer quelques points d'appui tels que Pizzighetone, Milan ou Tortone, au lieu du projet plus avantageux que M. le maréchal de Rebinder s'efforça vainement de présenter à ce souverain, qui était de porter l'armée combinée de France, d'Espagne et de Piémont sur les frontières de Trente, pour s'opposer à la marche des troupes que l'empereur aurait voulu faire avancer en Italie; car, par ce projet qui était bien plus militaire, on aurait pu faire derrière soi et tranquillement les sièges de ces places; mais M. le maréchal de Villars, voyant soixante-dix mille hommes de l'empereur en Lombardie, jugea que, par le projet de M. de Rebinder, la guerre pourrait finir dans une campagne et qu'alors ces soixante-dix mille Autrichiens auraient été renforcer l'armée d'Allemagne, où le roi de Sardaigne aurait certainement refusé d'aller et où la France aurait eu peine de résister à l'armée d'Allemagne après un si grand secours; ainsi sa politique fut très avantageuse à la France.

CHAPITRE VI.

PRÉCAUTIONS À PRENDRE POUR LE PROJET D'OFFENSIVE.

Suivant l'étendue de la frontière sur laquelle on voudra faire la guerre, il faudra que les projets distinguent la partie qui sera assujettie aux opérations de celles qui ne pourront servir qu'à des diversions ou devenir inutiles aux opérations de l'armée, et que cette distinction n'empêche pas qu'on enferme les emplacements de grains dans toutes les villes qui se trouvent à la fourche des principaux débouchés correspondant à toute l'étendue de la frontière, afin de laisser ignorer le point sur lequel on voudra se diriger, en fixant les magasins les plus considérables dans les places de guerre les plus rapprochées du centre de toute l'étendue de la frontière et dans celles où les chemins pour communiquer sur différents points de la frontière se trouvent les mieux établis à cause de la facilité des transports; il conviendra d'en user de même pour les munitions de guerre, après avoir eu attention d'en fournir les places frontières un peu au delà de ce qui serait nécessaire à leur défense, afin d'y avoir recours dans l'occasion.

Le nombre et l'arrangement des voitures de toute espèce devront être aussi compris dans le projet; on les disposera par *intérim* pour la formation de tous les différents magasins dont on vient de parler, et rien n'empêchera de les rassembler dans un seul endroit, selon que l'exécution de tout ce qui peut avoir rapport au projet l'exigera.

L'artillerie de siège, s'il en est question pour l'exécution du projet, et celle de campagne avec tous ses agrès doivent être préparées dans une place d'entrepôt voisine de la frontière sur laquelle on voudra opérer, et il sera nécessaire de préparer d'avance les chemins qui devront servir à son transport, s'ils ne se trouvaient pas en état. La détermination d'en faire avancer sur des parties éloignées du véritable objet qu'on a en vue fait souvent partie essentielle des diversions d'un projet et contribue, plus que toute autre disposition, à faire prendre le change à son ennemi, surtout si on commence par la réparation des chemins qui communiquent auxdites parties éloignées et que les ordres que l'on donnera dans les provinces ne puissent pas en faire connaître la ruse.

Parmi toutes les difficultés du projet d'offensive dans les montagnes, l'approvisionnement des fourrages sera toujours la plus considérable, tant par la difficulté des transports et le temps qu'ils exigent que par la rareté de cette matière, et on ne craint point de dire qu'il faut s'y préparer au moins un an d'avance pour en avoir la quantité nécessaire.

Ces arrangements donneraient de l'inquiétude à la puissance voisine, si on n'en cachait pas le motif par les magasins que l'on établit ordinairement dans toutes les places de guerre pour les subsistances des garnisons et par les ordres qu'on pourra donner aux intendants des provinces de faire des achats secrets, en tirant des provinces intérieures tous les secours dont on pourra avoir besoin, soit en grains et fourrages, soit en mulets, afin de conserver pour un besoin pressant les ressources de la frontière, qui, dans tous les cas, ne doivent être épuisées que les dernières.

On fera faire en même temps dans des provinces éloignées les achats de chevaux d'artillerie et des mulets de vivres sans en déclarer la destination, et il conviendra de faire construire dans les arsenaux éloignés de la frontière la plus grande partie des chariots, caissons, affûts nécessaires à l'artillerie et de ne s'occuper, dans l'arsenal de l'entrepôt ou dans les places de la frontière, que de quelques radoubs; mais une précaution bien essentielle dans les pays de montagnes est d'avoir dans toutes les places des bois de charronnage en approvisionnements, parce qu'il serait impossible d'y en trouver pour le besoin; il n'en sera pas de même du fer, dont il sera toujours facile de s'approvisionner.

La frontière divisée, comme on l'a dit, en deux parties ou en plusieurs, et les projets devant avoir plusieurs branches, il faut, autant qu'on le peut, disposer l'assemblée de l'armée de façon qu'elle puisse répondre aux différentes branches que le projet embrassera, afin de laisser ignorer la principale et par conséquent les premières directions du mouvement des troupes; car l'ennemi sera attentif non seulement au lieu d'assemblée, mais encore à tous les arrangements des subsistances, à tous les mouvements de voitures sur les derrières, et sera certainement informé des ordres que le général, l'intendant et le commandant de l'artillerie de l'armée d'offensive donneront, s'ils ne prennent pas la précaution de cacher l'objet de leurs ordres aux personnes qui seront chargées de les exécuter, et s'ils n'en ajoutent pas quelques-uns qui suspendent leurs jugements dans les conséquences qu'elles en pourraient tirer; d'où suit la nécessité indispensable que le général fasse avancer des troupes dans des directions contraires à son véritable projet, qu'il ordonne à l'intendant d'assembler des subsistances, d'établir des fours et de s'approvisionner de tout ce dont on peut avoir besoin, si effectivement les opérations doivent se faire dans cette partie, et de même au commandement de l'artillerie de disposer la marche de plus ou moins de canons sur cette direction, comme au maréchal général des logis, qui seul sera du secret, de faire ouvrir des marches relatives au mouvement tant des troupes que de l'artillerie et des vivres.

La disposition des vivres et l'ouverture des marches tomberont en pure perte, mais il ne faut rien épargner quand il est question de donner le change à son ennemi. A l'égard des troupes et de l'artillerie, une contremarche faite à propos et sans s'arrêter assurera le succès des premières opérations, si, comme on doit le présumer, la ruse qu'on a employée, et dont personne n'a pu démêler l'objet que le général de l'armée et son maréchal général des logis, a engagé l'ennemi à faire avancer ses troupes sur la partie qui aura paru la plus menacée à l'ouverture de la campagne.

Pour faire mieux comprendre l'avantage de cette disposition, on citera celle du roi de Sardaigne en 1708.

Ce souverain, qui voyait M. le maréchal de Villars occupé de soutenir Exilles et Fenestrelles et qui, dans cet objet, avait ses principales forces dans le Briançonnais, projeta très judicieusement de donner le change à ce général et, pour cet effet, il fit approvisionner le val d'Aoste de tout ce qui était nécessaire au passage de son armée et fit avancer ses troupes, son artillerie et ses vivres par division dans cette direction. Dès que M. le maréchal apprit que la tête des ennemis commençait à déboucher par le Petit Saint-Bernard pour entrer dans la Tarantaise, il ne douta plus que le projet du roi de Sardaigne regardât Barrault et Grenoble par la tête de la vallée du Graisivaudan, ou une entreprise sur le Rhône dans l'objet d'entrer en Bugey et de s'avancer sur Lyon et la Bourgogne ou la Franche-Comté; et, en conséquence, il fit avancer ses principales forces de Briançon par l'Oysans sur Barrault. Lorsque le roi de Sardaigne, dont toute l'armée était entrée dans la Tarantaise, apprit que l'armée de M. le maréchal de Villars occupait la position de Barrault, il fit traverser à la sienne la chaîne de montagnes qui sépare la Tarantaise de la Maurienne, entra dans cette dernière vallée, d'où, par le col de la Roue, il déboucha dans la vallée de Bardonnèche et fit investir Exilles et Fenestrelles, dont il se rendit maître avant que les troupes de M. le maréchal de Villars eussent toutes rétrogradé pour reprendre les positions qu'elles occupaient avant leur marche sur Barrault; et de la conquête de ces deux places suivit nécessairement la perte des vallées d'Oulx, de Cézane, de Pragelas et de Château-Dauphin, qui furent cédées au roi de Sardaigne par le traité d'Utrecht en 1713, en échange de la vallée de Barcelonnette, et dont la cession a rendu la frontière de Piémont très facile malgré les grands travaux faits pour fortifier Briançon, et la soutiendra dans cet état de faiblesse jusqu'à l'époque qui aura fait de Mont-Dauphin une place de premier ordre.

Lorsque le maréchal de Saxe fit le projet d'assujettir Maëstricht, il fit toutes ses dispositions pour faire croire qu'il voulait entreprendre sur Bréda et, par une contremarche bien dirigée, il alla investir Maëstricht sans que les ennemis pussent l'en empêcher, parce qu'ayant pensé que ce général en voulait à la droite de leur frontière, ils y portèrent leurs troupes, qui n'eurent jamais le temps de revenir sur Maëstricht.

De même, S. A. S. Mgr le prince de Conti, ayant fait le projet de passer les Alpes en 1744 et ne pouvant faire avancer son artillerie dans les plaines du Piémont que par le col de l'Argentière, chercha à donner le change au roi de Sardaigne en lui faisant craindre d'abord pour Exilles et ensuite en faisant trouver le même jour trente-cinq bataillons sur le débouché de la vallée de Château-Dauphin, tandis que le reste de son armée se trouvait sur la direction des routes qui auraient pu le faire arriver au même point, ce qui, ayant fait penser au roi de Sardaigne que la vallée de Château-Dauphin était le vrai point sur lequel on voulait entreprendre, détermina ce souverain à y porter ses forces et à dégarnir les environs des barricades de la vallée d'Esture au débouché du col de l'Argentière, et donna le moyen à M. le prince de Conti de forcer ce passage qui formait un défilé et présentait des obstacles qui, sans cette ruse, eussent été invincibles.

On peut citer beaucoup d'autres projets de cette espèce qui ont assuré le succès de plusieurs campagnes sur toutes les frontières; et il est facile d'apercevoir que des dispositions semblables ne peuvent guère être prévues par un ennemi et combien il est avantageux de ne pas négliger les moyens qui peuvent conduire à en faire de pareilles.

CHAPITRE VII.

PRÉCAUTIONS À PRENDRE POUR UN PROJET DE DÉFENSIVE.

Après avoir réfléchi sur les principales opérations qu'on aura à craindre et déterminé la distribution des troupes qu'on peut employer à la défensive d'un

IMPRIMERIE NATIONALE.

pays dans plusieurs places ou postes particuliers, et plus avantageusement la réunion desdites troupes sur une seule position, il faudra : rompre tous les chemins
qui se trouveront en avant de la ligne qu'on veut défendre et qui pourraient
favoriser le débouché des troupes d'offensive; réparer tous ceux du derrière qui
doivent servir ces communications; faire enlever ou brûler tous les fourrages,
grains et farines qui se trouveront dans les villes, bourgs ou villages en avant de
cette ligne; rompre les moulins et les fours et ne laisser que ce qui est absolument
nécessaire à la subsistance des habitants; faire retirer sur les derrières tous les
bestiaux en leur assignant des pâtures auprès de quelques places fortifiées pour
les y mettre en sûreté, ou derrière quelque rivière; approvisionner toutes les
places de guerre qui pourront être menacées de siège de toutes sortes de munitions de guerre et de bouche; y mettre les garnisons nécessaires, à moins qu'on
ne soit assuré d'avoir le temps et les moyens d'y envoyer les troupes qu'on pourra
y destiner, et qu'on veuille se servir desdites troupes pour arrêter le progrès de
la marche de son ennemi.

L'occupation des postes les plus avantageux en avant de la ligne ou de la position de défensive est un objet d'attention qui devient toujours important, et il ne
faut jamais s'épargner le soin d'y faire construire les retranchements dont ils
peuvent être susceptibles, parce que les obstacles qu'ils présenteront à la marche
des colonnes ennemies exigeant une disposition d'attaque ou de blocus feront
perdre du temps, et que c'est le principal objet auquel on doit s'attacher dans les
pays de montagnes qui ne peuvent permettre des mouvements que pendant quatre
à cinq mois au plus; ainsi il convient de préparer d'avance tous les obstacles qu'on
pourra opposer à une armée d'offensive, soit par des postes sur la direction des
marches, soit en inquiétant ses convois ou en cherchant les moyens de piller ou
brûler ses magasins, soit enfin par des courses sur ses derrières et par tout ce qui
pourra lui donner de l'inquiétude et changer ou retarder l'exécution du projet
qu'elle aura formé; parce qu'en gagnant du temps on réduira souvent ses opérations
à très peu de chose et qu'on pourra quelquefois être secouru et devenir supérieur
ou égal avant qu'elle se soit établi aucun point d'appui, ce qui deviendrait toujours avantageux.

CHAPITRE VIII.

DISPOSITIONS PARTICULIÈRES DANS UN PROJET D'OFFENSIVE.

Les dispositions particulières peuvent regarder le projet d'attaque d'une place ou d'un poste, l'occupation d'une position importante et les moyens de diversion auxquels la constitution du pays donnera lieu, soit pour engager un ennemi à abandonner les positions qui pourraient contrarier les opérations dont on veut s'occuper, en lui faisant prendre le change, soit pour l'y forcer par des manœuvres auxquelles il ne puisse être préparé, s'il s'obstinait à les vouloir défendre.

Si les dispositions doivent être relatives au siège de quelque place, comme elle ne pourra être située que dans le milieu d'une vallée ou sur quelqu'un des penchants qui la bordent, il faudra, par les connaissances qu'on aura du pays, réfléchir sur les positions les plus favorables à son investissement et ne se déterminer sur le choix qu'après les discussions nécessaires sur leurs avantages ou inconvénients, car les pays de montagnes en offrent souvent beaucoup qui paraissent remplir le même objet; et ces discussions deviennent d'autant plus importantes que la détermination décide toujours du bon ou du mauvais succès, selon que le choix a été plus ou moins militaire; et comme il y a des places qu'une seule position peut bloquer, soit en avant, soit sur la gauche ou sur la droite desdites places, il est essentiel de détailler dans un projet les facilités et difficultés qui se présenteront pour les occuper, consistant principalement dans les moyens de s'y avancer et de se saisir des postes qui en donnent la liberté; et l'artillerie nécessaire au siège ou à cette expédition ne pouvant être mise en mouvement que lorsque sa marche jusqu'à la place se trouvera couverte par l'occupation de ces postes, il sera nécessaire de l'avoir en entrepôt sur quelque point de ses derrières où elle se trouve en sûreté et d'où, en peu de jours, elle puisse arriver à portée de ladite place; mais si les chemins qui y communiquent ne sont pas propres aux voitures à roues, il faut tout entreprendre, par le secours de l'art, pour les mettre en état de servir au transport, ou se désister du projet de siège en imaginant quelque autre moyen de s'en rendre maître, soit par le secours de la mine, soit par quelque surprise bien réfléchie, soit enfin par un blocus; et le moyen doit en être prévu d'avance.

13.

Si le projet regarde l'attaque d'un poste, il faudra que le corps de troupes qui sera destiné à cette opération soit campé à portée dudit poste ou puisse en peu de marches s'en approcher assez pour le faire reconnaître; mais la disposition ne pouvant se faire que d'après cette reconnaissance, elle ne pourra être comprise dans le projet, et il suffira d'y indiquer les principaux mouvements de troupes auxquels cette disposition d'attaque devra nécessairement donner lieu, en s'en rapportant d'ailleurs à la capacité de l'officier général qui en sera chargé et qui ne doit pas donner sa confiance trop légèrement aux différentes idées des officiers qui l'auraient suivi dans les reconnaissances qu'il en aurait faites, mais qui ne doit en même temps mépriser aucun avis.

Pour l'occupation d'une position importante, il faudra : savoir à quelle distance en seront les troupes de l'ennemi qui se trouveront les plus rapprochées, et en combien de jours elles pourront y arriver, pour connaître si, par les marches qu'on dérobera, on ne pourrait pas les devancer, et si le nombre en sera suffisant pour y résister à celui qu'on voudra y faire marcher; calculer les obstacles et les accidents qui pourront retarder la marche, et n'entreprendre qu'avec l'assurance du succès, sans quoi on fatigue mal à propos ses troupes et on indique ses opérations ultérieures.

Si le projet embrasse l'objet de déposter l'ennemi de quelque position principale, ce sera le cas de le former en plusieurs branches et d'assembler son armée ou son corps de troupes particulier dans quelque endroit qui puisse, autant que la circonstance du pays le permettra, se trouver au centre des débouchés correspondant aux différentes branches du projet, afin de donner également de la jalousie à son ennemi et déterminer des mouvements qui puissent lui faire prendre le change, en débouchant par la droite ou par la gauche pour le tourner et le forcer à une retraite ou le mettre dans le cas de se trouver compromis dans ladite position; ce qui suppose une supériorité plus grande en infanterie et la plus exacte connaissance du pays. On n'entrera pas dans un plus grand détail sur les objets qui doivent entrer dans les projets généraux ou particuliers, parce qu'on les trouvera dans les différents chapitres de ces réflexions militaires.

CHAPITRE IX.

DU SECRET.

Les projets généraux partant ordinairement du cabinet des ministres, on ne peut se dispenser d'en donner connaissance au général à qui on confiera le commandement de l'armée, et il ne pourra éviter d'en donner communication en tout ou en partie à son secrétaire, à son maréchal général des logis, à l'intendant et au munitionnaire général, ces deux derniers devant faire trouver aux troupes les subsistances nécessaires dans tous les endroits où elles marcheront; le commandant des ingénieurs et celui de l'artillerie doivent aussi être informés de ce qui concerne leurs fonctions, au moyen de quoi le secret se trouvera confié à six ou sept personnes qui se trouveront comme obligées d'en communiquer quelque chose à des officiers subalternes ou employés en sous-ordre pour les détails; mais comme on peut s'assurer de la discrétion des personnes principales, on peut espérer qu'elles n'établiront pas leur confiance légèrement et qu'il n'en transpirera rien.

A l'égard des projets particuliers, dont la discussion se fait dans le conseil de guerre, on ne parvient au secret qu'ils exigent qu'en évitant d'appeler à ces conseils les officiers généraux de l'armée qui, par rapport aux arrangements qu'ils prennent relativement à la conservation de leurs équipages trop considérables pour être négligés, donneraient connaissance à leurs principaux domestiques de la direction des marches; mais l'inconvénient de ne pas admettre les officiers généraux dans tous les conseils de guerre paraît bien considérable; car, indépendamment de l'instruction qu'ils trouveraient dans ces discussions, ils seraient plus en état, en marchant à la tête des colonnes, de faire réussir les opérations dont ils connaîtraient tous les avantages et le détail, au lieu qu'on ne les fait marcher le plus souvent qu'avec des instructions particulières qui les embarrassent dans des circonstances imprévues, ou qui les décident de suivre de point en point ce qui y est contenu, quoique très peu détaillé, et qui, ne leur donnant jamais l'idée d'imaginer ce qui pourrait mieux convenir à l'opération générale qu'ils ignorent, leur fait souvent prendre le change sur le motif de leurs mouvements; il serait donc à désirer, plus dans les montagnes que dans tout autre pays, qu'on se réduisît aux plus petits équipages, tant par rapport à la difficulté des chemins et des transports que pour avoir moins de regrets à les abandonner lorsque le bien du service le demanderait, et d'appeler les officiers généraux à la direction des opérations.

Indépendamment des précautions qu'on doit prendre pour cacher les projets, et qui ne sauraient être trop grandes, il faudra pour tous les mouvements qui se feront de nuit, soit dans l'objet de s'approcher d'un poste qu'on voudra attaquer, soit pour dérober sa marche à un ennemi, établir en avant ou en arrière de l'armée, et quelquefois dans les deux parties, des lignes de postes très rapprochés dont on confiera le commandement à des officiers ou sergents intelligents, pour qu'aucun officier, soldat ou toute autre personne ne puisse marcher en avant ou en arrière sans une permission par écrit du général ou de l'officier à qui on aura confié le détail de cette précaution toujours avantageuse, dans quelque circonstance qu'on se trouve, puisqu'elle empêchera la désertion et ne permettra pas aux espions d'aller porter leurs avis à l'ennemi.

Les plans de campagne se déterminent toujours à la Cour; ils se trouvent compris dans les instructions que le Roi donne au général de l'armée et ne comprennent ordinairement que l'objet principal; ils assurent les moyens et laissent au général tout ce qui peut avoir rapport à l'exécution en le prévenant seulement sur tous les points qui peuvent être relatifs à la politique.

C'est au général dont le Roi a fait choix à faire au ministre les observations nécessaires sur les facilités ou difficultés qui pourront se trouver dans l'exécution; mais s'il s'en charge, il devient responsable du succès et il ne doit partir qu'avec carte blanche sur tous les moyens qu'il voudra mettre en usage pour réussir; car s'il se trouve subordonné à de nouveaux ordres et qu'à chaque différente circonstance il soit obligé d'informer la Cour et d'en attendre la décision, il n'est pas possible de pouvoir s'assurer de rien, d'autant mieux que lesdites circonstances peuvent varier plusieurs fois dans l'intervalle du départ d'un courrier à l'arrivée de la réponse, et que le Roi ni ses ministres ne peuvent pas juger des avantages ou inconvénients d'une opération dans un si grand éloignement et le plus souvent dans un pays qu'ils ne connaissent pas et dont ils n'ont qu'une opinion insuffisante ou fausse.

Si le Roi a confiance au général, il doit le laisser maître de ses dispositions quelles qu'elles puissent être, pourvu qu'elles remplissent son objet; s'il n'y a pas confiance, il vaut beaucoup mieux qu'il ne le fasse pas partir; c'est un des cas où la considération ne doit pas aider à la détermination du choix et où elle produirait des effets plus funestes si elle prévalait sur un meilleur; et si on doit chercher parmi les plus anciens officiers généraux le plus capable, le plus expérimenté et le plus vigoureux pour lui confier le commandement en chef de l'armée, on ose dire que celui-ci doit également chercher, sans aucune considération particulière, les officiers généraux qui doivent servir son but et exécuter ses projets; qu'en conséquence le Roi et son ministre de la guerre doivent s'en rapporter à lui pour ceux qu'il désirera faire employer, parce que, répondant du succès, c'est à lui de faire choix des moyens et des personnes en état de l'aider dans les usages qu'il voudra en faire; d'où on pourra conclure que tout général qui partira de la Cour pour aller commander une armée, sans s'être assuré de la liberté entière de ses dispositions, s'exposera à ne pas remplir l'objet du Roi par le retard des décisions et à se déshonorer en manquant sa campagne, quoiqu'il n'y ait peut-être pas de sa faute; au lieu qu'avec la carte blanche dont on parle on doit présumer qu'il ne se chargerait pas du commandement d'une armée s'il n'était assuré de réussir; autrement il se trouverait exposé à la punition que mériterait un officier de son caractère qui, ayant trop d'amour-propre, se serait soumis avec trop peu d'objections à exécuter le plan de campagne compris dans ses instructions, punition pour laquelle il ne conviendrait jamais de faire grâce et dont la crainte donnerait autant de vigueur et de zèle que l'espoir d'une récompense proportionnée au succès.

Il est peu d'officiers doués de talents, de projets et d'idées de guerre qui sont le fruit de beaucoup d'expérience et dépendent aussi du plus ou moins d'aptitude. Il serait important de développer, sur cet objet, les talents de tous ceux qu'on destine aux grades supérieurs, et comme l'état-major des logis d'une armée est la partie du service où les projets et idées de guerre se décident, il semble qu'il deviendrait nécessaire de les y faire servir avant de les faire monter au grade de maréchal de camp.

Pour remédier à l'inconvénient qui résulte de ne pas appeler les officiers généraux au conseil de guerre, il serait nécessaire que le général de l'armée se contentât d'y écouter les discussions, sans laisser apercevoir le parti qu'il adopte et que sa décision ne fût connue absolument que lorsqu'il donnerait l'ordre de l'exécution.

CHAPITRE X.

DES DIVERSIONS.

Rien n'est, sans contredit, plus avantageux à la guerre que les diversions, mais il faut qu'elles soient réelles, préparées d'avance, et les plus éloignées sont les meilleures, comme les plus rapprochées le sont aussi dans un projet d'opérations à plusieurs branches. Celle des Carthaginois, qui conduisit Annibal en Italie, et celle des Romains, qui fit marcher Scipion en Afrique, peuvent servir d'exemple pour les plus éloignées, comme celle des Russes, qui ont porté une flotte dans l'Archipel et un corps de troupes en Géorgie, celle de S. A. S. Mgr le prince de Conti en 1744, de M. le maréchal de Maillebois sur Pavie en 1745 et celle de M. le maréchal de Belle-Isle, dont on trouvera des exemples ci-après, et beaucoup d'autres qu'on pourrait citer, prouvent que c'est un moyen toujours assuré de profiter de la supériorité et dont il faut se servir lorsque la puissance inférieure se détermine à une défensive active.

LIVRE V.

OBJET GÉNÉRAL D'UNE ARMÉE EN CAMPAGNE.

CHAPITRE PREMIER.

DES COMMUNICATIONS.

Une armée ne doit jamais commencer sa campagne sans savoir par quels moyens elle pourra subsister; et quelques ressources que le pays dans lequel elle aura à opérer puisse lui fournir, il lui faudra toujours avoir des magasins bien approvisionnés, et comme elle ne pourrait pas traîner après elle tout ce qui lui serait nécessaire pour la campagne, le général ordonne à l'intendant de faire des entrepôts de distance en distance sur les derrières, afin d'en tirer des vivres à proportion de sa consommation.

Ses succès pouvant la conduire fort en avant de la frontière sur laquelle elle s'est assemblée, il est essentiel qu'on fasse des dispositions pour pouvoir toujours communiquer à ces lieux d'entrepôt et dans les provinces intérieures de son pays, tant pour en tirer des munitions de guerre et de bouche que pour faire arriver jusqu'à sa position les recrues et remontes dont l'armée peut avoir besoin; sans quoi elle serait bientôt exposée à manquer de vivres et de munitions de guerre, et à être affaiblie par les déserteurs et les maladies, au point de ne pouvoir plus agir offensivement ni se tenir sur la défensive.

Un général ne doit donc étendre ses conquêtes qu'autant qu'il se trouve en état de faire vivre, recruter et remonter son armée; ce qui fait penser que pour porter la guerre un peu en avant de sa frontière il lui faut avoir deux armées, une d'offensive pour opérer dans tous les pays et une seconde pour opérer en défensive sur toutes les parties qui concourent à la sûreté de sa communication, à moins pourtant que les positions que prendrait la dernière fussent couvertes et libres pour tout ce qu'elle en devrait tirer, ce qui serait fort avantageux, mais qu'on ne peut espérer lorsque les opérations conduisent à une certaine distance et qu'on a un ennemi actif, entreprenant et en état de faire quelques diversions.

IMPRIMERIE NATIONALE.

PRÉCAUTIONS À PRENDRE POUR ASSURER SES COMMUNICATIONS.

Les communications exigent un nombre considérable de troupes, elles demandent aussi qu'on fasse reconnaître scrupuleusement les débouchés par lesquels l'ennemi pourrait marcher pour arrêter les convois et les recrues; elles peuvent regarder un ou plusieurs débouchés.

Si on est réduit à un seul débouché, il suffira de faire garder tous les passages par lesquels l'ennemi pourrait faire des courses, ou d'avoir quelques corps de troupes postés dans l'intervalle desdits passages de façon à en imposer aux partis ennemis, quelque direction qu'ils puissent prendre; mais il peut arriver différents cas. Si c'est un pays de montagnes : 1° qu'on ait des précautions à prendre sur les deux chaînes qui bordent le débouché qu'on a choisi pour sa communication; 2° qu'on ne craigne le débouché de l'ennemi que sur une des chaînes de montagnes ou qu'il n'y ait que partie de l'une ou de l'autre chaîne sur laquelle on serait obligé de se garder. Si c'est un pays de plaines : 3° qu'on ait à contenir les garnisons de quelques places fortifiées; 4° à observer le cours d'une rivière dont il faudra défendre les gués ou ponts; 5° enfin à prévoir tous les mouvements et toutes les diversions qu'on pourrait tenter pour intercepter la communication qu'on aura établie.

Dans le cas auquel la vallée qui doit servir de débouché se trouverait enclavée dans la terre de la domination de la puissance contre laquelle on fait la guerre, il faut savoir contre qui on doit se précautionner, si c'est contre des paysans, contre des troupes réglées ou contre des partis mêlés de paysans et de troupes réglées.

Si c'est seulement des paysans contre lesquels il faille se garder, il sera à propos de faire prendre dans les villages, par des détachements particuliers, les principaux habitants ou officiers municipaux et de les garder dans quelques postes jusqu'à la fin de la campagne en les rendant responsables de tout ce qui se ferait par leurs communications, et, suivant les inconvénients qui résulteraient des courses de ces paysans, les menacer de brûler leurs villages et même l'exécuter contre les plus entreprenants, comme aussi de faire enlever tous les hommes en état de porter les armes et de les éloigner de leur pays, si les autres précautions n'y remédiaient pas.

Si ce sont des troupes réglées, il faudra en connaître le nombre, afin d'y proportionner les troupes destinées à la garde de la communication, et prévoir les points sur lesquels elles seront plus à portée d'entreprendre, pour y placer des détachements, s'y retrancher et y prendre toutes les mesures nécessaires pour en couvrir le débouché, observant d'occuper par préférence les endroits où deux et plusieurs chemins feront fourche.

Si les partis sont mêlés de paysans et de troupes réglées, on s'attachera le plus qu'il sera possible à prendre quelqu'un de ces paysans qu'on fera exécuter sur le champ, parce que le bruit de la mort d'un paysan chef de famille, dans la paroisse où il aura été tué, en imposera et retiendra les plus timides.

Dans les précautions à prendre pour assurer ses communications, il faut faire usage des rivières lorsqu'elles ne sont pas guéables ou que leurs rives sont escarpées, et confier à des paysans amis ou sujets du Roi les postes dont la défense est la plus simple et la moins dangereuse, telle que celle des cols les plus difficiles à gravir; observer exactement les passages déterminés sur lesquels la nature du pays indiquera toujours les moyens de défense à un officier, pour peu d'intelligence qu'il se trouve, et les sommets de montagnes qui découvriront plusieurs débouchés à droite ou à gauche desquels on pourra se porter, suivant le besoin; car il vaut encore mieux, lorsqu'on en a l'occasion, établir un corps de troupes de trois ou quatre cents hommes dans un seul poste qui en pourrait couvrir plusieurs, que de les étendre en un nombre de petits postes qui se trouveraient trop faibles par euxmêmes et ne résisteraient pas à l'effort d'un nombre supérieur.

S'il n'y a qu'une chaîne de montagnes sur laquelle on soit obligé de se précautionner, ou partie de la chaîne de droite et de gauche, on n'établira ses troupes que dans l'étendue dangereuse en y observant les mêmes règles qu'on vient de prescrire; bien entendu qu'on aura toujours un ou plusieurs corps en réserve sur les points de ses derrières qui pourront mieux couvrir plusieurs débouchés; car inutilement prendrait-on des arrangements en avant, si l'ennemi en s'écartant un peu de ce débouché principal pouvait arriver sur quelques points plus éloignés des derrières, et comme dans les montagnes plusieurs débouchés concourent ordinairement ou sur une montagne, ou dans quelque point d'une vallée particulière, ou dans une ville, bourg ou village, c'est à portée de ces concours qu'on doit placer la réserve dont on vient de parler. (Planche n° 6.)

Les précautions à prendre pour le soutien des communications dans les pays de plaines sont différentes de celles dont on vient de parler, en ce que celles-ci, exigeant des patrouilles et des détachements plus considérables que les troupes à contenir ou les garnisons des places ou de la défense des passages des rivières, ne peuvent prendre des positions indifférentes; que ce serait les exposer que de les trop diviser, ce qui oblige à la reconnaissance des positions de défensive active ayant les avantages de porter des détachements sur tous les points de l'avant, sur leur droite ou sur leur gauche, sans avoir la crainte de pouvoir être attaqué, même par des corps supérieurs, ni celle de compromettre aucun desdits détachements; d'où il est aisé de conclure qu'il faut choisir un officier général et des officiers particuliers très intelligents et qui aient une connaissance bien exacte du pays pour leur confier le soutien des communications, tant dans les pays de montagnes ou coupés de bois, marais, étangs, rivières, navilles ou canaux que dans ceux de plaines.

Indépendamment de l'objet de s'assurer des débouchés sur lesquels les troupes ou paysans ennemis pourraient entreprendre, on doit toujours avoir celui de faire escorter chaque courrier et même les officiers généraux, particuliers, ou troupes qui iraient joindre l'armée par des détachements; ainsi, dans la combinaison des troupes à destiner pour les communications, on doit faire entrer la nécessité et le service desdites escortes, afin de ne pas trop affaiblir les postes.

Ces escortes deviennent d'autant plus nécessaires qu'il n'est presque jamais possible de garder exactement tous les points par lesquels on peut arriver sur les chemins destinés aux communications, ni toutes les parties des sommets et penchants d'une chaîne de montagnes, et qu'il peut par conséquent y passer quelques hommes des plus déterminés qui, se mettant en embuscade dans quelques points rapprochés du chemin, y arrêteraient les particuliers voyageant sans escorte et les massacreraient ou les voleraient s'ils ne pouvaient pas les emmener avec eux.

Les postes qui traversent les principaux torrents sont des points, dans l'objet dont on parle, qui méritent beaucoup d'attention, surtout lorsque lesdits torrents se guéent et que leurs sources se trouveront dans des escarpements.

Pour les garder avec plus de facilité, on les couvrira de quelques redoutes, s'ils en sont susceptibles; autrement on y construira des barrières avec quelques petits corps de garde, car les chemins qui se trouveront sur le principal chemin qui communiquera à l'armée non seulement ne devront pas être rompus, mais exigeront un entretien pour s'assurer du passage, et il n'y aurait tout au plus que ceux qui se trouvent hors de la direction de la route qu'il faudrait rompre, si on ne pouvait pas les garder avec facilité.

Les hameaux, chapelles, villages, bourgs compris dans l'étendue du pays qu'on veut couvrir sont aussi des positions qui peuvent servir pour l'emplacement des troupes, et c'est à la capacité de l'officier général auquel cet objet sera confié qu'on doit s'en rapporter sur le plus ou moins de troupes à mettre dans une position ou poste, comme sur toute autre disposition à faire pour remplir les vues du général et pour assurer la sûreté des communications avec les derrières.

DISPOSITIONS NÉCESSAIRES POUR LE SOUTIEN DES COMMUNICATIONS.

L'objet des communications étant de la plus grande importance, il est nécessaire que l'officier général qui sera chargé d'en soutenir la défense connaisse par lui-même le détail du pays, qu'il en parcoure toutes les différentes parties pour former sa disposition, observant sur toutes choses de bien établir ses chemins pour la mutuelle communication de ses postes particuliers afin d'être en état de marcher sur les positions menacées.

Il établira son quartier dans le bourg ou village le plus à portée du centre de tous ces postes, fera établir des signaux sur tous les points qui pourront être vus desdits postes, afin d'être plus tôt averti de tout ce qui s'y passera.

La tranquillité du général et de l'armée qui opérera en avant ne pouvant se fonder que sur la confiance qu'on aura sur la sûreté de la communication avec ses derrières, l'officier à qui elle aura été confiée doit éviter, dans sa correspondance suivie avec le général de l'armée, de faire le détail des différents événements de ses postes, afin de ne pas donner de l'inquiétude mal à propos à l'armée ; il pourra demander les troupes qui lui seront nécessaires avant de se charger de cette défensive ; mais d'après cette réflexion qu'il aura pu faire, il ne doit plus lui être permis de demander des secours que dans les cas absolument indispensables, et sa fermeté doit être à l'épreuve des plus grandes entreprises, car s'il paraît inquiet, dans cette correspondance, sur les mouvements qui pourront se déterminer contre les postes, il décidera souvent le général à suspendre ceux de l'armée et lui fera perdre les avantages de sa campagne ; on n'a vu que trop souvent qu'un avis timide a donné lieu à des déterminations dangereuses qui ont ou compromis l'armée ou fait abandonner des positions très avantageuses.

Plus la communication avec les derrières aura d'étendue, plus il faudra de troupes pour la défendre ; elle doit donc former un article principal dans le projet d'une campagne et faire tomber le choix des opérations sur les parties les plus rapprochées de la frontière, de préférence aux plus éloignées ; ainsi il serait plus avantageux d'opérer sur les frontières de Piémont par les environs de Briançon et de Queyras sur Exilles et Fenestrelles, que par les environs de Barcelonnette sur Démont et Coni, et par la même raison il serait beaucoup plus avantageux d'opérer sur Démont et Coni par Barcelonnette que sur Ceva, Alexandrie et Tortone par la côte de Gênes.

Il y a des circonstances à la guerre où il faut savoir abandonner une de ses communications pour soutenir l'autre : lorsqu'on embrasse une trop grande étendue de pays, c'est-à-dire lorsque, par des raisons particulières, on est dans le cas d'avoir à couvrir par une petite armée particulière une frontière voisine de quelque puissance dont on se méfie : ou lorsqu'on prépare une diversion éloignée tendant à diviser les forces des ennemis, comme il est arrivé les dernières campagnes d'Allemagne pendant lesquelles on a eu deux armées, l'une sur le haut Rhin et l'autre sur le bas Rhin, la première opérant dans la Hesse, la seconde devant opérer sur la Gueldre Prussienne, le comté de la Marck et la Westphalie.

L'objet de ces deux armées étant de conquérir la Hesse et la Westphalie, il aurait été très avantageux d'avoir assez de réserve à Francfort pour les deux armées, dans le cas où leur réunion sur le haut Rhin fût devenue nécessaire, et alternativement assez de ressources à Dusseldorf et Wesel, si les opérations avaient exigé qu'on en eût besoin; et si cette double précaution avait été prise lorsque M. le duc de Broglie s'avança en 1760 sur Corbach et fit avancer M. de Saint-Germain sur la Diemel, il eût été fort avantageux de réunir les deux armées sur la Diemel et d'abandonner la communication sur Francfort, parce qu'avec la supériorité qu'on avait on aurait fait les sièges de Munster et de Lipstadt derrière soi, et on aurait ensuite passé la Diemel en force pour s'avancer sur Cassel, ce qui aurait ôté tout moyen au prince Ferdinand de se soutenir entre la Diemel et la Fulde, et par conséquent assuré la conquête de la Westphalie et de la Hesse; mais en abandonnant la communication sur Francfort, il fallait être assuré que Wesel et Dusseldorf auraient pu fournir tout ce qui était nécessaire aux deux armées réunies sur la Diemel; dans cette supposition qu'aurait-on pu craindre ? Si les ennemis se fussent portés sur le Mein, on les y aurait suivis et ils s'y seraient trouvés compromis, il n'aurait donc resté de ressource au prince Ferdinand que dans sa retraite sur la rive droite du Weser ou sur la rive droite de la Wera, et les deux armées du haut et du bas Rhin, réunies en Hesse, auraient eu pour lors la facilité de couvrir leur communication, non seulement sur le bas Rhin, mais encore celle sur Francfort, ce qui aurait rempli l'objet de la campagne.

On peut conclure en général que la trop grande étendue des communications à garder est un si grand inconvénient, qu'il ne faut plus s'étonner si les armées qui opèrent dans des pays éloignés de leurs frontières n'ont pas des succès soutenus, et qu'il ne conviendra jamais à la France de porter ses armées en Italie qu'autant qu'elle se trouvera alliée avec le roi de Sardaigne, en Allemagne qu'autant que les électeurs de Cologne, de Trèves et de Mayence, Palatin, le Landgrave de Hesse ou les Hollandais se trouveront unis avec elle; et si le roi de Prusse a eu des succès auxquels on n'aurait jamais dû s'attendre, c'est que sa position était centrale relativement à toutes les puissances contre lesquelles il avait à se défendre, et qu'au moyen de l'Elbe et de l'Oder qui le couvraient, il n'avait presque pas ses communications à garder, et pouvait sans inconvénient faire ses mouvements sur toute direction.

CHAPITRE II.

DES MUNITIONS DE GUERRE, DE BOUCHE ET DES VOITURES.

L'entrepôt général d'une frontière doit se fixer toujours sur les derrières dans une ou deux places, à l'abri d'un coup de main, où les ennemis ne puissent faire des incursions et à portée de recevoir ou par terre ou par eau tout ce qu'on voudra y faire passer des provinces de l'intérieur du royaume.

Ces principaux entrepôts seront bien placés s'ils se trouvent sur différentes routes communiquant à la frontière et à différents entrepôts particuliers.

Les entrepôts particuliers doivent s'établir sur les grandes routes, dans les principaux bourgs, et se trouver disposés par échelons jusqu'à la frontière, observant de ne pas les éloigner de plus de trois à quatre lieues de chemin les uns des autres et de les rendre plus considérables dans ceux qui se trouvent à la fourche de deux ou trois chemins.

Les voitures dépendent du plus ou moins d'éloignement des entrepôts et magasins particuliers; mais, comme il ne suffit pas d'avoir des entrepôts bien fournis, qu'il faut le temps et la quantité de voitures propres au transport pour faire arriver les approvisionnements sur la frontière, on en doit faire l'évaluation d'avance pour savoir si on pourra assurer le service; pour déterminer plus exactement cette évaluation il faut connaître la distance de l'entrepôt principal à la frontière; si cet entrepôt est à quatre journées de mulets, les voitures feront huit jours de route, savoir : quatre pour aller et quatre pour le retour, qui, avec un jour de séjour, formeront un intervalle de neuf jours d'un entrepôt à l'autre.

Ainsi, en supposant que mille mulets soient employés audit transport et chargés de deux quintaux chacun, ils ne porteront que deux mille quintaux en neuf jours, quatre mille en dix-huit jours, six mille en vingt-sept jours, ce qui donnera la faculté de compter combien il faudra de temps auxdits mulets pour voiturer la quantité de fourrages, grains, farines, munitions de guerre, etc., dont on pourra avoir besoin, observant que le double de mulets consommera la moitié moins de temps, le quadruple quatre fois moins et ainsi de suite jusqu'au nombre fixe dont on pourra se servir. Ce calcul sera de même pour les voitures à roues proportionnellement à la charge; mais, quelques ressources qu'on puisse avoir dans le nombre et l'espèce des voitures, il n'est pas toujours possible d'en faire usage, à cause des chemins; car s'il ne se rencontre que deux routes, tout ce qu'on pourra faire sera de diriger un nombre de voitures chaque jour par chaque route, et par conséquent on ne pourra espérer de faire usage que de huit ou neuf convois de chaque côté, parce que les voitures qui auraient servi au premier transport se trouveraient de retour le jour du départ du huitième convoi et ne donneraient la liberté de marcher au neuvième convoi qu'à cause de leur jour de séjour.

Les convois particuliers, indépendamment de cet arrangement, ne pourraient être arbitraires pour le nombre, d'autant que sur trois ou quatre lieues de chemin au plus à quoi on pourrait fixer la journée d'un convoi, on ne saurait engager plus de mille mulets à la fois ou deux cents voitures à roues, tant à cause des défilés que par rapport aux accidents qui peuvent arriver; et, suivant le calcul qui est poussé au plus loin où il soit possible de le porter, on ne pourrait donc employer que deux mille mulets par chaque route ou dix huit cents voitures à roues, les premiers ne portant que quatre mille quintaux et les secondes que vingt et un mille six cents quintaux, en les évaluant à douze quintaux chacune; d'où il sera aisé de connaître le temps nécessaire pour porter les fourrages, grains, farines, biscuits et autres approvisionnements pour l'armée et les hôpitaux, ainsi que celui pour les transports des poudres, plomb, fer coulé, outils et généralement ce qui peut avoir rapport à l'artillerie et aux munitions de guerre.

D'ailleurs si les routes sont remplies desdites voitures, on ne pourra y diriger la marche des troupes, et soit que celles-ci précèdent ou suivent les approvisionnements, il sera nécessaire de comprendre encore dans le calcul du temps celui du débouché desdites troupes; donc, par tout ce qui vient d'être dit, on doit généralement conclure que pour faire la guerre dans un pays, il faut s'y préparer longtemps d'avance et avoir toujours en dépôt sur la frontière la plus grande partie des approvisionnements; et si cette précaution est indispensable dans les pays de plaines, combien ne devra-t-elle pas être nécessaire dans les pays de montagnes dans lesquels les débouchés sont déterminés et plus rares.

Si le transport se fait par les voitures du pays, on observera de les prendre dans l'arrondissement de chaque magasin particulier pour porter au magasin le plus voisin, de façon que les voitures partant à la pointe du jour puissent encore retourner coucher dans leurs maisons, ce qui épargne une couchée aux habitants et leur donne la facilité de faire les transports sans les fatiguer.

ORDRE QUE L'ON DOIT ÉTABLIR DANS LES MAGASINS OU ENTREPÔTS POUR LES TRANSPORTS.

Pour éviter les injustices qui se font ordinairement dans les magasins principaux comme dans les particuliers, on établira à chaque magasin des chefs du choix des communautés qui devront y voiturer, lesquels seront chargés, l'un de recevoir toutes les subsistances, soit en foin, soit en grains ou farines et de les enregistrer en payant la voiture, l'autre de les distribuer aux différents voituriers commandés pour les faire passer en avant, et ce sera du premier que le garde-magasin recevra la totalité desdites subsistances chaque jour, comme ce doit être au second que ledit garde-magasin doit remettre celles qu'il aura ordre de faire passer en avant.

L'intendant, les munitionnaires, entrepreneurs ou régisseurs des fourrages feront donner à ces hommes préposés par les communautés, qui répondront de de leur probité, les sommes nécessaires au payement desdites voitures, dont ils tiendront un compte en recette et dépense.

Cette précaution est d'autant plus nécessaire que souvent les paysans se sont trouvés, par l'infidélité des commis, dans le cas non seulement de perdre le prix de leurs chargements, mais encore de donner de l'argent pour remplacer une partie des matières dont on refusait de leur donner un reçu, ou d'attendre si long-temps leur payement qu'ils étaient forcés de l'abandonner.

D'ailleurs, lorsque les communautés sont taxées, par exemple, à fournir un nombre de quintaux de foin, il arrive souvent que les commis, sur deux quintaux, ne donnent le reçu que de cent cinquante ou cent quatre-vingts livres et que le bénéfice du poids sert à remplir l'objet des fournitures d'une autre communauté, qui en paye bien volontiers le montant pour la valeur du foin dont elle serait embarrassée de trouver la quantité nécessaire dans ses villages, indépendamment de la voiture dont elle se trouverait dégagée.

On ne détaillera point ici les moyens de voiturer les fourrages avec des filets,

15

draps ou sacs, parce que dans chaque province les paysans sont accoutumés à la formation de leurs *trousses* ou *fagots;* mais on ne doit pas fixer la charge d'un mulet ordinaire à plus de deux quintaux, celle d'une bourrique à plus d'un quintal et celle des hommes ou femmes à plus de quarante ou cinquante livres.

Les approvisionnements de grains seront toujours plus faciles que ceux de fourrages, parce que les sacs peuvent se faire proportionnellement à la charge d'un mulet et de façon qu'un sac mis en travers fasse celle des plus petites bêtes; d'ailleurs on peut les garantir de la pluie au moyen d'une couverture de toile cirée, et avec des filets ou draps on facilite le transport des fourrages.

ATTENTION DANS LES APPROVISIONNEMENTS.

Dans les approvisionnements de fourrages et de grains on doit comprendre ceux qui sont nécessaires pour la subsistance des voitures dans les routes, car sans cette précaution les magasins destinés pour l'armée se consommeraient en chemin; ainsi l'attention de l'intendant doit s'étendre sur l'approvisionnement desdites routes, et plus encore à garder pour les besoins importants les ressources de la frontière extrême qu'on doit toujours se conserver en tirant de l'intérieur de la province ou des provinces voisines les grains, farines et fourrages nécessaires pour la formation des magasins principaux et particuliers ainsi que pour l'approvisionnement des routes.

Comme les moulins sont rares dans les montagnes et qu'il arrive presque toujours que la puissance dans les États de laquelle on veut entrer fait rompre tous ceux qui sont sur la frontière, ainsi que la chose est arrivée en 1744, lorsque l'armée du Roi campa devant Coni, on doit se précautionner de beaucoup de farines par préférence aux grains, excepté pour la partie qui doit servir à la cavalerie et aux équipages de l'armée, ou, si on est obligé de subsister par les grains qu'on peut trouver dans un pays ennemi, ne pas oublier la ressource d'avoir assez de moulins à bras pour remédier au défaut des moulins à eau.

Le peu de ressources qu'on trouve dans un pays de montagnes doit faire prendre d'avance les précautions nécessaires pour assurer les subsistances de l'armée et lui faire trouver à portée du débouché qu'on a en vue l'artillerie et les munitions indispensables de guerre et de bouche.

RESSOURCES DE LA FRONTIÈRE.

Il serait très avantageux pour éviter la consommation des fourrages sur les parties les plus rapprochées de la frontière et épargner les transports, de taxer les communautés à tant de quintaux de foin et boisseaux d'avoine, suivant le nombre des bestiaux qu'elles nourrissent communément, dont on pourrait même diminuer le nombre, et de rendre les officiers municipaux responsables de cette taxe, pour en former une réserve de quatre-vingts à cent mille quintaux de foin et de cinquante ou cent mille boissaux d'avoine et plus, s'il est possible, dont on pourrait se servir dans un besoin pressant pour la formation des magasins les plus proches de la frontière.

Cette précaution peut se prendre par tous les temps, observant d'indiquer aux communautés un terme à l'échéance duquel le Roi prendrait ces matières à un certain prix si la guerre se déclarait et qu'il se trouvât dans le cas d'en avoir besoin; on permettrait aux communautés de les consommer si la guerre n'avait pas lieu sur la frontière où cette précaution aurait été prise; car, sans cette ressource, il deviendrait impossible d'entrer en campagne avant la récolte, à moins qu'on eût approvisionné longtemps d'avance la frontière; au lieu que par cet établissement qui ne deviendrait onéreux ni au Roi ni aux habitants des parties les plus rapprochées de ladite frontière, on remédierait à tout; mais cette précaution ne pourrait avoir lieu dans un pays ouvert, il faut que la frontière où elle se prend soit couverte de quelque place.

Le terme que le Roi pourrait donner doit être fixé, dans les montagnes, au mois d'avril : 1° parce qu'à cette époque on pourra toujours savoir si la guerre est à craindre et si on aura besoin de ces matières pour faire la campagne; 2° parce qu'il resterait aux particuliers chez qui ces denrées se trouveraient en réserve les mois de mai, juin et partie de juillet pour les faire consommer par leurs bestiaux, la récolte des premiers foins ne se faisant ordinairement qu'à la fin de juillet et celle des grains dans le mois d'août.

Pour éviter de fixer une taxe trop forte aux communautés, il faut entrer dans le détail de leur consommation indispensable, en admettant dans le nombre des bestiaux qu'elles auront à nourrir tous ceux qui sont nécessaires à la culture des terres et à la nourriture des familles, et en les obligeant de vendre avant l'hiver les bestiaux qu'ils ne nourrissaient que pour consommer le fourrage et y trouver le bénéfice de la consommation en les vendant aux foires du printemps.

Cet arrangement serait avantageux pour le Roi, en ce qu'il serait toujours certain d'avoir, au commencement du printemps et à un certain prix, une certaine quantité de fourrages et de grains toute rapprochée de la frontière en cas de guerre, qu'il ne lui en coûterait rien pour entretenir cette réserve chaque année, et qu'il n'y aurait pas d'ailleurs un grand inconvénient pour lesdites communautés, puisque si le Roi n'avait point de guerre, il leur resterait la ressource de vendre leurs grains et fourrages ou de les consommer pendant les deux mois de mai et de juin, jusqu'à la récolte qui est le temps où cette matière est le plus rare; et pour que les habitants des montagnes fussent mieux engagés à la conservation de cette réserve, on taxerait le prix du quintal sur le pied auquel se vendent ces matières dans le courant d'avril, on pourrait même le fixer à un prix un peu plus fort, d'autant qu'elles ne coûteraient rien pour leur transport.

Pour donner l'étendue désirable aux subsistances et munitions de guerre, on fixera toujours la force de l'armée, et d'après son état il sera facile de constater la consommation par jour des rations de bouche et de fourrages relativement aux nombres qui en sont accordés aux officiers, soldats et autres personnes, et d'établir la totalité des approvisionnements à faire pour six mois, une année ou davantage, en y comprenant la quantité qui peut se perdre par des incendies, par l'interception des convois ou par l'abandon trop précipité des positions destinées à couvrir les magasins les plus avancés du côté de l'ennemi, ce qui ne peut se calculer qu'à peu près, mais exige une précaution fort abondante dans les entrepôts les plus en arrière.

Les magasins à fourrages se font en perches distantes de cinq à six pieds au moins les unes des autres, et dont les basses et les hautes sont arbitraires; la meilleure façon est de faire botteler le foin par ration de dix-huit à vingt livres pour la cavalerie et l'état-major, de douze à quinze livres pour l'infanterie, et de faire former les piles de ces bottes, observant de séparer les perches destinées à la cavalerie et celles qui sont pour l'infanterie, et, sur toutes choses, de clore les lieux où les fourrages seront déposés par des palissades ou par des planches, tant pour empêcher qu'ils ne soient volés que pour donner plus de facilité aux sentinelles, qu'on doit toujours mettre aux quatre coins, de veiller à ce que personne n'y approche avec du feu.

DES MANUTENTIONS.

La manutention du pain étant un objet principal, l'intendant et les commissaires des guerres ne sauraient porter trop d'attention pour que la farine soit de bonne qualité et qu'il n'y entre qu'un tiers de seigle sur deux tiers de froment; on emploie ordinairement deux boulangers pour chaque four contenant six cents rations et on cuit six fois par vingt-quatre heures.

Le quintal de farine doit produire de nonante à nonante-trois rations de pain et consommer de soixante à quatre-vingts livres de bois, d'où il sera aisé de savoir combien il faudra de fours, de boulangers, de farine et de bois, et de quelle quantité de matériaux on s'approvisionnera pour la construction des fours.

Lorsque le soldat est campé, on peut sans inconvénient lui faire prendre du pain pour quatre jours, mais il y a trop d'inconvénients à l'en trop charger lorsqu'il marche pour attaquer l'ennemi ou pour aller occuper quelque poste dans les montagnes.

Quelque avantageux qu'il paraisse de faire prendre du pain pour plusieurs jours au soldat, tant à cause de la difficulté des voitures que par rapport à celle de l'établissement des travaux pour une manutention dans certaines parties des montagnes, on doit éviter l'inconvénient de fatiguer la troupe, et c'est la principale raison qui a fait prendre le parti à plusieurs généraux d'avoir toujours une très grande quantité de biscuit à la suite de l'armée.

L'expédient d'avoir des biscuits remédie en partie à l'inconvénient qu'on cherche à éviter; mais comme le soldat ne vit pas également bien avec le biscuit qu'avec le pain ordinaire, on pourrait attacher aux régiments des mulets chargés de pain, comme ils ont leurs mulets composés pour les munitions de guerre.

Cet arrangement ne pourrait servir dans les parties de montagnes où les chemins ne permettraient pas le passage des bêtes de charge, mais on pourrait en ce cas leur substituer un nombre de paysans, à la suite des régiments, qui soulageraient les soldats.

La ration du soldat, déterminée antérieurement à vingt-quatre onces poids de marc, n'était pas suffisante pour le temps auquel les troupes restaient campées ou dans des quartiers d'hiver et de rafraîchissement, elle aurait bien moins suffi lorsque le soldat monte les montagnes, car il fait une grande déperdition et l'air vif qu'il respire augmente d'ailleurs son appétit; cette observation a été faite par tous les officiers de détails, et quelques onces de plus par jour accordées uniquement aux troupes destinées à gravir les montagnes et à rester campées sur leur sommet deviendront nécessaires.

On doit comprendre dans l'objet des subsistances les légumes et la viande nécessaires à la nourriture du soldat; la viande lui est ordinairement fournie par un entrepreneur général qui a soin de se pourvoir de bœufs et de les distribuer aux bataillons suivant l'estimation qui en est faite par les officiers majors et de détails, et on évalue la quantité pour chaque soldat à une demi-livre.

Le riz, les fèves ou haricots sont également nécessaires aux soldats dans les pays de montagnes, car ils ne trouveraient aucune ressource, et le Roi en accordant deux onces de riz par jour à chaque soldat, leur donne le moyen de vivre et supplée en quelque sorte à la modicité de la ration du pain.

Outre ces avantages, on ne peut s'empêcher de faire fournir aux troupes le bois, la paille et les piquets nécessaires pour différents camps qu'on voudra leur faire occuper; toutes ces ressources doivent se trouver à portée des positions tant qu'on le pourra, afin que les soldats ne s'écartent pour en aller chercher dans les villages ou habitations voisines, et les rend inexcusables lorsqu'on les trouve hors de leur camp.

CHAPITRE III.

DES HÔPITAUX.

La disposition des hôpitaux sédentaires se fait à peu près comme celle des magasins; il faut que l'hôpital ambulant puisse évacuer ses malades dans des hôpitaux qui soient à portée de l'armée et que ceux-ci les fassent passer dans d'autres hôpitaux. Sur les derrières on en forme quelquefois sur plusieurs lignes, suivant le plus ou moins de facilité qu'on peut trouver pour leur établissement, en se servant des églises ou maisons religieuses, lorsque les villes, bourgs ou villages ne peuvent donner d'autres ressources. Cet objet est un des plus importants pour la conservation des troupes, et l'intendant ainsi que les commissaires des guerres ne sauraient porter trop d'attention pour que les aliments, les remèdes et les fournitures soient de la qualité désirable.

Mais comme il n'y a pas autant de ressources dans les montagnes pour former ces établissements qu'il y en a dans les plaines, et que d'ailleurs tout chemin n'est pas propre au transport des malades, il faut, autant qu'on le peut, déterminer les hôpitaux sédentaires dans les villes ou bourgs qui se trouvent dans la direction des plus grandes routes et avoir de quatre en quatre lieues des postes ou entrepôts particuliers où les malades puissent trouver des bouillons et les ressources qui peuvent leur être nécessaires.

CHAPITRE IV.

DES CONVOIS.

Les convois peuvent être d'argent, de vivres, de munitions, d'artillerie ou de malades, et comme une armée ne peut subsister dans son camp qu'autant que les marchands de toute espèce et les convois de ce qui est nécessaire aux troupes y peuvent communiquer librement, l'attention du général se portera sur tout ce qui a rapport à la sûreté des chemins dans l'intervalle compris entre la principale ville servant d'entrepôt général et l'armée; il ne doit pas négliger aussi les communications d'un entrepôt à l'autre lorsque la constitution du pays exige d'en avoir plusieurs.

Cette sûreté dépend d'abord des escortes qui doivent être plus ou moins fortes suivant l'espèce de convoi qu'on veut mettre en marche, et des dispositions à faire pour couvrir tous les débouchés par lesquels l'ennemi pourrait marcher pour les attaquer. Lorsque les convois sont considérables, on doit faire commander l'escorte par un officier principal qui connaisse tous les débouchés de sa droite et de sa gauche et qui soit informé des postes qu'on aura établis pour les convois; mais de quelque espèce qu'ils soient, il faut éviter qu'ils ne soient attaqués par des petits partis de guerre ou de paysans le plus souvent voleurs. C'est donc sur la bonne disposition des postes de la route qu'on peut s'assurer du succès de la marche des convois, et les pays de montagnes exigent une attention plus particulière sur cet objet.

DISPOSITIONS DES POSTES POUR LA MARCHE DES CONVOIS.

La disposition des convois dépend du nombre des voitures, de leur espèce et souvent de la constitution du pays.

Si les convois se font par des voitures à roues, il faut que les voies des chariots ne soient pas trop larges pour qu'ils ne puissent être arrêtés sur aucun point du chemin; qu'il y ait des charrons et des maréchaux à la suite des convois, indépendamment d'avoir des roues, brancards et essieux de rechange, et que la journée n'excède pas trois lieues d'étendue.

Si ce sont des mulets, il faudra avoir attention que les muletiers chargent également, que les bâts de mulets soient bons et les charges proportionnées à la force desdits mulets, mais toujours également divisées pour qu'un côté de la charge ne fasse pas tourner l'autre par l'excédent de son poids; ils doivent avoir des bridiers et maréchaux à leur suite et peuvent par conséquent faire jusqu'à cinq lieues de pays évaluées à trois mille toises au plus.

A l'égard de la constitution du pays, si les penchants des vallées ou vallons suivant lesquels ils sont dirigés se trouvent avoir plusieurs débouchés, l'officier qui sera chargé de la disposition des postes pour couvrir la marche du convoi doit savoir si le nombre de ces débouchés ne diminue pas à proportion qu'on s'approche de la plus grande hauteur, et s'ils sont également dangereux, afin de n'employer que le nombre de postes nécessaires; mais pour plus grande sûreté il doit faire marcher des partis dans toutes les directions par lesquelles les ennemis pourraient arriver sur les chemins que doit parcourir le convoi et ces partis doivent être indépendants des escortes; ainsi il conviendra d'en faire la disposition avant le départ du convoi et de ne jamais rien négliger sur cet objet, parce que les opérations d'une campagne, la prise ou la perte d'une place ou d'un poste important en peuvent dépendre; et les montagnes n'exigeant que de l'infanterie, les escortes, les postes et les partis en seront formés, à moins qu'il ne se trouve quelque partie de plaine dans le bas des vallées, à leur entrée ou à la sortie, auquel cas il faudrait de préférence porter dans lesdits endroits de la cavalerie.

L'ordre des convois est d'avoir un bon conducteur en qui on ait confiance et auquel on doit donner toute autorité sur les charretiers, muletiers ou autres voituriers; il aura attention de faire serrer soit les voitures à roues, soit les mulets de bât, afin de ne laisser que le moins de lacune qu'il pourra et d'occuper une moindre étendue, de faire observer le silence et d'empêcher les charretiers ou muletiers de sortir de la place qu'il leur a donnée dans le premier instant de la marche, à moins que quelque accident dans la charge ou dans la voiture ne les oblige d'arrêter, auquel cas on les fait sortir de la direction pour leur donner le moyen d'accommoder leur charge ou leur voiture, et s'ils ne peuvent pas reprendre leur première place, on les mettra à la queue du convoi.

Il doit éviter sur toutes choses d'en laisser partir d'avance, ni suivre aucun autre sentier ou chemin que celui qui aura été réglé pour la marche; car, sous prétexte de raccourcir de quelques pas, les voituriers cherchent à sortir de la file et s'exposent ou à être pris ou à donner de l'embarras pour les faire rentrer dans le chemin, par rapport aux haies, fossés ou murailles qui peuvent se trouver au débouché de ces chemins particuliers.

Ce conducteur doit connaître les chevaux ou mulets de chaque brigade destinée au convoi et n'en admettre aucun de mauvais, il faut qu'il en ait haut-le-pied pour faire les changements que les différentes circonstances pourront lui indiquer; il réglera la marche suivant l'espace à parcourir, la nature des chemins, la force des attelages de chevaux ou celle des mulets, et aura attention, en marchant tantôt à la tête, tantôt au centre et tantôt à la queue du convoi, de remédier à tout ce qui serait défectueux.

DES CONVOIS D'ARTILLERIE.

Les parties des chemins de montagnes qui exigent le plus d'attention pour les convois d'artillerie sont les tournants rentrants et saillants.

Les tournants rentrants ne pourront se supporter qu'autant que les deux penchants qui formeront le rentrant feront un angle obtus, parce que dans ce cas le tirage ne sera pas interrompu; mais si l'angle était trop aigu et qu'on ne pût le trouver plus obtus en remontant ou en descendant ledit ravin, pour lors on pourrait établir un cassis en grosses pierres pour donner plus d'espace à l'angle même et par conséquent plus de facilité pour le tournant, à moins qu'on ne trouve les moyens de faire des pans coupés qui puissent faire évanouir le sommet de cet angle.

Lorsque les tournants sont saillants, il faut prolonger la rampe le plus qu'on le pourra pour trouver en avant du tournant le tirage de dix-huit à vingt paires de bœufs, comme dans la partie B, ou, s'il est impossible de prolonger comme dans celle de C D, il faut alors faire accrocher au rocher un anneau pour servir au soutien d'une poulie de retour qui donnera la facilité de faire arriver le canon jusqu'au tournant en faisant tirer les bœufs à la descente comme à la montée, c'est-à-dire qu'à proportion que les premiers bœufs arriveront au tournant, on les dirigera le long de la même rampe par laquelle montera la même pièce de canon en faisant passer la prolonge dans la poulie de retour, ce qui produira le même effet que si les bœufs tiraient en montant. Cette manœuvre a servi très avantageusement au transport du canon du plus gros calibre. (Planche n° 17.)

On se servirait avec beaucoup d'avantages du chariot à porter corps, inventé par M. Manson, officier d'artillerie à l'École de Grenoble, pour le mouvement duquel il ne faut que cinq hommes au plus et qui fait parcourir à une pièce de vingt-quatre en montant l'espace de cent toises au plus en une heure; il serait très bon pour rapprocher les pièces de l'alignement de rampe, d'autant que, dételant les bœufs ou chevaux à cent toises environ du tournant, on y ferait arriver la pièce en moins d'une heure avec cette machine très ingénieusement inventée; il est vrai qu'il faudrait avoir autant de chariots de cette espèce qu'on aurait de pièces de canon, si on voulait éviter la manœuvre de changer les pièces, mais la dépense n'en serait pas considérable, et il est des circonstances où rien ne doit être épargné.

Lorsqu'il n'est pas possible de diminuer la pente trop rapide d'un penchant sur lequel on doit monter avec du canon, il faut, autant qu'on le peut, former les rampes en lignes droites pour donner les moyens de se servir des cabestans et autres machines, rien n'étant plus difficile que les tournants trop courts pour cette opération. (Planche n° 18.)

On se sert aussi des hommes de bonne volonté pour tirer à bras, et comme on peut les multiplier et leur faire les signes nécessaires pour qu'ils agissent tous ensemble, c'est un expédient à ne pas négliger et dont S. A. S. Mgr le prince de Conti a fait un très bon usage à la fin de 1744, lorsqu'il fut question de retirer l'artillerie du siège de Coni pour lui faire passer les montagnes et le col de l'Argentière; le moyen est très expéditif. (Planche n° 19.)

Les ponts qui traversent les torrents ou rivières doivent aussi être proportionnés aux voitures qu'ils auront à supporter, car tel pont supporterait un chariot chargé qui ne soutiendrait pas une pièce de canon; si la rivière n'est pas trop forte, on pourra noyer les pièces, c'est-à-dire faire guéer les chevaux ou les bœufs qui les tireront, mais pour cet effet il serait nécessaire d'établir des petits cassis qui puissent diminuer le cours trop rapide des eaux.

Lorsque les chemins seront établis sur des penchants rapides, on doit avoir attention de les border, du côté du précipice, d'un parapet de maçonnerie de deux pieds de hauteur ou d'y faire planter des poteaux de distance en distance pour soutenir une main courante, et lorsque les penchants ne seront pas trop rapides, on pourra se contenter de les faire garder de boute-roues de six pieds en six pieds.

L'attention la plus essentielle dans les penchants doit être de contourner les ravins par des cassis formés avec les plus grands blocs, dont la fondation soit établie sur le fond le plus solide, assez en avant pour qu'on y puisse conduire par retraite de trois, quatre et jusqu'à six pouces chaque assise jusqu'à ce qu'on arrive à la hauteur déterminée qui doit former l'intérieur des tournants rentrants. On peut quelquefois, pour traverser lesdits ravins, construire des ponts dont les plus solides et les plus convenables doivent être en pierres, mais ce ne sera que dans le cas où ces ravins, avec une grande profondeur, n'auront que très peu de largeur et que leur profil sera assez solide pour ne pas craindre qu'ils s'élargissent dans les pluies d'orage, et s'il se trouvait quelque penchant dont les terres eussent peu de solidité, dans ce cas on serait forcé de contourner le ravin.

On ne parle point ici des ouvriers qui doivent accompagner ces convois ni de toutes les ressources dont ils doivent être fournis, parce que Messieurs de l'artillerie ont des mémoires très détaillés sur cet objet.

DES CONVOIS DE MUNITIONS DE GUERRE ET DE BOUCHE.

Les convois de poudre sont ceux qui demandent le plus d'attention et de prévoyance; car, indépendamment de la précaution indispensable d'avoir des barils avec leurs chappes, il faut éviter qu'aucun charretier ou muletier stationne dans le chemin auprès des entrepôts, et empêcher qu'aucune personne approche des charrettes ou mulets qui en sont chargés, comme aussi il convient de faire distribuer les charges séparément de chaque muletier et de ne point souffrir qu'ils entrent dans les lieux de l'entrepôt qu'avec beaucoup d'ordre, tant pour y prendre leur chargement que pour y déposer la poudre qu'on leur a donnée à porter.

S'il y a plusieurs journées de marche de l'entrepôt principal à l'armée, il faut chaque jour choisir une église ou une maison particulière pour y déposer les poudres et en faire garder exactement le pourtour par plusieurs sentinelles selon le plus ou moins de danger auquel elles pourraient être exposées.

Les convois de fer coulé tels que bombes, boulets, ainsi que les autres munitions de toute espèce, se font également par des voitures à roues ou par des mulets, mais bien plus souvent par cette dernière espèce de voiture dans les montagnes, et on se sert quelquefois des hommes et des femmes du pays pour les transports des boulets de tout calibre, en proportionnant leur charge à peu près sur le pied indiqué dans le chapitre des subsistances; on se sert de filets de corde faits à cet usage.

A l'égard des convois de grains, farines, pain, biscuit, ils se font par des charrettes dans les pays de plaines, et par des mulets dans les montagnes, parce qu'il s'y trouve peu de chemins propres aux voitures à roues, et lorsque la ressource des mulets ou bêtes de bât n'est pas assez considérable pour fournir aux nécessités d'une armée, on se sert encore de paysans qui portent à dos.

Pour toutes ces munitions de bouche et pour les poudres, on couvre les charges d'une toile cirée afin d'éviter que les pluies ne gâtent les matières.

16.

Ces convois se font par des brigades composées chacune de cinquante mulets, lorsqu'on se sert de cette espèce de voiture, et il faut avoir attention de n'en mettre en mouvement que ce qui pourra marcher assez facilement pour n'être pas obligé d'aller de nuit, car les pays de plaines comme ceux de montagnes ne peuvent le plus souvent permettre d'engager, la nuit, des convois dans des défilés difficiles et bordés de précipices, parce qu'on ne peut espérer de pouvoir les couvrir lorsqu'on ne voit pas les débouchés; d'ailleurs, quelles dispositions faire aux premières alertes capables de faire déserter les muletiers et de mettre le désordre dans les convois, quelque escorte qu'on puisse avoir, d'autant que la queue ne peut secourir la tête, à cause de l'étroitesse du défilé, et qu'il n'est pas possible que le conducteur voie ce qui s'y passe ni que le commandant de l'escorte puisse donner des ordres et encore moins les faire exécuter.

On doit, autant que possible, lorsqu'on est voisin de l'ennemi, garder le secret sur la détermination des convois et de leur départ, et faire en sorte qu'il n'y ait que très peu de personnes qui soient informées de la véritable direction qu'on leur fera prendre ainsi que du jour et de l'heure de leur départ.

Si l'armée est campée de façon à avoir besoin journellement de quelque convoi, ce qui devient une situation critique, il faut que la disposition des postes sur la droite et sur la gauche de la route à leur faire parcourir se soutienne, et qu'on fasse marcher chaque jour de nouveaux partis pour couvrir ces convois, et c'est toujours l'éloignement du principal entrepôt de l'armée et le plus ou moins de danger auquel on est exposé qui déterminent les précautions du général prévoyant; mais il faut éviter, surtout dans les montagnes, d'avoir besoin de beaucoup de convois, à moins que l'armée ne reste dans des positions rapprochées de ses frontières.

CHAPITRE V.

DES DIFFÉRENTES ESPÈCES DE GUERRE.

On ne peut admettre que deux sortes de guerre, l'offensive et la défensive: l'offensive qui exige toujours beaucoup de supériorité en infanterie et cavalerie; la défensive qui, avec peu de troupes, peut garder une très grande étendue de pays, suivant sa constitution; elle se divise en défensive simple et en défensive active; la première ne s'attache qu'à la défense des passages déterminés où peu de troupes puissent résister à l'effort d'un grand nombre, et la seconde, en

choisissant une position avantageuse, en impose à une armée d'offensive qui
veut opérer sur la droite ou sur la gauche, ce qui exige qu'elle soit postée de
façon à pouvoir agir elle-même offensivement sur quelque partie des derrières
de cette armée; la défensive active a plusieurs avantages sur la défensive simple
et exige aussi plusieurs précautions de la part de l'officier général qui en est
chargé.

DE LA GUERRE OFFENSIVE.

On doit admettre pour principe incontestable dans les montagnes que la puissance qui agit offensivement n'a que la corde à parcourir, tandis que celle qui
est forcée à se défendre a toute l'étendue de l'arc; et si M. de Feuquières a dit
que le roi de Sardaigne était dans une position à n'avoir jamais que la corde à
parcourir, tandis que la France aurait l'arc, ce fameux officier n'a entendu, dans
cet exposé, que le cas où cette première puissance se trouverait en état d'entreprendre contre la France; car, de quelque façon qu'on puisse envisager la position
de la plaine de Piémont; il sera toujours vrai de dire que les frontières du Dauphiné sont disposées de façon à y pouvoir prendre une position très raccourcie et
qui donnerait autant d'inquiétude au roi de Sardaigne que si on occupait successivement chaque partie qui correspond à ses limites, comme il sera facile de
s'apercevoir que cette puissance est en état, par une position centrale, de donner de la jalousie sur tous les points de la frontière de France qui correspond à
ses États. Cette condition dépend absolument du local, dont la connaissance doit
s'étendre autant sur les parties du pays ennemi que sur celles des États de la
puissance au service de laquelle on se trouve engagé, et qui ne peut s'acquérir
que pendant la paix; car du moment auquel on peut soupçonner une déclaration
de guerre, on doit admettre la circonspection respective des sujets des puissances
et par conséquent l'impossibilité d'étendre ses connaissances sur un terrain où il
n'est plus permis de voyager sans se compromettre.

Lorsqu'on a la connaissance du pays et de ses ressources, on augmente ses
troupes afin d'être très supérieur en infanterie, on combine ses forces, on établit
ses magasins de munitions de guerre et de bouche non seulement sur les parties rapprochées des directions sur lesquelles on veut marcher, mais encore sur d'autres
points qui puissent présenter des objets plausibles et inquiéter l'ennemi; on cal-
cule la quantité et on distingue l'espèce des vivres pour assurer la subsistance de
l'armée pour le temps nécessaire aux opérations déterminées par le projet; on

prépare tout ce qui peut avoir rapport à l'artillerie de siège et de campagne, en faisant acheter des chevaux d'artillerie et des mulets de vivres pour les faire assembler tous au lieu indiqué; ces précautions prises, on doit avoir déterminé, par le projet de campagne, l'endroit d'assemblée de l'armée dans lequel doivent se trouver toutes sortes de ressources pour le temps qu'elle y restera et pour les premiers mouvements dont les opérations doivent être méditées d'avance et sur lesquels le secret doit être gardé avec la plus grande rigueur.

DE LA GUERRE DE DÉFENSIVE.

Si on a pu prévoir cette espèce de guerre, on aura établi sa frontière de la façon la plus avantageuse pour y soutenir les efforts de son ennemi, soit par la réparation et les approvisionnements des places de guerre, soit par l'occupation de quelque poste avantageux et des retranchements dont les passages déterminés pourront être susceptibles, et enfin par la disposition des troupes qu'on aura à y employer; mais si on est réduit à cette guerre par suite de quelque mauvais succès, par le trop grand nombre de troupes dont on se trouve affaibli, ou par le secours que l'ennemi aura pu recevoir, il faudra choisir de préférence la partie de sa frontière la plus importante et réfléchir au moyen de la mettre à couvert, sans négliger les précautions qu'on pourra prendre sur les autres parties.

Ce choix doit nécessairement se décider pour le côté de la frontière sur lequel les avantages de l'ennemi pourraient avoir des suites plus fâcheuses pour la puissance en défensive, et qui formerait à l'ennemi un point d'appui d'où il deviendrait difficile de le déposter; mais en même temps il deviendrait très dangereux de se déterminer à défendre de préférence quelque partie dans laquelle les secours qu'on pourrait espérer ne puissent arriver, et d'où la retraite des troupes pourrait être coupée par la troupe d'offensive, quelque importante que fût la place ou la position, parce qu'on se mettrait dans le cas de n'en pouvoir sortir et d'y être forcé par le manque de munitions de guerre et de bouche; ainsi dans ces circonstances il faudrait choisir quelque partie rapprochée des routes par lesquelles on pourrait diriger des secours et dans laquelle un ennemi ne pût s'avancer qu'avec un désavantage très considérable; et si, pour occuper une position qui eût cet avantage, il fallait abandonner une étendue de pays et même quelque place de guerre, il vaudrait encore mieux s'y déterminer que de rester dans des positions qui eussent l'inconvénient dont on a parlé et où les troupes puissent être compromises.

La guerre de défensive exige de la part du général qui en est chargé beaucoup de prudence et une connaissance des plus détaillées de tous les passages et débouchés compris dans l'étendue de la frontière, afin de prévoir tous les inconvénients et les diversions que son ennemi pourrait faire. Il fera usage de cette connaissance pour déterminer une position à la droite, une au centre et une autre à la gauche de cette étendue, et s'assurer d'une libre et courte communication de l'une à l'autre, afin de pouvoir se porter sur celle qui lui paraîtra menacée; bien entendu que ces positions seront relatives aux principaux débouchés de l'ennemi; mais il faudra éviter de précipiter trop les mouvements, car il pourrait arriver qu'on prît le change et que, tandis qu'on se porterait en force sur une des extrémités, l'ennemi débouchât sur l'autre.

AVANTAGES DE L'OFFENSIVE SUR LA DÉFENSIVE.

Pour appuyer le système qu'on veut établir de l'avantage d'une offensive sur une défensive, il suffira de se rappeler ce qui a été dit dans le premier article et d'en tirer les conséquences naturelles qui sont :

1° Que la puissance qui doit agir offensivement choisira une position raccourcie d'où elle puisse, en un ou deux jours de marche, se rassembler à la droite ou au centre ou à la gauche et d'où elle puisse également donner de l'inquiétude à son ennemi, sans lui faire voir par aucune manœuvre le véritable objet qu'elle peut avoir en vue;

2° Qu'ayant distribué ses magasins dans la même proportion sur toute l'étendue de sa position, il lui sera facile de faire souvent des fausses démonstrations d'attaque pour mieux cacher son projet et attirer les forces de son ennemi sur des points éloignés de la direction de son débouché principal;

3° Que son ennemi, étant également menacé dans tous les points de sa frontière, prendra les précautions nécessaires pour s'opposer partout, suivant l'état de ses forces, à ce qu'on pourra entreprendre, ce qui emporte nécessairement la distribution de ses troupes dans toute l'étendue menacée et affaiblit par conséquent chaque position;

4° Quelque attention que puisse avoir l'ennemi de préparer ses communications et ses ordres de marche pour renforcer les parties attaquées, ses troupes n'y arriveront pas à temps si le général de l'armée d'offensive a pris soin de cacher son mouvement et son projet; car, quelque confiance qu'on puisse avoir dans la fidélité des espions ou dans le rapport des déserteurs, il faut le temps d'être averti, celui de donner des ordres nécessaires et celui de la marche des troupes même les plus voisines pour arriver au point critique.

Le général d'offensive pourra toujours combiner ses mouvements de façon à gagner sur son ennemi un ou deux jours de marche, ou seulement plusieurs heures qui pourront suffire à l'exécution de son projet; il saura d'ailleurs positivement le nombre contre lequel il aura à combattre, sans qu'il puisse être possible à celui qui se défend de prévoir aucune partie de son projet ni le nombre contre lequel il aura à résister, d'où on pourra généralement conclure que l'offensive a des avantages décisifs sur la défensive, à l'exception de quelques cas particuliers tels que celui d'une position déterminée qu'il n'est pas possible d'attaquer à cause des escarpements ou des penchants trop rapides qui la bordent; mais comme ces cas doivent avoir été prévus par celui qui est en offensive, on doit penser qu'il ne s'engagera pas dans des opérations d'une difficulté insurmontable, et qu'ayant tout le temps pour prendre les connaissances sur la nature des postes, sur les moyens de les tourner ou sur les parties de leur pourtour les plus accessibles, il aura fait ses dispositions d'avance pour profiter de toutes les facilités qu'il trouvera à les forcer et à empêcher qu'ils ne soient secourus.

On pourrait objecter aux avantages dont on vient de parler que, dans une frontière de montagnes, tous les points ne sont pas également essentiels, que tel ou tel débouché, par exemple, ne pouvant conduire l'armée d'offensive à aucun objet essentiel, on proportionnera les précautions de la défense à la plus ou moins grande importance desdits débouchés, et que, relativement à celle où l'on se trouvera, on aura toujours assez de forces sur les points principaux pour espérer qu'ils résistent jusqu'à l'arrivée des secours. Mais si à ces précautions on oppose la ressource qu'aura un ennemi supérieur de former plusieurs attaques, les unes simulées, les autres véritables, on sera forcé de convenir que le général de défensive ne se dégarnira jamais vis-à-vis des points où il verra paraître des têtes de troupes, et qu'à moins qu'il n'ait une connaissance exacte du véritable objet de son ennemi, il ne se décidera à aucun mouvement que lorsqu'il ne lui restera plus aucun doute sur le véritable point déterminé pour l'entreprise.

Si l'on objecte encore qu'un général forcé de se défendre, prévoyant la position centrale de son ennemi, en choisira une la plus rapprochée qu'il sera possible de la frontière, et fera établir ses communications de la droite à la gauche par les directions les plus raccourcies, il sera facile de répondre que ces communications, quelques précautions qu'on y puisse prendre, ne formeront jamais que des défilés où on pourrait tout au plus, dans les montagnes, engager deux hommes de front, qu'en conséquence il faudrait beaucoup de temps pour se rassembler sur un seul point, et que par suite l'entreprise aurait réussi ou échoué avant que le renfort y pût être arrivé; d'ailleurs on ne saurait admettre que très rarement, dans les montagnes, la possibilité de former des communications directes entre des positions différentes.

L'objection la plus solide qu'on puisse faire contre l'avantage que donne la supériorité d'une armée dans le cas d'offensive est celle des places fortifiées qui se trouvent sur les principaux débouchés et qui, en couvrant le pays par la bonté de leur position et la force de leur enceinte, ne laissent que quelques intervalles à garder, dans lesquels on peut se précautionner par de bons retranchements contre toute entreprise; mais, dans ce cas, ou les places fortes sont rapprochées à deux ou trois lieues de la frontière, ou elles en sont plus éloignées.

Si elles sont rapprochées de la frontière, le premier mouvement d'une armée d'offensive doit avoir pour objet l'investissement de celle qui couvre le débouché principal et relatif à ses opérations.

Si elles en sont plus éloignées, les opérations de l'armée d'offensive trouveront l'avantage dont on a parlé, mais dans les deux cas on ne peut se dispenser d'en faire les sièges, et comme on ne peut pas supposer qu'une armée puisse agir offensivement sans une supériorité considérable, on n'aura point de peine à convenir que cette armée pourra occuper une de ses parties à tenir en échec celle de défensive, tandis que l'autre partie attaquera la place, et qu'il ne peut jamais entrer dans un projet de campagne de s'avancer dans un pays ennemi en laissant derrière soi des places fortifiées :

1° Parce que ces mêmes places occuperaient une partie de l'armée pour en soutenir le blocus si on ne voulait pas être exposé à chaque instant à voir les convois de munitions interceptés; 2° parce que l'armée pouvant être affaiblie par les maladies ou par la désertion, on courrait le risque de ne pouvoir plus se retirer, et enfin qu'il n'est pas de la prudence d'un général de laisser des embarras dans sa communication avec ses derrières, parce qu'il en doit retirer dans tous les temps ses recrues et ses remontes, à moins qu'il ne pût s'assurer en marchant en avant l'avantage d'ôter tout moyen à son ennemi de secourir ses places.

On croit devoir en proposer l'exécution par préférence à tout autre, mais ce cas ne peut se rencontrer que lorsque le pays du souverain où la guerre se fait se trouve éloigné de ses principaux États, tel par exemple que la partie de l'Italie qui appartient à la reine de Hongrie, et pour la conquête de laquelle, dans certaines circonstances, il conviendrait de porter l'armée jusqu'aux frontières du Tyrol pour arrêter tous les secours qu'elle aurait intention d'y faire passer, pendant qu'un détachement de la même armée ferait le siège des places de la Lombardie, ce qui présuppose nécessairement qu'on n'aurait rien à craindre de la part des princes voisins, tels que le roi de Sardaigne, celui des Deux-Siciles, les ducs de Toscane, de Modène et de Parme et les républiques de Venise et de Gênes, qu'il serait indispensable de mettre dans son alliance ou d'entretenir dans une exacte neutralité.

Dans le cas où les places fortifiées couvriraient une partie des débouchés et qu'il n'y aurait à se précautionner de la part de la puissance la plus faible que sur quelque autre, si elle a l'intention, comme on doit le présumer, d'établir ses communications dans l'étendue la plus raccourcie, appuyant sa droite ou sa gauche aux places ou à des montagnes totalement inaccessibles, l'armée qui agira en offensive ne doit point négliger les diversions qui pourraient engager celle en défensive à se dégarnir sur quelque point, non plus que les moyens de tourner la position ou par la droite ou par la gauche; mais si elle n'a aucun moyen pour déposter l'ennemi par des manœuvres ou des ruses de guerre, et que cette position contrarie l'objet principal de la campagne, il faudra bien se déterminer à en former l'attaque.

Pour être bien convaincu de l'avantage d'une offensive sur la défensive, il faut se représenter une frontière dans les montagnes, divisée en un nombre de vallées formant une espèce d'éventail ouvert, comme effectivement cela se rencontre toujours, car la même montagne renferme dans une lieue d'étendue au plus les détours de plusieurs rivières ou torrents dont les confluents s'éloignent considérablement les uns des autres et dont le cours est figuré par les lames de l'éventail.

Cette comparaison admise, on verra d'abord que l'armée supérieure se portera près de la tête dudit éventail, d'où il lui sera libre de marcher dans la direction de telle lame qui lui conviendra, et ensuite que l'armée de défensive sera forcée d'abandonner quelques lames à sa droite ou à sa gauche, ou de s'affaiblir considérablement si elle veut garder tous les débouchés.

Si elle abandonne quelques débouchés à sa droite et à sa gauche, l'armée supérieure y percera; si au contraire elle s'étend pour garder toute l'étendue de sa frontière suivant l'arc que forme l'éventail dans les parties un peu éloignées de sa tête, comme on doit le supposer, il n'y aura pas grande difficulté à forcer un ou deux points de cette étendue par l'effort total d'une armée supérieure et de séparer par conséquent l'armée inférieure en deux ou trois corps qui n'auraient plus de communications entre eux. Donc de quelque façon que puisse se poster un général en défensive dans les montagnes, il n'empêchera jamais une armée supérieure de percer et ne pourra éviter les détachements de son ennemi; mais comme un débouché ne peut être avantageux à l'armée supérieure qu'autant qu'elle se trouvera en état de former des établissements en avant, soit par la conquête de quelques places, soit par l'occupation de quelque point très avantageux, c'est au général chargé d'une défensive de se précautionner contre tout ce qui pourrait favoriser ces établissements, afin de rendre le succès de son ennemi moins avantageux et, s'il est possible, totalement inutile ou même dangereux; ce qui l'obligera à rendre sa défensive active et le sauvera des inconvénients d'une défensive simple.

DE LA DÉFENSIVE ACTIVE.

On entend par défensive active les mouvements et opérations d'offensive que peuvent faire les troupes de défensive réunies sur une ou deux bonnes positions, soit pour défendre un pays, soit pour empêcher le siège d'une place, soit pour attaquer des postes ou faire contribuer quelque parti derrière l'armée d'offensive.

On entend par défensive simple la distribution de toutes les troupes qu'on pourra mettre en campagne sur toute l'étendue qui sera menacée.

Le choix d'une défensive active sur une défensive simple se démontre naturellement lorsqu'on compare les moyens qu'a la première de rendre le succès d'une armée d'offensive inutile, tandis que la seconde ne peut rien contrarier. Pour faire sentir la solidité des raisons qui doivent déterminer à l'une plutôt qu'à l'autre, nous supposerons une armée de vingt mille hommes en défensive active contre une armée de quarante et même de cinquante mille hommes.

Si la frontière contre laquelle une armée supérieure aura à opérer se trouve défendue par des places de guerre sur les principaux débouchés, ainsi qu'on doit le présumer, il ne sera pas possible à l'armée d'offensive de déterminer son projet de campagne sans y comprendre la conquête de l'une ou de plusieurs de ces places, et dans ce cas tous les mouvements de cette armée doivent être relatifs à cet objet, tant pour le transport et les approches de la grosse artillerie que pour les entrepôts et magasins de vivres et de fourrages auxquels on doit se préparer longtemps d'avance.

Le général d'offensive prendra le parti, pour cacher son véritable objet, de s'approvisionner partout également, et fera, si on veut, plusieurs démonstrations dans les parties opposées de sa véritable détermination afin de donner le change à son ennemi et tâcher de le faire dégarnir sur quelque point; il annoncera des entreprises contraires à son projet et fera, en un mot, tout ce que sa capacité pourra lui inspirer pour trouver moins de résistance à son débouché; mais le général de défensive, également attentif sur sa droite, sur son centre et sur sa gauche, choisira une position avantageuse d'où il pourra se porter sur tel point qu'il voudra de la frontière et où il puisse se trouver en état de résister à tout l'effort de l'ennemi; et il trouvera facilement cette position dans les montagnes où la nature a pourvu elle-même aux difficultés qui peuvent favoriser une bonne défense et où une armée inférieure peut résister à l'effort d'une armée très supérieure; mais les pays de plaines offrent aussi des rivières, des bois, des marais et des places fortifiées.

Ce général de défensive observera donc dans le choix de sa position que les derrières puissent toujours être libres, il s'y retranchera et formera les communications les plus commodes que faire se pourra pour se porter sur les places qui seront à sa droite et à sa gauche ou devant lui.

Si ce général prend le parti de se rassembler dans une position de cette espèce et de s'y tenir tout réuni, quelles entreprises pourra former le général d'offensive? Elles se réduiront à trois moyens : 1° investir une place et en faire le siège; 2° chercher à déposter son ennemi, soit en le combattant, soit par des mouvements particuliers; 3° marcher en avant sans s'embarrasser des places fortifiées qui peuvent se trouver sur sa droite ou sur sa gauche.

1° S'il investit une place et en forme le siège, il faut qu'il proportionne le corps destiné pour l'expédition à la force de la garnison et aux débouchés qu'il aura à garder pour empêcher que la place soit secourue, et qu'il soutienne sa communication ouverte sur les derrières pour que ses munitions puissent lui parvenir; dans cette circontance, s'il n'a pas un corps placé de façon à tenir en échec l'armée de défensive, comment pourra-t-il se promettre que ses convois ne soient point enlevés et son pays même ravagé sur ses derrières par les partis de l'armée de défensive active, et dans quelle inquiétude ne sera-t-il pas sur lesdits derrières et même sur les différents corps qui formeront son investissement? Car, quelque bien investis qu'ils soient, les ennemis pourront être renforcés sur le champ par des corps assez supérieurs pour en imposer à un corps de vingt mille hommes, et qui, ayant le droit de faire des démonstrations, lui cacheront le véritable débouché sur lequel ils voudront faire leur effort; d'ailleurs, comment soutiendra-t-il son siège au milieu des alertes et des attaques particulières qu'il aura à soutenir, si la garnison un peu vigoureuse fait des sorties à propos et relativement à des signaux dont le gouverneur sera convenu avec le général de l'armée de défensive?

2° Si le général qui agit en offensive marche sur la position de l'armée de défensive pour la combattre, en quoi pourra-t-il profiter de sa supériorité dans un pays où le front ne peut jamais être bien étendu et où le nombre ne sert qu'à embarrasser? Car il ne pourra opposer des forces contre son ennemi qu'autant qu'il aura de front, et la profondeur de ses colonnes ne lui donnera avantage qu'autant qu'il se trouvera en état de recommencer plusieurs fois ses attaques, mais cet avantage contribuera à l'affaiblir beaucoup, et la perte qu'il fera à chaque attaque sera toujours considérable, tandis que celle d'un ennemi posté sera très petite; il y a donc un rapport à chercher entre les efforts et les résistances, car il n'est pas sans exemple d'avoir vu cent hommes tenir ferme contre deux mille et plus, lorsque le front des deux mille hommes ne peut être plus étendu que celui du plus petit nombre, et surtout dans les montagnes.

Si on avait un défilé à défendre dont la tête ne présente le front que de deux ou trois hommes et dont les droites et les gauches soient bordées de précipices ou penchants qu'on ne peut gravir, de marais ou bois qu'on ne peut traverser, quel avantage peut avoir le nombre supérieur sur l'inférieur, à moins que ce passage ne puisse être tourné, et quel sera le général assez imprudent pour se charger de sa défense sans avoir préalablement pris les précautions de faire garder tous les débouchés par où il pourrait être tourné et sur lesquels ses troupes peuvent trouver peut-être autant d'avantage pour la défense qu'il en a à son défilé.

Indépendamment du peu d'étendue que présentent les fronts d'attaque dans les positions bien choisies de défensive active, peut-on penser qu'un général se détermine à garder une certaine étendue de pays avec une armée inférieure sans avoir eu l'attention d'en retrancher les parties les plus accessibles et de profiter de tous les escarpements qui pourront s'y trouver pour en rendre les approches plus difficiles; il est donc aussi dangereux d'attaquer un corps de troupes bien posté quoique inférieur, lorsqu'il sera réuni dans un petit espace, qu'il serait à craindre de lui laisser la liberté de ses mouvements; et les dispositions à faire pour combattre un gros corps sont bien différentes de celles qui n'auraient pour objet que de forcer ou de déposter un petit corps, parce que pour manœuvrer contre un gros corps il faut opposer sur son front au moins un équivalent, tandis que par le surplus de ses troupes on cherche à lui donner de l'inquiétude ou à le tourner, au lieu que, pour un petit corps, peu de troupes le tiennent en échec et plusieurs détachements l'attaquent sur les ailes et le tournent.

3° Si l'armée supérieure, sans s'embarrasser des places et de la position d'une armée régulière, veut marcher en avant, il faut qu'elle porte tout avec elle, ou qu'elle soit assurée de trouver dans le pays où elle entre tout ce qui pourra lui manquer, car, sans cela, toutes les précautions qu'elle pourrait prendre pour assurer sa communication, ou l'affaibliraient considérablement, ou deviendraient dangereuses contre l'effort que pourrait faire un gros corps sur tous les points de ses derrières et même sur les principaux entrepôts. Que si l'armée supérieure porte effectivement avec elle tout ce qui peut lui être nécessaire, tant en subsistances qu'en munitions de toute espèce, on ne disconviendra pas qu'elle puisse avoir besoin de recrues et de remontes dans la suite, étant affaiblie par les maladies et par les désertions, et dans ce cas quelle ressource pourra-t-elle avoir pour les faire passer, à moins qu'elle n'aille elle-même ouvrir les passages que le général de défensive occupera et sur lesquels il se sera bien retranché; ou, si cette armée va en joindre une autre pour se combiner avec elle, que n'aurait-on point à craindre pour les frontières de la puissance supérieure, à moins qu'elle n'y conserve un corps de troupes assez considérable pour être en état de résister à tout l'effort du général en défensive qui deviendrait offenseur en cette partie et qui pourrait faire autant de mal dans les États du souverain son ennemi que l'armée supérieure en ferait sur ceux de son maître.

Il est donc bien prouvé que le parti de se réunir en force sur quelque position pour manœuvrer suivant les circonstances est le meilleur, et que vingt mille hommes répandus en plusieurs petits postes dans toute l'étendue d'une frontière ne donneront pas tant d'inquiétude au général d'une armée supérieure que dix mille réunis dans une bonne position qui tiendrait lieu d'une bonne place de guerre; et s'il est de la bonne politique d'un général de ne pas laisser des places de guerre derrière lui sans les assujettir, on doit penser qu'il y laissera encore moins un corps de dix à vingt mille hommes, car celui-ci peut étendre ses forces et les porter sur plusieurs débouchés, au lieu qu'une place de guerre est assujettie à un tel point qu'on ne peut exiger que sa garnison se poste bien pour entreprendre sans s'exposer à l'affaiblir et sans courir risque d'en trop dégarnir la défense.

Pour achever de détruire le projet de toute défensive simple et en montrer la faiblesse et le danger, on peut supposer que l'étendue des frontières à défendre soit de douze à quinze lieues, qui est la plus petite distance qu'on puisse fixer, et que dans cet étendue il n'y ait que trois ou quatre débouchés principaux sur lesquels les plus grands obstacles doivent se rencontrer pour une armée supérieure; la disposition de défensive simple sera de partager les forces relativement à ces principaux débouchés et suivant la nature des terrains qui en formeront le front; ainsi on divisera l'armée de défensive en quatre corps proportionnellement à la défense des quatre débouchés; si ces corps sont égaux, en les supposant de cinq mille hommes chacun, ils auront chacun trois lieues de pays à garder, c'est-à-dire une lieue et demie à leur droite et autant à leur gauche; et de quelque façon qu'on établisse leurs gardes respectives, il s'en trouvera au moins deux cinquièmes de détachés de chaque corps; par conséquent chaque principal poste sera réduit à trois mille hommes au plus, et l'intervalle d'un principal poste à l'autre ne sera que de deux mille hommes répandus sur trois lieues d'étendue; dans ce cas peut-on compter qu'ils puissent s'opposer à une armée qui se trouvera en état de marcher sur ces postes en plusieurs colonnes considérables dont le succès d'une seule déterminera celui de toutes les autres; et si cette armée parvient à percer entre le premier et le second corps d'une part et le troisième et le quatrième d'autre part, elle divisera donc l'armée de défensive en deux endroits dont celui du milieu se trouvera totalement enveloppé, et ceux de droite et de gauche ne pouvant plus se joindre seront forcés à se jeter dans les places fortifiées, d'où ils ne seront plus en état de rien entreprendre, et laisseront par conséquent la liberté à l'armée d'offensive de marcher suivant les directions qui lui paraîtront les plus convenables, ce qui lui assurera la conquête du pays et des places.

Un second moyen que pourrait avoir l'armée de défensive de partager ses troupes pour une meilleure défense, serait de placer une moitié ou deux tiers de ses troupes au centre, et de poster la moitié ou le tiers restant sur les droites et sur les gauches de sa frontière, mais ce moyen laisse cinq à six lieues dans deux intervalles qui ne se trouvent gardés que par des détachements; et si le général de l'armée d'offensive prend bien ses mesures, tandis qu'il présentera un corps de douze à quinze mille hommes sur le front que pourra présenter ce centre, il dirigera deux corps de troupes de pareil nombre sur les deux intervalles, au moyen de quoi, ou le corps de défensive se retirera, ou il se trouvera compromis. S'il se retire, les corps de sa droite et de sa gauche ne pourront se soutenir et seront forcés également de se retirer, ce qui ouvrira le pays au général d'offensive. Si le corps du centre laisse déboucher sur sa droite ou sur sa gauche, il se trouvera bientôt enveloppé; il est donc dangereux d'étendre sa défense sur toute une frontière, et il y aurait beaucoup plus d'avantage à se tenir réuni dans une seule position où l'on ne pût être entamé, et d'où on pût toujours se communiquer avec une partie de ses derrières, quand même on devrait abandonner les débouchés principaux, d'autant mieux qu'ayant préparé les munitions et parfaitement reconnu sa frontière, on se trouvera toujours en état de faire ce qu'on appelle la *navette*, c'est-à-dire se porter à la gauche quand on jugera ne plus pouvoir se soutenir à la droite et réciproquement sur la droite quand l'ennemi s'y portera en force. Que si l'ennemi se divise, on pourra combiner ses mouvements pour tomber sur le corps le plus faible et faire cette opération que permettra la disposition de l'armée supérieure, soit sur ses communications, soit sur ses flancs, dans les propres États du souverain ennemi.

C'est dans le cas d'une défensive active que l'attention d'un général doit principalement s'étendre sur les communications de sa droite et de sa gauche et sur le choix d'une position centrale dont l'accès soit difficile à l'ennemi et qui lui permette de se porter en force et en peu de temps sur la partie la plus critique de la frontière, ainsi que l'exécuta M. le maréchal de Catinat lorsqu'il partit du camp de Palon pour aller occuper celui d'Aspres.

Il doit donc passer pour constant que la défensive active mérite la préséance dans tous les pays et principalement dans les montagnes, puisque par sa méthode on peut réduire les opérations d'une armée supérieure à très peu de chose, éviter qu'elle ne forme des établissements et souvent faire changer de nature à la guerre, si on sait bien profiter des fautes que pourra faire le général d'offensive et attendre que l'armée supérieure soit affaiblie par les maladies ou par les désertions.

Lorsqu'il fut décidé par la cour de France et par celle de Madrid, en 1745, de pénétrer par la côte de Gênes, pour faire la jonction des deux armées d'Espagne, l'une commandée par M. de Gages sur les frontières de l'État de Modène, l'autre combinée sur celles de France, commandée par M. de Castelar de la part de l'Espagne et par M. le maréchal de Maillebois de la part de la France, sous l'autorité de S. A. R. l'Infant don Philippe et qui se trouvait dans le comté de Nice, ayant étendu ses quartiers d'hiver jusqu'à Albenga; on avait approvisionné pendant l'hiver tous les ports, tels que Gênes, Savone, Final, Albenga, Oneille,

San-Remo, Vintimille, Villefranche, Nice et Antibes, des subsistances nécessaires à l'armée, et le roi de Sardaigne ne pouvait douter qu'on en voulût à ses places de Ceva et de Cherasco, ou à celles de Tortone et d'Alexandrie, ce qui le détermina à faire camper son armée sur la rive gauche du Tanaro depuis Pont de Nava, Ormea et Garessio jusqu'à Ceva pour s'y tenir en défensive. (Planche n° 15.)

La disposition étant faite pour le passage par la côte, les Espagnols et les Français débouchèrent par divisions de trois à quatre mille hommes chacune qui marchaient à deux jours d'intervalle et campaient dans les mêmes endroits, et il fut décidé que toute l'armée combinée se rassemblerait à Albenga, comme l'endroit le plus ouvert de la côte à portée duquel il était plus facile de la camper.

La difficulté de pouvoir arriver jusqu'à Albenga paraissait grande; les Espagnols occupaient la côte et ils avaient pu s'y maintenir pendant l'hiver par les obstacles qu'auraient formés les neiges au débouché des Piémontais s'ils avaient voulu les y venir inquiéter; mais à la fin de mai, temps auquel les neiges se trouvent fondues sur le penchant des Alpes maritimes, ils n'avaient pris aucune précaution sur les débouchés qui se trouvaient à leur gauche, et l'armée du roi de Sardaigne se trouvant rassemblée sur les hauteurs de la rive gauche du Tanaro, avait le débouché de Pont de Nava, d'où, par plusieurs chemins, elle aurait pu descendre sur Vintimille et sur San-Remo, sur Alasio et sur Oneille; on jugea donc qu'avant de s'engager le long de la côte, il était indispensable de se saisir des hauteurs pour couvrir le flanc gauche de l'armée distribuée en plusieurs colonnes sur le chemin qui avoisine la mer, et en conséquence on détacha M. de Mirepoix avec un corps de troupes qui se porta sur Triola et Andagne, occupa Rezzo et la Pieve et masqua le débouché de Pont de Nava. Au moyen de cette précaution, il ne restait aucune inquiétude pour la marche de l'armée et elle s'avança jusqu'à Albenga.

Mais on ne comprendra jamais quelles peuvent avoir été les raisons qui ont empêché le roi de Sardaigne de faire avancer des corps de troupes sur les positions qu'on vient d'indiquer, d'autant mieux qu'elles sont très bonnes et qu'avec très peu de monde on y pouvait faire la plus vigoureuse défense, que d'ailleurs il avait sa retraite toujours bien assurée tant sur Saorgio et le col de Tende que sur la rive gauche du Tanaro, et que s'il les avait occupées, il aurait non seulement retardé la marche de l'armée combinée, mais il l'aurait encore obligée à des dispositions qui ne se seraient pas trouvées relatives à l'emplacement des subsistances et lui auraient sans doute fait changer de projet et employer le reste

18

de la campagne à chercher les moyens de le déposter et de s'ouvrir le débouché de la côte depuis Nice jusqu'à Albenga, qui n'est qu'un défilé perpétuel; d'ailleurs quelles difficultés n'aurait-il pas trouvées à inquiéter les Espagnols dans les positions qu'ils occupaient le long de la côte jusqu'audit Albenga et même jusqu'à Loano (qui formait leur position la plus avancée et qui, étant de la dépendance d'Oneille, se trouvait des terres de sa domination), s'il avait entrepris sur eux avant que l'armée se fût avancée le long de la côte; et dans la supposition qu'il eût pu être forcé aux postes de Triola et d'Andagne, les plus rapprochés de Vintimille et de Bordighere, n'avait-il pas successivement des positions à prendre sur la gauche de l'armée combinée qui l'auraient obligée à de nouvelles dispositions dans toutes les parties de leurs débouchés, telles que celles de la Pieve, de Zuccarello, au-dessus d'Albenga, et de Bardinette, au-dessus de Loano, de Melogno et de San-Giacomo, au-dessus de Final; et si cette puissance avait rassemblé ses forces sur ces différentes positions, il eût été très difficile, pour ne pas dire impossible, à l'armée combinée de pouvoir déboucher au bas d'un penchant borné au midi par la mer, sur laquelle la flotte anglaise de l'amiral Mathews croisait, et au nord par des montagnes dont les sommets auraient été occupés par l'armée du roi de Sardaigne; au lieu qu'ayant disposé ses troupes sur toute l'étendue de la rive gauche du Tanaro pour en défendre simplement le passage, il se trouvait faible partout et abandonnait les positions de la rive droite de cette rivière qui auraient pu seules suspendre le progrès de la marche de l'armée combinée.

Cet exemple autorise encore la préférence qu'on doit donner à la défensive active sur la simple. (Annexe 3.)

CHAPITRE VI.
DES QUARTIERS D'HIVER.

Lorsqu'on fait la guerre dans un pays de montagnes qui se trouve couvert de neige, il faut observer que la retraite des troupes qui les auront traversées se fasse à la fin du mois de septembre; à moins qu'on ait assujetti assez de places pour la sûreté des quartiers d'hiver qu'on voudrait prendre en avant, et qu'on se soit assuré des moyens d'y faire avancer les recrues, remontes et munitions de guerre et de bouche dont on pourrait avoir besoin; car les communications étant fermées par les neiges et la puissance dans la domination de laquelle on se serait établi ayant toujours ses mouvements libres, on se trouverait exposé par l'affaiblissement de l'armée, soit par maladies ou par désertions, à être forcé et exposé dans un pays dénué de toutes ressources; d'où il suit que le plan de campagne doit se borner :

1° A quelques opérations principales dont le succès puisse être favorable à une seconde campagne et qui soit terminée avant ces époques;

2° A tout disposer pour pouvoir profiter des mois de juin, juillet, août et partie de septembre pour les opérations convenues;

3° A réserver un corps de troupes et employer beaucoup de paysans armés pour le soutien des communications, indépendamment du corps d'armée destiné à combattre, ainsi qu'il est dit dans le chapitre qui en traite, si on établit ses quartiers en avant des montagnes;

4° A former l'établissement de ses quartiers de façon à pouvoir se rassembler en peu de jours sur deux, trois et même quatre lignes, dont la première soit composée de troupes légères, la seconde de troupes d'élite et la plus vigoureuse tant en infanterie qu'en cavalerie;

5° A s'être fait un tableau de dispositions dans toutes les suppositions possibles, lequel détermine le lieu d'assemblée et la position à prendre dans quelque direction que l'ennemi s'avance.

CHAPITRE VII.

DES CANTONNEMENTS.

Les cantonnements qui ne se prennent que pour donner quelque repos à l'armée exigent, comme les camps, le choix d'un champ de bataille et :

1° Que les troupes qui devraient combattre à la droite occupent les villages qui en sont le plus rapprochés, de même pour le centre et pour la gauche;

2° Que les chemins de chaque troupe soient bien indiqués pour s'y porter sans confusion;

3° Qu'il y ait un rendez-vous indiqué pour les troupes cantonnées plus en arrière et qui doivent former la seconde ligne, et un second pour les troupes destinées à la réserve, et les communications audit rendez-vous bien établies;

4° Que la droite, le centre et la gauche des cantonnements soient couverts par quelques rivières, bois, marais et montagnes aisés à défendre et qu'on y supplée par quelques retranchements et ouvrages d'art, lorsque ces objets manquent.

On trouvera dans le livre des marches les observations relatives à celle qui se fera par cantonnements.

CHAPITRE VIII.

DES RETRAITES.

On les dispose dans les montagnes de façon à se conserver toujours une chaîne de hauteurs afin d'avoir la liberté de monter à son sommet ou de la traverser pour arriver dans une autre vallée, lorsqu'on le peut, après avoir pris les précautions de faire occuper tous les postes qui peuvent le mieux couvrir les marches.

Si l'armée est campée sur des hauteurs qui puissent être aperçues par l'ennemi, la retraite se fera de nuit, observant de faire paraître les troupes dans tous les postes avancés qu'on aura eus pendant le jour, de faire entretenir les feux, non seulement dans ces postes mais encore sur tous les points où on aura pu voir des troupes, par celles qu'on destinera à faire l'arrière-garde de l'armée, dont l'officier commandant aura attention de ne s'ébranler pour faire la sienne que lorsqu'il saura que l'armée est assez éloignée pour n'être pas jointe par l'ennemi.

Il aura reconnu d'avance la direction de marche qui lui conviendra le mieux et aura grand soin de laisser un homme à chaque feu pour l'entretenir, lesquels hommes le rejoindront et se rassembleront diligemment à un point convenu et par le chemin qu'il leur aura marqué; bien entendu que les hommes qu'il emploiera seront sûrs et qu'on ne craindra pas qu'ils désertent.

Si l'armée est campée dans le bas, en arrière des hauteurs où les postes auront été établis, le général fera marcher un assez gros détachement en avant sur quelque point avantageux pour recevoir les troupes de ses postes qui, pendant que l'armée se mettra en mouvement, auront ordre de faire la même manœuvre qu'on a dit ci-devant pour l'entretien de leurs feux.

S'il est possible que l'armée puisse se retirer par différentes directions, l'arrière-garde fera autour des feux des mouvements d'une direction contraire à celle qu'on aura prise, qui puissent faire croire à l'ennemi que c'est la véritable direction de la retraite; et ces mouvements sont d'autant plus faciles dans les montagnes que vingt ou trente soldats en peuvent faire la manœuvre consistant à passer un à un, deux à deux, trois à trois devant le feu, d'où ils rentreront dans la partie qui ne sera pas éclairée et, faisant un petit tour derrière la partie éclairée, repasseront autant de fois que cela deviendra nécessaire pour faire croire que c'est l'armée qui défile.

En général, les montagnes offrent à chaque pas, pour ainsi dire, des positions inattaquables; les retraites s'y feront comme on voudra, pourvu que le pays soit bien connu, que les directions de marche soient bien choisies et que les points de réunion soient déterminés avec précision.

C'est toujours l'infanterie qui est chargée des arrière-gardes dans les montagnes, et on n'y mêle des dragons aux troupes légères montées que lorsqu'il se trouve dans la direction de marche quelques petites parties de plaine.

Quant aux retraites dans les pays de plaines, l'arrière-garde est ordinairement composée de troupes légères de cavalerie et de grenadiers pour la soutenir, et elle doit, autant qu'il est possible, marcher à vue de l'armée pour pouvoir en être soutenue si elle est attaquée, et l'armée doit être précédée des équipages, des vivres, du trésor, de l'hôpital ambulant et de l'artillerie. Cette arrière-garde doit prendre les mêmes précautions sur sa droite et sur sa gauche que les avant-gardes, et il est de la plus grande importance de les composer l'une comme l'autre de troupes vigoureuses et de mettre à leur tête un officier général dont l'intrépidité, la vigueur et l'intelligence soient bien reconnues, car il y aurait beaucoup d'inconvénients si elle restait trop en arrière, comme il y en aurait beaucoup si elle se rapprochait trop de l'armée. On met à sa suite quelque peu de canon pour tirer de temps en temps sur l'ennemi pendant qu'une partie de la troupe fait face et tire sur ce qui approche d'elle.

La maxime générale dans les retraites est de s'éloigner le plus qu'on pourra de l'ennemi dès la première marche, qui doit être forcée et pour laquelle il faut employer, par conséquent, plus de temps que dans la marche ordinaire, afin de ne pas être joint et d'avoir le temps de s'éloigner davantage ou de préparer une position, s'il s'en trouvait une sur laquelle une armée inférieure pût atteindre la supériorité et y recevoir bataille.

LIVRE VI.

Pour donner une plus juste idée des opérations qui peuvent avoir rapport à la guerre de montagnes et des mouvements qui y sont relatifs, on supposera une armée de cinquante mille hommes en offensive établie en quartiers d'hiver vis-à-vis une armée de vingt-cinq mille hommes en défensive; la première ayant pour objet de s'avancer sur la place qui couvre l'avant de la gauche de l'armée de défensive, sur la ville qui est à son centre ou sur les montagnes de sa droite, et la seconde de défendre les débouchés correspondants.

Le pays dans lequel on suppose cette guerre est terminé au nord par une grande chaîne de montagnes qui n'offre que quatre passages. L'intervalle des deux premiers est totalement inaccessible, et le seul du troisième au quatrième pourrait permettre à quelques troupes d'y passer (indépendamment des passages qu'on indique), parce que les penchants, quoique rapides, sont couverts de terre et par conséquent accessibles dans le revers méridional, mais extrêmement difficiles dans le septentrional.

Du midi au nord le pays est coupé, entre la grande chaîne qui fixe la droite de l'armée en défensive et ce qui termine la gauche, par une chaîne particulière formant un contrefort de la grande, et ayant à son point le plus haut et le plus rapproché de la grande chaîne un plateau assez considérable en pâturages sur lequel on peut communiquer de plusieurs côtés, ainsi qu'on peut le voir par les chemins qui y sont dirigés. Son étendue est de quatre lieues de longueur et se trouve disposée de façon qu'on ne peut la traverser que par quatre passages déterminés, savoir : un vis-à-vis le camp C, assez facile et assez étendu pour y monter sur un grand front, et qui par cette raison ne pourrait être gardé par une troupe inférieure; un au point L, qui traverse des escarpements, d'autant plus facile à défendre qu'on ne peut s'y avancer qu'en défilant; un troisième entre le point L et le point D, également susceptible d'une bonne défense; et un quatrième au point D, qui ne peut se défendre contre les troupes qui voudraient du point M s'y avancer, parce que ledit point D forme un plateau assez grand pour y avoir campé dix à douze bataillons, et domine si fort le chemin qu'il deviendrait difficile à une troupe venant de l'avant d'en tenter l'attaque. (Planche n° 32.)

Indépendamment de ces passages, quelques chasseurs ou paysans du pays pourraient traverser cette chaîne dans l'intervalle des points qu'on indique, mais par des sentiers si difficiles qu'ils ne peuvent être que d'une légère considération dans les objets d'un général.

La rive gauche de la rivière de Roya est bordée de penchants si élevés et si rapides, et entrecoupés de tant d'escarpements, qu'on ne pourrait raisonnablement en tenter le passage que par les graviers qu'elle dépose dans une partie de son cours ou vers sa source, et la position sur cette rive gauche peut être regardée comme une des meilleures qu'on puisse trouver sur une aussi grande étendue dans les montagnes, non par le volume des eaux de la rivière qui est souvent très petit, mais à cause des hauteurs qui en bordent la rive gauche.

Cette même largeur du pays est traversée, à la gauche de la grande chaîne, par une nouvelle chaîne qui ne présente qu'un principal débouché et deux sentiers, l'un à la droite, l'autre à la gauche du principal chemin. A l'égard des autres parties du pays dans lequel on veut s'occuper de faire la guerre, la direction des ruisseaux et rivières et les dos-d'âne compris entre leurs différents cours, ainsi que les chemins, indiqueront le plus ou moins de difficultés qu'on pourra trouver dans les opérations qui résulteront du projet d'offensive et de défensive qu'on se propose de détailler ici, et on se contentera d'en parler suivant que les mouvements des troupes des deux armées pourront l'exiger.

Le pays dont on parle a servi à l'établissement des principes qu'on a donnés sur la guerre des montagnes; on ne s'est pas étudié à l'imaginer purement relatif aux opérations dont on parle, on l'a décrit tel qu'il est, et on a cru devoir se servir de cette partie des Alpes parce qu'elle présente de plus grands obstacles et qu'il y faut les marches les mieux combinées et faire plus d'usage des diversions, et qu'en même temps c'est la partie la moins importante et sur laquelle les plans de campagne ne se décideront jamais.

Afin de ne rien laisser à désirer sur les détails qui peuvent avoir rapport à ce projet d'offensive, après avoir déterminé, suivant les états ci-après (tableaux n° 1 et n° 2), le nombre, l'espèce et les différentes positions des troupes de l'une et de l'autre armée établies dans leurs quartiers d'hiver, on donnera le tableau de marche de l'armée supérieure et la première disposition de ses mouvements,

TABLEAU Nº 1. — ÉTAT GÉNÉRAL DE L'ARMÉE D'OFFENSIVE.

INFANTERIE.		CAVALERIE.	
BATAILLONS.	QUARTIERS.	ESCADRONS.	QUARTIERS.
HAUTE PROVENCE ET COMTÉ DE NICE.		**PROVENCE, DAUPHINÉ ET NICE.**	
1	Besandun.		Vidauban.
1	Saint-Jeannet.		Le Luc.
1	Gautiers et le Broc.	4	Gonfaron.
2	Levenzo et Saint-Martin.		Pignans.
1	Belveder.	2	Ries.
1	Saint-Martin de Lantosca.	2	Aups.
1	Lantosca.	3	Bayols.
(dont 1 de fusiliers de montagnes.)		3	Brignoles.
1	Uteîle.	3	Saint-Maximin.
1	Fayance.	2	Carses et Leval.
1	Seîllans.	2	Souliers et Cuers.
1	Caillan.	2	Fréjus.
1	Le Bard.	2	Sorgues et le Muid.
2	Vence.	2	Draguignan.
2	Grasse.	4	Nice et ses environs.
1	Berra.	4	Gap et ses environs.
1	Luceram.	2	Barcelonnette.
3	L'Escarène.		
(dont 1 de fusiliers de montagnes.)		35	
1	Le Biot.		
1	Cagne.		
2	Saint-Paul et la Colle.		
1	Saint-Laurent.		
1	Plaine de Saint-Jean sous Nice.		
1	Saint-Pons et Simiers.		
2	Cannes.		
1	Aspremont.		
1	Tourette.		
1	Castelvron.		
1	Eza.		
2	Villefranche.		
1	La Trinité.		
4	Nice.		
1	Peille et Peillon.		
1	Comté.		
1	La Turbie.		
2	Monaco.		
DAUPHINÉ ET VALLÉE DE BARCELONNETTE.			
1	Saint-Crépin.		
1	Châteauroux et Saint-Clément.		
1	Guillestre.		
1	Le Monestier.		
1	La Salle et Villeneuve.		
1	Le Grand Villard.		
1	Saint-Martin.		
2	Vallouise.		
2	Barcelonnette.		
1	Jausiers.		
1	L'Arche et Certamuse.		
60			

selon ce qui paraîtra le plus convenable au succès de ses opérations; et relativement aux positions particulières de l'armée de défensive, on indiquera les précautions qui paraîtront les plus sages et les mieux concertées pour faire trouver à la première de plus grands obstacles à surmonter, et pour donner lieu de faire en même temps quelques réflexions sur la défensive.

On s'étendra sur les différents objets d'une armée qui doit entrer en campagne, et on donnera des modèles, non seulement d'ordres de batailles et de marches, mais encore d'instructions pour les officiers généraux ou particuliers, afin de faire connaître aux jeunes militaires le degré de capacité qu'ils doivent acquérir pour servir avec plus de distinction et parvenir plus facilement aux grades supérieurs.

Avant de parler des différentes branches qui doivent embrasser le projet de l'armée supérieure, il est indispensable de constater son état et la position de ses quartiers.

CHAPITRE PREMIER.

OBJETS SUR LESQUELS ON PEUT ÉTABLIR LE PROJET D'OFFENSIVE.

Cette disposition supposée, l'objet de la puissance qui doit agir offensivement ne peut regarder que le débouché de sa droite qui emporte avec lui la nécessité du siège de Vintimille, le débouché du centre qui a rapport à Saorgio, et celui de la gauche qui regarde Demont et Coni.

Il faudra donc constater les opérations de l'armée relativement aux trois branches de ce projet, et être préparé à profiter de celle contre laquelle l'ennemi ne pourra présenter de trop grands obstacles; c'est-à-dire que, si l'ennemi donne la liberté de s'avancer par la gauche, il sera nécessaire de pouvoir s'y faire suivre par les munitions de guerre et de bouche et par l'artillerie dont on présumera avoir besoin, à moins qu'on ne soit assuré de trouver des ressources en avant par le secours de quelque puissance alliée; il sera indispensable de tirer de Mont-Dauphin, par le col de Vars, les vallées de Barcelonnette et d'Esture, toute l'artillerie et les munitions de guerre dont on pourrait avoir besoin après le passage; que, si on trouve plus de facilité au centre ou à la droite, il faudra avoir à portée des débouchés correspondants toutes les munitions de guerre et de bouche, toute l'artillerie et les voitures nécessaires.

PREMIER MOUVEMENT DES TROUPES QUI COMPOSENT L'ARMÉE D'OFFENSIVE.

Ces doubles précautions bien assurées, on pourra déterminer les mouvements de l'armée d'offensive de cette sorte :

Faire rassembler aux camps A A, B B, C C, D D les troupes suivant le mouvement de marche du premier mouvement à faire en avant, de façon qu'en fixant le premier jour de marche au sixième jour du mois de mai, par exemple, les quatre divisions se trouvent rassemblées à leurs différents camps le 12.

La disposition des quartiers de l'armée supérieure exige la précaution d'avoir deux ponts sur le Var, l'un établi au point W, et l'autre au point S, et que les magasins de grains et farines, ainsi que les manutentions puissent fournir aux différents mouvements des troupes. On trouvera le tableau des magasins nécessaires avec celui du mouvement, et on en trouvera un semblable pour les hôpitaux sédentaires et ambulants. On trouvera également ci-après des tableaux du mouvement et des subsistances et hôpitaux de l'armée de défensive selon la position des troupes qui la composeront et qui se trouveront relatifs à ceux de l'armée d'offensive. (Planche n° 33.)

DISPOSITION QUE PEUT FAIRE L'ARMÉE DE DÉFENSIVE.

Le mouvement de l'armée d'offensive, disposé de façon à rassembler sur quatre points principaux toutes ses troupes, indique nécessairement à l'armée de défensive celui qu'elle doit faire pour mettre des obstacles aux entreprises qu'on pourrait tenter contre elle; c'est-à-dire qu'elle doit faire trouver : sur le débouché relatif au camp A A, un corps de troupes qui soit en état d'en disputer le passage; de même sur le débouché relatif au camp B B, qui répond au centre, un second corps de troupes; sur le camp qui répond à celui C C, un troisième corps de troupes, et enfin sur celui D D, qui répond à sa gauche, un quatrième corps de troupes; évaluant leur nombre selon la force de ceux qui les menacent et selon le plus ou moins de difficultés qui peuvent se rencontrer dans les parties qu'ils auront à défendre. Mais si le général de défensive ne peut connaître le véritable objet de son ennemi, il doit au moins déterminer ses mouvements d'avance pour toutes les circonstances où il pourra se trouver, en supposant toujours qu'on peut lui dérober une marche et que les différents corps qui se trouvent en avant de ses postes peuvent se réunir sur un seul et même point et y faire leur commun effort, sans qu'il en puisse être prévenu assez à temps pour avoir celui d'en renforcer convenablement le débouché. Ce principe est incontestable dans la supposition du premier mouvement de l'armée d'offensive; car il n'y a qu'une marche du camp BB à celui CC, comme il n'y en a qu'une du camp CC à celui DD, et en faisant partir les troupes de la droite et de la gauche à l'entrée de la nuit, elles se trouveront réunies au centre à la pointe du jour, et les trois divisions pourraient l'être par une seule marche sur quelque point qui se trouverait entre la droite et le centre ou entre le centre et la gauche. Par conséquent il deviendrait impossible à l'ennemi d'être précautionné contre ce mouvement, quelque attentifs que fussent ses postes avancés; et, cela posé, il doit avoir préparé sa disposition pour tous les cas. Mais avant d'entrer dans le détail qui doit regarder l'attention du général de défensive, il faut rendre raison du premier mouvement de l'armée d'offensive pour le projet général de la campagne qui doit y avoir donné lieu.

RAISONS DU PREMIER MOUVEMENT DE L'ARMÉE D'OFFENSIVE.

Tout projet de campagne doit avoir plusieurs branches, et être si bien réfléchi que l'une ou l'autre desdites branches ne puisse manquer au succès des opérations. Celui qu'on forme ici, par supposition, en a trois : l'une de s'ouvrir le débouché sur la droite, et qui emporte nécessairement avec elle le siège d'une place; l'autre de se rendre maître du col de Tende qui débouche dans la plaine, et pour laquelle la diversion de la gauche est disposée; et le troisième de se rendre maître des passages qui ont rapport a la vallée d'Esture.

Pour assurer la première, il faut se rendre maître des hauteurs qui dominent la rive droite de la Roya jusqu'au confluent de la Bevera. Pour le succès de la seconde, il faut se rendre maître du plateau 2 et forcer les ennemis à passer la rivière, ou tout au moins à se réunir aux environs de la place qu'on doit assiéger; et, enfin, pour le succès de la troisième, il faut pouvoir faire usage des troupes du camp BB, et leur faire gagner deux marches, en les dirigeant par la vallée de Saint-Étienne sur les cols qui débouchent dans la vallée d'Esture.

La situation du pays est d'autant plus favorable à cette dernière branche, qu'aucune partie des troupes de l'armée de défensive qui se trouveraient à la droite ne pourrait marcher sur la direction dont on vient de parler qu'en passant par le col de Tende qui communique dans la plaine, et y employant au moins quatre marches; au lieu que les troupes du camp BB pourraient prendre poste à la fin de la seconde marche; mais si les branches de ce projet sont déterminées de façon qu'il soit impossible à l'armée de défensive d'empêcher le succès des opérations de celle d'offensive par l'une d'elles, il exige de la part de la puissance en offensive des approvisionnements de toute espèce de munitions de guerre et de bouche pour le total de l'armée, tant à la droite qu'au centre et à la gauche, et cette double précaution aiderait beaucoup à cacher le véritable objet qu'on aurait pu se proposer, et assurerait le succès dans l'un et l'autre cas. Il est vrai que ce double approvisionnement augmentera considérablement la dépense; mais il ne faut pas s'arrêter à cette considération quand il est question du succès de toute une campagne, car une trop grande confiance à ce sujet peut faire perdre le fruit des opérations les mieux combinées et du projet le mieux concerté.

RÉFLEXIONS DU GÉNÉRAL DE L'ARMÉE DE DÉFENSIVE SUR LES ENTREPRISES DE CELLE D'OFFENSIVE AU MOYEN DESQUELLES IL DÉTERMINE SON OBJET DE DÉFENSE.

Suivant la position des troupes après le premier mouvement, on doit penser que le général de l'armée de défensive se formera une idée de tout ce que l'armée d'offensive pourra entreprendre et qu'il établira sa défense par les réflexions que ce mouvement lui donnera lieu de faire, et qui se réduiront nécessairement à lui faire opter sur le choix de la défense de sa gauche ou du centre, parce que celle de sa droite ne remplirait aucun objet, et n'empêcherait ni le débouché du centre ni celui de la gauche; ainsi le général de l'armée d'offensive, qui doit se mettre pour un moment à la place de celui de défensive, jugera par les mouvements des troupes du parti déterminé pour la défensive, et opérera en conséquence.

Les réflexions du général de défensive se réduiront à penser : 1° que s'il distribue ses troupes dans les différents points sur lesquels il est menacé, il se trouvera faible partout; car n'ayant que vingt-cinq mille hommes, il ne pourra avoir que six mille hommes sur chaque point, si son ennemi se présente sur quatre débouchés, et au moyen des marches qu'on pourrait lui dérober, ces six mille hommes ne seraient pas en état de résister à l'effort de vingt à trente mille hommes qu'on pourrait faire avancer sur lesdits débouchés; 2° que s'il choisit un centre commun pour y rassembler la plus grande partie de ses forces et se mettre en état de secourir sa droite et sa gauche, ce centre ne peut être qu'au plateau de Raus, trop éloigné de la direction de sa droite à cause de la chaîne de montagnes inaccessibles qui les sépare; 3° qu'en se mettant à portée de défendre par la plus grande partie de ses forces le débouché de la direction de sa droite, il abandonne à l'ennemi la liberté de marcher sur sa gauche, d'y prendre poste et de faire le siège de la place qui s'y trouve; 4° qu'en prenant la position de la rive gauche de la rivière de Roya, qui est la meilleure pour défendre le débouché relatif à cette gauche, il laisse la faculté à l'armée d'offensive de déboucher dans la direction de sa droite et de faire les sièges des places qui s'y trouvent.

Parmi d'aussi grands inconvénients, il y aurait de l'imprudence de se décider sur l'un ou l'autre des partis qu'on indique, mais il y en aurait davantage de ne pas être préparé au mouvement relatif à celui qui paraîtra le plus sage; et, dans cette circonstance, on imagine que le général de défensive se déterminera plus volontiers à celui de défendre le débouché du centre, en se tenant en force aux environs des places qui y correspondent, parce que la conservation de cette partie des frontières de la puissance en défensive est plus importante pour elle que celle où conduirait le débouché par sa gauche, et que d'ailleurs ladite armée en défensive pourrait, de ses positions, faire trouver par ses derrières beaucoup d'obstacles au passage de l'armée d'offensive dans la direction de sa droite, si celle-ci négligeait les précautions avec lesquelles elle doit s'y avancer.

Toutes ces réflexions semblent assurer le succès dans la détermination de s'avancer par le débouché de la droite de l'armée d'offensive, il faut donc y être préparé, comme aussi, dans le cas où le général de défensive prendrait le parti de se tenir en force sur la rive gauche de la rivière de Roya pour défendre ce débouché, il faudrait que l'armée d'offensive eût aux environs de la gauche tout ce qui serait nécessaire pour les sièges des places sur lesquelles on déboucherait, afin de conduire la campagne au succès de quelque entreprise qui pût être plausible; car imaginer une tentative pour déposter l'ennemi de sa position sur la rive gauche de la rivière de Roya, ce serait s'exposer à une petite guerre plus avantageuse pour l'armée de défensive que pour celle d'offensive, et à se voir arrêté pendant toute une campagne sans espérance d'aucun succès à cause de la bonté de cette position.

Malgré ce qui vient d'être dit, on peut supposer que le général de défensive partagera ses troupes de façon qu'une partie sera destinée à la défense de la gauche, en la campant à Menton, une seconde partie à la défense des débouchés relatifs au centre, par conséquent à Sospel, une troisième partie sur le plateau de Raus et les environs de Tende, et une quatrième partie à Aison dans la vallée d'Esture.

Dans cette supposition, les troupes destinées à la défense de la gauche doivent être distribuées de façon que partie puisse défendre les environs de la place de gauche, et partie le plateau de Raus, ce qui détermine le centre commun à la

position de Sospel, et doit obliger le général de défensive à assurer sa communication de l'une à l'autre de ces positions.

On verra, par l'état ci-après, la position des quartiers de l'armée de défensive
disposés dans un arrangement relatif à la disposition dont on vient de parler et le
tableau du premier mouvement auquel celui de l'armée d'offensive doit nécessairement donner lieu. (Planche n° 33.)

POSITION DES DEUX ARMÉES ET PRÉCAUTIONS RÉCIPROQUES DANS LA DISPOSITION DE LEURS DIFFÉRENTS POSTES.

Les mouvements des deux armées ne pouvant être ignorés de part et d'autre,
il faut constater les premières opérations de l'armée d'offensive, et rendre les

TABLEAU N° 2. — ÉTAT GÉNÉRAL DE L'ARMÉE DE DÉFENSIVE.

INFANTERIE.		CAVALERIE.	
BATAILLONS.	QUARTIERS.	ESCADRONS.	QUARTIERS.
3	Vintimille.	4	Coni.
3	Menton.	3	Borgo.
1	Bevera.	2	Aison.
1	Lapène.	3	Mondovi.
2	Breglio.	2	Boves.
1	Gorbio et Roquebrune.	2	Sospel.
1	Castelar.	2	Dolceacqua.
1	Castillon.		
2	Sospel.	18	
2	Tende.		
1	La Briga.		
2	Saorgio.		
2	Brezès et Largentière.		
1	Pont Bernard et Pierreporc.		
1	Sambuc.		
1	Aison.		
1	Vinay.		
1	Entraigues.		
1	Vaudier.		
1	Limon.		
1	Robilante.		
30			

efforts de l'armée de défensive relatifs aux attaques des différents postes qu'elle
aura à soutenir, avec l'attention de ne compromettre ses troupes que dans les circonstances inévitables. Or, puisque l'armée d'offensive est distribuée de façon à
pouvoir se réunir dans un seul et même point en une marche, celle de défensive

doit nécessairement aussi, dans la partie de la gauche, être campée de façon à avoir le plus grand nombre de ses troupes au point contre lequel on entreprendra; et les trois camps qu'on propose aux points de Menton, Sospel et Raus rempliront bien cet objet pour la réunion à la position de Sospel; mais, comme l'avant du centre est défendu par un escarpement où peu de troupes suffiront pour le défendre, il conviendra que le général de défensive fasse son arrangement pour arriver en force du côté du camp de Raus ou du côté du camp de Menton, qui sont les seuls points où il pourra avoir le plus à craindre; ainsi on pourra former le camp de Sospel de neuf bataillons qui se trouveront également à portée de marcher sur celui de Raus ou sur celui de Menton; celui de Menton sera déterminé à six bataillons, le camp de Raus à cinq et le camp d'Aison ou Vinay à dix; ce qui formera la totalité de l'infanterie de l'armée de défensive.

Toutes les troupes des armées en offensive et en défensive établies dans les différents camps qu'on indique, on doit présumer que les dernières auront des postes sur tous les débouchés répondant au camp de la Turbie, tels que ceux des points de Gorbio et de Roquebrune, que le camp de Sospel en aura sur les chemins de Braus et sur les hauteurs de Castillon, et que celles du camp de Raus garderont les chemins de Belveder, de Saint-Colomban et de la Mayris. On doit présumer de même que les camps de la Turbie, de Notre-Dame-de-Laghet et de Berra auront des postes vis-à-vis ceux dont on vient de parler, avec la différence que ceux de l'armée en défensive seront retranchés, au lieu que les autres ne feront consister leur force que dans le nombre.

Les choses en cet état, il est question de déterminer les opérations les plus convenables à l'armée d'offensive, et les inconvénients qu'elle peut faire en conséquence.

Les troupes de Lantosque peuvent attaquer le camp de Raus sur trois colonnes, et celles qu'on ferait arriver du camp de Berra peuvent également attaquer ledit camp de Raus sur deux colonnes, avant que les troupes du camp de Sospel aient pu recevoir l'ordre de marcher. Il est donc raisonnable de penser que les cinq bataillons que l'armée de défensive a audit camp de Raus ne soutiendraient pas l'effort des vingt bataillons que l'armée d'offensive peut avoir aux camps de Berra et de Lantosque, s'ils n'étaient renforcés; mais, comme la bonne règle dans la guerre de montagnes est de disposer les troupes par échelons, de façon que les uns succèdent aux autres et que les postes puissent être secourus, on doit penser que le général de l'armée de défensive aurait eu l'attention de garnir le point du

Molinet, les monts de l'Authion et de l'Ortighier et plusieurs autres points de la communication du camp de Sospel à celui de Raus, de forts détachements, et que les cinq bataillons se trouveraient plus tôt secourus. Il faut donc, dans ce projet d'attaque, avoir une seconde branche qui remédie au vain effort qu'on pourrait y faire; or, cette seconde branche peut regarder le débouché de Luceram sur les monts de Curs et de Cimon qui dominent la communication de Sospel au Molinet; et on ne doit pas non plus négliger l'avantage de faire attaquer le poste de Castillon par une ou deux colonnes, car si on s'en rendait maître, on le serait sans contredit de la chaîne de montagnes qui sépare les camps de Sospel et de Menton, et en ôtant par là aux troupes de défensive campées à Menton la faculté de se communiquer par Castillon au camp de Sospel, on parviendrait également au point de séparer les troupes de la gauche des ennemis de celles de la droite, soit en descendant sur le camp de Sospel, soit en portant tout de suite un gros détachement sur la montagne au col de Perus qui sépare le camp de Sospel du point de l'Olivette.

Cet objet étant fort important pour le succès des opérations de l'armée en offensive, il faut chercher à y réussir par toutes sortes de moyens; ainsi on profitera de toutes les diversions qu'on pourra faire par de fausses attaques faites quelques heures d'avance du côté de Raus et de Castillon, qui entretiendraient le général de défensive dans l'ignorance du véritable objet qu'on pourrait avoir en vue, et qui ne peut être décidé par celui d'offensive que suivant les réflexions ci-après.

Tous les efforts de l'armée d'offensive ne peuvent la conduire qu'à se rendre maîtresse des trois principaux débouchés qui se trouvent en avant d'elle, savoir : celui de la droite qui exige qu'on occupe les hauteurs de Castel d'Apio et celle qui se trouve à la rive gauche du vallon de la Latte; le débouché du camp de Berra à Sospel qui nécessite d'occuper quelques points de la montagne de Braus qui sépare ces deux bourgs; et enfin celui du camp de Lantosque au mont de Raus par lequel on peut arriver au pied de la montagne de Tende.

Le débouché de la droite donne, à la vérité, la faculté de faire le siège et d'assujettir la place qui s'y trouve; mais si le général en défensive prenait poste sur les hauteurs qui dominent la rive gauche de la rivière de Roya, l'armée d'offensive ne pourrait espérer de pousser plus loin ses conquêtes, et l'effort total de l'armée se réduirait à la prise de la place, car on ne pourrait tenter aucune diversion par le centre.

Le débouché du camp de Berra au camp de Sospel ne conduirait l'armée d'offensive sur aucun objet, puisqu'elle laisserait le camp de Raus occupé par les ennemis à sa gauche, et toutes les hauteurs qui environnent la place à sa droite. Le débouché du camp de Raus au contraire lui procurerait plusieurs avantages : 1° elle serait libre de suivre sa diversion par la direction du centre, en se servant de la communication intermédiaire par laquelle elle pourrait renforcer les troupes qui y seraient destinées autant qu'il deviendrait nécessaire; 2° l'occupation du camp de Raus lui donnerait la faculté de marcher sur le point de Tende par le vallon de Cairos, et ne laisserait à ses ennemis que celle d'occuper la rive gauche de la rivière de Roya depuis le point de la Briga jusqu'à celui du mont d'Abeille, ou celle de défendre le col de Tende sur lequel ils pourraient se rassembler; mais, dans cette alternative, il en résulterait pour l'armée d'offensive l'avantage de se rendre maîtresse du col de Tende, si celle de défensive se rendait à la position de la rive gauche de la rivière, ou l'avantage de passer cette même rivière pour pénétrer jusqu'aux hauteurs et de marcher le long de la direction de la droite, si l'armée de défensive se repliait sur le col de Tende; d'où on conclut que tous les efforts de l'armée d'offensive doivent se faire sur le camp de Raus, et c'est d'après cette réflexion que le général prendra sa détermination telle qu'on la dira.

RESSOURCES DU PROJET D'OFFENSIVE.

D'après l'ordre de marche, la disposition des troupes de l'armée d'offensive qui doivent attaquer, et les instructions qu'on trouvera ci-après pour les officiers qui doivent commander les différentes attaques, on suivra les mouvements de la même armée dans les deux objets dont on vient de parler, c'est-à-dire dans celui où elle aurait la liberté de s'avancer sur les hauteurs et le long de la direction de la droite, ou dans celui qui, la rendant maîtresse du col de Tende, lui fournirait les moyens de se servir utilement des troupes destinées à déboucher par la direction de la gauche; mais comme l'un ou l'autre de ces deux objets ne peut être qu'ultérieur aux premières opérations, on ne les détaillera qu'après avoir dit tout ce qui convient concernant la première entreprise, et on observe seulement ici en passant que, si par de trop bonnes dispositions de la part de l'armée de défensive on ne parvenait à aucun succès, il resterait encore à cette dernière la ressource de faire usage de la diversion dans la direction de la gauche, qui, bien combinée, ne pourrait manquer de réussir, ainsi qu'on espère pouvoir le faire connaître; car si les opérations de la droite n'avaient aucun succès, ce ne pourrait être que dans le cas où la plus grande partie des forces de l'armée de défensive s'y trouveraient rassemblées, et pour lors, en dérobant une marche, il deviendrait facile de faire trouver sur les hauteurs de Sainte-Anne, au moyen de la communication par la vallée de Saint-Étienne qui est intermédiaire, un corps assez considérable pour vaincre tous les obstacles que les troupes de défensive, destinées à garder le débouché de la direction de leur droite, pourraient y faire rencontrer, sans espérance de leur part de pouvoir être renforcées que deux ou trois jours après l'entreprise qu'on y tenterait, puisque les troupes de leur gauche ne pourraient y arriver que par le col de Tende en quatre ou cinq marches, au lieu que celles de l'armée d'offensive du camp de Lantosque y arriveraient en deux marches.

Ainsi, dans ce cas, on doit présumer que le succès de la diversion sur cette direction serait assuré, et que l'inconvénient de n'avoir pu déposter l'armée de défensive du camp de Raus et des autres positions de sa gauche deviendrait un avantage pour l'entreprise qui regarderait cette direction, puisque cet inconvénient n'aurait été produit que par le nombre des troupes que le général de défensive aurait opposées à sa gauche, et que, n'ayant qu'un nombre fixe de bataillons, il n'aurait pu fournir des forces considérables sur cette partie qu'en s'affaiblissant sur ladite direction et aux environs des places de Saorgio et de Vintimille. Voilà l'avantage d'avoir plusieurs branches dans son projet de campagne. Revenons présentement au détail relatif à l'attaque du camp de Raus.

DISPOSITION DE MARCHE DES TROUPES DE L'ARMÉE D'OFFENSIVE.

Le principal objet du général d'offensive étant de se rendre maître du mont de Raus, il concertera ses mouvements de façon à tenir en échec toutes les troupes postées en défensive, et à ne leur laisser soupçonner sa véritable détermination que lorsqu'elles n'auront plus le temps d'y mettre obstacle; pour cet effet, il donnera des instructions aux officiers généraux qui commanderont ses différents camps, telles qu'ils puissent remplir ses vues sur chaque point.

Pour assurer l'entreprise sur le mont de Raus, il faudrait qu'il pût former ses attaques dans la plus grande étendue du pourtour de cette montagne; mais comme, dans la position qu'occupent ses troupes, il n'a que l'étendue qui fait face à Lantosque et à Luceram, il devient essentiel pour son opération qu'elle embrasse l'objet de marcher sur Sospel et de séparer les troupes de défensive postées à Menton, partie de ladite montagne, et partie de celles de Sospel, s'il ne peut parvenir à les séparer toutes. Pour cet effet, l'instruction qu'il donnera à l'officier général

20.

commandant le camp de Berra doit porter en substance de faire attaquer par deux colonnes le mont de Raus, et de disposer la marche du reste de ses troupes sur la chapelle de Saint-Michel pour se rendre maître des monts de Curs et de Cimon, et celle qu'il donnera à l'officier général commandant le camp de la Turbie de marcher par Gorbio et Sainte-Agnès sur Castillon.

La marche de ce dernier corps ne peut rencontrer d'obstacles que de la part des neuf bataillons campés à Sospel, et si effectivement ces troupes de défensive prenaient le parti de s'opiniâtrer à la défense de Castillon, qui forme une des meilleures positions du comté de Nice, pour empêcher les troupes de la Turbie et de Notre-Dame-de-Laghet de s'y avancer, pour lors les troupes des camps de l'Escarène, Berra et Luceram, qui ne peuvent rencontrer aucun obstacle à marcher sur les monts de Curs et de Cimon, pourraient descendre sur le Molinet et même sur Sospel, et mettre les bataillons ennemis qui se trouveraient du côté de Castillon entre deux feux, ou ne leur laisser que la liberté de se retirer sur Vintimille par l'Olivette, ce qui remplirait le principal objet. Si, au contraire, les neuf bataillons de Sospel ne marchent point sur Castillon et prennent le parti de se retirer à l'approche des troupes des camps de Berra et de la Turbie, ils marcheront sur l'Olivette et sur Breglio : sur le premier endroit, dans l'objet de se réunir avec les troupes de Menton sous Vintimille, et sur le second endroit, dans l'objet de se joindre aux troupes du mont de Raus.

La première détermination remplirait encore le principal objet d'offensive du général, et la seconde lui ferait trouver plus d'obstacles à l'attaque du mont de Raus, si ces troupes avaient le temps d'y arriver; mais comment peuvent-elles être le même jour à Sospel et au mont de Raus? cela est impossible : ainsi de quelque façon que les troupes de défensive prennent leur parti, il s'en trouvera toujours la partie la plus considérable séparée de l'autre. Il n'y aura donc que les cinq bataillons du mont de Raus qui soutiendront l'effort des attaques, aidés, si on le veut, par des détachements qui se trouveront au Molinet; et, en prenant la précaution de faire avancer les troupes qui seront arrivées à Sospel sur la Pene et le col de Brouïs, il ne deviendrait plus possible aux troupes de Menton et des environs de Vintimille de se réunir avec celles du mont de Raus qu'en remontant par la rive gauche de la Roya, et en faisant un détour qui leur occasionnerait plusieurs jours de marche.

Cette disposition de marche des camps, qui rassemble la totalité des troupes d'offensive qui se trouvent dans le comté de Nice, tiendra en échec les troupes de défensive campées à Menton et à Sospel, et il n'est pas vraisemblable que les cinq bataillons du mont de Raus, qui ne pourront plus être secourus par ceux de Sospel, à cause de l'occupation des monts de Curs et de Cimon qui en dominent la communication par le Molinet, puissent résister à l'effort des cinq colonnes qui les attaqueront; ainsi on peut raisonnablement penser qu'ils se retireront par le vallon de Cairos ou par celui de Biogne sur Tende, et que les neuf bataillons de Sospel les iront joindre par Breglio, et ceux de Menton et Vintimille par la rive gauche de la Roya, ou que ces deux derniers corps passeront la Roya pour occuper, par un arrangement pris d'avance, la position de la rive gauche de la Roya, ce qui rendra le général d'offensive maître de tout le pays situé sur la rive droite de cette rivière. Il faut donc, pour parvenir à cette situation favorable : donner des ordres positifs au commandant de la vallée de Lantosque d'attaquer le mont de Raus par trois points particuliers; à l'officier général qui commandera le camp de Berra de marcher sur Luceram et de faire les détachements nécessaires tant pour ses deux attaques au mont de Raus que pour celles des monts de Curs et de Cimon; et aux officiers généraux commandant les camps de Notre-Dame-de-Laghet et de la Turbie de s'avancer, savoir : le premier par Peille et les hauteurs des Banquettes sur Castillon, et le second par Gorbio et Sainte-Agnès sur ledit Castillon; et que toutes les troupes s'ébranlent le même jour afin d'occuper les ennemis sur toutes leurs positions, car la marche du camp de la Turbie en imposera à celles de Menton, celle du camp de Notre-Dame-de-Laghet par Peille et les Banquettes, ainsi que celle de Luceram, par le ruisseau de Goyon, sur les monts de Curs et de Cimon, en imposeront aux troupes de Sospel, et les cinq détachements dirigés sur les principaux débouchés du mont de Raus en imposeront aux cinq bataillons destinés à sa défense.

On trouvera ci-après les instructions du général d'offensive pour les officiers généraux, pour les détachements qu'ils formeront, et pour les précautions à prendre pour la sûreté de la marche de toutes leurs troupes, au moyen desquelles il sera facile de comprendre l'objet général de cette disposition et l'impossibilité où se trouveront les troupes de défensive de mettre obstacle au succès de l'opération qu'on a en vue.

CHAPITRE II.

INSTRUCTIONS ET ORDRES DE MARCHE.

———

INSTRUCTION DU GÉNÉRAL DE L'ARMÉE POUR L'OFFICIER COMMANDANT LES TROUPES DE LA VALLÉE DE LANTOSQUE.

Les opérations de la campagne devant commencer par l'attaque du mont de Raus, M. de..., ayant à ses ordres dix bataillons et trois cents fusiliers de montagne, fera abattre son camp le 25 mai, et marchera le même jour à la Boulène; il détachera de Lantosque deux compagnies de grenadiers, cent fusiliers de montagne et un piquet par bataillon pour Belveder, deux compagnies de grenadiers, un piquet par bataillon et cent fusiliers de montagne pour Saint-Colomban.

Dans cette disposition, il réglera la marche des détachements de Belveder et de Saint-Colomban par des instructions particulières qu'il donnera aux officiers qui les commanderont, de façon que celui de Belveder puisse attaquer les hauteurs du Capelet le 27, à la pointe du jour, celui de Saint-Colomban la droite de Rioufrey, et le corps de troupes qui lui restera, et avec lequel il marchera, la gauche de Rioufrey ou baracon de Raus au centre de ses trois attaques.

On le prévient que M. de... attaquera en même temps la hauteur du bois de la Mayris, et M. de... la hauteur de la Fougasse; qu'il est très important d'assurer le succès de cette entreprise, ou la retraite de toutes ses troupes sur Lantosque, s'il ne pouvait déposter les ennemis de leur position. Dans le premier cas, il recevrait de nouveaux ordres sur la hauteur du mont de Raus, où il resterait en bataille après avoir obligé les ennemis de se retirer; et dans le second on les lui ferait passer à Lantosque. Il est donc essentiel qu'il m'informe exactement de tous ses mouvements dans toutes les circonstances où il pourra se trouver, m'en rapportant d'ailleurs à son expérience militaire pour tout ce qui pourra contribuer au bien du service et au succès de l'opération qui lui est confiée.

ORDRE DE MARCHE EN CONSÉQUENCE DE LADITE INSTRUCTION.

Au camp de Lantosque pour aller à la Boulène le 25 mai.
Saint-Pierre et Rome.

Officiers de jour :

M. de...,   lieutenant général.
M. de...,   maréchal de camp.

Officiers de piquet :

M. de . . . ,	colonel.
M. de . . . ,	lieutenant-colonel.
M. de . . . ,	major.

Les gardes, appels, inspections et défenses à l'ordinaire.

La générale le 25, à 8 heures du matin.

L'assemblée à 9 heures, le drapeau à 10 heures pour partir de suite.

Les soldats seront fournis de pain pour quatre jours et marcheront à la légère, laissant au camp ce qui pourrait les embarrasser.

Les campements, avec deux cents fusiliers pour les gardes, seront rendus à la générale à la tête du pont de Lantosque pour partir de suite aux ordres de . . . , etc.

Les vieilles gardes rentreront à l'assemblée et se mettront en bataille à la tête du camp de . . . pour faire l'arrière-garde aux ordres de . . .

Il sera détaché un homme par compagnie pour la garde des tentes, qu'on abattra et qui resteront sur le terrain, et les équipages du quartier général et des troupes seront mis en lieu de sûreté dans le bourg de Lantosque avec une garde particulière de trois hommes par bataillon commandée par un lieutenant.

Les troupes qui composeront le camp marcheront sur une seule colonne, dont le régiment de . . . formera la tête; un guide rendu à la générale à la tête dudit régiment.

L'officier commandant l'arrière-garde ne se mettra en marche que lorsque tout aura défilé, observant de faire des patrouilles dans le village, avant de partir, pour ramasser les soldats qui auraient pu y rester; un guide rendu à l'assemblée à la queue du régiment de . . . pour l'arrière-garde.

A la générale il sera détaché les deux compagnies des grenadiers du régiment de . . . avec cent fusiliers de montagne, et un piquet par bataillon, qui partiront à l'assemblée aux ordres de M. de . . . pour se rendre à Belveder. Il sera pareillement détaché les deux compagnies de grenadiers du régiment de . . . avec cent fusiliers de montagne et un piquet par bataillon, qui partiront aussi à l'assemblée aux ordres de M. de . . . pour se rendre à Saint-Colomban.

Les troupes qui marcheront à la Boulène s'y arrangeront dans l'ordre de leur campement.

PRÉCIS DES INSTRUCTIONS PARTICULIÈRES POUR LES OFFICIERS COMMANDANT
LES DÉTACHEMENTS DE BELVEDER ET DE SAINT COLOMBAN.

Le détachement de Belveder sera chargé d'attaquer les hauteurs du Capelet sur la position que les ennemis occupent au mont de Raus. On le prévient qu'on attaquera la baisse de Rioufrey sur la droite, et que sa gauche étant couverte par un escarpement considérable, il n'aura aucune précaution à y prendre; et on le prévient encore que l'attaque générale de la position des ennemis sur cette montagne se fera sur plusieurs points principaux le... à la pointe du jour.

Il divisera son détachement en deux parties égales, et en fera marcher une par la rive droite du ruisseau de Gordolasco, et l'autre par la rive gauche du ruisseau de Caliere, chacune précédée d'une avant-garde composée de cinquante fusiliers de montagne, soutenus par une compagnie de grenadiers, et ayant cinquante travailleurs munis d'échelles, de fascines, pics à roc ou marteaux de maçon.

Les deux divisions de son détachement partiront de Belveder le..., à l'entrée de la nuit, et marcheront à même hauteur, de façon qu'elles puissent arriver en même temps à portée du petit Capelet et y être rassemblées deux heures avant le jour. A cette même heure, il fera avancer l'avant-garde de la division de la gauche, dans la direction du ruisseau de Gordolasco, jusqu'au mamelon supérieur, et l'avant-garde de la division de la droite jusqu'au dos d'âne qui forme le grand Capelet, et il s'avancera avec le reste de son détachement en colonnes à cinq ou six tranches, dont la première et la seconde seront chacune d'une compagnie de grenadiers et d'un piquet, pour arriver au point de son attaque. Les deux avant-gardes de sa gauche et de sa droite ne s'ébranleront que lorsque la colonne sera à peu près à la hauteur de leur position, et leur objet devant être d'empêcher que les ennemis ne descendent sur leur direction pour prendre la colonne en flanc, il sera nécessaire que leur mouvement les fasse arriver à quelque point très rapproché de la plus grande hauteur, en même temps que la colonne commencera son attaque, déterminée à la petite pointe du jour, sur le haut du Capelet.

Si, par des raisons qu'on ne peut prévoir, la marche des troupes qui doivent attaquer les autres points de la position du mont de Raus était suspendue, on en avertirait l'officier commandant le détachement de Belveder avant qu'il se trouvât à portée de son attaque.

S'il se rend maître du col, il marchera par sa droite pour se réunir aux troupes qui auront attaqué la gauche de Rioufrey, et s'il ne pouvait déposter les ennemis, il se retirerait dans le meilleur ordre possible jusque sur la rive gauche du ruisseau de Caliere, d'où il dirigerait sa marche sur la Boulène.

Le détachement de Saint-Colomban, précédé d'une avant-garde composée d'une compagnie de grenadiers, de deux piquets et de cinquante travailleurs munis d'échelles, fascines et pics à roc, ayant à leur tête les fusiliers de montagne, partira le... à une demi-heure de nuit, dirigeant sa marche par la rive droite du ruisseau de Saint-Colomban, et s'avancera jusqu'à la baisse de Rioufrey, où il se trouvera à vue du détachement qui, partant de la Boulène, se sera avancé par la rive gauche du ruisseau qui coule dans le vallon de Planquier.

Lorsque ces deux détachements seront arrivés à la baisse de Rioufrey, l'officier commandant le détachement de Saint-Colomban fera marcher ses fusiliers de montagne soutenus d'une compagnie de grenadiers par la droite, comme l'officier commandant le détachement de la Boulène fera avancer les siens par la gauche de Rioufrey, et lorsque ce dernier jugera que les deux avant-gardes se trouvent à hauteur du premier poste des ennemis, il s'avancera à la tête de son détachement afin d'arriver sur le mamelon qui sépare Rioufrey par la gauche, pendant que le détachement de Saint-Colomban attaquera par celui qui le sépare par la droite, et que les deux avant-gardes feront un contre-feu vif et soutenu sur le front de la position des ennemis pour favoriser l'attaque des deux détachements; on se trouvera en état de lui donner de nouveaux ordres suivant les circonstances dans lesquelles il se trouvera. (Planche n° 31.)

DISPOSITION DE MARCHE DES TROUPES DU CAMP DE BERRA POUR L'ATTAQUE DU MONT DE RAUS.

Nos premiers efforts pour assurer le succès de nos opérations ultérieures devant se faire sur les positions que les ennemis occupent au mont de Raus,

M. de..., ayant à ses ordres... bataillons, formera trois détachements particuliers de ses troupes, dont deux s'avanceront sur Luceram dans l'objet qu'on va lui indiquer, et le troisième sur le col de Las Portas qui fait la communication de Luceram avec la vallée de Lantosque.

Des deux détachements de Luceram, l'un sera destiné à marcher sur le mont de Raus par le chemin qui est à la gauche de ce bourg, passant à la chapelle de Saint-Michel et longeant les hauteurs de Pietra-Cava; l'autre sur les monts de

Curs et de Cimon : le premier dans l'objet de déposter l'ennemi du mont de Raus, et le second dans celui de se rendre maître des hauteurs qui dominent la communication de Sospel au Moulinet.

Ce dernier sera le plus considérable et marchera le 26 mai, à midi, dans la direction du ruisseau de Goyon, se formant par pelotons qui laisseront cent pas d'intervalle entre eux, étant précédés d'une avant-garde composée de fusiliers de montagne, de volontaires et de grenadiers, qui s'avancera jusqu'à la vue du premier poste des ennemis.

Cette disposition, qui leur indiquera une attaque sur le mont de Curs, déconcertera leur projet de faire avancer des secours de Sospel par le Molinet sur le mont de Raus et favorisera, par conséquent, nos attaques; et c'est dans cette opinion qu'il convient d'afficher la marche dudit détachement et d'en faire précéder l'avant-garde de quelques heures sur le point le plus rapproché de la plus grande hauteur de Curs.

On s'en rapporte à M. de... pour les instructions à donner aux officiers chargés de ces trois détachements, et on joint ici copie de l'instruction qu'on donne à M. de..., commandant les troupes de Lantosque, pour l'informer des différentes attaques dont il est chargé dans l'étendue de son commandement.

On prévient M. de... que les troupes du camp de Notre-Dame-de-Laghet et de la Turbie feront en même temps leur mouvement sur Gorbio, Sainte-Agnès et Castillon, que je me rendrai à Luceram le même jour pour m'y trouver plus à portée d'avoir de ses nouvelles et de lui faire passer de nouveaux ordres suivant les circonstances.

On le prévient encore que le principal objet est de déposter l'ennemi du mont de Raus, et d'en soutenir la position assez longtemps pour donner celui qui sera nécessaire aux secours que j'y enverrai d'y arriver, et que si, par le trop de résistance de la part des ennemis, il lui devenait impossible de les chasser du mont de Raus, il ne devrait rien oublier pour se rendre maître des hauteurs de Curs et de Cimon.

On s'en rapporte d'ailleurs à la capacité et au zèle de M. de... pour tout ce qui pourra assurer le succès de cette opération ou la retraite de ses troupes sur Luceram et Berra, dans un cas contraire.

ORDRE DE MARCHE DU CAMP DE BERRA EN CONSÉQUENCE DE LADITE INSTRUCTION.

Au camp de Berra pour aller à Luceram le . . . . .
Saint-Maurice et Vienne.

Officiers de jour :

M. de . . . ,
M. de . . . ,

Officiers de piquet :

M. de . . . ,   colonel.
M. de . . . ,   lieutenant-colonel.
M. de . . . ,   major.

Les gardes, appels, inspections et défenses à l'ordinaire.

La générale à 6 heures du matin, l'assemblée à 7 heures, le drapeau à 7 heures 1/2 pour partir de suite.

Les troupes seront fournies pour quatre jours de pain, et MM. les lieutenants feront la visite des tentes et des havre-sacs pour voir s'il n'y a pas de maraude.

Les campements avec trois cents hommes pour les nouvelles gardes seront rendus à la générale à la tête du camp du côté de Luceram, pour partir tout de suite aux ordres de M. de . . ., brigadier de jour et de MM. de . . . et de . . ., officiers de piquet.

Il sera détaché les deux compagnies de grenadiers du régiment de . . ., cent fusiliers de montagne, et six piquets qui partiront immédiatement après les campements et qui iront camper à l'endroit qui leur sera désigné par M . . ., aide-maréchal général des logis, en avant de la fourche du chemin de Luceram avec celui du col de Las Portas, dans la direction de ce dernier, aux ordres de M. de . . . lieutenant-colonel.

Un guide rendu à la générale à la tête des campements et un à la tête dudit détachement, un troisième guide rendu à l'assemblée à la tête du régiment de . . ., pour l'arrière-garde.

Les troupes marcheront sur une seule colonne et rentreront dans la plaine de leur camp par la gauche du village de Luceram.

Lorsque les troupes seront établies dans leur nouveau camp, il sera détaché les deux compagnies de grenadiers du régiment de . . ., celles du régiment de . . ., et celles du régiment de . . ., cent cinquante fusiliers de montagne et trois piquets par bataillon, aux ordres de M. de..., qui marcheront dans la direction du ruisseau de Goyon dans l'ordre ci-après :

Les cent cinquante fusiliers soutenus de deux compagnies de grenadiers pour l'avant-garde;

Les quatre compagnies de grenadiers restant avec deux piquets formeront la tête de colonne;

Le reste des troupes marchera par divisions de quatre piquets, et le détachement s'avancera de façon que la dernière division puisse arriver avant minuit à la hauteur qui domine la rive droite dudit ruisseau.

Il sera détaché le..., à midi, les deux compagnies de grenadiers du régiment de..., cinquante fusiliers de montagne et un piquet par bataillon qui marcheront jusqu'à la croisée du chemin du col de Las Portas avec celui du mont de Raus, un peu en avant de l'Oratoire et aux ordres de M. de..., à qui M. de... donnera une instruction particulière.

L'avant-garde du premier de ces détachements sera suivie de cent travailleurs portant des échelles, des fascines et des pics à roc et marteaux de maçon; l'avant-garde du second ne sera suivie que de cinquante travailleurs portant pelles et pioches pour les réparations qui seront jugées nécessaires au chemin qui doit le faire arriver sur Pietra-Cava.

PRÉCIS DES INSTRUCTIONS PARTICULIÈRES POUR LES DÉTACHEMENTS DU COL DE LAS PORTAS, DU MONT DE RAUS ET DES MONTS DE CURS ET CIMON.

Le détachement du col de Las Portas, composé de quatre compagnies de grenadiers, cent fusiliers de montagne et cinq cents hommes formant dix piquets, partira le..., précédé d'une avant-garde composée d'une compagnie de grenadiers et d'un piquet, ayant à leur tête les fusiliers de montagne, et marchera au col de Las Portas, où, après avoir rassemblé ses troupes, il fera la disposition pour l'attaque des hauteurs de la Mayris de cette sorte (planche n° 31) :

Cent fusiliers de montagne marcheront par la droite sur la hauteur de Bardonnay, les autres cinquante fusiliers avec deux compagnies de grenadiers s'avanceront sur la hauteur à la gauche de la Mayris et seront soutenus par deux compagnies de grenadiers et deux piquets qui les suivront à cent cinquante pas de distance.

On observera de ne commencer l'attaque qu'à la petite pointe du jour. On le prévient qu'on attaquera en même temps le Rioufrey à sa gauche, et le mont de

Raus à sa droite; que si son opération ou celle des autres détachements ont le succès qu'on espère, il se réunira avec les troupes qui les composeront et recevra les ordres de M. de...; que si, au contraire, il est repoussé sans espoir de forcer le poste dont on lui confie l'attaque, il doit disposer sa retraite sur Luceram, de façon que son détachement ne puisse pas être compromis.

L'instruction pour le détachement de Raus sera la même, à l'exception de l'itinéraire; car celui-ci n'a qu'à monter à Raus par Pietra-Cava, en combinant sa marche de façon à n'arriver qu'une demi-heure avant le jour à portée de son point d'attaque.

Le détachement des monts de Curs et de Cimon, composé de six compagnies de grenadiers, cent cinquante fusiliers de montagne et quinze cents hommes formant trente piquets, disposera sa marche de façon qu'il puisse se trouver en même temps sur chacune des directions des hauteurs de Curs et Cimon deux compagnies de grenadiers, deux piquets et cinquante fusiliers de montagne suivis de quelques travailleurs, et formera du reste de ses troupes quatre corps particuliers composés chacun de six piquets; trois de ces corps suivront les directions des trois avant-gardes et il fera rester le quatrième, qui lui servira de corps de réserve, sur quelque point de la direction de son centre également à portée de secourir la droite, le centre et la gauche.

Comme on ne présume pas qu'il trouve de la résistance sur les hauteurs de ces directions, lorsque M. de... se trouvera maître des hauteurs, il fera les dispositions nécessaires pour empêcher toute communication de Sospel au Molinet, et fera ouvrir une marche sur Sospel.

INSTRUCTION DU GÉNÉRAL DE L'ARMÉE D'OFFENSIVE POUR LE COMMANDEMENT DES CAMPS DE LA TURBIE ET DE NOTRE-DAME DE LAGHET.

M. de..., ayant à ses ordres ... bataillons aux deux positions de la Turbie et de Notre-Dame-de-Laghet, disposera la marche des troupes de la première position de façon qu'elles puissent aller camper le ... à Gorbio, le ... à Sainte-Agnès et s'avancer le ... sur Castillon, observant de laisser quatre cents hommes pour la garde de la Turbie, aux ordres d'un officier intelligent. (Planche n° 32.)

Et il dirigera la marche de celles de Notre-Dame-de-Laghet sur Peille, où elles iront camper le... et d'où elles marcheront sur l'Escarène le..., après avoir formé un détachement de huit cents hommes de fusiliers de montagne, grenadiers ou piquets, qui marchera par les hauteurs de Peille pour se rendre sur les Banquettes à portée de Castillon, et qui favorisera la marche des troupes de la Turbie sur Castillon et de celles de Notre-Dame-de-Laghet sur l'Escarène, puisqu'il parcourra les hauteurs que les premières auraient à leur gauche et les secondes à leur droite, et qui sont les seules par lesquelles on peut les inquiéter.

Dans cette disposition, ou les troupes de Menton remonteront par Castelar et marcheront sur Castillon pour renforcer celles que le commandant du camp de Sospel aura pu y envoyer, ou le poste de Castillon sera abandonné à ses propres forces.

Si ces troupes marchent sur Castillon, comment pourront-elles s'en retirer lorsque les troupes de Notre-Dame-de-Laghet, dirigées sur l'Escarène, auront monté le col de Braus et descendu à moitié chemin du col de Braus à Sospel sur le penchant de Castillon, en dépit des détachements de Luceram que j'ai fait avancer sur cette montagne?

Si au contraire le poste de Castillon est abandonné à ses propres forces, ce ne sera qu'une expédition de vingt-quatre heures qu'il pourra différer autant qu'il voudra en prenant la précaution de le bloquer. Il y a donc lieu de croire qu'il ne trouvera aucun obstacle, et qu'il pourra arriver à Sospel le quatrième jour de la marche, ou se trouver à portée de se joindre par les hauteurs de sa gauche au détachement de huit cents hommes qu'il y a dirigé, et d'où, en le longeant, il descendra par la droite des troupes du col de Braus sur le même point qu'elles, à portée de Sospel.

On joint ici copie des instructions envoyées aux commandants des camps de Berra et de l'Escarène pour faire connaître à M. de. . . la combinaison de toutes les opérations; et on s'en rapporte d'ailleurs à lui pour tout ce qui pourra concourir au succès de sa marche et de l'objet qu'il doit remplir.

PRÉCIS DE L'ORDRE DE MARCHE DES TROUPES CAMPÉES À LA TURBIE ET À NOTRE-DAME DE LAGHET.

Les campements avec les nouvelles gardes partiront à six heures, et l'avant-garde, suivie immédiatement du corps des troupes, partira le . . . à huit heures du matin; on formera un détachement de deux cents hommes, dont moitié de fusiliers de montagne, qui se mettra en mouvement à la générale et qui marchera par les hauteurs de Laghel (*mont Agel*) et de Saint-Hibéry, où on lui fera trouver du bois pour une nuit, et d'où il ne partira que le. . . à la pointe du jour pour joindre l'arrière-garde des troupes qui auront campé à Gorbio.

Un guide à la générale à la tête des campements, un guide à la tête du détachement de deux cents hommes et un autre guide pour l'avant-garde du corps de troupes.

Les campements des troupes de Notre-Dame-de-Laghet partiront à huit heures et le corps de troupes à dix heures du matin pour se rendre à Peille, d'où il sera détaché six compagnies de grenadiers, autant de piquets et deux cents fusiliers de montagne aux ordres de. . . ., qui marcheront le. . . par la hauteur de Peille pour arriver sur celle des Banquettes, tandis que le corps de troupes s'avancera le même jour sur l'Escarène, d'où sur le col de Braus par le grand chemin de Sospel, suivant les nouvelles qu'on aura du progrès de la marche du détachement de Luceram, en suivant les nouveaux ordres qu'on leur donnera audit l'Escarène, où ils trouveront un détachement de cinq cents hommes aux ordres de M. de. . .

D'après toutes les dispositions dont on a vu le détail, les neuf bataillons de l'armée de défensive qui étaient à Sospel seraient compromis s'ils ne prenaient pas la détermination de se retirer à l'approche des troupes d'offensive qui déboucheraient du col de Braus; et pour leur faire faire le mouvement le plus convenable, leur général a dû les faire marcher sur le col de Perus à la hauteur de Brouis, entre Sospel et Breglio, laissant seulement un détachement de cinq à six cents hommes à Sospel, un pareil au point de Perus, avec ordre de se retirer à l'approche des troupes d'offensive. Rien n'empêchera donc que ces dernières prennent poste à Sospel, et qu'on fasse la disposition pour y faire marcher la plus grande partie de l'armée.

CHAPITRE III.

MOUVEMENT RESPECTIF APRÈS L'OCCUPATION DE SOSPEL PAR L'ARMÉE D'OFFENSIVE.

Ce mouvement exigera qu'on dispose la marche de deux détachements qui serviront d'avant-garde à la partie de l'armée qui devra s'avancer sur Sospel; l'un, tiré des troupes qui auront marché sur les monts de Curs et de Cimon et à Castel-Jouffrey, s'avancera sur le Molinet et y prendra poste, c'est-à-dire occupera tous les principaux débouchés qui communiquent au mont de Raus; l'autre, beaucoup plus considérable, tiré des troupes qui seront arrivées sous Sospel, s'avancera sur le col de Perus et successivement sur la hauteur de Brouis, et sera soutenu par des corps particuliers disposés en échelons, les uns sur la direction du chemin de

Penne, dont il faudra nécessairement faire occuper le village, les autres dans la direction de l'Olivette. (Planche n° 32.)

On ne peut pas craindre que le général de défensive puisse opposer de grands obstacles à la marche des troupes qui s'avanceront à la hauteur de Brouis, parce que, les penchants se trouvant praticables, il serait impossible à une troupe inférieure d'arrêter le progrès de la marche d'une troupe supérieure sans se compromettre, et il est certain que, la hauteur de Brouis occupée par les troupes de l'armée d'offensive, aucun des postes de celle de défensive qui se trouveraient au-dessous de cette position entre la Roya et la Bevera ne pourrait se soutenir; ainsi, ou les troupes de défensive marcheront sur Saorgio et Tende, ou elles passeront la Roya, et il ne restera, comme on l'a déjà dit, aucun moyen au général de défensive de faire marcher les troupes qui lui resteraient aux environs de Vintimille et de Menton, sur Tende et le mont de Raus, qu'en leur faisant remonter la Roya par la rive gauche.

Les cinq bataillons de l'armée de défensive que nous avons supposés portés sur les différents débouchés du mont de Raus pour sa défense seraient trop faibles pour résister aux cinq attaques dont on vient de voir la combinaison, et on ne peut pas présumer qu'avec si peu de troupes le général de défensive voulût défendre une position d'un front si étendu, et dont les différents points d'attaque embrassent plus de la moitié de son pourtour.

Ainsi on peut raisonnablement penser que le général n'entreprendra point de défendre vigoureusement le mont de Raus, et qu'il disposera la réunion de toutes ses troupes répandues dans le comté de Nice entre Tende et la Briga dans le double objet, ou de marcher sur le col de Tende pour en défendre le débouché, ou d'occuper la position de la rive gauche de la Roya. Dans ce dernier cas, au lieu d'assembler toutes les troupes sous Tende, il en laisserait à Vintimille, à Dolceacqua, au mont d'Abeille, à Breglio et à Saorgio, et n'aurait à Tende que les troupes qui se seraient retirées du mont de Raus. Reste à réfléchir sur ces deux déterminations et à décider celle qui paraîtra la plus favorable à l'objet du général de défensive :

1° S'il se détermine à réunir toutes ses troupes sur Tende et la Briga pour défendre le col de Tende, il sera forcé, au premier mouvement des troupes d'offensive sur leur gauche, de les faire passer de l'autre côté du col sur Limon et Robilante, en les disposant en échelons le long du vallon qui communique à Coni, afin d'être à portée de renforcer celles qu'il aura laissées à la défense particulière du débouché de la vallée d'Esture, et cette disposition ne laissera aucun moyen au général d'offensive pour forcer ce passage; car s'y trouvant déterminé à une très petite étendue et les penchants étant très difficiles à gravir, il est aisé de comprendre que peu de troupes y peuvent résister à l'effort d'un grand nombre. Dans cette supposition, il ne sera donc pas possible aux troupes d'offensive de combiner leurs opérations avec celles de la vallée d'Esture, et il ne leur restera que la ressource de faire avancer par la vallée de Saint-Étienne et les cols de Sainte-Anne et de Barbacane toutes les forces, afin de les réunir avec celles de la vallée d'Esture au-dessous des Barricades.

2° Si le général en défensive se détermine à prendre la position de la rive gauche de la Roya pour défendre le débouché le long de la côte, il sera obligé d'appuyer sa droite sur les hauteurs qui bordent ladite rive au-dessus de la Briga et sa gauche vis-à-vis de Vintimille, et il ne pourra plus défendre le col de Tende, parce qu'il faudrait qu'il descendît sur la Briga pour remonter au col, ce qui serait impossible vis-à-vis des troupes d'offensive qu'on peut supposer portées à Tende et sur tous les points qui peuvent le mieux mettre obstacle à cette communication après l'abandon du mont de Raus. Ainsi le col de Tende se trouverait libre pour le général d'offensive et rien ne s'opposerait à sa jonction avec les troupes qu'il aurait dans la vallée d'Esture, ce qui lui fournirait le moyen d'entreprendre les sièges de Demont et Coni.

Il serait donc plus avantageux au général de défensive d'abandonner le débouché de la côte et de se borner à la défense du col de Tende. Mais supposons qu'appréhendant la jonction de ses ennemis avec les Génois, il eût plus à cœur de garantir la frontière de leur côté que celle du côté de France, et que, dans cette vue, il opposât toutes ses forces pour empêcher le débouché le long de la côte, il est certain qu'en prenant sa position sur la rive gauche de la Roya, il deviendra très difficile, pour ne pas dire impossible, au général d'offensive de l'y forcer, car la montagne qui borne cette rivière est escarpée dans la moitié de sa longueur et présente des penchants si rapides dans le reste de son étendue qu'on ne pourrait espérer de les gravir devant des troupes. D'ailleurs l'intervalle qui reste entre la montagne et la mer, à la gauche de cette position, est si petit qu'on peut le fermer par une bonne ligne de retranchements, et qu'à moins qu'on ne fût maître de la mer, on ne pourrait ni le tourner ni y projeter d'attaque; de même la droite de sa position étant nécessairement déterminée par le penchant de la montagne qui borde la rive gauche du ruisseau de la Briga, il ne s'y trouverait ni terrain pour un dispositif d'attaque ni moyen de la monter pour arriver aux deux passages déterminés qui sont les seuls points qu'il aurait à défendre. Le général d'offensive serait donc nécessairement obligé d'abandonner le projet de s'avancer le long de la côte, et n'aurait de ressources que du côté des places de Demont et de Coni, que le roi de Sardaigne aurait, par cette disposition, abandonnées à leurs propres forces.

La droite de la position de la Roya ne pouvant s'étendre jusqu'au col de Tende, à cause de la faculté qu'auraient les troupes en offensive de marcher par les vallons de Biogne et de Cairos sur l'intervalle compris entre les débouchés déterminés.à la droite de la position de la Roya et ledit col, le général d'offensive ne trouvera aucun obstacle à s'en rendre maître, et on n'aura pas de peine à comprendre que, faisant déboucher ses troupes sur le village de Tende entre le ruisseau de Biogne et celui de la Briga, il traversera comme il voudra cette montagne pour se porter par Limon et Robilante sur Entraigues et Vaudier (*Valdieri*), laissant un fort détachement au col de Tende pour en défendre le débouché autant de temps que ses premiers mouvements pourront l'exiger.

NOUVELLE DISPOSITION DES MOUVEMENTS DE L'ARMÉE D'OFFENSIVE.

Aussitôt que les troupes d'offensive auront débouché par le col de Tende pour descendre sur Entraigues et Vaudier, on doit présumer que celles qui étaient destinées à une diversion dans la vallée de Barcelonnette s'avanceront sur la vallée d'Esture, et les troupes du roi de Sardaigne destinées à empêcher le passage des Barricades seront forcées de se retirer sous Demont ou sous Coni. Le général d'offensive pourra donc faire avancer toute l'artillerie de siège et de campagne avec les munitions de guerre et de bouche nécessaires pour la suite des opérations et les faire arriver sur quelque point de la vallée d'Esture, tel que Vinay (*Vinadio*) ou Aison, tandis que l'armée pourra prendre la position de Gayola entre Demont et Coni, d'où elle sera également à portée de faire des courses dans la plaine pour établir ses contributions et d'entreprendre le siège de Demont, qui se trouvera sur ses derrières, et qu'on doit regarder comme assujetti, d'après les dispositions qu'on indique, dans un temps déterminé, suivant que la fortification de cette place se trouvera plus ou moins bonne, que ses approvisionnements seront suffisants, et que la garnison sera aussi plus ou moins considérable et résolue à une vigoureuse défense.

Pendant que l'armée d'offensive sera occupée à cette entreprise, on n'imaginera pas que celle de défensive reste dans sa position de la rive gauche, ainsi il faut en déterminer les mouvements.

L'artillerie de siège et de campagne étant arrivée dans la vallée d'Esture et le siège de Demont étant entrepris, il ne sera plus question d'aucun projet de s'avancer par la côte en rentrant dans le comté de Nice, ainsi le général de défensive disposera la marche de ses troupes pour les porter sur le haut Tanaro, d'où elles pourront s'avancer sur le Mont-Dovi (*Mondovi*) et aux environs de Coni, tant à la rive gauche qu'à la rive droite de la rivière d'Esture, et c'est sur la position qui paraîtra plus convenable à son objet qu'il doit diriger ses marches; mais comme il y a plusieurs avantages ou inconvénients dans la détermination du choix de cette disposition, il paraît raisonnable d'en faire la discussion avant de l'indiquer.

Si cette armée de défensive reste aux environs du Mont-Dovi et que celle d'offensive s'avance le long de la rive gauche de l'Esture du côté de Fossan, quelle ressource restera-t-il à la première pour sa communication avec la capitale, puisque l'armée d'offensive occupera une position intermédiaire? Et si le général en défensive passe l'Esture pour aller prendre une position derrière la Grana ou la Maira, afin de couvrir ladite capitale et de se mettre à portée de tirer de ses derrières les secours dont il aura besoin, il abandonne la place de Coni et donne la liberté au général d'offensive de se communiquer avec les Génois et d'entreprendre le siège de Coni, et successivement l'expédition du Mont-Dovi et les sièges de Ceva et de Cherasco, ce qui lui faciliterait les moyens de s'ouvrir une communication dans le comté de Nice par le col de Tende et de faire l'expédition de Saorgio; mais malgré ces inconvénients et les avantages que le général d'offensive pourrait tirer de cette détermination, on peut penser que le général de défensive ne balancera pas à se décider pour la position qui pourra le mieux couvrir la capitale :

1° Par rapport à ses derrières; 2° pour éviter de se trouver entre l'armée d'offensive et les Génois; 3° pour se mettre plus à portée de recevoir ses recrues, remontes et autres secours; et dans cette supposition quels doivent être les mouvements et les opérations de l'armée d'offensive? Entreprendra-t-elle le siège de Coni immédiatement après la conquête de Demont? Marchera-t-elle sur Mont-Dovi pour se mettre plus à portée des Génois qu'on suppose ses alliés, ou s'avancera-t-elle dans la plaine pour marcher à son ennemi dans le double objet de le combattre sur quelque position qu'il se trouve, ou de le faire reculer jusque sur les derrières du Pô? On verra dans l'article suivant ce qui peut résulter de chacune

22.

des trois nouvelles dispositions de marche dont on vient de rendre l'armée d'offensive susceptible.

RÉFLEXIONS SUR LES OPÉRATIONS DE L'ARMÉE D'OFFENSIVE APRÈS LA PRISE DE DEMONT.

1° Si elle entreprend le siège de Coni, il faut qu'elle fasse une disposition d'investissement et qu'elle distribue ses troupes tant sur les rives gauche et droite de la rivière d'Esture que dans l'intervalle de celle de la Gesse, et qu'elle couvre sa communication sur Demont et la vallée d'Esture; mais cette distribution, quelle qu'elle puisse être, la réduira en petits paquets et donnera le moyen au général de défensive de profiter des fautes qu'elle pourra faire et de tenter l'attaque de quelques corps particuliers, tandis que la plus grande partie de l'armée d'offensive sera occupée d'un siège considérable; et si l'armée en défensive recevait des secours suffisants, n'obligerait-elle pas celle-ci de lever son siège et d'abandonner son entreprise? Or dans ce cas que deviendrait sa grosse artillerie et ses approvisionnements? Ou si l'armée en offensive se trouvait affaiblie par les désertions, les maladies et les pertes qu'elle pourrait faire au siège, ne se trouverait-elle pas compromise vis-à-vis d'une armée en défensive qui, indépendamment de ses forces, aurait encore tous les habitants pour elle?

2° Si elle marche sur Mont-Dovi pour se rapprocher des Génois, elle laisse la facilité au général de défensive de secourir Coni et d'inquiéter les convois qu'elle serait obligée de diriger par la vallée d'Esture ou qui lui arriveraient par le col de Tende, à moins qu'elle ne laissât un corps de troupes très considérable sur ses derrières, sur lequel l'armée en défensive pourrait toujours entreprendre.

3° Si elle veut s'avancer dans la plaine pour combattre l'ennemi ou pour le faire reculer jusqu'à la rive gauche du Pô (ce qui paraît le parti le plus avantageux, puisqu'elle pourrait entreprendre sur ses derrières le siège de Coni), il faut qu'elle débouche assez tôt dans la plaine pour avoir le temps de faire toutes les dispositions relatives à ce projet, et qu'elle ait à sa suite toute l'artillerie et les munitions, tant de guerre que de bouche, dont elle pourra avoir besoin dans toutes les circonstances; car sans cette précaution le parti proposé deviendrait dangereux, puisqu'on se trouverait sans aucun point d'appui, et l'armée serait compromise si les ennemis renforcés par des secours considérables pouvaient l'attaquer.

La conquête de Coni devant terminer la campagne, il serait indispensable d'assujettir Saorgio et de faire faire dans le même temps l'expédition du Mont-Dovi dans l'objet d'ouvrir sa communication avec le comté de Nice par le col de Tende, et de soutenir par Mont-Dovi la droite des quartiers d'hiver qui s'étendront le long de la rive droite de l'Esture, ayant Demont à leur gauche, Coni au centre et Mont-Dovi à leur droite, le col de Tende pour sa communication avec le comté de Nice et la Provence, comme celui de l'Argentière pour sa communication avec la vallée de Barcelonnette, dans laquelle doit être son entrepôt de vivres, et avec Mont-Dauphin qui sera celui de ses munitions de guerre.

Après avoir détaillé les opérations de l'armée d'offensive dans la supposition que le général de défensive se soit déterminé à abandonner le col de Tende pour défendre la Roya et le débouché de la côte, il convient d'embrasser l'objet que présenterait une détermination contraire de sa part; c'est-à-dire supposer qu'il s'attache à la défense du col de Tende pour ne pas s'éloigner de Coni et de la vallée d'Esture, en abandonnant la Roya et la défense des côtes de la mer, et faire opérer l'armée d'offensive relativement à cette différente détermination.

DISPOSITION DE L'ARMÉE D'OFFENSIVE RELATIVEMENT À LA SECONDE SUPPOSITION.

Si, après l'occupation du mont de Raus par l'armée d'offensive, les troupes en défensive abandonnent la Roya pour passer le col de Tende et en défendre le débouché comme le plus essentiel par rapport au voisinage de Coni et de la vallée d'Esture, selon la seconde supposition, le général d'offensive ne trouvera aucun obstacle à faire avancer son armée sur Pigna, Triola et Rezzo, en avant de la Roya, après avoir pris la précaution de bloquer Vintimille, et son objet principal étant de se rendre maître de Pont de Nava sur le haut Tanaro, il disposera la marche d'un détachement sur ledit Pont, qui, en couvrant celle des troupes aux positions qu'on indique, leur servira d'avant-garde.

Ce détachement arrivé à Pont de Nava, s'il s'en rend maître, il retranchera la tête dudit Pont sur la rive gauche, afin d'ôter toute espérance à l'armée de défensive de l'en déposter et de donner, par cette opération, le temps au général d'offensive de préparer ses mouvements pour se porter sur Ormea et Garessio; et si on était informé que la tête dudit Pont fût retranchée sur la rive droite, il faudrait que ce détachement, pour faire l'attaque desdits retranchements, eût à sa suite les ouvriers propres à son rétablissement, et sût où prendre les bois qui lui deviendraient nécessaires, afin de mettre le moins de retard qu'il serait possible au mouvement de l'armée.

Le haut Tanaro n'est point dans le cas de pouvoir se défendre avec peu de troupes, parce qu'on en peut surprendre le passage dans plusieurs points, et la chaîne de montagnes qui le sépare des bassins de Coni et de Mont-Dovi n'offrant que des sentiers extrêmement difficiles, le général de défensive ne pourrait y faire marcher des troupes qu'en leur faisant faire le grand tour par Boves, Peveragno, Frabosa, Bagnasco, Garessio et Ormea, en cinq ou six jours de marche, tandis que les troupes d'offensive pourraient y arriver en deux ou trois marches au plus. D'ailleurs peut-on penser que le général de défensive, après avoir pris la détermination de fixer la défense au col de Tende et sur le débouché de la vallée d'Esture, en abandonne le projet pour se porter en force sur le haut Tanaro, ni qu'il partage sa défense entre le haut Tanaro, le col de Tende et la vallée d'Esture, pour se trouver faible partout et avoir ses troupes du haut Tanaro séparées de celles des environs de Coni par une étendue de plusieurs marches; et si cette disposition de sa part ne paraît pas raisonnable, il faudra donc convenir qu'il sera obligé d'abandonner la défense des environs de Coni et de la vallée d'Esture ou celle du haut Tanaro.

INCONVÉNIENT DE LA POSITION DE L'ARMÉE DE DÉFENSIVE DANS LES DEUX CAS.

Si le général de défensive s'affaiblit trop sur les débouchés de Tende et dans la vallée d'Esture pour marcher à la défense du haut Tanaro, le général d'offensive fera ses dispositions pour en profiter au moment qu'il saura l'armée de défensive arrivée sur le haut Tanaro, d'où elle ne pourra plus renforcer ni le col de Tende ni la vallée d'Esture; et cette disposition de la part du général d'offensive sera d'autant plus facile à combiner, que son armée, se trouvant à Pigna, Triola et Rezzo, sera dans un centre également à portée d'arriver au col de Tende, par la Briga, en deux marches, ou sur le haut Tanaro en une marche forcée.

Si au contraire le général de défensive abandonne la défense du haut Tanaro pour soutenir celle du col de Tende et de la vallée d'Esture, rien n'empêche l'armée d'offensive de passer le Tanaro à Pont de Nava et de marcher par la rive gauche de cette rivière sur Ormea, Garessio et Bagnasco.

Dans le premier cas l'objet du général en offensive se trouverait donc encore rempli, puisqu'il pourrait forcer le passage du col de Tende et exécuter le projet détaillé dans l'article qui a précédé ; et dans le second cas, en rassemblant ses forces sur Bagnasco, il aurait la liberté de s'avancer sur Coni par le bas septentrional des montagnes qui séparent le haut Tanaro de la plaine de Piémont, et pourrait marcher par Boves sur Borgo et sur Vaudier et remplir l'objet de l'article dont on a parlé ; car on ne doit pas supposer que le général en défensive, qui lui serait très inférieur en nombre de troupes, voulût le combattre dans cette marche. Ainsi de quelque façon que ce dernier disposât ses mouvements, il n'empêcherait pas le général d'offensive d'arriver aux environs de Coni et Demont par le col de Tende ou par le côté du Mont-Dovi, et d'ouvrir sa communication par la vallée d'Esture pour se servir des troupes de Barcelonnette et pour y faire avancer son artillerie.

OBJECTIONS QU'ON PEUT FORMER CONTRE LE PROJET DE PASSER LA ROYA POUR S'AVANCER SUR LE HAUT TANARO, DANS LE CAS OÙ LE GÉNÉRAL DE DÉFENSIVE ABANDONNERAIT TOUTE LA PARTIE MÉRIDIONALE DES ALPES MARITIMES, ET RÉPONSES À CES OBJECTIONS.

1° Qu'il faudra s'ouvrir des marches pour arriver sur Pigna et sur Triola, entre Vintimille et Saorgio et entre Saorgio et le col de Tende ; que ces deux places mettront obstacle aux communications, et qu'il sera difficile de faire subsister l'armée en avant de la Roya ;

2° Qu'il sera impossible d'avoir du canon à la suite de l'armée, et qu'il est imprudent de se porter si en avant dans un pays ennemi sans cette ressource et sans l'assurance d'y avoir tout ce qui peut lui devenir nécessaire ;

3° Que toutes les opérations combinées tant dans le comté de Nice que sur le haut Tanaro exigeront un temps considérable, et qu'on perdra par là les moyens d'entreprendre les sièges de Demont et de Coni, parce qu'il paraît constant que si on ne les commence pas dans le mois de juillet au plus tard, on ne peut espérer d'avoir le temps de les conquérir avant la fin de septembre, qui est l'époque du commencement des nouvelles neiges et celle à laquelle on doit fixer la retraite des troupes, lorsqu'on n'a pu s'assurer de quelque bon point d'appui qui permette l'établissement des quartiers d'hiver dans la plaine ;

4° Qu'il peut, dans l'intervalle, arriver des secours à l'armée de défensive qui la rendront égale à celle d'offensive, et que celle-ci peut s'affaiblir par les maladies, par les désertions, et trouverait encore l'inconvénient d'avoir tous les habitants contre elle ;

5° Enfin que si le succès ne répondait pas aux espérances qu'aurait pu concevoir le général d'offensive, la retraite de ses troupes deviendrait d'autant plus difficile que l'armée en défensive pourrait se porter avantageusement sur quelque point de la direction des chemins que l'armée d'offensive ne pourrait éviter de suivre pour se retirer.

RÉPONSES.

Pour répondre à la première objection, on se contentera de dire que Vintimille et Saorgio peuvent être bloqués par très peu de troupes, et que les mêmes postes qui soutiendraient le blocus assureraient les communications de l'armée; car un poste sur Castel d'Apio empêcherait la garnison de Vintimille de s'avancer du côté du vallon de la Latte ou du côté de la Bevera, comme deux postes, dont un au mont de Jove et l'autre au pont de Roya sous Saorgio, empêcheraient la garnison de Saorgio de faire des courses, et rien n'empêcherait les troupes de l'armée d'offensive de marcher, même avec leurs bagages et leurs vivres, soit par la direction du chemin du vallon de la Latte et de la chapelle Saint-Antoine sur l'Olivette et Sospel, soit par les bords de la mer ou les directions de Pigna et de Triola.

Les difficultés de la seconde objection seront résolues si on arrange un brancard entre deux bons mulets, tel que les volontaires royaux l'ont pratiqué au passage du Var en 1747, au moyen duquel ils portèrent sur les hauteurs à la droite de Montalban des pièces de quatre à la suédoise et des mortiers à grenades royales, et si l'armée a le nombre de mulets et de bêtes de charge nécessaire, tant pour le transport des vivres que pour celui des munitions de guerre.

A l'égard de la troisième objection, en calculant le temps des opérations indiquées, on arriverait avant le 15 de juin sur le haut Tanaro, et on se serait ouvert la communication par la vallée d'Esture pour le plus tard à la fin du même mois; mais comme toute l'étendue des penchants méridionaux des Alpes maritimes, depuis l'entrée du comté de Nice jusqu'au haut Tanaro, se trouve dégarnie de neiges au mois de mars, rien n'empêcherait de commencer les opérations dans le mois d'avril pour se donner six semaines de plus.

La quatrième objection serait fondée si, avant de se mettre en campagne, on n'avait pas calculé non seulement les forces de son ennemi, mais encore le temps auquel il pourrait recevoir des secours de la part de telle et telle puissance, et si on n'avait pas pourvu aux moyens de recruter l'armée d'offensive ou de lui envoyer aussi des secours suffisants; et quant aux habitants, on a indiqué, dans le chapitre des communications, les moyens de se précautionner contre leurs entreprises.

Quant à la cinquième et dernière objection, on peut présumer que l'armée d'offensive fera garder par des détachements particuliers les postes qui pourront favoriser son retour, et qu'elle prendra la précaution de les faire retrancher pour les mettre à l'abri des insultes, et enfin qu'elle destinera un corps particulier au soutien de sa communication, qui s'occupera principalement de défendre les débouchés par lesquels l'ennemi pourrait s'avancer sur les derrières de l'armée : d'ailleurs l'armée de défensive ne pourrait pas se trouver sur le haut Tanaro et avoir le temps de revenir par le col de Tende pour s'opposer à la retraite des troupes de l'armée d'offensive. Ainsi, dans tous les cas, cette dernière ne pourrait pas être compromise, et la plus grande difficulté qu'elle aurait à surmonter serait celle des subsistances, si elle ne pouvait pas profiter de la mer, qu'elle ne pût tirer aucune ressource du pays de Gênes, ou qu'elle n'eût pas à sa suite toutes les farines nécessaires pour tout le temps de se² opérations en avant, et même plus, en supposant les obstacles les plus considérables et le temps pour les vaincre un peu plus long.

AVANTAGES DES POSITIONS DE L'ARMÉE D'OFFENSIVE ET INCONVÉNIENT DE CELLE DE L'ARMÉE DE DÉFENSIVE DANS LES DEUX SUPPOSITIONS.

Quoique les troupes du Dauphiné paraissent hors-d'œuvre dans les positions de l'armée d'offensive, on a vu qu'elles concouraient parfaitement au succès des opérations de la campagne, et que le reste de l'armée d'offensive rassemblée par son premier mouvement dans le comté de Nice s'y trouvait, par ses premières positions, en état d'entreprendre sur le mont de Raus, qui répond au col de Tende, de marcher par la vallée de Saint-Étienne sur le derrière des Barricades dans la vallée d'Esture, ou sur la Roya, d'où sur le haut Tanaro en peu de marches; que, quelques dispositions que pût faire le général de défensive s'il était contraint de se réduire à la défense d'un seul de ces trois débouchés, dans quelque position qu'il pût se mettre, il n'empêcherait pas le succès des opérations de l'armée d'offensive, puisqu'en se portant en force sur la vallée d'Esture il abandonnerait le col de Tende et le haut Tanaro; qu'en se tenant en force au col de Tende et aux environs de Coni, on le primerait sur le haut Tanaro, et qu'en occupant l'espace il serait faible partout. On peut donc conclure que, de quelque façon que l'on dispose une défensive dans les montagnes, l'armée d'offensive percera, et que la puissance qui se trouve inférieure ne doit jamais chercher que les moyens de faire perdre du temps; ce qui dépendra de la capacité du général qu'elle

23

emploiera pour en remplir l'objet, et deviendra souvent infructueux vis-à-vis d'un
général d'offensive qui, connaissant bien la construction du pays et tous les débouchés, aura préparé d'avance tous les projets des opérations qu'il aura à faire
ou les manœuvres qui pourraient faire évanouir les obstacles qu'on voudrait lui
faire trouver; d'où il suit qu'il n'y a aucune difficulté qu'on ne puisse vaincre à
la guerre quand on est supérieur, puisque, dans les pays de montagnes, qui
sont les plus propres aux positions de défensive, il n'est pas possible d'empêcher
une armée supérieure de percer par quelqu'un de ses débouchés; ce qui autorise
encore le principe d'une défensive active par préférence à la défensive simple.

Dans le cas auquel l'armée d'offensive pourra déboucher par le col de Tende,
comme elle n'y aura pas besoin de sa cavalerie, le général pourra la faire marcher par divisions sur la vallée de Barcelonnette, d'où elle déboucherait par la
vallée d'Esture; mais si l'armée d'offensive était forcée de se porter sur le haut
Tanaro, il faudrait faire rassembler la cavalerie sous Nice et la faire marcher par
Menton, le vallon de la Latte, Saint-Antoine-sur-Bevera et Dolceacqua, d'où sur
Pigna et le haut Tanaro; car l'infanterie ne pourrait déboucher de Garessio sur
Bagnasco, et de là sur le Mont-Dovi qu'avec son secours, à cause de celle que le
roi de Sardaigne pourrait avoir entre Ceva et Ceni, et avoir l'attention de préparer sa subsistance dans ce passage jusqu'à Bagnasco, d'où elle trouverait dans la
plaine tout ce qui lui serait nécessaire.

A l'égard de la subsistance de l'armée d'offensive, le tableau des magasins des
vivres fera connaître les moyens d'y pourvoir, et les troupes se trouvant fournies
de pain pour quatre jours, le 26 mai, se trouveraient payées jusqu'au 30, jour
auquel on pourrait leur en faire délivrer pour quatre jours dans l'endroit où elles
se trouveraient, par le moyen d'un convoi particulier, indépendamment du nombre
de mulets chargés de biscuits qu'il faudrait mettre encore à sa suite pour des
cas imprévus. Ces huit jours de pain avec la ressource des biscuits seraient plus
que suffisants pour la faire arriver à Vinay et Aison dans la vallée d'Esture, si
elle débouchait par le col de Tende, et on la ferait ensuite fournir par des convois
partis de Barcelonnette avec les troupes du camp de Tournoux, dans lesdits endroits, jusqu'à l'établissement qu'on y pourrait faire d'une manutention suffisante.

Si au contraire elle était obligée de déboucher par le haut Tanaro, il faudrait
à sa suite des mulets chargés de pain, de biscuit et de quelques farines, afin d'assurer la subsistance pour un mois. Il ne sera pas difficile d'en évaluer le nombre
par le calcul compris dans l'article des subsistances.

EXEMPLE I.

PASSAGE DU PÒ. — 1746.

Après la bataille de Plaisance, l'armée combinée resta douze jours dans sa position autour de cette place et dans l'intervalle de Saint-Antoine à la Trébie, et les Autrichiens dans la leur, sans qu'il y eût aucune action de part ni d'autre; on poussa des détachements dans le Lodesan et on fit occuper Lodi; le 27, à l'entrée de la nuit, l'armée de France passa le Pò sur les ponts de Plaisance et se rendit le 28 au matin à l'Hospitalette (*Ospedaletto*), d'où elle détacha deux brigades d'infanterie et un régiment de dragons avec les volontaires de Gantés pour faire occuper Chignolo, Cortelone (*Corte-Olona*), San-Zenone et Belgiojoso; la même nuit on fit monter soixante-dix bateaux le long du Pò jusqu'à l'embouchure du Lambro. Le 29, l'armée s'avança à Chignolo, le détachement de M. de Mirepoix, composé d'une brigade d'infanterie et de cinq cents chevaux, s'avança à San-Pietro près de Pavie, celui de M. de Larnage resta à Cortelone et celui de M. de Chevert à San-Zenone, d'où l'on reconnut les bords du Pò jusqu'à la hauteur de Santa-Margherita et San-Giacomo au-dessus de Pizzasolo, où l'on eut dessein de jeter un pont.

Le 30, l'armée s'avança jusqu'à Cortelone; le même jour, M. le Maréchal fut à Belgiojoso où il se tint un conseil de guerre qui décida qu'on ne jetterait point de pont sur le Pò et qu'on ferait l'expédition de Pavie, et en conséquence M. de Mirepoix, qui en fut chargé avec sa réserve, fit occuper le couvent de Santa-Teresa près de la porte de Crémone, et on décida l'attaque le 1ᵉʳ juillet au matin par deux batteries disposées de façon que les faces des bastions, les courtines et partie des flancs du front qui répond à la porte de Crémone eussent été battus et nous eussent mis en état de monter à l'assaut dans dix heures. Le même jour, M. de Mirepoix reçut ordre de tout suspendre; l'Infant écrivit à M. le Maréchal de se rapprocher de lui, sur ce qu'il apprit que les ennemis augmentaient de nombre sur l'Adda, en sorte que le 2 juillet l'armée retourna à l'Hospitalette, M. de Mirepoix à Cortelone, et les autres détachements joignirent l'armée le 3. M. de Mirepoix vint à Orio sur le Lambro, et les bateaux qui avaient monté le 28 au soir jusqu'à Colonna redescendirent au confluent du Lambro, couvert par une île, et essuyèrent plusieurs décharges de mousqueterie et de canon. (Planche n° 20.)

Le 6, l'armée de France marcha à Casal-Pistolin (*Casal-Pusterlengo*) où M. le Maréchal prit son quartier, et celle d'Espagne marcha à Codogno où l'Infant prit le sien. M. de Mirepoix avec une brigade d'infanterie à Orio et M. de Mauri avec le régiment de Quercy et un régiment de cavalerie gardèrent position sur le Lambro; on fortifia le détachement de M. de Crussol à Lodi et les Espagnols firent garder Castillon (*Castiglione*), Cavacurta, Maleo et tout le cours de l'Adda jusqu'au Pò, ainsi que la partie du Pò qui est entre le confluent de l'Adda et le pont de Plaisance.

Le 15 juillet, le roi de Sardaigne passa sur la rive gauche du Pò et vint camper entre Santa-Cristina et Bissone, sur un petit rideau, sans trouver d'opposition de notre part.

Depuis que l'armée du roi de Sardaigne renforcée de seize bataillons et de vingt escadrons autrichiens eut passé sur la rive gauche du Pô entre Parpanese et Porto Morene, on ne s'occupa que des moyens de soutenir le bas Lambro et la hauteur de San-Colombano, en s'efforçant de remplir en même temps deux objets : le premier de se soutenir dans la position de la gauche du Lambro, qu'on n'aurait jamais pu conserver si l'ennemi eût été maître des hauteurs qui dominent la rive droite, et pour couvrir la ville de Lodi, d'où on tirait des subsistances; le second pour obliger l'ennemi à s'éloigner du Pô, s'il eût voulu entreprendre sur cette place, afin de profiter de son éloignement pour tenter le passage de ce fleuve; ce second objet réussit. Le roi de Sardaigne, dont le projet était de s'avancer sur Lodi, prévoyant qu'il lui en coûterait cher s'il attaquait les postes de Chignolo et de Notre-Dame del Monte, aima mieux tourner la montagne par Inverno et par Vilante (*Villanterio*), pour se porter sur San-Angelo; ce mouvement l'éloignant du Pô, il fit rompre son pont de Parpanese dont il ne put soutenir la tête; d'autre part, les Autrichiens, occupés par six mille hommes qu'on laissa dans Plaisance et qu'on eût été maître de renforcer autant qu'on eût voulu par le moyen de trois ponts établis sur le Pô vis-à-vis de cette place, n'ayant pas osé quitter leur position entre le Refiudo et la Trébie, ne laissèrent dans l'intervalle de la Trébie au pont de Parpanese que deux ou trois mille hommes, et c'est cette mauvaise disposition de leur part qui fit naître l'idée de profiter des bateaux qu'on avait en entrepôt dans le confluent du Lambro, et dont on eut soin de cacher les manœuvres, pour jeter les ponts.

La reconnaissance du cours du Tidon détermina l'entreprise hardie et presque téméraire du passage du Pô entre deux armées ennemies, savoir : celle du roi de Sardaigne qui était à San-Angelo et celle de M. de Botta ou des Autrichiens qui gardait la rive droite de ce fleuve, car on savait que cette petite rivière coulait parallèlement au Pô dans un espace de douze à quinze cents toises, que les bords étaient couverts de marais impraticables depuis le village de Veratto jusqu'à son confluent et qu'il n'y avait qu'un seul passage dans cet intervalle par lequel on pût communiquer dans l'intérieur du petit espace qui la séparait du Pô, au moyen de quoi il fut facile de conclure que l'armée de M. de Botta ne pourrait pas y porter des secours considérables et qu'il suffirait de masquer ce débouché pour assurer la position des troupes, si on se déterminait de passer le Pô vis-à-vis le milieu de cet espace.

Ce projet contrarié plusieurs fois, enfin adopté le 7, on combina la retraite et les marches des différents corps qui étaient à Lodi le long de l'Adda, sur la rive gauche du Lambro et en avant de cette rivière aux postes de San-Colombano, N.-D. del Monte, Chignolo et Alberone, par l'arrangement convenu du 5, de cette façon : 1° en faisant replier sur Lodi les postes de Marignano (*Melegnano*) et Lodi-Vecchio et tous les postes rassemblés par Sècugnago et Zorlesco sur Casal-Pistolin et sur il Botto;

2° Les corps de Vidardo et de Vigarolo sur Livraga et Borghetto, d'où sur Orio et Bottarone;

3° Celui de Maleo et de San-Fiorano sur Codogno, d'où par Casal-Pistolin sur l'Hospitalette;

4° Le corps de Guarda Miglio et de Plaisance sur Mezzana et la Mianosa, d'où à Botto et au pont, et les corps de Chignolo et de San-Colombano sur Castellazzo.

Le corps de Lodi étant replié sur Zorlesco, celui de Vigarolo sur Borghetto, celui de Maleo marcha par Codogno, la Miraudole, Somaglia sur il Botto; la marche de celui de Zorlesco se fit par l'Hospitalette et celle du corps de Borghetto par Cardinassi (*Ca-dei-Mazzi*) et la Planta sur

Orio, dans le même temps que l'armée d'Espagne, dont ils firent l'arrière-garde, déboucha à 9 heures du soir par Senna sur il Botto dans cette disposition :

1° Les corps de la Madona del Monte, de San-Colombano et de Chignolo marchèrent à l'entrée de la nuit et se portèrent, savoir : celui de Chignolo sur le pont de Castellazzo et celui de San-Colombano sur Mariotti; ils firent l'arrière-garde de l'armée de France qui déboucha à 9 heures par Corte-San-Andrea sur Bottarone;

2° En faisant avancer sur Alberone le corps qu'on destinait à former la tête du pont, d'où il se porta par Monticelli sur Bottarone, s'y disposa et s'y embarqua pour descendre sur la rive droite du Pô, à la tête de la droite du pont;

3° En faisant avancer de Bottarone di Sotto un second corps, mais moins considérable, pour le passer entre le confluent du Tidon et la tête du pont, qui observa la rive gauche de ce torrent et rompit le pont que les ennemis avaient sur le Tidon;

4° En disposant, immédiatement après la construction du pont, la marche de l'armée, celle des équipages d'artillerie et des vivres sur il Botto, Bottarone di Sotto et Corte-San-Andrea;

5° En gardant en force les points de San-Andrea et du Botto ainsi que les chemins de Senna, Ospedaletto et Orio qui débouchaient sur le Pô, jusqu'à ce que l'armée eût passé, pour éviter les entreprises de l'armée du roi de Sardaigne sur l'arrière-garde de l'armée combinée;

6° En dirigeant la marche des corps qui avaient formé la tête du pont sur Castel-Saint-Jean (*Castel-San-Giovanni*) avec quelques pièces de canon;

7° En disposant l'armée en bataille, après le passage, le long du Tidon, jusqu'à la Strada Romana; en dirigeant la marche des équipages entre le Pô et l'armée sur Castel-Saint-Jean;

8° En faisant des coupures sur tous les chemins qui auraient pu servir au débouché des ennemis sur l'armée; et on disposa les soixante-huit bateaux pontonnés de deux en deux sur deux rangs le long du Lambro, à la faveur d'une île, pour passer cinq mille hommes sur la rive droite du Pô, au-dessous du confluent du Tidon, dont deux mille aux ordres de M. de Monteynard, brigadier, par le rang de la droite, et trois mille à ceux de M. de la Chétardie, maréchal de camp, par celui de la gauche; l'embarquement desdites troupes commença le 8, à 7 heures du soir, et n'ayant pu être fini que le 9, à 1 heure du matin, on ne put déboucher qu'à cette heure-là; les premiers bateaux arrivèrent sur la rive droite du fleuve sans que les ennemis y eussent apporté le moindre obstacle; et comme on débarqua sur une presqu'île de gravier et qu'il y eut quelque difficulté de faire sortir les chevaux de quelques cavaliers qu'on avait mis dans chaque bateau, que pendant la manœuvre qu'il fallut faire pour sortir lesdits chevaux les ennemis ne tirèrent pas un coup de fusil, on craignait qu'ils ne se rassemblassent pour marcher en force sur les troupes qui avaient passé, dont le nombre encore très petit n'aurait pas fait une défense vigoureuse; mais on en fut désabusé lorsque les grenadiers, qui étaient descendus les premiers, s'avancèrent sur la presqu'île, car dans cet instant les ennemis tirèrent plusieurs coups de fusil, et les grenadiers s'étant avancés sur la direction du feu eurent bientôt fait fuir le peu de troupes que les ennemis avaient entre le bas Tidon et le Pô.

Les bateaux se succédèrent dans un ordre admirable, et les troupes destinées à défendre la tête du pont étant toutes arrivées sur la presqu'île, M. de Monteynard marcha du côté de

Parpanese et fit brûler les bateaux qui avaient servi au pont du roi de Sardaigne, et que ce souverain avait fait replier mal à propos sur la rive droite du Pô.

Les volontaires de Gantés marchèrent sur la gauche du pont que les ennemis avaient sur le Tidon près de son confluent et le brûlèrent; M. de la Chétardie borda cette petite rivière dont le cours étant parallèle au Pô sur l'étendue d'un mille favorisa l'entreprise; après l'expédition de Parpanese, M. de Monteynard remonta le Tidon; on occupa le village de Veratto; on détermina la construction des ponts sur la presqu'île, parce qu'elle resserrait beaucoup le Pô, faisait trouver moins de largeur et donnait le moyen d'établir trois ponts avec les soixante-huit bateaux; le premier des ponts fut fini à 7 heures du matin, on y fit passer de la cavalerie; le second et le troisième furent finis deux heures après et donnèrent trois débouchés au moyen desquels l'armée combinée passa ainsi que l'artillerie et les équipages; le même jour et à 10 heures du soir tout eut passé.

L'armée se tint en bataille depuis la hauteur de Veratto jusqu'à celle des ponts, à la réserve de vingt bataillons et vingt escadrons aux ordres de M. de Pignatelli, qu'on avait fait avancer jusqu'à Ponte-Tidone sur la chaussée de Plaisance à Tortone (Strada Romana ou chemin Romain).

La précaution de faire avancer M. de Pignatelli fut prise pour assurer la marche de l'armée sur Castel-Saint-Jean, et si cet officier général eût exécuté les ordres et les instructions qu'il avait, il aurait appuyé sa droite à ladite chaussée et fait occuper le petit village et le château de Ponte-Tidone; mais il resta en arrière et appuya sa droite à une grosse cassine qui se trouva à une demi-lieue au-dessous de ladite Strada Romana, sans doute pour y jouir d'un meilleur logement et avoir sa troupe plus près de lui; cette négligence donna la liberté aux ennemis d'arriver, vers les 7 heures du matin, au point où l'armée devait déboucher, ce qui fit prévoir à M. de Pignatelli les embarras et les difficultés qu'on trouverait à la marche, qui l'obligèrent à faire rétrograder par le chemin que devait suivre l'armée une colonne d'équipages espagnols qui avait commencé à déboucher; au moyen de quoi M. de Senneterre, marchant à la tête de la première colonne, trouva son chemin rempli d'équipages et ne put s'avancer jusqu'au poste de M. de Pignatelli qu'en faisant défiler un par un les soldats à la gauche des équipages, ce qui arrêta de plus d'une heure et demie l'arrivée des brigades des Gardes Lorraines et d'Anjou, qui formèrent la tête de cette colonne, et mit beaucoup de désordre dans la marche; inconvénient très considérable et qui est toujours la suite de la mauvaise méthode de faire marcher pêle-mêle les équipages et les troupes et de n'observer aucun ordre dans les mouvements.

A peine la tête de la colonne de M. de Senneterre fut-elle arrivée à la position de M. de Pignatelli que les ennemis parurent; on fit marcher les brigades des Gardes Lorraines et d'Anjou jusqu'à la chaussée pour remplir une partie du vide qu'avait laissé le corps de M. de Pignatelli; le sieur Bonnet fut placer la brigade des Gardes Lorraines au château et au petit village de Ponte-Tidone, tandis que M. de Senneterre, aidé par M. de Larnage, par M. de Cornillon, major général, et par M. le chevalier de Modène, son aide, plaçait la brigade d'Anjou.

Les ennemis s'étant aperçus du vide qui restait entre ces deux brigades et le corps de M. de Pignatelli, dont la droite ne dépassa point la cassine où était logé cet officier général, passèrent le Tidon au point du renflement de la rivière; mais la brigade d'Anjou, placée fort à propos derrière une grosse haie, sur la direction de leur marche, ayant fait sa décharge à bout touchant sur la tête de leur colonne composée de grenadiers, en fit un si grand abatis qu'ils furent contraints de marcher à colonne renversée et de repasser le Tidon avec beaucoup de vitesse.

Comme ils avaient disposé deux batteries sur la rive droite du Tidon, dont l'une enfilait le chemin de Veratto et l'autre la chaussée ou Strada Romana, on en mit aussi en batterie et on en plaça six vis-à-vis le débouché le plus essentiel.

Le grand effort des ennemis, qui avaient disposé leurs batteries sur la rive droite du Tidon, fut de tourner les maisons de la chaussée que prirent les premiers postes de la brigade des Gardes Lorraines; ces postes ne purent résister, mais cette brigade y marcha en force dans le moment, les reprit et mit en fuite une seconde fois les ennemis; M. de Pignatelli, dont l'objet devait être de couvrir la marche de l'armée, ne voulut seulement pas remplir l'intervalle qui restait entre la droite et la gauche de la brigade d'Anjou, quelques représentations qu'on pût lui faire, en sorte que M. de Senneterre fut obligé de soutenir avec son peu de troupes le premier effort des ennemis.

La grande perte que firent ces deux brigades en soutenant seules les deux premières entreprises des ennemis ne leur permit pas de résister à la troisième, elles se retirèrent et furent remplacées par les Gardes Espagnoles, et celles-ci, peu de temps après, par la brigade française de la Reine et par la brigade des Gardes Wallones; ces deux dernières brigades soutenues de la cavalerie en imposèrent aux ennemis et les mirent hors d'état d'oser plus rien entreprendre.

Ces différents corps marchèrent le long de la chaussée, et la brigade de la Reine en fit l'arrière-garde en très bon ordre; le corps de M. de Castelar leur succéda sur le champ de bataille et quelques heures après, celui de M. de Camposanto, dans lequel était comprise la brigade de Poitou, vint remplacer celui de M. de Castelar; on fit charger sur des brancards et des chariots tous les blessés pendant le séjour que firent ces deux corps sur le champ de bataille, et après cette opération ils se retirèrent à Castel-Saint-Jean où ils passèrent la nuit sans être suivis et sans rencontrer aucun obstacle.

Les Autrichiens ne se présentèrent sur le Tidon que pour tâcher d'entamer l'arrière-garde de l'armée combinée et dans la confiance que cette dernière était dirigée sur Castel-Saint-Jean par le chemin qui se trouvait entre le port et la Strada Romana, où elle n'avait fait marcher que les équipages; car s'ils eussent pu imaginer que toute l'armée combinée passât par le village de Ponte-Tidone, ils eussent mieux concerté leurs dispositions pour réussir à leur objet et ne se fussent pas compromis; mais dans tous les cas on doit, en admirant la précaution qu'on prit de faire avancer le gros détachement que commandait M. de Pignatelli jusqu'à la Strada Romana, le long de la rive gauche du Tidon, blâmer très fort l'inattention de cet officier général d'avoir laissé un trop grand intervalle entre sa droite et ladite Strada, et de n'avoir pas seulement fait ouvrir une marche jusqu'au village de Ponte-Tidone, marche que M. de Senneterre fut forcé de s'ouvrir en combattant et qui eût balancé le succès de la retraite de l'armée si les ennemis eussent été plus en force, d'autant que la rivière du Tidon formant une très grande sinuosité, comme on peut le voir sur le plan, l'armée, en suivant le point ordinaire de Veratto à Castel-Saint-Jean, eût passé le Tidon au point X, pour gagner la chaussée au point Z et repasser cette rivière au point Y, au lieu que par la nouvelle marche on évitait l'inconvénient de passer et repasser le Tidon, et par conséquent celui de prêter de si près le flanc gauche aux ennemis;

quoi qu'il en soit on eut l'avantage de ne laisser aucun équipage en arrière et de faire la retraite en très bon ordre.

L'armée campa le même jour à Stradella. Le 11 au matin elle marcha sur Voghera, où elle fut jointe le 12 par l'arrière-garde et où elle séjourna le 13 et le 14, avec la précaution de faire garder les postes de Casei, de Ponte-Curone, de Corana dans la plaine, et ceux de Casteggio, Montecalvo et Volpedo dans la montagne; le 15 l'armée marcha sur trois colonnes et elle campa entre Vighisol (*Viguzzolo*) et Tortone, où les équipages l'avaient précédée le 14 au soir; la colonne de la droite passa par Casei, Castelnuovo et la cassine de Ronco, celle du centre par Ponte-Curone et le grand chemin de Tortone, et celle de la gauche par l'abbaye de Rossano et Vighisol.

RÉFLEXIONS.

L'opération de passer un fleuve comme le Pô entre deux armées peut être regardée comme une des plus savantes de la guerre; elle fait voir combien il est essentiel de ne rien négliger sur la connaissance d'un pays, puisque le retour du Tidon près de son confluent, et les marais qui bordent cette rivière ont donné lieu à la hardiesse de cette entreprise, contre laquelle les ennemis auraient dû prendre la précaution d'assurer leur pont de communication sur le bas Tidon et de fermer par des retranchements le petit intervalle entre Veratto et le Pô.

Les officiers d'expérience verront aisément l'inconvénient dans lequel les ennemis s'étaient mis en se divisant, et le danger dans lequel le roi de Sardaigne s'était exposé, en faisant rompre son pont, de se voir attaqué et battu par une armée supérieure sans pouvoir être secouru, et la faute d'avoir laissé sur la rive droite du fleuve M. de Botta, commandant les Autrichiens, contre lequel l'armée combinée aurait marché si elle n'avait pas eu l'objet important de se retirer sans délai sur Tortone.

Cette opération démontre la nécessité de faire exécuter promptement par les officiers les instructions qu'on leur donne, puisque M. de Pignatelli, ayant négligé de se porter jusqu'à Ponte-Tidone et d'ouvrir la marche qu'on lui avait ordonnée, a exposé l'armée ou tout au moins son arrière-garde à être entamée par les ennemis.

Enfin on peut juger par les détails du passage du Pô combien les combinaisons des marches sont importantes, puisqu'une grande partie de l'armée combinée occupait des postes à douze et quinze lieues en arrière du Pô, et que la retraite a été exécutée comme on pouvait le désirer parce qu'elle avait été déterminée avec la combinaison la plus méthodique.

EXEMPLE II.

DESCRIPTION DE LA POSITION DE L'ASSIETTE.

Cette position occupe la sommité d'un rideau sur lequel on ne peut arriver par le front qu'en montant des penchants très rapides; elle a à sa droite un penchant accessible qui se prolonge jusqu'à la rive droite de la Doire dans le vallon de Chaumont, à sa gauche un autre penchant très difficile à gravir et qui se prolonge jusqu'à la rive gauche du Cluson dans la vallée de Pragelas, et sur ses derrières le fortin de Fatière, avec la redoute du col de la Fenêtre à moitié hauteur du sommet d'une montagne accessible du côté de France, inaccessible du côté du Piémont. La seule description du pays doit faire sentir la facilité que les Français auraient de se soutenir dans cette position, lorsqu'on s'en serait rendu maître, puisqu'on n'y a rien à craindre des plus grandes hauteurs qui se trouvent au delà du col de la Fenêtre, que les Piémontais ne peuvent y arriver que par Fenestrelles et par Suse en montant les penchants rapides de la montagne sur laquelle elle se trouve, que d'ailleurs elle commande le débouché de Suse et de Chaumont sur Exilles, ainsi que celui de Fenestrelles sur le col de Sestrières, très praticable. Mais, puisque cette position se trouve telle qu'on puisse facilement investir Exilles et en entreprendre le siège en l'occupant, il semble que le roi de Sardaigne aurait dû employer tous les moyens possibles pour qu'elle ne pût jamais être prise par ses ennemis, et qu'en même temps la puissance qui voudrait assujettir Exilles ne devrait jamais entreprendre sur cette place qu'après l'occupation de ce poste; quant aux moyens que le roi de Sardaigne pourrait employer pour se le conserver, ils ne peuvent consister qu'en quelques retranchements, et à moins qu'il n'eût beaucoup de troupes à y établir pour leur défense, il ne pourrait pas se permettre d'y résister à l'effort d'une armée supérieure, parce que l'étendue de son front est considérable, et que d'ailleurs cette position n'est, à beaucoup près, pas si bonne contre les troupes qui viendraient de Côte-Plane que contre celles qui viendraient de Fenestrelles et de Suse; parce que les premières pourraient marcher par le sommet ou par les penchants en plusieurs colonnes, au lieu que les secondes seraient forcées de déboucher par des défilés sur lesquels on pourrait les arrêter, ou de monter des penchants fort étendus et fort rapides, ainsi qu'on se propose de le faire voir dans la discussion des opérations à faire pour se l'assurer lorsqu'on veut entreprendre sur le roi de Sardaigne. (Planche n° 21.)

Pour entrer dans la discussion des opérations relatives à la position de l'Assiette d'Arguel, on peut faire ces deux suppositions : 1° que l'armée d'offensive sera rassemblée aux environs de Briançon; 2° qu'elle sera occupée de quelque entreprise sur une autre partie des frontières du Piémont, telle que la vallée d'Esture, ou dans le comté de Nice, et qu'elle ne pourra agir du côté de l'Assiette que par une diversion.

Si l'armée d'offensive est rassemblée dans le Briançonnais, elle pourra déboucher par les cols du Bourget, du Mont-Genèvre et de l'Échelle, dans l'objet d'aller occuper avec les troupes du Mont-Genèvre et du Bourget la position de Saint-Sicaire et de Champlas et successivement celle de Côte-Plane, et avec celles du col de l'Échelle les positions de Deveis et de Saint-Colomban, sans que les troupes du roi de Sardaigne, qu'on suppose inférieures, puissent s'opposer aux progrès de cette marche; et dans ce cas, comment décider la position des troupes du roi de Sardaigne, et pourraient-elles occuper le penchant des montagnes sur les deux rives de la Doire et du Cluson, pour se trouver à cheval sur les deux vallées ayant pour centre commun l'Assiette? Ce serait les étendre beaucoup trop et les rendre faibles partout. Se contenteront-elles d'occuper la position de l'Assiette et de défendre les deux penchants dont l'un tombe sur la rive droite de la Doire et l'autre sur la rive gauche du Cluson? Ce serait encore leur faire embrasser un trop grand espace. Elles seront donc obligées de se mettre en force sur les points les plus rapprochés de l'Assiette, d'où elles pourraient bien défendre les penchants qui tombent sur Exilles, parce qu'on ne pourrait pas passer entre leur position et cette place, mais d'où elles ne pourront défendre ni le bas de la vallée de Pragelas ni le penchant de la montagne qui borde la rive gauche de la Doire du côté de Saint-Colomban; et dans cette supposition, quelles doivent être les opérations d'une armée d'offensive ?

Elle doit appuyer la droite de sa position au Duc et à Côte-Plane, son centre aux Jouvenceaux et sa gauche à Saint-Colomban, d'où ses troupes s'avanceront petit à petit par le penchant hors de la portée du canon d'Exilles jusqu'à la Touille; et si cette armée s'assure du passage de la Doire entre Chaumont et Suse, où les bords de cette rivière sont moins escarpés, ne pourra-t-elle pas, en dérobant une marche, s'y trouver en force et arriver jusqu'au plateau de Jaillon, auquel cas les troupes de l'Assiette d'Arguel se trouveraient compromises si elles ne se retiraient pas bien vite par Balboutet sur Fenestrelles; car on n'imaginera pas qu'elles voulussent défendre le passage de la Doire en s'établissant sur la rive droite de cette rivière, parce qu'un corps de réserve de l'armée d'offensive qui viendrait par les hauteurs de l'Assiette, qu'elles auraient abandonnées, les mettrait entre deux feux; et on ne pensera pas non plus qu'elles voulussent prendre la double détermination de défendre en même temps l'Assiette et cette rive droite, vu l'état d'infériorité dans lequel elles se trouveraient; ainsi on peut croire qu'elles abandonneraient la position de l'Assiette en laissant seulement quelques troupes pour la défense des fortins ou redoutes qui environneraient le fort de la Fenêtre, dont la prise coûterait peu à l'armée d'offensive, et qu'elles se rassembleraient ou sous la place de Suse et la Brunette, ou sous celle de Fenestrelles.

Si l'armée de défensive est occupée de quelque autre entreprise dans la vallée d'Esture ou dans le comté de Nice et qu'elle n'opère du côté d'Exilles que par diversion, comme il est arrivé en 1744, pour lors les troupes du roi de Sardaigne se trouvant aux environs de Coni ou dans le comté, il sera facile de les primer à la position de l'Assiette, en combinant exactement la marche de quelques corps qui s'en trouveraient les plus rapprochés; ou, si on ne pouvait pas arriver sur cette position avant les premiers bataillons que le roi de Sardaigne y aurait fait marcher, il resterait au moins la ressource de pouvoir faire des dispositions pour retarder l'arrivée des nouvelles troupes et pour attaquer et forcer les premières avant que les secondes ou troisièmes eussent pu les renforcer.

Supposons pour le premier cas qu'on puisse, par quelque diversion bien combinée, surprendre la position de l'Assiette, il deviendra facile à l'officier général qui s'y trouvera posté de reconnaître que les Piémontais ne peuvent marcher à lui que par Fenestrelles, car leur armée se trouvant aux environs de Coni, le débouché le plus rapproché sera celui de la vallée de Pragelas, et il n'y aurait aucune raison d'imaginer qu'ils voulussent perdre plus de quatre jours en faisant le tour par Rivoli pour y arriver du côté de Suse. L'officier général de l'armée d'offensive prendrait la précaution de faire avancer des postes aux Chalmasses et aux Routes, qui sont les seuls chemins par lesquels les troupes du roi de Sardaigne pourraient s'y avancer et qui forment des défilés si avantageux à défendre que cinq ou six hommes, sur chaque direction, s'y trouveraient en état d'arrêter dix mille hommes; il ne resterait donc aux Piémontais que la ressource de retourner en arrière pour faire le grand tour, ou celle de passer par le col d'Ourcière qui a été établi pour la communication de la place de Fenestrelles à celle de Suse, au moyen de quoi le commandant des troupes postées à l'Assiette n'aurait à se garantir que du débouché du côté de Suse, sur lequel il pourrait préparer des obstacles; mais comme on ne peut pas supposer que cette diversion pût s'entreprendre avec un corps de troupes trop inférieur, on ne doit pas croire non plus que le roi de Sardaigne voulût trop se dégarnir à sa position vis-à-vis de l'armée; ainsi on pourra soutenir cette position ou s'assurer tous les moyens d'assujettir Exilles, si cette conquête devient avantageuse aux opérations ultérieures de l'armée combinée, et on peut ajouter ici que si, contre la supposition, le roi de Sardaigne se portait en force du côté de cette diversion, il en résulterait toujours l'avantage pour l'armée d'offensive d'avoir moins d'obstacles à surmonter sur la vallée d'Esture et dans le comté de Nice, et que cette diversion ne peut produire qu'un très bon effet dans toutes les circonstances.

En supposant pour le second cas que les premières troupes du roi de Sardaigne fussent arrivées sur la position de l'Assiette avant les troupes d'offensive destinées à la diversion et que cette position fût retranchée comme elle l'était en 1747, et occupée par quelques troupes, dans ces deux cas on pourrait faire avancer les troupes destinées à attaquer jusqu'à Côte-Plane, d'où on découvre tout le front de la position de l'Assiette, et d'où il serait facile de voir si, par une disposition d'attaque en plusieurs colonnes, on pourrait se promettre de forcer les troupes qui la défendraient à abandonner la position. Si cette opération pouvait être équivoque, on prendrait le parti de laisser à Côte-Plane un corps de troupes équivalant à celui des ennemis et de faire marcher le reste des troupes destinées à la diversion, partie sur la gauche par Saint-Colomban et partie par le bas de la vallée de Pragelas sur les Chalmasses, ce qui en imposerait aux Piémontais de façon qu'il deviendrait imprudent de leur part de soutenir la défense de l'Assiette, puisque les troupes du côté de Saint-Colomban rempliraient en diminutif l'objet dont on a parlé, et que celles des Chalmasses, en empêchant qu'aucune munition de guerre ou de bouche sortît de Fenestrelles pour le secours des troupes de l'Assiette, pourraient encore tenter l'attaque de la redoute du col de la Fenêtre et de la hauteur de Fatière, dont le succès ne laisserait plus aucune ressource aux Piémontais pour le soutien de l'Assiette et rendrait leur retraite plus difficile; il eût donc été à désirer qu'on eût suivi en 1747 ce qui vient d'être dit.

Il résulte de cet exemple :

1° Que faute de confiance sur la connaissance qu'on avait donnée du pays, on n'a pas profité de l'avantage qu'il y aurait eu d'occuper les positions des Chalmasses au-dessous du col de la Fenêtre, au moyen desquelles celle de l'Assiette se trouvait tournée, indépendamment de l'avantage qu'elles procuraient en mettant un obstacle à la marche des secours que l'ennemi aurait pu tirer de Fenestrelles (Annexe 4);

2° Qu'il est toujours nécessaire de cacher la direction de l'attaque aux ennemis et les points sur lesquels on veut entreprendre, et qu'il faut qu'on ne puisse voir la direction de l'attaque qu'au moment même où elle commence;

3° Qu'on s'est écarté du principe de ne jamais attaquer de front une position dans les montagnes lorsqu'on la peut tourner ou qu'on peut faire des diversions qui obligent l'ennemi à l'abandonner;

Enfin que cette diversion a néanmoins été avantageuse : 1° parce qu'on parvint à faire lever le siège de Gênes; 2° parce qu'elle occupa les troupes du roi de Sardaigne, et en dégagea non seulement Gênes mais encore le comté de Nice, que l'armée combinée occupait. Ces avantages ne pouvaient toutefois pas dédommager de la perte qu'on fit à l'attaque de l'Assiette.

AFFAIRE DE L'ASSIETTE. — 1747.

Au mois de juin de la campagne 1747, M. le marquis de la Mina, général espagnol, voulait soixante-dix à quatre-vingts bataillons pour marcher le long de la côte et trente bataillons seulement pour la diversion du Dauphiné; M. le maréchal de Belle-Isle, général français, voulait réduire le corps destiné à marcher par la côte à soixante bataillons et en porter cinquante en Dauphiné pour deux objets : l'un concernant le siège d'Exilles qu'il se proposait de faire avec vingt-cinq ou trente bataillons, l'autre pour faire entrer toute la cavalerie en Piémont, soutenue de vingt ou vingt-cinq bataillons.

Le général espagnol soutenait qu'il n'y avait de moyen sûr que par la côte pour secourir Gênes et entrer en Italie; mais il convenait qu'il fallait faire le siège de Final, pour lequel on n'avait ni artillerie ni munitions; le général français, au contraire, prétendait que le seul moyen de délivrer Gênes était de faire la guerre au roi de Sardaigne, pour obliger cette puissance à appeler toutes ses troupes à la défense de son propre pays et à demander des secours à ses alliés les Autrichiens. Enfin, dans cette différence d'opinions, on écrivit aux cours respectives, et pendant que les courriers marchaient à Paris et à Versailles pour la décision, M. le maréchal de Belle-Isle proposa à M. de la Mina de faire avancer en deux divisions vingt bataillons français en Dauphiné pour augmenter les trente qui y étaient déjà et favoriser la diversion qu'il avait en vue; à quoi le général espagnol consentit avec d'autant plus de facilité qu'il trouvait un double avantage dans cette détermination : le premier, de se dégager des suites de son projet de marche par la côte, dont il reconnaissait non seulement la difficulté mais encore le danger, et qu'il n'avait proposé que par des raisons tendant à ne rien entreprendre pour ne pas exposer les troupes d'Espagne.

D'après le consentement de M. de la Mina, M. le maréchal de Belle-Isle, pour profiter de la marche des vingt bataillons et commencer sa diversion, consulta un officier général auquel il avait confiance et qui connaissait le pays militairement; l'avis de cet officier fut qu'il pouvait donner de la jalousie au roi de Sardaigne sur Demont et sur Coni et engager peut-être ce souverain à retirer ses troupes de Gênes, et que, pour cet effet, il fallait faire avancer aux environs de Tournoux et dans la vallée de Larche les trente bataillons qui étaient en Dauphiné, et qu'à l'égard des vingt bataillons il serait expédient de diriger leur marche dans la vallée de Lantosque, d'où par la vallée de la Tinée, Saint-Sauveur, Isola et Saint-Étienne, ils pourraient joindre les trente bataillons en Dauphiné, quelque difficulté qu'il y eût à leur y faire trouver des subsistances et à leur faire parcourir un si mauvais chemin, parce qu'en combinant les marches de façon que les mouvements des troupes du Dauphiné et celui des vingt bataillons se fissent en même temps, il était certain que, du jour où la première division des vingt bataillons partirait de la vallée de Lantosque, le roi de Sardaigne en serait informé vingt-quatre heures après, de même que de la disposition des trente bataillons qui se seraient avancés de Barcelonnette dans la vallée de Larche, et que cette nouvelle pourrait l'engager à retirer ses troupes de Gênes pour les faire marcher à la défense de ses propres États. L'avis de cet officier fut approuvé et en conséquence dix bataillons de la première division commandés par M. de Bissi partirent de Lantosque le 29 juin, et furent suivis deux jours après par les dix autres commandés par M. le comte de Mailly d'Haucourt. (Annexe 3.)

Le roi de Sardaigne apprit le mouvement, comme on l'avait dit, le lendemain 30 juin; il tint le même jour un conseil de guerre et dépêcha son courrier à Gênes qui y arriva le 2; et en sut que depuis ce moment tout fut suspendu, qu'on fit partir les troupes piémontaises avec leurs équipages et que, le 3, l'armée ennemie se retira sur trois colonnes et leva le siège de Gênes, ainsi qu'on l'avait prédit, ce qui remplit un des principaux objets de la diversion.

Ce succès, qui fut si favorable à la ville de Gênes, fut un titre dont M. le maréchal de Belle-Isle se servit pour faire connaître non seulement à M. de la Mina mais encore à la Cour de Versailles la bonté de son projet, et pour continuer sa diversion; il donna en conséquence le commandement des cinquante bataillons du Dauphiné à son frère.

On avait prévenu M. le maréchal de Belle-Isle que, pour le succès de son opération, il ne fallait pas que son arrivée dans la vallée de Barcelonnette précédât le départ des troupes de plus de vingt-quatre heures, afin que le roi de Sardaigne ne pût pas démêler le véritable objet qu'on avait en vue; car le camp de Tournoux, aux environs duquel se trouvaient les trente bataillons aux ordres de cet officier général, est situé de façon que, quelques mouvements qu'eussent pu faire les troupes, il ne devenait plus possible de cacher ses vues, puisque leur direction de marche par le col de Vars et Guillestre ne pouvait regarder qu'Exilles ou Fenestrelles, et que celle par le col de l'Argentière ne pouvait avoir rapport qu'à Demont et à Coni.

M. le chevalier de Belle-Isle arriva le 10 juillet à Barcelonnette et fit partir les troupes du camp de Tournoux le 11; on lui avait donné connaissance de toute la position des troupes du roi de Sardaigne en Piémont, qui se trouvait telle que les bataillons les plus rapprochés de l'Assiette d'Arguel, sur laquelle il avait dessein d'entreprendre pour l'investissement d'Exilles, ne pouvaient y arriver que le 17; en conséquence on disposa la marche des troupes que commandait cet officier général de cette façon :

Le 11, partant de Tournoux, à Guillestre par le col de Vars; le 12, moitié des troupes par la Combe de Queyras à Arvieux et l'autre moitié en remontant la Durance à la Bessée; le 13, les troupes d'Arvieux au col du Bourget par le col d'Hizouard et Cervières, et leur avant-garde à Bousson dans la vallée de Cézane; le 14, les troupes aux trois Champlas sur le col de Sestrières, et les avant-gardes à Côte-Plane et même à l'Assiette d'Arguel qui en est très rapprochée et où elles n'auraient trouvé que quatre ou cinq cents hommes des troupes du roi de Sardaigne qui n'auraient pas été en état de leur résister et qui n'étaient là que pour perfectionner les retranchements qu'on y construisait. Mais au lieu de profiter d'un avantage si bien démontré, on fit entendre à M. le chevalier de Belle-Isle que sa marche du camp de Tournoux à Guillestre serait trop forte, sans se rappeler que cette même marche s'était faite par l'armée en 1744, et ce général consentit à la diviser en deux jours de marche, de façon que les troupes restèrent le 11 au village de Vars et n'arrivèrent que le 12 à Guillestre où elles séjournèrent encore le 13; de sorte qu'on perdit deux jours dans cette nouvelle disposition, ce qui n'aurait pas causé un très grand inconvénient si on avait marché le 14, de la façon prescrite, pour arriver le 16 à l'Assiette; mais soit les difficultés qu'on fit naître, soit les nouvelles qu'on eut des retranchements de l'Assiette qu'on avait ignorés jusque-là, soit par trop de confiance, au lieu d'arriver à Côte-Plane le 14 ou tout au moins le 16, on n'y arriva que le 17 en même temps que les troupes piémontaises y arrivaient aussi, et on perdit malheureusement les trois jours qui faisaient tout l'avantage qu'on pouvait avoir dans le projet de cette entreprise.

Les avant-gardes arrivées le 17 et les troupes le 18 au matin à Côte-Plane, on reconnut les retranchements, et M. d'Arnaud ayant inspiré à M. le chevalier de Belle-Isle la confiance que les ennemis ne résisteraient pas à l'effort de ses troupes, ce général disposa son attaque le même jour sur trois colonnes, celle de la gauche commandée par M. de Mailly, celle du centre par M. d'Arnaud et celle de la droite subdivisée en deux, commandées l'une par M. de Villemur et l'autre par M. de Lamaze.

Le signal fut donné trop tôt, la colonne de la droite n'avait pu arriver, celle du centre était arrivée en avance, et celle de la gauche avait été dirigée sur un rentrant dont les feux croisés lui faisaient perdre beaucoup de soldats.

M. d'Arnaud ayant assuré le succès de sa partie du centre ou l'ayant cru si certain que l'artillerie de montagne avait déjà reçu l'ordre de marcher à la redoute, M. le chevalier de Belle-Isle se porta sur la butte de la batterie d'où il pouvait voir et donner ses ordres, et ayant aperçu que cette colonne du centre s'arrêtait parce que M. d'Arnaud fut tué, il y marcha et s'avança à la tête de ladite colonne jusqu'au pied du retranchement, qu'il tenta inutilement de démolir, parce qu'il était formé de lits de fascines disposés en bâtisses; et les retranchements de la redoute, qui faisait le point d'attaque, ayant sept à huit pieds de hauteur, et n'ayant pas eu la précaution d'avoir ni échelles, ni fascines, ni claies, il ne put les faire monter aux troupes; cet officier général, qui avait déjà été blessé au bras et à qui son zèle faisait tout tenter, reçut un second coup de fusil qui lui fit perdre la vie et qui mit par là un si grand désordre dans ses troupes que, si les ennemis avaient marché, ils les auraient culbutées partie dans la vallée de Pragelas, partie dans celle d'Oulx.

Ces retranchements étaient sans fossés ni palissades et avec un bord assez facile à gravir, mais la chose avait été peu reconnue; il n'y avait pas eu assez de temps pour la disposition qui aurait dû se faire le lendemain au matin avant le jour, et non à quatre heures après-midi, ce qui avait découvert aux ennemis le projet d'attaque. Il paraît extraordinaire que M. d'Arnaud et les autres officiers généraux qui avaient séjourné à Briançon n'eussent point été avertis du travail que le roi de Sardaigne faisait faire à ses retranchements et que M. de Belle-Isle, après avoir perdu quatre jours de marche, n'ait cherché à s'assurer le succès des opérations que par une attaque en colonnes, dont la disposition devait au moins être différente et qu'il était important de laisser ignorer aux ennemis, en retardant la marche jusqu'au point du jour du lendemain, afin qu'ils n'eussent pas pu d'avance prendre les précautions pour la défense que la marche des colonnes en plein jour leur avait indiquées, et sans attendre que le canon qu'on y faisait marcher eût pu arriver; il résulta de ces fautes une déroute très grande. Le commandement des troupes, après la mort de M. le chevalier de Belle-Isle, devait regarder M. de Villemur, qui était encore à la colonne de la droite et qui ne pouvait par conséquent se trouver au centre où était la grande déroute, et la nuit étant survenue, toutes les troupes se retirèrent sur Côte-Plane dont la position était très bonne, et où on aurait pu rester avec d'autant plus d'assurance que les ennemis ne sortirent pas de leurs retranchements où les troupes piémontaises arrivaient successivement; car, dans le moment de l'attaque, il y avait peu de monde et le lendemain il y eut jusqu'à dix-huit bataillons, parce qu'ils ne pouvaient s'y porter qu'à proportion que la distance de leurs quartiers dans la plaine de Piémont pouvait le leur permettre, comme on l'a déjà dit.

Mais dans la supposition que toutes les troupes du roi de Sardaigne, dont on vient de parler, se fussent trouvées dans leurs retranchements, ce qu'on ne pouvait imaginer que par conjecture, il y avait une manœuvre toute simple à faire qui, sans exposer aucune troupe, aurait procuré le succès de l'opération, et M. le chevalier de Belle-Isle ne l'ignorait pas, on la lui avait donnée par écrit. (Annexe 5.)

Cette manœuvre était d'opposer au col de Côte-Plane vingt bataillons pour tenir en échec ceux des ennemis qui se seraient trouvés dans les retranchements, et de faire marcher les trente bataillons qui lui restaient par le bas de la vallée de Pragelas, pour aller occuper une position entre Fenestrelles et le col de la Fenêtre, dans l'intermédiaire de la communication de cette place aux retranchements de l'Assiette, telle que les Chalmasses au-dessus du village d'Usseaux, ou celle du Plan de Balboutet entre ce hameau et le col de Fatière; car alors le roi de Sardaigne ne pouvait plus renforcer le corps de l'Assiette qu'en dirigeant des troupes sur Rivoli pour revenir du côté de Suse et remonter de là à l'Assiette, ce qui aurait exigé au moins cinq jours de marche de plus; et d'ailleurs les troupes de l'Assiette ne pouvant plus tirer aucun secours de Fenestrelles soit en munitions de bouche, soit en munitions de guerre, et pouvant être tournées par les hauteurs de Fatière, auraient sans doute pris le parti de se retirer pour éviter de se compromettre en se trouvant, pour ainsi dire, entre deux feux; et l'opération de M. le chevalier de Belle-Isle se serait faite sans tirer un coup de fusil.

Ce détail fait voir (relativement aux principes) qu'il est dangereux d'attaquer un poste de front dans les montagnes, quand on peut le tourner, qu'il faut avoir une connaissance exacte du pays quand on veut faire des diversions, que les marches ne doivent jamais être retardées lorsqu'il s'agit de prévenir un ennemi, et que le projet ayant deux branches, il fallait se servir de celle qui était la moins dangereuse. (Annexes 6, 7, 8, 9.)

EXEMPLE III.

BATAILLE DE ROSBACH. — 1757.

Toutes les forces de l'Empire combinées avec celles de Soubise étant réunies à Muckeln, le 2 novembre 1757, on prit une position dont le front se trouvait parallèle au vallon de Muckeln sur la rive droite qui était fort escarpée.

Cette position appuyait sa gauche à un grand bois, elle avait sur toute l'étendue de son front un penchant très difficile à gravir, mais n'avait rien qui couvrît sa droite que le retranchement qu'on aurait pu y construire, et on ne pouvait pas effacer cette droite, suivant le principe, sans perdre les avantages des escarpements qui bordaient le front du camp; c'étaient là les seuls inconvénients de ce camp, en supposant que le roi de Prusse eût débouché de Halle sans s'en approcher, mais son armée se trouvant sur la rive droite de la Saale à portée de Mersbourg, il lui était loisible de déboucher par Mersbourg même, où il avait des ponts, et de remonter jusqu'à Weissenfels ou Naumbourg, où il pouvait établir de nouveaux ponts.

S'il eût pris le parti de déboucher par Naumbourg, il aurait pris l'armée combinée à revers; s'il avait passé la Saale à Weissenfels ou Mersbourg, il l'aurait prise de flanc; il n'y avait donc que son débouché par Halle qui pût répondre à la position prise.

Ces réflexions furent faites par un militaire qui avait donné son coup d'œil à l'étendue du local assez découvert pour voir d'un point les quatre villes, il en fit l'observation à M. de Soubise, qui, l'ayant trouvée bien judicieuse, ordonna qu'on changeât la disposition du camp; et cette opération fut faite si promptement qu'à la fin de la journée l'armée se trouva campée de façon que sa gauche était bien appuyée par le ravin de Muckeln, sa droite à un autre ravin couvert d'un bois, son front à la naissance de plusieurs ravins dans l'intervalle desquels l'ennemi aurait été obligé de monter pour former son attaque, ayant les penchants commandés par la position du camp, de façon que l'ennemi ne pouvait déboucher que sur un des points dudit front, sans qu'il lui restât aucune ressource pour le tourner, à moins qu'il n'y eût voulu employer plusieurs marches qui auraient donné le temps à l'armée combinée de prendre telle position qui aurait pu convenir aux dispositions de l'armée. (Planche n° 22.)

On sait que le roi de Prusse était venu camper le 3 à portée de la première position, dans l'opinion qu'on n'aurait pas le temps d'en changer la mauvaise direction et qu'en attaquant l'armée combinée, le 4 au matin, il la prendrait de revers et la trouverait en désordre; que, ne pouvant imaginer que cette même journée du 3 eût pu suffire au changement dont on a parlé, il avait disposé, le 4 au matin, la marche de son armée en colonnes pour la mettre à portée de commencer son attaque; mais qu'ayant reconnu que la position était changée, que l'armée combinée se trouvait très bien postée, selon le détail qu'on a fait de son camp, et qu'il se compromettrait à une action générale, dont le succès serait d'autant plus équivoque pour lui qu'on était disposé à le bien recevoir, il avait donné ordre à son armée de se retirer à colonne renversée et s'était même refusé à la bataille que l'armée combinée lui présentait.

L'armée de Prusse retournée dans son camp, il n'y avait plus d'apparence qu'elle voulût entreprendre les jours suivants et ce ne fut que la marche trop peu réfléchie de la part de M. le prince d'Hildburghausen qui donna lieu à l'affaire générale de la journée du 5 dont le roi de Prusse eut tout l'avantage.

Cette même affaire donnera lieu de faire voir l'avantage d'un camp établi comme il le fut à la seconde position sur celui de la première.

Le roi de Prusse se trouva campé de façon que la plus grande partie de son camp était parallèle à la dernière position de l'armée combinée, la droite appuyant à un escarpement et la gauche faisant un retour d'équerre pour pouvoir lire une plus grande étendue de terrain.

L'armée combinée marcha par sa droite, et n'avait d'abord pour objet que d'aller occuper la position dont la droite aurait appuyé au cabaret de Lützchitz et la gauche à un bois très considérable, pour se trouver de là plus à portée de couvrir ses derrières et avoir des moyens de tourner la gauche du camp prussien.

Ces objets étaient trop essentiels pour les négliger, et si M. le prince d'Hildburghausen s'en était tenu à cette première disposition, il y a tout lieu de croire que le roi de Prusse aurait fait sa retraite et ne se serait pas hasardé à se voir tourner; mais la détermination du prince d'Hildburghausen de chercher sur la fin de la même journée à tourner cette gauche des ennemis en dépassant le pont des Cabarets qui devait terminer sa droite, donna lieu au roi de Prusse, qui voyait de son camp toute la marche de l'armée combinée, de faire sa disposition pour faire trouver la tête de la cavalerie sur la direction de la marche de l'armée combinée avec l'ordre d'attaquer, pendant que son artillerie, placée sur des hauteurs qui dominaient le terrain où marchait ladite armée, fit un feu bien vif, et que son infanterie marchait en bataille entre l'artillerie et sa cavalerie, disposition si bien concertée qu'elle lui assura en peu de temps la victoire, et obligea les troupes de l'Empire et celles de France à une retraite précipitée et qui aurait produit presque la destruction des unes et des autres si le roi de Prusse, profitant de ses avantages, avait fait avancer quelques troupes légères soutenues de cavalerie à leur suite.

L'événement de l'Assiette en 1747 et celui de Rosbach en 1757 donnent lieu à la réflexion qui n'échappera pas aux bons officiers, qu'on ne doit jamais donner connaissance de ses mouvements à un ennemi, et que, lorsqu'on ne peut éviter d'en être aperçu dans une marche, il convient toujours de la faire de nuit, avec la précaution de la cacher autant qu'il est possible par quelques diversions ou par tels autres moyens que le local pourra fournir, ce qui, l'empêchant de connaître le véritable point sur lequel on veut entreprendre, y fera trouver moins d'obstacles et concourra beaucoup au succès.

EXEMPLE IV.

OPÉRATIONS QUI ONT PRÉCÉDÉ LA BATAILLE DE LUTZELBERG EN 1758, AVEC DES RÉFLEXIONS RELATIVES AUX PRINCIPES DES POSITIONS.

Lorsque M. le prince Ferdinand eut repassé le Rhin en 1758, il n'était plus possible à l'armée de Soubise de s'avancer au delà de la Werra dans l'Électorat de Hanovre, que lorsque M. de Contades aurait pu occuper toutes les forces de l'ennemi augmentées par le débarquement de dix mille Anglais; et ce général ayant passé la Lippe, immédiatement après son passage du Rhin à la suite de celui de l'ennemi, il fallait attendre qu'il eût remonté cette rivière jusqu'au point de former sa jonction avec M. de Soubise, ou de pouvoir lui envoyer les secours nécessaires si M. le prince Ferdinand, abandonnant la basse Lippe, s'était porté sur le haut Ems ou aux environs de Paderborn; et c'est cette considération qui a occasionné pendant près d'un mois l'inaction de l'armée de Soubise à Cassel. (Planche n° 23.)

Lorsque M. de Contades s'est trouvé en état de marcher à Hamm et d'avoir ses troupes légères à Soest, M. le prince Ferdinand a fait différents mouvements qui ont pu inquiéter ce général sur sa communication avec Wesel, dont il avait toujours tiré ses subsistances, et ce fut à cette époque

25

qu'il écrivit à M. le prince de Soubise de faire une diversion à Gottingen et Eimbeck dans l'objet d'y attirer l'ennemi et de l'engager à s'affaiblir pour porter des secours à M. le prince d'Issembourg, qui, n'ayant pour lors que sept à huit mille hommes, n'aurait pas été en état de s'opposer au progrès de la marche de l'armée de Soubise ni d'empêcher qu'elle n'alarmât tout l'Électorat de Hanovre.

La diversion de l'armée de Soubise sur Northeim et Eimbeck produisit l'effet que M. de Contades avait espéré, M. le prince Ferdinand détacha le général d'Oberg avec un corps de quatorze mille hommes et le fit avancer d'abord sur Liebenau près de Lipstadt, d'où il le fit avancer ensuite sur Paderborn.

M. le prince d'Issembourg étant retiré sous Hameln et M. d'Oberg ne se trouvant qu'à trois ou quatre marches de lui et à peu près dans le même éloignement de Cassel, M. le prince de Soubise pouvait craindre que ces deux corps réunis eussent l'objet de marcher sur Cassel en combinant leurs mouvements et de l'y prévenir en lui dérobant une ou deux marches, ou celui de se réunir à Hameln pour venir l'attaquer dans sa position de Northeim où il n'avait que quinze ou dix-huit mille hommes au plus, tant par rapport au corps qu'il avait été obligé de laisser aux environs de Warburg que par rapport aux garnisons de Marburg et de Cassel et aux troupes qui gardaient les postes de Munden et de Witzenhausen sur la Wera.

Cette double inquiétude engagea M. le prince de Soubise à faire sa marche rétrograde de Northeim sur Gottingen afin de s'éloigner de Hameln d'une part et de se trouver d'autre part plus rapproché de Cassel; ce double objet était d'autant mieux réfléchi et militaire, qu'il s'assurait par là de n'être surpris aucune part et que son opération pour la contribution à tirer du pays de Hanovre et les otages à y enlever se trouvait faite.

Il fut informé le 24 septembre que le général d'Oberg s'était mis en mouvement, et qu'il avait fait paraître une espèce d'avant-garde composée de troupes légères et de troupes réglées, tant en infanterie qu'en cavalerie, du côté de Kleinenberg et de Warburg, tandis que le gros de son corps prenait la route de Driburg et de Peckelsheim, au moyen de quoi il détermina son mouvement rétrograde sur Cassel pour le 25, en deux marches et sur deux colonnes composées, l'une de la plus grande partie de l'armée par Munden, l'autre du reste de ses troupes par Witzenhausen, et il arriva le 26 à Cassel en même temps que M. d'Oberg avec son corps de troupes arrivait sur Ober-Volmar et Hallershausen, à une lieue en avant de cette place; on jugera facilement, par cet exposé, de la sage prévoyance avec laquelle ce prince détermina son mouvement, car s'il avait retardé son arrivée à Cassel seulement de vingt-quatre heures, M. d'Oberg aurait pu passer la Fulde au-dessus de Cassel, et se porter sur la rive gauche de la Wera tant à Munden qu'à Witzenhausen, d'où il aurait défendu le passage de cette rivière et par conséquent séparé M. de Soubise et les troupes qu'il avait du coté de Gottingen de celles qu'il avait laissées en Hesse, et se serait rendu maître de Cassel au moyen du corps de troupes que M. d'Issembourg faisait avancer sur cette place et qui se trouvait en état d'y arriver le 27, puisque le même jour il campa à Hohenkirchen, à une lieue et demie de distance.

Cet événement aurait fait perdre non seulement tout le fruit de la campagne de M. de Soubise mais encore Marburg et le comté de Hanau, car il ne serait resté de ressource au prince pour sa retraite que par le débouché de la Thuringe sur Nuremberg. M. d'Oberg, arrivé le 26 sur les 10 à 11 heures du matin à hauteur de Hallershausen, aurait pu s'avancer tout de suite sur le camp retranché en avant de la ville neuve de Cassel, dont il se serait rendu d'autant plus facilement le maître qu'il n'y avait à cette heure-là que fort peu de troupes, et que les campements de l'armée ne commençaient qu'à y déboucher; mais, point instruit de cette situation et sachant d'ailleurs que toute l'armée de Soubise était en mouvement sur plusieurs colonnes pour s'y rendre, il n'osa pas en tenter l'entreprise avec son seul corps, au moyen de quoi les troupes de M. de Soubise eurent le temps d'y arriver et d'occuper la position qu'on avait reconnue avant la diversion sur Gottingen et que M. le Prince de Soubise avait fait préparer à tout événement pendant le temps qu'il était resté dans une espèce d'inaction.

Cette position dépendait du nombre des troupes: s'il avait eu quarante mille hommes, il aurait pu porter trois brigades d'infanterie sur la montagne où se trouve la cascade et occuper non seulement ce rideau qui est entre cette montagne et le village de Kirchditmal, mais encore celui qui est entre ledit village et la ville de Cassel, qui en aurait fait la droite; il n'eût pas été possible à un ennemi même supérieur de l'attaquer sur aucun point d'un front si respectable, par conséquent cet ennemi se serait trouvé forcé de chercher à le tourner par sa gauche, ce qu'il n'aurait pu faire sans traverser des pays difficiles et qu'en y employant au moins trois marches, qui auraient donné le temps à M. le Prince de Soubise de faire les mouvements que cette circonstance aurait pu exiger. (Planche n° 5.)

L'armée du prince n'excédant pas pour lors vingt-cinq mille combattants, il ne pouvait pas occuper une si grande étendue; il borna donc sa position à une partie plus raccourcie dont la gauche appuyait à une butte isolée A, en avant de Hallershausen, au rideau de la gauche de Kirchditmal, le centre sur le rideau vis-à-vis le village de Rothenditmal et la droite à la ville de Cassel, longeant le sommet d'un rideau fort élevé et dont le penchant rapide n'aurait pu se gravir qu'avec beaucoup de difficulté.

La disposition du terrain entre le centre et la gauche était telle que l'ennemi débouchant entre Kirchditmal et le bois ne pouvait s'avancer sans être battu en flanc et d'écharpe, et cet intervalle était si court que deux brigades au plus d'infanterie suffisaient pour en occuper et garder convenablement le front. La ville de Kirchditmal fut retranchée, l'intervalle de ce village au centre avait deux grandes redoutes, et le reste du rideau dont on a parlé était encore soutenu par une grande redoute capable de contenir un bataillon et par une plus petite dont la partie la plus rapprochée de la ville fut le point où le rideau se trouvait le plus bas et d'un plus facile accès, et les batteries étaient disposées convenablement sur l'étendue du front de cette position et sur deux buttes en arrière de celle isolée, dont on a parlé, et du village de Kirchditmal.

L'armée était campée de façon que l'infanterie occupait tout l'intervalle depuis la gauche de la position jusqu'au jardin de la ville, et la cavalerie se trouvait en arrière du petit ruisseau et disposée sur deux lignes dans une direction d'équerre à l'escarpement de la gauche, d'où elle pouvait se porter en bataille jusqu'au pied des bois en arrière de la maison de Weisenstein et de la butte isolée.

Le parc d'artillerie était en avant du village de Weiseyden, et le canon distribué sur l'étendue du front comprise entre le centre et la redoute du camp retranché.

L'armée du général d'Oberg appuyait sa droite au sommet du rideau dont le penchant tombe sur Hallershausen, dans lequel étaient tous les grenadiers de son armée, et sa gauche s'étendait du côté du village d'Ober-Volmar, où était son quartier général qu'il avait couvert par une brigade d'infanterie; en arrière de son camp était un bois dont on ne connaissait pas la profondeur, et toutes ses troupes légères se trouvaient à la tête dudit bois dans le bassin au-dessus du village d'Hallershausen.

Le corps de M. le prince d'Issembourg, qui arriva le 27, appuya sa droite dans un point rapproché de la gauche de M. d'Oberg, qui étendit la sienne jusqu'au-dessous du village d'Hohenkirchen.

Telle était la disposition de l'armée de Soubise et des ennemis dans les journées des 26 et 27 septembre et elle se soutint de même jusqu'au 3 octobre.

La distance qu'il y avait entre la gauche de M. le prince d'Issembourg et la droite de M. d'Oberg ôtait toute crainte sur un projet d'attaque de leur part; mais comme ils auraient pu, en laissant leur camp tendu, faire avancer pendant la nuit leurs troupes sur le débouché favorable à leur projet d'attaque, M. le prince de Soubise, pour être plus à portée de sa position et des troupes, avait établi son quartier général au village de Weiseyden, et chaque nuit un lieutenant général et deux maréchaux de camp restaient au bivouac à portée du centre de la position générale.

Chaque jour les hussards ennemis et les troupes de Fischer s'escarmouchaient, leurs vedettes respectives étaient rapprochées et on perfectionnait les ouvrages dans toute l'étendue du front.

L'escarpement qui régnait du centre à notre droite, terminé par les fortifications de la ville vieille de Cassel, assurait la tranquillité de l'armée de Soubise dans cette partie-là, au moyen de quoi l'attention de M. le prince de Soubise se porta uniquement sur le front compris entre le centre et la gauche et sur les troupes qu'il avait destinées à la défense de l'avant de ce front, chaque brigade d'infanterie avait son lieu destiné pour son champ de bataille et les officiers généraux avaient été distribués sur toutes les parties.

L'ennemi ne pouvant marcher que sur l'étendue comprise entre le bois et le village de Kirchditmal, on aurait nourri les troupes destinées à la défense de cette étendue suivant la résistance plus ou moins grande de celles qui en devaient soutenir le premier effort; il en eût été de même de la brigade qui occupait la butte isolée, et pour peu qu'on eût vu de l'ébranlement parmi les ennemis au premier ou second choc, l'armée se serait avancée sur eux; il y avait, entre leur position et la nôtre, une petite plaine d'un quart de lieue dans laquelle l'infanterie et la cavalerie pouvaient marcher également en bataille; mais si l'attaque des ennemis eût été assez forte et assez vive pour repousser nos troupes, non seulement dans la partie comprise entre le village de Kirchditmal (auquel cas il y avait ordre de mettre le feu) mais encore qu'ils eussent repoussé la brigade qui occupait la butte isolée A, toutes les troupes avaient leur retraite assurée derrière les points E et F, et les ennemis auraient eu à essuyer tout le feu de ce nouveau front en traversant le petit vallon qui séparait la butte isolée du rideau qui formait le front du camp à la droite de Kirchditmal; et ils ne pouvaient prendre aucune position dans cet intervalle qu'on ne pût enfiler et canonner par des batteries contre lesquelles ils auraient pu à la vérité opposer des contre-feux, mais avec le désavantage que leurs batteries auraient pu être battues en rouage, au lieu que celles de l'armée de Soubise ne pouvaient l'être que de front et se trouvaient à moitié couvertes. Si, malgré tous ces avantages, ils avaient tenté de marcher en avant de la butte isolée, outre la difficulté de traverser un petit vallon couvert de haies et en partie marécageux, ils auraient trouvé toute la cavalerie en avant de ce vallon, sans avoir eu la faculté d'avoir un seul escadron à leur suite; car tout ce qui a été dit ci-devant concernant leur attaque n'a jamais pu regarder que l'infanterie, par rapport à la nature du pays, et il n'est pas vraisemblable qu'ils eussent voulu se séparer de leur cavalerie et se mettre dans le cas de voir marcher l'armée de Soubise entre eux et elle; d'où on peut conjecturer que leurs projets n'avaient pu avoir pour objet de percer dans cet intervalle pour tourner l'armée de Soubise dans sa position, et qu'ils se seraient réduits à disposer un corps de troupes pour l'attaque successive des parties détachées en avant de ladite position, tandis que leur colonne principale se serait dirigée par le bas du bois de la maison de Weisenstein.

Le simple aspect du local fera comprendre les difficultés qu'il y aurait eu à surmonter dans la direction de ce rentrant, et combien ils auraient pu perdre de monde avant d'y arriver; mais en supposant qu'ils fussent parvenus en avant de la seconde ligne où étaient établies les deux grandes redoutes C D, ils n'auraient pas eu le moyen de faire avancer un escadron dans ce petit intervalle sous le feu rasant de plusieurs batteries, tandis que la cavalerie de l'armée de Soubise aurait pu s'avancer sur la partie de leur infanterie qui se serait trouvée entre ces deux lignes; et si, contre la vraisemblance, ils avaient encore pu forcer l'armée de Soubise à cette seconde position, il restait la ressource du camp retranché où certainement ils n'auraient pas osé ni pu entreprendre pour s'exposer à tout perdre; et comme la cavalerie n'aurait pu y être enfoncée, on avait disposé son emplacement dans la partie basse du dehors de la ville du côté des jardins du prince, où sa position se trouvait protégée non seulement par la fortification de la ville qui y correspond, mais encore par une très grosse redoute anciennement construite dont on aurait pu faire un très bon usage.

Pour prendre le dernier parti dont on vient de parler, il fallait courir le risque de s'y trouver bloqué et avoir par conséquent l'assurance d'y être secouru; et c'était précisément la circonstance dans laquelle on se trouvait par rapport au corps de troupes que M. de Contades faisait avancer en deux divisions, l'une aux ordres de M. de Chevert, et l'autre à ceux de M. de Fitz-James; car si on n'avait pas dû recevoir du renfort et qu'on se fût trouvé trop inférieur aux ennemis, la prudence aurait exigé qu'on eût pris le parti d'abandonner Cassel à ses propres forces et de faire une marche de nuit rétrograde jusqu'à la rive droite de l'Eder pour la dérober à l'ennemi.

Pendant que l'ennemi aurait disposé la principale attaque sur les parties indiquées, on peut imaginer qu'il aurait posté des troupes du côté de la droite de l'armée de Soubise pour une fausse attaque, mais on y aurait pourvu par une réserve particulière destinée à la défense de cette partie.

La position des ennemis n'était pas prise dans l'objet d'une attaque, ils ne se présentaient qu'en colonnes par leur droite, et leur gauche s'étendant à une lieue et demie de distance, ils auraient eu bien de la difficulté à en faire approcher les troupes; aussi fut-on dans la confiance qu'ils n'attaqueraient pas et que, s'ils en avaient le projet, leur gauche aurait fait un quart de conversion et serait venue s'appuyer sur les hauteurs du village de Rothenditmal, afin de se placer le long du rideau qui régnait parallèlement à la position de l'armée de Soubise depuis Hallershausen, où appuyait leur droite, jusqu'à Rothenditmal, parce que de cette façon ils auraient donné de l'inquiétude sur toute l'étendue comprise entre la montagne et la redoute de la droite du camp retranché.

Après avoir indiqué les moyens d'attaque et de défense sur la position de l'armée de Soubise, il n'est pas hors de propos de dire quelque chose sur ceux qu'elle avait pour attaquer la position qu'occupaient les corps de MM. d'Oberg et d'Issembourg.

Elle pouvait disposer sa marche sur trois colonnes dont celle de la gauche aurait pris la direction du village de Rothenditmal, celle du centre aurait débouché un peu en arrière de la redoute de la droite du camp retranché, et la colonne de la droite aurait suivi la chaussée de Warburg.

Ces trois colonnes auraient marché dans des directions très rapprochées les unes des autres, pour arriver une heure avant le jour à sept ou huit cents toises de distance des ennemis, dans l'objet de les attaquer par leur centre, et elles se seraient par conséquent trouvées toutes trois à la gauche du chemin de Warburg; chaque colonne aurait eu en tête les troupes qui auraient dû former la première ligne, au centre celles de la seconde ligne, et en queue les troupes destinées à former la réserve.

Elles auraient observé, en s'ébranlant à la petite pointe du jour par la droite et par la gauche, les distances nécessaires au front de bandière, et auraient marché droit devant elles sur la gauche du village d'Ober-Volmar.

Si les ennemis, prévenus de leur marche par quelque patrouille, n'avaient pas pris le parti de se retirer, ou M. d'Issembourg se serait rapproché des troupes de M. d'Oberg, ou M. d'Oberg, marchant par sa gauche, aurait été se réunir à M. d'Issembourg; dans le premier cas on les aurait trouvés nécessairement en désordre et l'attaque aurait eu le succès désirable; dans le second cas les têtes des colonnes faisant un quart de conversion par leur droite auraient marché dans le même ordre à la position qu'occupait M. d'Issembourg au-dessous d'Hohenkirchen, qui pouvait être attaquée ou tournée par sa droite et qui ne lui présentait aucun moyen de bonne défense; et si les ennemis s'étaient retirés à l'avis de cette marche, on se serait trouvé fort à portée de les suivre de près et d'entamer leur arrière-garde.

On pouvait encore faire une autre disposition pour attaquer M. d'Oberg; elle aurait exigé qu'on eût renforcé considérablement les postes de la montagne pour se donner le moyen de descendre et de s'établir au fond du vallon, en avant de la droite du village d'Hallershausen; il aurait été facile d'augmenter considérablement ces corps de troupes et de leur faire traverser la petite largeur du bois qui se trouvait entre le vallon de Weimar et le fond de ce bassin, d'où on se serait trouvé à portée de marcher sur les derrières du camp de M. d'Oberg pendant qu'on aurait dirigé les colonnes, tant sur la droite que sur la gauche du village d'Hallershausen, pour attaquer la position de M. d'Oberg; mais il aurait fallu être prévenu d'avance du peu d'étendue en largeur de ce bois et de la facilité qu'on aurait trouvée à le traverser et à continuer sa marche par Weimar sur Ober-Volmar.

Cette disposition aurait exigé qu'on eût fait attaquer en même temps le village d'Hallershausen. Il est aisé de conclure, par la seule opinion qu'on peut prendre sur ces deux moyens d'attaque, que M. d'Oberg aurait marché par la gauche pour se réunir à M. d'Issembourg et prendre ensemble une position dont la droite aurait appuyé à Hohenkirchen et à la position de Rotweit, comme ils firent quelques jours après.

Sur la nouvelle que les ennemis reçurent de la marche des deux corps de troupes aux ordres de M. de Chevert et de M. de Fitz-James, ils comprirent non seulement qu'ils étaient fort inférieurs mais qu'on pouvait arriver sur eux par le derrière de leur gauche ou par le derrière de leur centre, et qu'il ne leur serait plus libre de faire aucun mouvement rétrograde sans se trouver compromis; cette réflexion leur fit prendre le sage parti de prévenir de plusieurs jours l'arrivée de ce renfort, et en conséquence ils disposèrent leur mouvement en marchant par leur gauche; les troupes de M. d'Issembourg avancèrent jusqu'au village de Rotweit, et celles de M. d'Oberg dépassèrent de fort peu le village d'Hohenkirchen pour aller appuyer leur gauche à la droite de celles de M. le prince d'Issembourg.

Cette nouvelle position leur faisait éviter les inconvénients dont on a parlé, mais elle était encore fort mauvaise par sa droite; il y a apparence qu'ils ne s'y seraient pas arrêtés s'ils n'y avaient été forcés par la disposition de marche de deux détachements que M. le prince de Soubise avait fait marcher à leur suite.

Le mouvement de M. d'Oberg, qui était le plus rapproché de l'armée de Soubise, commença à 8 heures du matin et toute sa droite n'eut abandonné le village d'Hallershausen, le bois et les hauteurs qui y correspondent qu'à près de 2 heures.

On mit en mouvement les deux détachements de l'armée de Soubise à cette époque : l'un fut dirigé par la gauche et consistait en infanterie et quelques troupes légères aux ordres de M. de Clausen, brigadier d'infanterie, colonel du régiment de Deux-Ponts; l'autre, plus considérable, consistait en troupes légères, dragons, cavalerie et infanterie et était commandé par M. le marquis de Castries, maréchal de camp, colonel du Commissaire Général.

Celui de la gauche fut dirigé par les villages d'Hallershausen et Ober-Volmar, parcourant le même chemin que celui par lequel les ennemis s'étaient retirés; et celui de la droite fut dirigé par le grand chemin de Warburg et devait naturellement se porter sur Ober et Nieder-Volmar; mais comme le mouvement des ennemis parut précipité et qu'on craignit qu'il ne pût atteindre l'arrière-garde, on lui fit prendre par la droite une direction si courte qu'au lieu de se trouver sur l'arrière-garde il fut presque vis-à-vis l'avant-garde et suspendit par son apparition la marche des ennemis, qui se mirent sur-le-champ en bataille par un à-droite.

Les troupes légères et les dragons s'escarmouchèrent, mais on ne voulut point faire avancer la cavalerie, crainte d'engager une affaire, parce qu'il était trop tard pour faire soutenir le détachement par la marche de l'armée; et la nuit étant survenue, tout resta dans la même position.

La nuit du 3 au 4 octobre, les ennemis décampèrent, et au lieu de se diriger sur leur gauche pour descendre sur le Weser et passer cette rivière, ils dirigèrent leur marche par la Fulde, à portée de Spell et Willemshausen.

Cette rivière coulait au droit dans un vallon si profond qu'on n'imagina point qu'on y pût diriger la marche d'une armée, et on fut extrêmement surpris de les voir, le 4 octobre au matin, campés sur la rive droite de la Fulde à même hauteur à peu près du camp qu'ils occupaient la veille sur la rive gauche.

RÉFLEXIONS.

Pour tirer actuellement les conséquences relatives aux principes des positions, on observera premièrement que l'armée des ennemis devait naturellement camper sur le rideau parallèle à la position de l'armée de Soubise, en appuyant sa droite à Hallershausen et sa gauche en arrière du village de Rothenditmal, et que son général s'étant aperçu que cette gauche se trouverait découverte, l'avait très judicieusement effacée de façon à n'y plus rien craindre.

On jugera en second lieu de l'avantage qu'il obtint, en marchant sur une seule colonne, de se trouver en ordre de bataille et toujours prêt à faire face aux troupes qui auraient voulu l'attaquer, comme on va le voir.

La disposition de marche des ennemis ne laissait absolument que la liberté d'inquiéter leur arrière-garde, car leur armée marchant en colonne par des hauteurs et pouvant, par un à-droite, se trouver en bataille sur chaque point, il aurait été imprudent de tenter une attaque sur leur front, puisqu'il aurait fallu monter par des penchants rapides et essuyer tout le feu de leur artillerie avant de s'en approcher à la portée du mousquet, et en se trouvant toujours au-dessous d'eux; il fallait donc se borner à toutes les dispositions relatives à l'attaque de leur arrière-garde, consistant à la suivre de près et à avoir des troupes disposées en échelons pour se soutenir mutuellement, d'autant mieux qu'on ne pouvait pas craindre qu'ils pussent revenir sur Cassel et qu'il y avait apparence que quelque embarras aurait pu ralentir leur marche.

S'il y a beaucoup d'inconvénients, dans un pays de plaines et couvert seulement de quelques rideaux accessibles, à disposer la retraite d'une armée sur une seule colonne, par le peu de front qu'elle peut présenter à son arrière-garde, il y a beaucoup d'avantages à se servir de cette méthode dans les montagnes quand on a la hauteur, et surtout quand on se trouve borné à des passages déterminés, et que l'ennemi ne peut pas se présenter à l'arrière-garde sur un plus grand front qu'elle.

Lorsque les ennemis sortirent de leur camp pour venir se mettre en bataille sur le plateau de Sandershausen, s'ils étaient descendus pour attaquer le corps de M. de Chevert, ils l'auraient battu, car on travaillait encore au pont de la Fulde pour le passage de l'armée qui se trouvait campée sur la rive gauche, n'ayant à la rive droite que le corps de M. de Chevert et les campements de l'armée qui ne commençaient qu'à déboucher; et ils auraient d'autant mieux hasardé qu'ils se seraient trouvés sur le chemin de Witzenhausen pour se retirer, ce qui leur aurait évité l'inconvénient de se trouver eux-mêmes compromis à l'affaire de Lutzelberg, où ils devaient naturellement perdre toute leur armée, et qu'il y a eu beaucoup d'imprudence de leur part de s'être mis dans le cas d'être forcés à combattre dans un terrain si étroit et duquel ils ne pouvaient faire leur retraite que par un seul chemin subordonné aux hauteurs du champ de bataille, en l'abandonnant, et de n'avoir pas pris le parti de se retirer sur la rive droite de la Wera pour en défendre le passage et couvrir les pays de Gottingen, d'Eimbeck et de Hanovre.

Que par la disposition du terrain à la droite de l'armée de Soubise, sur lequel les troupes de M. de Chevert auraient combattu, il n'y avait que très peu d'espace à parcourir pour se trouver sur le plateau ZZ, d'où on aurait passé par les armes ce qui se serait trouvé sur le chemin de Munden et forcé par conséquent les ennemis à tenter le passage de la Fulde aux environs de Boonafort ou à mettre bas les armes et à se soumettre à la discrétion du vainqueur.

On observera encore : que les troupes de la droite ayant un grand espace à parcourir, il aurait été plus avantageux de retarder l'attaque générale d'un jour pour leur donner le temps d'aller prendre une position plus rapprochée sur les hauteurs de Landwerhagen, où elles auraient été en sûreté, car par cette précaution on aurait combattu de meilleure heure et l'inconvénient de la nuit n'aurait pu faire un avantage pour l'ennemi ;

Qu'il y eût eu beaucoup d'inconvénients à ne s'être pas avancés sur Landwerhagen en ordre de bataille, puisqu'il fallut plus de deux heures à l'officier général du jour pour s'y mettre en présence de l'ennemi, qui aurait pu profiter de cette espèce de désordre, et qu'il est de la plus grande importance de ne jamais s'écarter de cette règle qui dépend toujours de l'état-major des logis.

DÉTAIL DE LA BATAILLE DONNÉE LE 10 OCTOBRE 1758 ENTRE L'ARMÉE DU ROI, COMMANDÉE PAR M. LE PRINCE DE SOUBISE, ET L'ARMÉE HANOVRIENNE ET HESSOISE, COMMANDÉE PAR LE GÉNÉRAL D'OBERG ET M. LE PRINCE D'ISSEMBOURG, PRÈS LUTZELBERG, DANS LE PAYS DE HANOVRE, ENTRE CASSEL ET MUNDEN.

Le corps de troupes aux ordres de M. de Chevert, venant de l'armée du Bas-Rhin, et composé de six bataillons français, quinze bataillons saxons et quatorze palatins, de dix-huit escadrons de cavalerie, six escadrons de hussards, de la légion royale et des volontaires de Flandre, étant arrivé près de Cassel le 8 octobre, et les troupes commandées par M. le duc de Fitz-James au nombre de dix bataillons et douze escadrons, venant aussi de l'armée du Bas-Rhin, devant joindre le lendemain, M. le prince de Soubise, instruit que les ennemis attendaient aussi quelques secours de l'armée de M. le prince Ferdinand, pensa qu'il était nécessaire de ne pas perdre un moment à marcher sur eux; il fit passer la Fulde le 9 à son armée sur cinq colonnes dans le dessein d'attaquer le lendemain, avec toutes ses forces réunies, les ennemis campés sur la hauteur de Sandershausen dans un poste que l'on peut regarder comme inattaquable, à moins d'une supériorité infinie.

L'armée campa le même jour à une demi-lieue de l'ennemi près du village de Bettenhausen, la droite vers la montagne, la gauche à la Fulde, le ruisseau de Bettenhausen sur le front; les troupes de M. de Chevert formant la droite de l'armée, toute sa cavalerie ayant l'aile droite, la cavalerie de M. le prince de Soubise forma l'aile gauche.

La légion royale, les troupes de Fischer, vingt compagnies de grenadiers, vingt piquets, quatre cent soixante carabiniers de la cavalerie furent détachés, à la pointe du jour, aux ordres de M. le marquis de Voyer, pour faire l'avant-garde de la droite de l'armée; les campements, trois cents hommes d'infanterie, deux cents chevaux, le régiment de Royal-Nassau, aux ordres de M. le comte de Lanion, faisant l'avant-garde de la gauche; le détachement de M. le marquis de Voyer était destiné à attaquer le village de Heilingerode que les ennemis occupaient

26

en avant de leur flanc gauche et à devancer ensuite M. de Chevert pour former la tête de l'attaque de la droite.

Au moment où les ennemis virent déboucher M. le marquis de Voyer et les campements, leur cavalerie monta à cheval avec la plus grande diligence et leur infanterie se mit en bataille à la tête de son camp qui resta tendu; peu après les colonnes débouchèrent à la rive droite de la Fulde; l'ennemi traversa de son côté sur différentes colonnes les bois qui couvraient le front de son camp, et prit sur le plateau de Sandershausen une position dans laquelle il paraissait vouloir recevoir le combat, ayant sa droite à l'escarpement de la Fulde, sa gauche au bois et à l'escarpement d'un ravin profond qui la couvrait, le ruisseau de Sandershausen sur son front au bas du plateau que sa position couronnait; toute son infanterie était sur deux lignes et sa cavalerie derrière.

M. le prince de Soubise fit attaquer le village d'Heiligenrode, il n'y eut qu'une faible résistance; aussitôt après il fit camper l'armée; les ennemis s'étendirent et restèrent en bataille pendant une partie de la journée, mais voyant qu'il n'était pas question d'attaque, ils retournèrent sur le terrain de leur camp où ils restèrent au bivouac.

Le projet de M. le prince de Soubise était d'attaquer le lendemain, toutes les dispositions étaient faites : M. de Chevert avec les troupes qu'il avait amenées et l'avant-garde de M. le marquis de Voyer, faisant vingt-cinq bataillons, y compris les troupes saxonnes aux ordres de M. le comte de Lusace et dix-huit escadrons, devaient tourner la gauche des ennemis et prendre les derrières de leur position; M. le duc de Fitz-James avec dix bataillons et six escadrons (la brigade d'Aquitaine était restée à la gauche de la Fulde) devait faire son attaque entre celle de M. de Chevert et celle de M. le prince de Soubise qui s'était réservé d'attaquer la droite de l'ennemi sur le plateau de Sandhershausen.

M. de Chevert, pour remplir l'objet de son attaque, était obligé de faire deux lieues par un pays couvert de bois et de chemins fort difficiles; il se mit en marche le 10, à 3 heures du matin, avec M. le comte de Lusace.

M. le duc de Fitz-James, qui était venu camper le 9 au soir, près de Waldau, à un quart de lieue derrière l'armée, se mit en marche à la pointe du jour pour se porter à la droite des troupes de M. le prince de Soubise.

M. le duc de Broglie, M. le comte de Lanion et M. le marquis de Castries furent détachés avant le jour pour marcher sur la gauche avec les hussards de Berchini, le régiment de Royal-Nassau, les dragons d'Apchon, les brigades d'infanterie de Rohan, de Valdner, la brigade du Commissaire Général et quarante compagnies de grenadiers.

Pendant la nuit, les ennemis avaient commencé leur retraite à la faveur des bois et des ravins qui couvraient leurs mouvements et sous la protection du corps qu'ils avaient laissé sur le plateau de Sandhershausen, lequel fermait tous les abords de leur position.

M. le prince de Soubise ayant eu au point du jour avis certain de leur retraite, M. le duc de Broglie marcha à Sandhershausen, qui se trouva évacué, et monta sur le plateau; en même temps M. le prince de Soubise mit l'armée en marche, elle partit sur six colonnes, indépendamment de deux du corps de M. de Chevert, et passa le ruisseau de Bettenhausen. La disposition avait été faite conséquemment à celle de l'ennemi quand il occupait le plateau; l'objet devenu différent, on en fit une nouvelle en marchant, les changements qui se firent dans la marche ne la ralentirent point et au contraire l'accélérèrent; on se trouva sur huit colonnes après avoir passé le ruisseau de Sandhershausen.

M. le duc de Broglie, arrivé sur le plateau, y trouva dans les bois les chasseurs des ennemis qui ne tinrent pas, il marcha avec la plus grande diligence vers Landwerhagen, les ennemis l'avaient entièrement abandonné et étaient en pleine marche vers Munden; le passage étroit qui y conduisait et les bois qu'ils avaient à y traverser par un seul bon chemin leur fit craindre, en voyant arriver M. le duc de Broglie, d'être attaqués pendant leur marche. Ils se résolurent à combattre; leur armée se mit en bataille avec beaucoup de célérité, leur infanterie sur deux lignes ainsi que leur aile droite de cavalerie, leur cavalerie de l'aile gauche derrière leur infanterie de la gauche, leur droite était appuyée à des bois clairs et à des hauteurs qui leur étaient favorables; le village de Lutzelberg se trouvait derrière leur centre, leur front était couvert par un ravin assez profond et large ayant les pentes douces, dans le fond étaient des prairies marécageuses en quelques endroits et un ruisseau fort difficile à passer pour la cavalerie dans presque toute son étendue. M. le duc de Broglie, ne pouvant encore être soutenu par l'armée, se contenta de faire agir son canon qui ralentit un peu les dispositions de l'ennemi; il arrangea ses troupes de façon à pouvoir attendre en sûreté l'armée sans se compromettre et sans rien engager, et s'occupa pendant ce temps à reconnaître la position que l'armée pouvait prendre pour se mettre en bataille.

M. le duc de Broglie, arrivant à Landwerhagen, sut que M. de Chevert, qui avait continué sa marche, arrivait à hauteur de lui à environ trois quarts de lieue sur sa droite et à pareille distance du flanc gauche de la nouvelle position des ennemis, laissant le village de Bettenrode à sa gauche, et que M. de Fitz-James marchait à hauteur de l'armée, entre elle et M. de Chevert, et se dirigeait à travers l'ancien camp des ennemis sur le village de Bettenrode.

M. le prince de Soubise, instruit par M. le duc de Broglie du mouvement et de la nouvelle position des ennemis ainsi que de la situation de leurs troupes près Landwerhagen, joignit de sa personne M. le duc de Broglie, reconnut les ennemis et décida la position que prendrait l'armée; il ordonna de hâter la marche, ce qui se fit avec le plus grand ordre; jamais les troupes ne l'ont mieux observé et n'ont montré plus de zèle et d'ardeur : l'artillerie, qui était partagée à la tête de chaque colonne d'infanterie, a marché aussi vite que la cavalerie. A mesure que l'armée arrivait, M. le marquis du Mesnil, lieutenant général de jour, et M. le marquis de Lugeac, major général, la mirent en bataille sur le terrain choisi par M. le prince de Soubise, ayant sur son front les vallons et le ruisseau qui la séparaient de celle des ennemis, la gauche à des bois et des escarpements qui s'étendaient vers la Fulde, la droite vers le village de Bettenrode, Landwerhagen derrière la gauche; les haies de ce village furent occupées par la brigade de Waldner et neuf bataillons de troupes de Wirtemberg; on plaça la brigade de Rohan entre le bois et l'aile gauche formée par la gendarmerie, ayant derrière elle les brigades du Commissaire Général et de Wirtemberg, le tout aux ordres de M. le prince Camille, lieutenant général, et de MM. de Puységur, de Rougrave et de Besons, maréchaux de camp. La deuxième ligne de l'infanterie était commandée par M. le marquis de Crillon; l'infanterie de M. le duc de Fitz-James, marchant à hauteur, vint se former à la droite de l'infanterie de M. le

prince de Soubise; sa cavalerie, les dragons et la brigade de Royal-Allemand, aux ordres de M. de
Champignolles et du chevalier de Montbarrey, maréchaux de camp, étaient en troisième ligne
et se trouvaient moyennant cela derrière le centre de la position générale; M. de Chevert de
son côté avait continué sa marche, M. le marquis de Voyer avec son avant-garde avait passé
dès la pointe du jour le ravin de Dalheim et gagné les hauteurs de Sichelstein; et dans la
marche M. de Chabot battit les troupes légères des ennemis avec perte d'environ cent hommes
tués ou blessés. M. de Chevert arrivé à hauteur de M. le duc de Fitz-James, laissant à un
petit quart de lieue à sa gauche le village de Bettenrode auquel appuyait la droite de l'infanterie de M. de Fitz-James, mit ses troupes en bataille sur deux lignes, toute la cavalerie en
troisième ligne, le pays couvert de bois ne lui permettant pas dans le moment de la placer
à sa droite. Il était une heure après midi lorsque toutes les troupes des trois corps se
trouvèrent en bataille; l'espace circulaire que les corps de MM. de Chevert et de Fitz-James
parcouraient pour embrasser la nouvelle position des ennemis était long, M. de Chevert avait
encore une grande demi-lieue pour arriver au point par lequel il pouvait tomber sur le flanc
gauche des ennemis; on était convenu que la gauche et le centre de l'armée ne s'ébranleraient
que lorsque M. de Chevert serait au moment d'attaquer. A 2 heures, M. le prince de Soubise
envoya ordre de déboucher et ce fut le moment où l'artillerie placée par M. le chevalier Pelletier,
secondé par MM. de Guiol et de Saint-Auban, sur tout le front de la ligne dans des emplacements
avantageux, commença son feu sur tous les points de la position des ennemis auxquels elle
pouvait atteindre. Jamais le canon ne fut servi avec plus de vivacité; les ennemis n'en avaient
que quelques pièces à leur centre sur une petite éminence très avantageuse, le reste était déjà
sur le chemin de Munden.

Quelques temps après que M. de Chevert se fut mis en marche, M. le prince de Soubise fit
ébranler M. le duc de Fitz-James avec son infanterie, laissant le village de Bettenrode à sa
droite, pour passer le vallon qui nous séparait des ennemis et marchant au bois dans lequel on
voyait défiler quelque infanterie de leur gauche. M. de Chevert arriva aux ennemis à 2 heures trois
quarts, il les attaqua sur-le-champ; eux, le voyant entrer dans le bois qui couvrait leur
flanc gauche et craignant avec raison pour leurs derrières, dégarnirent leur droite et portèrent
la plus grande partie de leurs troupes vers leur gauche. Ils se présentèrent en force à la sortie
du bois que M. de Chevert avait fait traverser à ses troupes sur trois colonnes : celle de la droite
composée de la brigade de Belsunce, commandée par M. le prince de Rochefort, brigadier, et
celle des Palatins, conduite par M. le prince d'Hostein, maréchal de camp au service de l'Électeur
palatin, faisant dix bataillons; celle de la gauche composée de douze bataillons saxons ayant
à leur tête M. le comte de Lusace, M. le baron d'Hyrn, lieutenant général, MM. de Golberg
et de Kleinenberg, maréchaux de camp.

La cavalerie fut formée derrière les trois colonnes : la brigade des cuirassiers, commandée
par M. le marquis de Saint-Jal, ayant la droite; celle de Dauphin, commandée par M. le chevalier de Périgord, ayant la gauche, et celle de Royal-Piémont, commandée par M. de Bourbon-
Busset, fermant la marche.

M. de Chabot avec toutes les troupes légères marchait sur le flanc droit.

Les ennemis se voyant pressés par cette disposition prirent le parti de faire avancer une colonne nombreuse pour attaquer M. de Chevert et l'empêcher de déboucher dans la plaine; M. de Chevert, après avoir fait canonner cette colonne par son artillerie composée de quarante-deux pièces, qui fut servie pendant l'action avec toute la vivacité et l'intelligence possibles, fit avancer MM. de Voyer et de Bellefonds qui étaient à la tête de la cavalerie et leur ordonna de charger cette colonne, ce qui fut exécuté avec la plus grande vigueur, et c'est à cette charge que M. de Voyer fut blessé.

Il y avait à la tête de chacune des deux colonnes d'infanterie une avant-garde de dix compagnies de grenadiers : celle de la gauche, composée de troupes saxonnes, était commandée par M. le comte de Solens, et celle de la droite par M. le vicomte de Belsunce; ce dernier ayant été grièvement blessé, M. le chevalier de Groslier, maréchal de camp, qui commandait la colonne, prit sa place.

L'infanterie ennemie s'étant partagée pour attaquer la colonne de la droite en même temps qu'elle marchait contre notre cavalerie, soutenue de la sienne, M. le chevalier de Groslier fit charger par les compagnies de grenadiers ce qui se portait sur la tête de sa colonne et en même temps fusiller en flanc par le bataillon de Belsunce ce qui restait de la cavalerie. Les grenadiers saxons attaquèrent aussi cette infanterie de flanc, tandis que les bataillons de la même nation firent face à la hauteur. Ces moyens réunis et l'audace de toutes nos troupes déterminèrent le succès du combat dans cette partie; alors la cavalerie déboucha dans la plaine et s'y mit en bataille pour faire face à celle des ennemis, qui s'avança en bon ordre pour favoriser la retraite de la colonne d'infanterie et rétablir le combat; cette cavalerie fut également pliée et tant que la bataille a duré elle a toujours eu le même sort à plusieurs reprises différentes.

Pendant ce temps les Saxons qui formaient la colonne de la gauche attaquèrent la montagne de Stodberg formant un mamelon où les ennemis avaient placé plusieurs batteries et un gros corps de troupes qui dominait la plaine par laquelle nos colonnes débouchaient. M. le comte de Lusace chargea M. le baron d'Hyrn de prendre la hauteur à revers tandis qu'il attaquerait de front; cette disposition audacieuse et militaire, après un combat très opiniâtre, les rendit maîtres de la hauteur et du canon qui y était établi; alors la victoire ne fut plus balancée, quoique les ennemis fissent encore plusieurs tentatives pour nous arrêter et favoriser leur retraite.

L'attaque de M. de Chevert fut le signal auquel l'armée s'ébranla; la cavalerie de l'aile gauche se porta en avant avec la plus grande vivacité, mais elle trouva dans le passage du vallon et du ruisseau des obstacles qui ne lui permirent pas de les passer avec autant de diligence qu'il aurait été à désirer; les brigades de Piémont, de Castellas et d'Alsace, aux ordres de MM. d'Orlick et de Waldner, qui furent les premières que M. le prince de Soubise fit marcher, franchirent les obstacles avec une vivacité sans égale et marchèrent avec une telle ardeur qu'en un instant elles eurent gagné, avec leur canon, la butte du rideau opposé; le reste de l'infanterie en fit de même; il est difficile de concevoir avec quelle célérité l'artillerie se porta aussi de l'autre côté du ruisseau, on l'a vue partout marcher aussi vite que les troupes.

Le premier moment du succès de M. de Chevert avait été celui de la retraite générale de toutes les parties de l'armée ennemie, celle des troupes qu'il attaqua fut une véritable déroute, les autres se retirèrent assez tôt et assez vite pour que M. le duc de Fitz-James, qui arrivait au bois pendant l'attaque de M. de Chevert, n'ait plus vu en arrivant de l'autre côté du ruisseau que quelques troupes de cavalerie et de fuyards que le canon seul pouvait atteindre. Il n'est guère possible de voir un feu pareil à celui que firent de leur côté les pièces des régiments et celles du parc, même celles de 12, qui précédaient au galop notre infanterie. La nuit seule, qui survint au moment où toutes les troupes arrivaient à hauteur de Lutzelberg, a sauvé ce qui restait de cavalerie ennemie dans la plaine et une partie de l'infanterie.

L'obscurité de la nuit, l'impossibilité de tourner le bois pour se porter au débouché du chemin au delà des bois sur Munden, auquel ils touchent, n'a pas permis de couper la retraite des ennemis sur cette ville; M. le prince de Soubise avait envoyé des détachements considérables, même avec du canon, sur la rive gauche de la Fulde, pour incommoder la retraite des ennemis qu'ils faisaient le long de la rive droite; ce moyen a eu son effet, mais la nuit a de même empêché qu'il eût été aussi grand qu'on pouvait l'attendre.

On peut assurer néanmoins que la perte des ennemis est bien considérable; indépendamment de ce qui est resté de morts et de blessés sur le champ de bataille, on en a trouvé de tous côtés dans les bois et dans les villages; on a fait aussi beaucoup de prisonniers dans les bois pendant la nuit qui a suivi la bataille et on s'est emparé dès le soir même de toute leur artillerie qu'ils avaient abandonnée sur le chemin de Munden.

Toute l'armée fut arrêtée à l'endroit où elle s'est trouvée à la nuit, elle y est restée en ordre de bataille, la gauche vers la Fulde, la droite aux bois qui tombent sur la Wera, Lutzelberg derrière le centre, Munden à une petite lieue en avant et séparée de cette ville par des bois.

Pendant la nuit, l'armée des ennemis a passé à Munden la rivière de la Wera et a continué sa fuite au delà des gorges et des montagnes; elle fut arrêtée à trois lieues au delà de Munden, près de Dransfeld; il parut confirmé par tous les rapports qu'elle était, au moment de la bataille, de vingt-trois à vingt-cinq mille hommes, tant en troupes hanovriennes, hessoises et de Brunswick.

Le 11 avant le jour, M. le prince de Soubise a fait suivre les volontaires et les troupes légères qui étaient déjà dans le bois par les brigades de Piémont, de Rohan et de Castellas, les dragons et le régiment de Royal-Nassau aux ordres de M. le marquis de Crillon et de M. le comte d'Orlick; on est arrivé de grand matin à Munden, il était abandonné, mais on y a trouvé un grand nombre de blessés, quoique pendant la nuit les ennemis en aient fait descendre beaucoup dans des bateaux par le Weser; on y a trouvé aussi beaucoup d'effets de toute espèce appartenant aux ennemis.

RÉFLEXIONS.

Au moment qu'on s'aperçut que la gauche de M. d'Oberg marchait pour se rapprocher de M. d'Issembourg, on dut penser que les ennemis avaient projeté leur retraite et qu'elle ne pouvait se diriger que sur les hauteurs de Landwerhagen à Lutzelberg en passant la Fulde, et sur celle qui bordait la rive droite de la Wera en passant le Weser, car ils ne pouvaient pas s'empêcher de défendre les unes et les autres de ces hauteurs, à moins de laisser à découvert toute la partie de Gottingen, d'Eimbeck, de Hameln et successivement le pays de Hanovre, de Brunswick, d'Halberstadt, et cette opinion devait naturellement conduire à la précaution de faire marcher quelques troupes sur celles de Landwerhagen en disposant la marche de l'armée de façon à pouvoir les soutenir, ce qui aurait nécessairement forcé les ennemis à passer le Weser et aurait encore donné la facilité de se porter sur Munden et Witzenhausen pour se conserver un moyen de passer la Wera.

1° On employa près de deux heures pour mettre l'armée en bataille, parce que les colonnes par lesquelles elle s'était avancée sur les hauteurs de Landwerhagen n'étaient pas disposées selon l'ordre de bataille; ce qui formera toujours un grand inconvénient quand on négligera cette attention, car dans la circonstance de cette bataille il aurait été nécessaire que les mouvements du corps de M. de Chevert, de celui de M. de Fitz-James et de l'armée eussent été combinés de façon à se faire ensemble, ce qui aurait empêché les ennemis de pouvoir faire aucune disposition de retraite, car n'ayant qu'un seul chemin pour se retirer et se trouvant développés sur une grande étendue, puisqu'ils avaient opposé des troupes tant sur le front de l'attaque de M. de Chevert que sur celui de la direction de marche de M. de Fitz-James et sur le front de l'armée, comment auraient-ils pu gagner le débouché M de cet unique chemin.

2° Si M. de Chevert avait fait descendre un détachement à moitié penchant par sa droite, ce détachement aurait passé par les armes tout ce qui aurait été dirigé par le chemin de Munden et il ne serait resté de ressources aux ennemis que dans le passage de la Fulde près Bonnafort, qui n'aurait pu se faire que très difficilement, n'y ayant pas des ponts préparés et cette rivière n'étant guéable que sur quelques points.

3° Si la marche des troupes de M. de Fitz-James avait été plus prompte et qu'en conséquence l'armée se fût portée une heure plus tôt en avant, on aurait culbuté tout ce qui serait resté de l'armée de M. d'Oberg sur le champ de bataille.

4° Il y eut une très grande imprudence de la part des ennemis de combattre sur un terrain d'autant plus étroit que le penchant de la montagne sur lequel était le seul chemin par où ils auraient pu se retirer se trouvait rapproché et touchait le derrière de leur seconde ligne, et que si les mouvements de l'armée de Soubise eussent été plus prompts, M. d'Oberg n'aurait pas pu profiter de l'obscurité de la nuit et se serait mis dans le cas de perdre toute son armée.

EXEMPLE V.

AFFAIRE DE BERGEN. — 1759.

Le camp de Bergen, qu'occupa M. le duc de Broglie au commencement de la campagne de 1759, appuyait sur sa droite en arrière du village de Bergen dont la position sur une hauteur était très avantageuse, et cette droite devait par conséquent être regardée comme un point contre lequel l'effort des ennemis deviendrait inutile; mais comme la direction selon la ligne d'équerre sur le principal débouché avait donné une gauche un peu faible et qui s'était trouvée enfilée par le bois de Vilbel, ce général prit très judicieusement le parti de l'effacer, d'où suivit l'échec des ennemis, car l'armée française était très inférieure à celle du prince Ferdinand et M. le duc de Broglie n'avait pas encore reçu les secours qu'il attendait, lorsque les ennemis arrivèrent à portée de son armée et commencèrent leur vigoureuse attaque. (Planche n° 24.)

Il est aisé d'apercevoir que, par cette disposition, il ne restait aucun moyen d'attaque à l'ennemi : 1° parce que s'il avait voulu s'avancer sur la droite, il aurait prêté le flanc à la hauteur sur laquelle le village était situé; 2° que les débouchés par les bois de Vilbel et penchants de la rive gauche de la Nidda, qui faisaient la gauche de M. de Broglie, devenaient impraticables par les précautions que le général avait prises d'y établir les Saxons, et enfin que le camp pris de cette façon sur un plateau bordé à sa droite et à sa gauche par deux penchants également faciles à défendre présentait des obstacles insurmontables; que par conséquent l'entreprise de M. le prince Ferdinand était peu réfléchie, et que, s'il avait pris le parti de s'avancer par la rive haute de la Nidda entre Francfort et Mayence, il aurait fait une diversion plus militaire et qui aurait nécessairement déposté M. le duc de Broglie.

On voit encore, par une affaire générale, l'importance du premier principe des positions et l'avantage qu'il y a eu d'avoir prévu d'avance et préparé les différentes positions à prendre par les quatre suppositions indiquées page 77, et combien il est essentiel de ne pas s'écarter du principe d'avoir plusieurs positions reconnues.

En réfléchissant sur l'étendue comprise entre la Lahn et la Quinth, on s'apercevra que si l'ennemi s'était trouvé à portée de la première rivière, il n'aurait pu arriver sur la Quinth qu'en deux marches forcées, et M. le duc de Broglie n'en avait eu qu'une de Friedberg à Bergen; mais si l'ennemi avait occupé une position à peu près au centre de l'intervalle de la Lahn à la Quinth, dans ce cas, les deux premières positions indiquées à la droite et à la gauche de Friedberg auraient été trop éloignées de celle de Bergen et il aurait été convenable de prendre la troisième qui se trouvait également éloignée de Johannisberg et de Bergen, n'étant qu'à une demi-marche de l'une et de l'autre. Il sera facile aussi de reconnaître, par le succès de cette affaire, que ce n'est pas toujours le nombre des troupes qui décide du gain d'une bataille mais bien les avantages d'une bonne position, puisque le renfort que devait recevoir M. le maréchal de Broglie n'avait pu arriver et que cela n'empêcha pas de battre les ennemis.

EXEMPLE VI.

AFFAIRE DE LA TURBIE. — 1746.

Après la retraite d'Italie en 1746, qui se fit successivement sans entreprise de la part des ennemis, par les côtes de Gênes, jusqu'au comté de Nice, il fut question de prendre une position telle que l'armée combinée de France et d'Espagne ne fût plus sujette à des mouvements rétrogrades; le sieur Bourcet ayant été provoqué pour en indiquer une, proposa celle qu'il avait reconnue en 1744, et que S. A. S. Mgr le prince de Conti fit prendre à son armée; cette position avait sa droite à la Turbie en occupant Notre-Dame-de-Laghet, son centre à Drap sur le Paillon et à Castelnovo, et sa gauche à Levenzo. On chargea cet officier d'aller y placer les troupes.

M. de La Mina l'ayant été reconnaître vingt-quatre heures après sur tous les points, la trouva si respectable qu'il dit à M. le maréchal de Maillebois que pour le coup il était assuré de la défense du comté de Nice et qu'on serait trop heureux si les ennemis se hasardaient de les y venir attaquer. (Planche n° 15.)

M. le maréchal de Maillebois, malgré ce témoignage, ne crut pas devoir se dispenser de l'aller reconnaître par lui-même, et il en revint si persuadé de sa bonté qu'il écrivit à M. d'Argenson d'assurer le Roi que son armée se soutiendrait dans le comté de Nice contre toutes les forces de l'ennemi quand même elles seraient portées au double de leur nombre.

Dans cette situation les deux généraux paraissaient fort tranquilles. La disposition des troupes de l'armée combinée était d'avoir six bataillons à la droite, six bataillons au centre, six bataillons à la gauche, et le reste de l'armée campé à Saint-Pons.

Les ennemis étaient au nombre de cinquante bataillons, leur disposition était d'avoir une avant-garde de quinze bataillons, qui, après avoir toujours marché à portée de l'arrière-garde de l'armée combinée, prît les positions de Luceram, de Berra et de l'Escarène; le gros de leur armée, qui était resté jusqu'au 11 octobre à portée de Vintimille, qu'on avait abandonnée à ses propres forces avec une garnison de cent cinquante hommes, semblait se préparer au siège de son château; mais le 11 au soir il s'avança jusqu'à Menton.

Dans la confiance qu'on avait de la bonté de la position de l'armée combinée, M. le maréchal de Maillebois et M. le marquis de la Mina convinrent de faire marcher le 13, deux heures avant le jour, six cents hommes de la gauche sur Coaraze, six cents hommes de Castelnovo sur Bendejun, deux mille de Drap sur Berra, six cents de Notre-Dame-de-Laghet sur Peille, et deux mille de la Turbie sur Roquebrune, pour tâter les postes avancés des ennemis et prendre quelques positions qui pussent permettre de donner plus d'étendue à une disposition d'attaque pour le lendemain.

L'officier général qui commandait à la Turbie s'étant avancé le 13 sur la direction du chemin de Gorbio jusqu'au point A, fut surpris en voyant de la hauteur l'armée des ennemis, qui avait fait un mouvement pendant la nuit, camper à Gorbio, et une colonne de leurs troupes marchant par les hauteurs B dans la direction de Peille, ce qui lui fit craindre d'être attaqué par sa gauche et le détermina à se retirer à la Turbie avec toutes ses troupes pour y faire la disposition, sans prendre la précaution de laisser un détachement au point A où il s'était fait voir, et sans réfléchir qu'on ne pouvait être tourné que par la chapelle San-Brancasio, à l'extrémité du défilé de Peille, où cinquante hommes auraient suffi pour arrêter une armée.

Les ennemis, qui avaient aperçu son détachement, l'ayant vu disparaître, en firent marcher un pour reconnaître, et l'officier qui le commandait étant arrivé au pont A qui se trouvait au pied des hauteurs de Saint-Hibéry, monta sur la montagne et marcha à la faveur du brouillard jusqu'au mont de Laghet (*mont Agel*), suivant toujours le dos du sommet de la montagne; le capitaine commandant les cinquante hommes de troupes d'Espagne, à qui on avait confié la garde de cette montagne, se retira sans tirer un coup de fusil, au moyen de quoi ce poste fut occupé sur-le-champ par le détachement ennemi, dont le commandant ayant averti son général, l'armée ennemie se mit en marche pour le venir occuper, et d'où ne trouvant plus d'obstacle, elle descendit sur le champ de bataille qui dominait de très près la Turbie.

M. de Tombœuf, chargé de défendre la grande redoute qu'on y avait construite, hésita, l'attaque fut vive, et malgré les postes que les ennemis avaient disposés pour l'investir, on trouva moyen de la renforcer de quatre compagnies de grenadiers et d'autant de piquets; mais le nombre des ennemis s'étant beaucoup augmenté, le commandant de la Turbie ordonna à M. de Tombœuf

27

de se retirer, ce qu'il fit à travers les rochers, et il déroba sa marche à la connaissance des postes ennemis.

La chose en cet état, il n'était plus possible de se soutenir à la Turbie, il est même étonnant que les ennemis maîtres du champ de bataille y aient souffert, pendant la nuit du 13 au 14, les troupes de l'armée combinée. M. le maréchal de Maillebois envoya ordre aux troupes de se retirer, ce qui fut exécuté le 14 à la pointe du jour, sur le penchant oriental de la montagne d'Eze, d'où elles marchèrent sur le col d'Eze et successivement sur le mont Gros, observant facilement de laisser cinq cents hommes au Colimaçon, trois cents hommes sur le plateau bas où débouche le petit chemin qui communique du col d'Eze à la Trinité, et deux bataillons à Notre-Dame de Laghet.

Les postes de Levenzo, de Castelnovo et de Tourette furent abandonnés, les troupes de la gauche se retirèrent à Aspremont, celles du centre à Falicon, de façon que le 15 toute l'armée occupa cette nouvelle position.

Le 16, les ennemis vinrent attaquer le Colimaçon au-dessus du mont Gros et furent repoussés; on avait même résolu de les attaquer à la Justice d'Eze, mais la résolution fut prise trop tard et la nuit arriva : on tint un conseil de guerre le 16 au soir, par lequel il fut décidé d'abandonner le comté de Nice, et en conséquence le 17 toutes les troupes restèrent en bataille le long du chemin de Saint-Laurent, à Simiés, Saint-Pons, Reimier et Falicon; on dispersa deux arrière-gardes, l'une de quinze compagnies de grenadiers et quinze piquets, la dernière de quatorze cents hommes, et le 17, à une heure de nuit, l'armée se mit en marche sur trois colonnes, l'une par les bords de la mer, l'autre par le grand chemin de Saint-Laurent, tandis que la gauche formait une troisième colonne à la droite des deux premières et marchait sur Saint-Isidore.

Les trois colonnes aboutirent au pont du Var, le passèrent successivement ainsi que les deux arrière-gardes, sans aucun obstacle de la part des ennemis, qui avaient cependant fait mine le jour de vouloir faire une disposition d'attaque.

Le 18 au matin toute l'armée eut passé le Var et campa sur la rive droite, on brûla tous les petits ponts avancés sur le Var et on ne conserva que celui près de Saint-Laurent jusqu'au 20.

OBSERVATIONS.

1° Puisque le poste du mont de Laghel était le seul qui couvrît la position dans cette partie, il fallait le garder avec plus de précautions et y avoir quatre cents hommes, ainsi que le portait l'instruction qu'on avait donnée à l'officier général commandant à la Turbie, qui, par complaisance pour les troupes, avait réduit le détachement à cinquante hommes, parce qu'il n'y avait ni eau ni bois; ce n'était pas là le cas de faire attention à ce défaut, on pouvait y en faire porter, et indépendamment de cette précaution, on devait y mettre un officier intelligent et vigoureux qui n'aurait pas manqué d'avoir un poste avancé sur le mont Saint-Hibéry dont la sommité formait une arête sur laquelle on pouvait tout au plus faire marcher trois hommes de front et qui par conséquent était d'une très bonne défense.

2° Quand on occupe un poste il faut en connaître l'avant, la gauche et la droite; par l'avant on aurait vu que celui-ci ne pouvait être attaqué, parce qu'il n'y avait point de largeur et que la gauche présentait des penchants très rapides que les ennemis n'auraient pu gravir devant des troupes postées;

3° Qu'en avant de la gauche se trouvait le ravin de Peille qu'on ne pouvait traverser que par un sentier pratiqué dans des escarpements aboutissant à la chapelle de San-Bonifacio, où cinquante hommes étaient plus que suffisants pour en défendre le passage, ce qui aurait dû faire évanouir toute inquiétude d'être tourné par cette partie.

S'il est avantageux de bien réfléchir sur le choix des positions, il est de la plus grande conséquence d'occuper des postes qui peuvent les couvrir, et c'est ici le cas d'observer qu'il y a une différence entre ce qu'on appelle position et ce qui se nomme poste; que dans la montagne il n'y a presque jamais de position qui ne soit subordonnée à des postes qu'il faut occuper indispensablement, et que dans les plaines on est plus ordinairement dégagé de ce soin; que dans tous les cas il faut que les officiers généraux qui commandent sur les droites et sur les gauches des positions soient instruits de tous leurs avantages ou inconvénients, afin de profiter des premiers et de prévenir les seconds par toutes les précautions possibles, car c'est du soutien des droites et des gauches que dépend celui des positions; que lorsque ces postes sont trop éloignés du camp et du champ de bataille, qui est ce qu'on appelle véritablement position, il en faut mettre d'intermédiaires et les disposer par échelons, de façon que les plus avancés puissent être renforcés et secourus suivant les circonstances.

Si l'officier général qui commandait à la Turbie eût connu le pays, il n'aurait eu aucune inquiétude sur sa gauche, puisque l'ennemi ne pouvait y déboucher que par un défilé au travers des escarpements et qu'en conséquence il n'y avait de précautions à prendre que sur sa droite dans la direction du chemin de Gorbio, et surtout à son centre par l'occupation en force du mont de Laghel qui se trouvait sur une hauteur qui dominait le camp ennemi; il n'avait rien à craindre d'y rester en s'y renforçant, puisqu'il pouvait voir de là tous les mouvements des ennemis, et qu'en se mettant entre le mont de Laghel et le chemin de Gorbio, il aurait pris en plaine tout ce qui aurait débouché par ce chemin et se serait assuré qu'on ne pouvait marcher ni rien entreprendre sur ses derrières.

Cet exemple prouve la nécessité de connaître tous les environs d'une position et de ne rien négliger sur cette connaissance.

On a vu que les généraux de l'armée combinée, dans la confiance de la bonté de la position, avaient écrit à leurs cours respectives qu'ils ne feraient plus de mouvements rétrogrades et qu'ils soutiendraient le comté de Nice contre tous les efforts de l'armée des ennemis, quand même elle aurait été portée au plus grand nombre de troupes, mais on a vu aussi que la perte d'un seul homme posté leur a fait perdre le comté de Nice, les a obligés de repasser le Var, et que, n'ayant pas défendu les bords de cette rivière, il en a résulté son abandon et l'entrée des ennemis en Provence.

Les officiers qui liront cet exemple y trouveront trois objets bien principaux pour leur instruction : 1° la nécessité de la connaissance du pays; 2° les précautions qu'on doit prendre dans les positions qu'on occupe; 3° combien il est dangereux pour un général d'assurer trop affirmativement le succès d'une attaque et d'une défense.

EXEMPLE VII.

ATTAQUE DES RETRANCHEMENTS DE MONTALBAN. — 1744.

L'armée combinée de France et d'Espagne s'étant rassemblée à Cagnes en Provence le 22 mars 1744, on fit marcher le même jour douze bataillons français ou espagnols sur le Var, savoir : six à Saint-Laurent et six à Carros, et le projet ayant été formé de passer cette rivière le 1ᵉʳ avril, on en disposa l'exécution de cette sorte : (Planche nᵒ 13)

Une colonne de cavalerie dirigée au gué entre Saint-Laurent et la mer, une première colonne d'infanterie vis-à-vis le village de Saint-Laurent, une seconde colonne d'infanterie entre le village de Saint-Laurent et le Puget, une troisième colonne vis-à-vis Saint-Isidore et la colonne de la gauche vis-à-vis le village d'Aspremont. Outre cela on avait envoyé quatre bataillons français aux ordres de M. de Courten, maréchal de camp, à Briançonnet, entre le Var et l'Esteron, qui eurent ordre de partir le dernier de mars pour se porter par Entrevaux sur Utelle, dont la position entre la Vésubie et la Tinée paraissait si importante qu'on la regardait comme un préalable à remplir avant de former aucun projet.

Toutes les colonnes suivant exactement leur direction, on passa le Var sans trouver aucune résistance de la part des ennemis, dont les petits postes se replièrent sans tirer aucun coup de fusil; on occupa le camp de Sainte-Marguerite et on poussa les grand'gardes jusqu'au petit Saint-Laurent.

M. de Kermahe, lieutenant-colonel réformé, aux ordres de M. de Givry, fut chargé d'attaquer le village d'Aspremont dont il se rendit maître, et M. de Courten n'ayant point exécuté l'ordre qu'on lui avait donné de marcher à Utelle, parce qu'on lui dit qu'il y avait un trop grand éloignement pour y pouvoir arriver au jour et à l'heure marqués, on fit marcher un détachement sur Levenzo, que les ennemis abandonnèrent, et on leur fit successivement abandonner Utelle comme le poste le plus essentiel pour assurer et couvrir notre gauche.

L'armée resta dans cette position pendant quelques jours; on reconnut le camp de Reimier et de Saint-Pons, les villages de Falicon et de Tourette, et on fit occuper la ville de Nice, dans laquelle les ennemis avaient tenu jusque-là cinq bataillons; après toutes les reconnaissances, comme elles n'avaient pas suffi pour reconnaître d'assez près les retranchements que les ennemis avaient faits sur les hauteurs de Montalban, autrement appelé Limaçon, il fut résolu de faire marcher l'armée au camp de Reimier et de Saint-Pons, ce qui s'exécuta sur trois colonnes : celle de la droite par le grand chemin de Saint-Laurent à Nice jusqu'au petit Saint-Laurent, d'où prenant la gauche, pour éviter la canonnade des vaisseaux anglais, elle entra dans son camp; celle du centre par le chemin de Saint-Isidore et le bassin de Saint-Jean; et celle de la gauche par le bassin d'Aspremont sur Falicon et les hauteurs de Reimier.

Le roi de Sardaigne n'avait dans le comté de Nice que vingt-six bataillons dont douze au camp volant étaient postés parallèlement au pourtour des retranchements et à un quart de lieue de distance, tantôt d'un côté et tantôt de l'autre, pour en défendre les approches et en empêcher la reconnaissance; les quatorze autres étaient destinés à la propre défense desdits retranchements qui bordaient toutes les hauteurs aux environs de Villefranche.

La partie de ces retranchements qui regardait Nice avait le fort de Montalban à son centre, un fortin appelé Matheus à sa gauche et le mont Gros à sa droite; le retour desdits retranchements qui regardait la Trinité appuyait sa droite au ravin en avant du mont Gros et se communiquait par plusieurs redans détachés jusqu'au mont Lens ou Colimaçon et à la hauteur des Capucins de Villefranche.

Leur situation étant sur des hauteurs dont les penchants pour la plus grande partie étaient inaccessibles, l'Infant, M. le prince de Conti et M. de la Mina cherchèrent, avant que d'en projeter l'attaque qui paraissait fort difficile, à les faire reconnaître de plus près pour en mieux voir la figure et les débouchés; il fallait pour cela déposter les douze bataillons des différentes positions qu'ils occupaient dans leur pourtour, et c'est ce qui détermina à faire marcher M. du Chatel, lieutenant général français, sur Castelnovo, dont il se rendit maître et d'où il dirigea sa marche sur Contes et sur Berra, qu'il assujettit sans résistance de la part des ennemis, malgré la bonté de leur situation, et d'où il se porta à l'Escarène.

M. de Pallavicini, qui commandait les douze bataillons piémontais, voyant le corps de M. du Chatel qui s'avançait du côté du col de Tende et craignant avec raison que ce même corps, en se portant sur Sospel, ne lui coupât la communication du Piémont par ledit col, jugea plus à propos d'abandonner les positions autour de ses retranchements et de marcher sur Sospel, tant pour assurer sa retraite que pour couvrir les débouchés du Piémont d'où il tirait ses subsistances.

Cette détermination fournit le moyen à M. du Chatel de s'avancer de l'Escarène à la Turbie par Peille, au moyen de quoi on ne trouva plus de difficulté à se communiquer avec Monaco dans la vue de s'en servir pour une diversion.

Ce premier succès des opérations de la campagne, par des manœuvres savantes et bien combinées, sépara les douze bataillons des quatorze, et l'armée combinée se plaça en échelons dans le milieu de l'intervalle qu'ils laissèrent entre eux et les bataillons qui défendaient les retranchements. Ce ne fut pas une petite faute de la part de M. le marquis de Suse, frère naturel du roi de Sardaigne, qui avait succédé à M. de Roque pour le commandement du comté de Nice; et on peut même établir en principe que ce fut ce défaut d'attention de la part de M. de Pallavicini, qui commandait les douze bataillons, qui contribua à la perte du comté de Nice et par conséquent de Villefranche, que les Anglais avaient un si grand intérêt à conserver et qui les avait engagés à employer de si grandes précautions pour sa défense.

Il est facile de comprendre qu'on eut, après la retraite des douze bataillons, plusieurs moyens de s'approcher des retranchements et de les reconnaître de très près sur tous les points de leur pourtour, et les seules difficultés qui restaient pour l'occupation de quelques hauteurs furent vaincues par les *fusiliers de montagne*, dont la valeur leur fit surmonter les plus grands obstacles et qui chassèrent les ennemis des points les plus rapprochés des retranchements et en même temps les plus favorables aux débouchés de nos colonnes, lorsqu'on en entreprit l'attaque.

Elle fut disposée sur six colonnes: celle de la droite commandée par M. d'Aremburu, la seconde de la droite par M. de Camposanto, la troisième par M. de Senneterre, la quatrième par

M. de Danois, la cinquième par M. du Cayla, et celle de la gauche par M. de Castelar ; la colonne de la droite avait une avant-garde commandée par M. de Mirepoix, qui fut chargé d'une première fausse attaque au fort Matheus ; la seconde de la droite avait une avant-garde commandée par M. de Bissy et était chargée d'une seconde fausse attaque au col de Villefranche ; celle de M. de Senneterre devait attaquer la batterie de la gauche du mont Gros ; celle de M. de Danois le milieu du mont Gros ; celle de M. du Cayla la batterie de la droite du mont Gros ; et celle de M. de Castelar, après avoir emporté le Colimaçon, devait attaquer le retour des retranchements à la gauche de M. du Cayla. L'attaque fut fixée au 13, et en conséquence on avait fait marcher les troupes à portée de leur direction de marche, savoir : M. de Castelar à Eze, M. du Cayla à Notre-Dame-de-Laghet, M. de Danois à la Badie, M. de Senneterre à Saint-Pons et MM. d'Aremburu et de Camposanto sur le château Vernier au-dessus de Simiés. Les colonnes se mirent en marche le 12 au soir : celle de M. d'Aremburu par le chemin de Villefranche, celle de M. de Senneterre par la montagne des Mignons, celle de M. de Danois sur la Trinité pour remonter par le chemin de mont Gros et dont l'avant-garde était commandée par M. de Villemur ; celles de MM. du Cayla et de Castelar par le chemin du col de Villefranche ; mais l'orage qui suivit fut si considérable que la rivière du Paillon ayant débordé en moins de deux heures d'intervalle, l'avant-garde de M. de Villemur et partie de la colonne de M. de Senneterre se trouvèrent séparées du reste de l'armée et n'ayant aucune ressource pour se communiquer. On fut contraint de renvoyer l'attaque au 16. Cet accident aurait été extrêmement favorable à l'armée combinée si les ennemis avaient osé sortir de leurs retranchements, car la partie du corps de M. de Senneterre et l'avant-garde de M. de Villemur ne composant pas un nombre de plus de quatre ou cinq mille hommes, il aurait été très facile aux ennemis de les battre, parce qu'elles ne pouvaient recevoir aucune espèce de secours de l'armée qui était sur la rive droite du Paillon, et les ennemis occupant les hauteurs qui la bordaient auraient pu les passer par les armes ; mais leur inattention de battre des patrouilles ou plutôt la négligence des officiers principaux de leur armée nous donna le temps d'attendre que les eaux du Paillon fussent écoulées et nous fit rester près de vingt-quatre heures dans la plus grande tranquillité au milieu du plus grand danger.

Le jour arrivé, pour effectuer ce que l'on n'avait fait qu'ébaucher le 13, on ordonna que la fausse attaque de la colonne de la droite au fort Matheus commençât à 11 heures et demie ou minuit et la seconde fausse attaque au col de Villefranche à 1 heure après minuit, afin d'attirer dans ces deux parties (où l'on n'avait pas dessein de percer) l'attention et les principales forces de l'ennemi ; et il fut convenu de donner le signal général de l'attaque à 3 heures par un grand feu disposé à la hauteur de Reimier, qui serait soutenu par trois fusées et auquel les colonnes de MM. de Castelar et de Senneterre devraient s'ébranler.

Ces fausses attaques commencèrent donc entre 11 heures et 1 heure et le signal de l'attaque n'eut lieu qu'à 3 heures du matin ; dans cet intervalle il y eut beaucoup de coups de fusil tirés de part et d'autre, et de fort loin, vis-à-vis des trois corps de la droite de l'armée combinée, jusqu'au moment où les ennemis s'étant aperçus du signal fait au mont de Parpaton, près du col d'Eze, et auquel on répondit de la hauteur de Reimier, firent marcher la plus grande partie de leurs troupes sur le front du mont Gros et renforcèrent le mont Lens, ainsi que la communication avec le mont Gros, ayant laissé cinq bataillons de réserve au col de Villefranche tant pour fournir à ces petites attaques que pour assurer la défense de ce débouché.

Dans cette disposition, les colonnes de MM. de Castelar, du Cayla, de Danois et de Senneterre marchèrent dans la direction de leur point d'attaque, mais la dernière ayant pris trop à gauche, croisa le chemin des deux autres, de façon qu'il n'y eut absolument que celle de M. de Castelar qui marcha à son véritable objet et qui força effectivement le Colimaçon, tandis que les trois autres colonnes, se trouvant comme confondues l'une dans l'autre, ne cherchèrent, quand le jour parut, qu'à se défiler des batteries des ennemis par le moyen des terrains disposés en amphithéâtre et soutenus de murailles au bas desquelles les troupes étaient à couvert du canon et de la mousqueterie; en sorte qu'excepté la colonne de M. du Cayla qui marcha sur sa communication du Colimaçon au mont Gros et qui occupa par ses grenadiers un plateau vis-à-vis la gauche du mont Gros, les colonnes de MM. de Danois et de Senneterre ne purent rien entreprendre.

Pendant que ce désordre régnait sur les colonnes du centre, les colonnes de MM. de Camposanto, d'Aremburu et de Mirepoix continuaient leurs fausses attaques, et ce dernier officier général ayant marché à travers le penchant occidental à dos d'âne sur lequel les forts Matheus et de Montalban sont construits et ayant établi par cette direction le moyen de passer entre Montalban et la batterie de la Mina, arriva au col de Villefranche où il surprit la plus grande partie des bataillons que les ennemis y avaient laissés en réserve et fit prisonnier de guerre M. le marquis de Suse, général des troupes piémontaises.

Un succès si inespéré donna donc le moyen aux troupes de MM. d'Aremburu et de Camposanto de marcher sur le col de Villefranche pour y renforcer le corps de M. de Mirepoix, et l'Infant ainsi que le prince de Conti, qui étaient au couvent de Pont, en ayant reçu la nouvelle, y firent marcher la réserve en envoyant sur-le-champ à MM. de Senneterre et de Danois l'ordre d'avancer sur leurs points afin de déterminer l'ennemi à mettre bas les armes, puisqu'il se trouvait pris à dos et qu'il ne pouvait plus lui rester aucun moyen de retraite; mais, soit que les ordres de ces princes soient arrivés trop tard, soit que ces deux officiers généraux aient trouvé trop de difficultés de déboucher en plein jour vis-à-vis des retranchements et des batteries des ennemis, ils ne marchèrent pas; et pour comble de malheur, la réserve et les troupes de MM. de Camposanto et d'Aremburu ayant suivi sans règle le mouvement de leur zèle et de leur confiance sur la faiblesse des ennemis, furent repoussées d'autant plus vivement que les ennemis, s'étant aperçus de l'inaction des colonnes qu'ils avaient à leur front et se voyant pris à dos, donnèrent de toutes leurs forces sur les petits pelotons de troupes qui s'étaient avancés sur eux par le derrière du mont Gros et les repoussèrent avec une si grande vivacité qu'en moins d'un quart d'heure tout ce qu'il y avait de nos troupes sur le col de Villefranche et sur le penchant intérieur du mont Gros prit la fuite et ne put se rallier que sur la rive gauche du Paillon aux environs de Nice, avec le désagrément d'essuyer des coups de canon des batteries dont l'ennemi s'était emparé.

Dans cette situation, les troupes se retirèrent dans leur première position, excepté les troupes de M. de Castelar qui se soutinrent sur le Colimaçon, et on regarda l'entreprise sur les retranchements de Montalban comme totalement échouée, malgré la prise de quatre ou cinq bataillons et de celle de leur général, M. de Suse; et on ne chercha plus qu'à tenter les moyens de faire monter du canon au Colimaçon, parce que de son penchant sud-ouest on enfilait la plus grande partie des retranchements du mont Gros; et effectivement les ennemis n'auraient pas tenu contre une batterie établie sur ce penchant, mais ils prévinrent cette opération et abandonnèrent leurs retranchements en s'embarquant la nuit à Villefranche, d'où ils passèrent à Oneille; et une des principales raisons qui les détermina à la retraite fut leur affaiblissement par la perte des cinq bataillons et par celle de beaucoup de leurs soldats qui furent tués ou qui désertèrent pendant l'affaire; en sorte qu'on ne retira que le lendemain le fruit des attaques et qu'on fut surpris bien agréablement lorsqu'on sut qu'il n'y avait plus personne dans les retranchements et qu'on pouvait procéder sans aucune difficulté aux sièges de Montalban et de Villefranche, auxquels on se disposa. Le premier se rendit dans vingt-quatre heures. On avait placé à cet effet une batterie de quatre pièces de vingt-quatre et de deux mortiers sur le col de Villefranche, à la fourche du chemin d'Eze; et Villefranche se rendit le lendemain après six heures de batterie de quelques pièces qu'on avait placées sur le fort de Montalban, et par le simple appareil d'une ouverture de tranchée dont le travail ne dura pas trois heures.

RÉFLEXIONS.

1° Si les colonnes de MM. de Danois et de Senneterre avaient donné dans le même temps que les corps de MM. de Camposanto, d'Aremburu et de Mirepoix, et se fussent emparées du col de Villefranche, les ennemis n'avaient plus de ressource; 2° si les corps de MM. d'Aremburu, de Camposanto et de Mirepoix avaient attendu la réserve pour marcher tous en force du col de Villefranche par le chemin d'Eze sur le derrière du mont Gros, au lieu d'y aller par petits pelotons, les ennemis auraient encore été obligés de mettre bas les armes; 3° puisque les deux colonnes du centre et celle de M. du Cayla à la gauche ne pouvaient pas avancer sur leur point de direction, il aurait au moins fallu en retirer quelques troupes pour renforcer encore la partie où l'on avait réussi; enfin il est toujours extrêmement dangereux de livrer le soldat à son ardeur naturelle parce que, dès qu'on lui présente une trop grande résistance et qu'on suspend un instant sa vivacité, il est bientôt déterminé à la retraite, ou plutôt à la fuite.

L'opération de séparer les douze bataillons du camp volant des quatorze bataillons destinés à défendre les retranchements était d'autant plus importante qu'on n'avait aucune communication avec Monaco, et qu'il était impossible de projeter une attaque sur des retranchements dont on ne connaissait ni le tracé ni le terrain propre pour s'en approcher; il était donc intéressant d'imaginer une diversion qui pût intéresser la communication des ennemis sur leur derrière, et pour cet effet de projeter une marche qui fît arriver quelque gros détachement de l'armée dans les environs de Sospel; ce qui engagea M. le prince de Conti à faire marcher M. du Châtel avec un gros détachement sur Aspremont, après le passage du Var, d'où il se porta sur Tourette et à Castelnovo, où ce lieutenant général fut obligé d'attaquer les postes des ennemis, qu'il força; et ce fut à l'époque de l'occupation de Castelnovo que l'armée put prendre les camps de Saint-Pons et Simiés dans les environs de Nice, à la rive droite du Paillon; et ce fut après l'occupation de ces camps qu'on fit mander M. du Châtel de Castelnovo à Contes, d'où il monta à Berra et successivement à l'Escarène, d'où il n'y avait plus qu'une marche pour arriver à Sospel.

Ce mouvement fit penser aux ennemis qu'on voulait couper leurs communications avec le Piémont, et comme dans l'intervalle de l'Escarène à Sospel il se trouvait une montagne facile à défendre par le col de Braus, M. le marquis de Suse, général de l'armée ennemie, ordonna à M. de Pallavicini de se porter sur ladite montagne.

Lorsque M. le prince de Conti apprit que le camp volant des ennemis occupait le col de Braus, il ordonna à M. du Châtel d'abandonner le projet sur Sospel et de diriger sa marche par Peille et successivement sur Notre-Dame-de-Laghet et la Turbie, ce que cet officier exécuta; et par ce moyen la communication avec Monaco fut ouverte, le camp volant se trouva séparé des bataillons qui défendaient le retranchement, et il fut pour lors facile de faire toutes les reconnaissances et d'en projeter l'attaque.

Cette opération dont on ne parle presque pas est très savante et bien militaire. Il ne sera pas difficile aux officiers qui en auront connaissance d'en convenir, et elle doit faire connaître les avantages des diversions rapprochées. (Annexe 13.)

EXEMPLE VIII.

AFFAIRE DE LA CHENAL. — 1743.

Le roi de Sardaigne, sachant l'armée d'Espagne en Savoie pendant la campagne de 1742 et au commencement de 1743, avait pris des précautions sur tous les débouchés de la frontière du Piémont pour empêcher le passage des Espagnols, dont l'unique objet était d'entrer en Lombardie pour y faire diversion ou pour rejoindre l'armée de Montemar, devenue ensuite l'armée de M. de Gages. (Planche n° 25.)

Dès que la cour de Madrid eut fait déclarer celle de France en sa faveur en qualité d'auxiliaire par le nombre de quatorze bataillons d'infanterie qu'elle lui fournit, elle envoya ordre à son général, M. de La Mina, de rassembler l'armée sous Montmeillan et de marcher sur la frontière de Piémont du côté de Briançon. La cour de Versailles donna en même temps l'ordre au sieur Bourcet, pour lors ingénieur en chef à Mont-Dauphin, de se rendre auprès de M. de La Mina, qui l'établit maréchal général des logis pour la marche qu'il projetait de faire faire à son armée; et cet ingénieur lui ayant donné son projet de mouvement, l'armée partit de Montmeillan en deux divisions : la première se rendit en trois marches à Saint-Michel dans la vallée de Maurienne, et la seconde, à deux jours d'intervalle, se rendit à Saint-Jean-de-Maurienne.

De Saint-Michel, la première division fut camper à la gauche de Valloire en Place, et la seconde, marchant par Albanne, fut camper à la droite du même village qui séparait les deux colonnes.

Celle de la gauche, marchant ensuite par l'Œil noir (*Aiguille noire*), fut camper à Névache, et celle de la droite, marchant par le col de la Ponsonnière, fut camper au Lauzet; le jour suivant la colonne de la gauche se rendit à Briançon et celle de la droite y arriva dans le même moment, par la combinaison exacte de cet ingénieur qui avait une connaissance parfaite du pays.

28

Les quatorze bataillons français marchèrent par le côté de Gap et Embrun, et campèrent dans le même temps au village de la Bessée.

Les deux colonnes de l'armée d'Espagne marchant par deux vallées différentes qui se trouvaient séparées par une grande montagne, arrivèrent de Saint-Michel et de Saint-Jean-de-Maurienne à Briançon en trois jours, à la même hauteur.

On avait eu attention d'envoyer des détachements et d'établir des postes sur les cols de la Muande, du Vallon, des Turcs, de l'Échelle et des Acles, qui se trouvaient à la gauche de la première colonne, afin de couvrir sa marche contre ce qui aurait débouché de la vallée de Bardonnèche à laquelle ces cols communiquent et dans laquelle il y avait quelques troupes du roi de Sardaigne.

L'objet de cette marche regardait le siège d'Exilles, pour l'attaque duquel on avait dirigé, par la grande route de Grenoble à Embrun et Briançon, le canon et autres effets d'artillerie nécessaires, et on l'avait combinée pour arriver au plus tard sur le Mont-Genèvre le 8 ou le 10 septembre, par conséquent assez tôt pour se flatter d'avoir assujetti Exilles avant la fin de septembre ; mais les négociations de la cour de Madrid avec le roi de Sardaigne ayant fait suspendre l'achat des vivres et la marche du canon, qui fut arrêté à Lesdiguières, on ne songea plus, à l'époque du 8 septembre, qui fut celle de l'arrivée de l'armée d'Espagne sous Briançon, qu'à préparer les routes pour entrer en Piémont en qualité d'amis du roi de Sardaigne ; mais la négociation n'ayant pas eu le succès qu'on attendait, et le roi de Sardaigne ayant fait sur-le-champ un traité à Worms avec la reine de Hongrie, le général espagnol eut ordre d'entreprendre sur ce souverain par quelque acte d'hostilité.

Ce général, qui ne reçut ses ordres que du 20 au 22 septembre, prévoyant que, quelque diligence qu'il pût faire pour remettre l'artillerie en marche, elle ne pourrait arriver sur le Mont-Genèvre qu'au mois d'octobre et dans un temps où les nouvelles neiges menacent d'interrompre toute communication aux voitures à roues, abandonna le projet de siège d'Exilles et proposa d'entrer par la vallée de Château-Dauphin qui se trouvait dégarnie de places fortifiées.

Lorsqu'il fut déterminé qu'on marcherait dans la vallée de Château-Dauphin pour faire quelque acte d'hostilité contre le roi de Sardaigne, on tint un conseil de guerre auquel prirent part l'Infant, M. le marquis de La Mina, M. le comte de Marcieux et tous les principaux officiers de l'armée. Le sieur Bourcet commença par y établir, par la connaissance du pays, la disposition des débouchés sur l'ennemi, la position de ses troupes derrière les retranchements qu'il avait fait construire dont la droite appuyait au Mont-Viso, le centre à la tour de Pont et la gauche à Pierre-Longue ; et, d'après les réflexions auxquelles ces connaissances conduisirent, il proposa de déboucher en Piémont sur trois colonnes, dont celle de la gauche marcherait par le col de Lagnel, celle du centre par le col de Saint-Véran et celle de la droite par le col du Longet ; les deux premières dans le projet d'arriver sur la Chenal, et la troisième dans celui d'arriver dans la vallée de Bellins, d'où on pourrait tourner par Château-Dauphin la position et les retranchements des ennemis situés au-dessus du Villaret, tandis que les deux premières colonnes les attaqueraient de front ; cette proposition était relative à la disposition de la frontière et fut approuvée par tous les officiers généraux qui formaient le conseil de guerre, excepté par M. de La Mina, dont l'avis ne se trouva pas prépondérant et qui ne voulut pas admettre la marche de la colonne de la droite pour des raisons qu'on n'a jamais pu savoir. Le projet de marche fut donc réduit à deux colonnes pour déboucher seulement par les cols de Lagnel et de Saint-Véran; et comme pour arriver sur Molines, qui sépare les deux vallons ayant rapport à ces deux cols, il y aurait eu beaucoup trop de retardement à faire marcher toute l'armée par un seul chemin, on disposa la marche de façon que quinze bataillons espagnols, aux ordres de M. de Camposanto, s'avancèrent jusqu'à la Roche, traversant le camp des Français établi à la Bessée, d'où on les dirigea par Guillestre sur Scillac et le petit col du Fromage, pour les faire arriver à Molines; on fit suivre la même route aux quatorze bataillons français, et le reste de l'armée d'Espagne marcha par Cervières, le col d'Hizouard et le château de Queyras sur Molines, qui devenait le lieu d'assemblée, et d'où la division destinée à passer le col de Saint-Véran fut camper à la Chalp, et celle du col de Lagnel à Fongillarde. (Annexe 1, page 249.)

Cette détermination devait naturellement avoir pour objet d'attaquer le retranchement que le roi de Sardaigne avait fait faire entre le mont Viso et Pierre-Longue, qui sépare la vallée de la Chenal de celle de Bellins, et de marcher sur Saluces, d'où on aurait été en état de ravager la plaine de Piémont ou de la traverser pour se porter sur le Parmesan et sur le Plaisantin; mais pour cet effet il aurait été nécessaire de se précautionner de vivres et de tout ce dont on aurait eu besoin, au lieu que l'armée d'Espagne entra dans la vallée de la Chenal, ayant à peine pour quinze jours de subsistances assurées.

Pour en revenir à ce qui fut fait relativement aux retranchements, on les avait reconnus d'assez près et on en projeta l'attaque de cette sorte :

Une colonne à la droite devait attaquer les retranchements de Pierre-Longue; une seconde colonne ceux du Villaret, toutes deux à la droite du château de Pont;

Une troisième colonne était dirigée par le château de Pont et en devait former l'attaque,

Une quatrième colonne était chargée d'attaquer les retranchements à la gauche du château de Pont, sur le penchant qui bordait la rive gauche du ruisseau de Valante, et une cinquième colonne s'était rendue au pied du mont Viso, à la source dudit ruisseau de Valante.

Cette disposition embrassait l'étendue des retranchements sur tout le front et ne pouvait être mieux arrangée; mais il est aisé de s'apercevoir que les ennemis n'avaient aucun sujet de crainte, ni pour leur droite à cause des escarpements du mont Viso, ni pour leur gauche puisqu'on n'avait dirigé aucune troupe dans la vallée de Bellins, d'où on pouvait tourner Pierre-Longue et revenir sur les derrières des retranchements du Villaret.

Pour favoriser la marche de la colonne qui était destinée à attaquer le château de Pont et celle de la colonne qui lui était contiguë par la gauche, on avait disposé dès la veille une batterie de huit pièces de quatre sur le village, et un détachement fut commandé pour aller mettre le feu audit village, afin d'ôter à l'ennemi la facilité qu'il aurait trouvée de défendre le débouché de ces deux colonnes par l'occupation des maisons, qu'il avait fait créneler.

Pendant que la cinquième colonne marchait du vallon de Soustras pour se rendre au pied du mont Viso, les Piémontais abandonnèrent le château de Pont et le village, et s'étant retirés derrière leurs retranchements, d'où ils ne se montraient d'aucune part, on crut qu'ils les avaient entièrement abandonnés et que rien ne s'opposait plus à la marche de l'armée le long de la vallée de Château-Dauphin; et la confiance dans laquelle se trouvèrent l'Infant

et M. le marquis de La Mina de cette retraite fit donner l'ordre à la cinquième colonne de
ne point attaquer et de rejoindre l'armée par le vallon de Valante qui était le plus court chemin; cet ordre arriva au moment qu'on se disposait à l'attaque; à sa réception le maréchal de
camp espagnol qui commandait une colonne composée de la brigade d'Anjou, des troupes
françaises et d'environ huit cents Espagnols, se mit en marche le long du chemin qui était
établi à mi-penchant sur la rive droite du ruisseau de Valante, n'apercevant que quelques
paysans dans les retranchements des ennemis qui bordaient le sommet du penchant de la rive
gauche, et ne doutant pas qu'il n'y eût depuis la veille quelque nouvelle d'accommodement entre
l'Espagne et le roi de Sardaigne.

Dans le même moment M. de La Mina, avec l'opinion que les ennemis avaient abandonné
leurs retranchements, fit partir un détachement pour établir un pont sur le ruisseau de Valante entre le château de Pont et les retranchements, afin de faire avancer l'armée sur le Villaret; mais les ennemis, qui jusque-là ne s'étaient pas montrés, sortirent des bois qui se trouvaient derrière leurs retranchements et firent feu non seulement sur le détachement qui avait
ordre de travailler au pont, mais encore sur la colonne de la gauche, qui, descendant le vallon
de Valante, parcourait un défilé subordonné à leurs retranchements et d'où on ne put opposer
aucun contre-feu, soit parce qu'il n'y avait qu'un escarpement à la droite du défilé, soit parce que
la troupe aurait été doublement exposée en s'arrêtant pour tirer, et que d'ailleurs les ennemis
se trouvaient couverts par le parapet de leurs retranchements de façon qu'on ne voyait que le
bout de leurs chapeaux. Cet éveil si peu espéré donna l'alerte à M. de La Mina, qui, en même
temps des coups de fusil qu'on tirait dans le vallon de Valante, sentit, mais trop tard, combien
il avait exposé la cinquième colonne en lui donnant ordre de rejoindre l'armée par le vallon de
Valante, dans la confiance où il fut qu'il n'y avait plus de troupes ennemies dans les retranchements; et pour remédier autant que possible au danger dans lequel était cette colonne, il fit
marcher les grenadiers et piquets de l'armée entre le château de Pont et les retranchements,
comme pour les attaquer; on disposa deux batteries de pièces de canon de campagne et de
montagne sur la partie desdits retranchements la plus exposée dudit château, afin d'attirer
l'attention des ennemis et de les obliger à se dégarnir sur leur droite et à diminuer par conséquent le feu qu'ils opposaient à la marche de la cinquième colonne; mais le contre-feu ne
produisit aucun avantage, la colonne perdit quatre ou cinq cents hommes et ne put s'éloigner
du danger qu'à la fourche des chemins, un peu au-dessus des cassines A, d'où la tête de colonne
s'avança sur les cassines, et la queue par impatience suivit la direction du chemin le plus rapproché du ruisseau et y souffrit beaucoup.

L'inquiétude dans laquelle on était sur cette colonne avait fait détacher un aide de camp
pour porter le contre-ordre au maréchal général espagnol et l'avertir du danger qu'il trouverait
à suivre le vallon de Valante. Mais cet aide de camp marcha par le vallon de Soustras et
n'arriva au pied du mont Viso par le col de Valante que deux heures après le départ de la
colonne.

Si le général espagnol, lorsqu'il fut désabusé de la prétendue retraite des ennemis, avait fait
partir de quart d'heure en quart d'heure quelques exprès par le plus court chemin, son contre-
ordre aurait pu arriver à temps, et le maréchal de camp qui commandait cette cinquième colonne

aurait rejoint l'armée par le même chemin du col de Valante et du vallon de Soustras par lequel il était arrivé au pied du mont Viso et où il n'aurait eu rien à craindre; au lieu que, par le défaut de prévoyance, on perdit à cette fausse marche beaucoup de monde; et on pourrait ajouter ici, qu'avant de prendre la confiance sur la retraite des ennemis, on aurait dû s'en assurer par quelque parti qui eût été reconnaître et au moyen duquel on aurait su que cette prétendue retraite n'était qu'une feinte et une ruse de guerre de leur part.

Après que cette colonne eut rejoint l'armée, on assembla un conseil de guerre auquel assistèrent l'Infant, tous les officiers généraux de l'armée espagnole et ceux des quatorze bataillons français; on y fit le rapport de la situation des ennemis, et d'après les réflexions auxquelles conduisirent la bonté de leur position, le peu de subsistances qu'on avait, et le danger de voir à chaque instant les cols de Lagnel et de Saint-Véran fermés par les neiges, on opina qu'il fallait se retirer; il n'y eut que M. de La Mina qui insista à tenter l'attaque de la gauche des ennemis qui faisait la droite de l'armée combinée, et pour laquelle on décida la marche de quatorze bataillons espagnols ou français qui devaient s'avancer par le vallon de Fioutrouse et par la Battayole sur Pierre-Longue; mais un courrier d'Espagne, qui arriva pendant la nuit, suspendit cette marche et il ne fut plus question que de penser à la retraite, pour la sûreté de laquelle on fit marcher quelques bataillons aux cols de Saint-Véran et de Lagnel, pendant que l'armée, ayant fait mettre le feu au château de Pont, fortifié en fascinages, marcha par la Rua de Genzane sur le village de la Chenal.

Le feu mis au château de la Chenal un peu trop tôt et avant que l'armée se fût retirée occasionna plusieurs coups de canon tirés de la partie B des retranchements, qui donnèrent lieu à quelques mouvements indécents qu'on aurait pu éviter si on avait mis l'armée en bataille plus en arrière avant d'avoir fait mettre le feu audit château.

Les ennemis ne sortirent point de leurs retranchements et ne songèrent qu'à inquiéter la retraite de l'armée, qui se fit en désordre à cause de la neige qui tombait, des glaces qui couvraient les chemins des deux montagnes et du froid excessif; il y eut des équipages pillés par les valets ou par les soldats de l'armée et on abandonna douze pièces de canon aux armes de France, qu'on avait prêtées aux Espagnols et qu'on avait déjà montées aux trois quarts de la hauteur; elles auraient pu se monter tout à fait à bras d'hommes si on s'était moins pressé; mais soit mauvaise volonté ou incapacité de l'officier d'artillerie d'Espagne, on brûla les affûts et on précipita les pièces dans le penchant.

. Le grand froid fit geler les pieds de beaucoup de soldats et on perdit plus de monde dans la marche de cette mauvaise journée qu'on n'en avait perdu pendant les huit jours qu'on s'était trouvé en présence de l'ennemi. (Annexe 1, page 249.)

RÉFLEXIONS.

1° Les propositions qu'avait faites le roi de Sardaigne à la cour de Madrid ne devaient point suspendre la marche du canon ni l'approvisionnement des vivres; ces précautions n'ajoutaient ni ne diminuaient rien aux articles dont on aurait pu convenir, et si elles avaient été précises, on aurait eu encore le temps de prendre Exilles et de faire repentir le roi de Sardaigne de son traité de Worms, puisque son pays se serait trouvé ouvert par la campagne de 1744 et qu'on aurait pu s'avancer sur Turin sans craindre le canon et la Brunette, trop éloignée du penchant de la droite de la vallée de Suse pour en défendre le débouché.

2° Quel succès pouvait-on espérer de la vallée de Château-Dauphin en y débouchant au commencement d'octobre et sans avoir une ressource de plus de quinze jours de subsistance ? Ne devait-on pas, au contraire, craindre de s'y voir renfermer par les neiges ; car si, pendant que l'armée était devant le château de Pont, il en était tombé trois ou quatre pieds, comment l'armée combinée aurait-elle pu se retirer et de quoi aurait-elle vécu ? On ne peut penser à cette situation sans frémir, lorsqu'on connaît le pays et le peu de moyens de vaincre les neiges lorsqu'il fait du vent. Il y avait donc eu peu de réflexion dans la détermination de s'avancer jusqu'au château de Pont à une époque si reculée, et on serait bien tenté de penser que cette marche s'est entreprise dans le seul objet d'engager les troupes de France à un acte d'hostilité contre le roi de Sardaigne, afin de s'assurer de leur concours dans les opérations de la campagne suivante ; et effectivement le Roi, qui avait accordé avec beaucoup de peine les quatorze bataillons, en donna quarante la campagne suivante, et quatre-vingts dans la suite.

3° On a vu les deux colonnes de l'armée d'Espagne se toucher au camp de Valloire sans se croiser, ce qui doit servir de principe à un maréchal des logis pour les cas où il n'est pas possible de se procurer d'autres débouchés ; et on doit penser qu'il est toujours possible de continuer à marcher sur deux colonnes, quand même le point de rencontre serait un défilé, pourvu qu'on y puisse marcher sur un front qui permette à deux bêtes de charge d'y passer. (Annexes 10 et 11.)

EXEMPLE IX.

CAMP D'EISENACH. — 1757.

La position d'Eisenach se divise en trois parties : la première, qui est la droite, en avant de la ville sur la rive gauche du ruisseau d'Hörschel ; le centre qui comprend toute l'étendue de la ville jusqu'à la chaussée de Marchsul, et la gauche depuis cette chaussée jusqu'à la Wera.

La droite, depuis le point A jusqu'au point B, ne présente à son extrémité qu'un front de cent toises sur lequel on a construit trois redoutes et par lequel l'ennemi ne peut marcher que sur une seule colonne qu'on découvre de quatre cents toises, et qui ne saurait s'y avancer qu'en traversant un petit vallon et en montant assez rapidement ; la droite de cette position est couverte par des bois qui se prolongent sur plus de quinze lieues d'étendue et qui ont dans une moindre longueur deux lieues et demie à travers lesquelles il n'y a que deux chemins qui puissent conduire sur nos derrières et qu'il est très facile de garder par des abatis.

La partie du point B au point C présente un penchant fort rapide et peut d'autant moins être attaquée que l'ennemi ne saurait y déboucher que par le chemin de Langensalza ou par celui de Gotha, et que par l'un comme par l'autre il prêterait le flanc dans ses approches aux troupes qui y seraient postées.

La ville a pour enceinte une épaisse muraille, un canal plein d'eau courante et en avant quelques maisons d'artisans qui ont des jardins fermés par des haies, disposés naturellement en réduits, en sorte qu'on pourrait trouver trois moyens de défense pour le front de la ville : 1° les haies des jardins auxquelles les maisons serviraient de redoutes; 2° le canal du moulin qui a trente pieds de largeur et trois ou quatre pieds de profondeur d'eau; 3° et enfin l'enceinte de la ville qu'on pourrait créneler.

Cette ville est au bas d'une montagne isolée qui présente deux hauteurs escarpées dont la supérieure est occupée par l'ancien château d'Eisenach qui ferait un poste admirable s'il pouvait défendre les débouchés qui sont à sa droite et à sa gauche, mais qui est disposé de façon à ne point les couvrir et même à ne les voir que dans un trop grand éloignement; le canon qu'on y placerait n'y ferait presque aucun effet, parce que ses tirs seraient trop plongeants.

Il se trouve deux débouchés derrière la ville : l'un à la droite pour communiquer par un vallon serré à Wilhelmsth et Barchfeld, au centre du bois; l'autre à la gauche communiquant à Marchsul et Wach par un vallon également serré et au travers des bois.

Celui de la droite est couvert par beaucoup de maisons de la ville qui sont situées dans le vallon, et celui de la gauche débouche dans la plaine par une chaussée qui fourche à l'entrée du faubourg avec la chaussée du chemin de Kreuzburg. En occupant la ville, le premier se trouverait gardé, mais le second ne pourrait l'être que par les penchants de droite et de gauche. Cet inconvénient fit prendre le parti de fermer la gorge du vallon par un fossé très large dans le fond duquel on planta une palissade qui se trouva flanquée par des parapets que couronnaient des plateaux supérieurs tant à la droite qu'à la gauche.

De la chaussée de Marchsul à la Wera l'étendue est d'une lieue sur les hauteurs qui bordent la petite plaine à la rive gauche de la rivière de la Nesse; cette distance se trouverait trop considérable si elle se trouvait d'un facile accès dans tous les points de son étendue; mais les sept huitièmes de cette distance sont couverts d'un bois presque impénétrable qui a au moins trois quarts de lieue de largeur et qui n'est traversé que par quelques chemins dont le concours général est sur quelques granges.

Les troupes de l'Empire occupaient les positions de la droite de A à B et de C à D; celles de la gauche, de E à F, de G à H et de I à M, étaient occupées par l'armée française.

Entre les positions des troupes du Cercle est un grand chemin qui communique à Barchfeld et à Meiningen et par lequel elles peuvent se retirer sans crainte d'être coupées, parce que sa gauche est bordée de bois et de montagnes impraticables.

Entre la gauche de ces troupes et le commencement de la droite des troupes du Roi se trouve la chaussée de Marchsul qui formait la communication sur Wach et sur Fulde, et à notre gauche est la rivière de Wera qu'il faudrait que l'ennemi passât au-dessous de la position de l'armée française, dans un pays difficile, pour pouvoir la tourner.

La ville d'Eisenach est au-dessous de la position des Impériaux dans l'étendue de B à E; ils étaient chargés d'en défendre l'entrée du côté de Gotha, et nous du côté de Marchsul. Les batteries françaises étaient aux points X et Y et leurs feux se croisaient sur le devant de la ville, qui était peu susceptible d'aucune autre défense; on pouvait l'abandonner sans perdre la position, parce qu'elle se trouve en arrière sur des rideaux qui la dominent de toutes parts, et qui ôteraient à l'ennemi le moyen de l'occuper et d'en tirer aucun avantage.

La partie que les troupes du Roi occupaient était très étendue, mais les trois quarts et demi de cette étendue sont des bois qui ne présentent que quelques chemins dont le contour se réunit au même point et qui d'ailleurs sont impénétrables; l'ennemi, pour s'y avancer, avait une plaine à traverser qui est subordonnée à la position de nos troupes et dans laquelle coule la rivière de la Nesse, qui n'est guéable que dans trois ou quatre points, et l'ennemi ne pouvait arriver dans cette plaine qu'en descendant les penchants des hauteurs qui bordent la rive droite de cette rivière.

L'ennemi ne pouvait s'avancer sur nous que par trois directions : par le chemin de Gotha, par celui de Langensalza ou par celui de Kreuzburg.

Par les chemins de Gotha et de Langensalza il arrivait aux positions de l'armée de l'Empire, et par ceux de Kreuzburg à celles des troupes du Roi; les deux premières directions sont séparées par une montagne fort élevée, qui, sans être inaccessible, ne lui permettait pas de lier son attaque par ses deux directions; mais les chemins de Langensalza et de Kreuzburg, dont il aurait occupé l'intervalle dans sa première position, lui donnaient la facilité de faire les dispositions qu'il aurait voulu sur le centre, la gauche et la droite de la position générale, excepté sur le front de la droite des Impériaux ou dans le cas où il n'aurait plus eu rien à craindre.

Les princes qui commandaient l'armée combinée firent, le 18 septembre au soir, un détachement de quatre à cinq mille hommes, tant en cavalerie qu'en grenadiers, hussards et croates, qu'ils firent commander par deux lieutenants généraux et quatre maréchaux de camp autrichiens et autant de français; l'ordre fut donné pour que ce détachement marchât à 6 heures du soir et se portât, savoir : les Français à Barback et les Impériaux à Murch-Berstedt, à moitié chemin d'Eisenach à Gotha; on joignit à ce détachement une brigade d'artillerie de cinq pièces de quatre des Français et quelques canons des régiments autrichiens.

M. le prince de Saxe-Hildburghausen et M. le prince de Soubise s'y portèrent de leurs personnes et se trouvèrent le 19, à la pointe du jour, au rendez-vous général; on fit marcher les hussards en quinze pelotons sur la droite, les croates marchèrent par la gauche, les grenadiers et le canon suivirent ces derniers, et la cavalerie s'avança aussi par la gauche et s'y trouva toujours à portée de l'infanterie.

Les hussards autrichiens attaquèrent avec vivacité les hussards prussiens qui étaient en arrière de Gotha; ils firent quelque résistance.

Le camp de cavalerie des ennemis était sur un plateau bordant la rive droite du vallon dans lequel coule la rivière de la Leina; on fit avancer les croates et quelques dragons qui mirent pied à terre, et on fit passer quelques pelotons de cuirassiers de l'Empire, au moyen de quoi les Prussiens abandonnèrent leur camp, que les hussards et les croates pillèrent; un régiment de dragons des ennemis qui était dans la ville en sortit promptement, et les grenadiers de l'armée combinée y entrèrent et prirent poste à toutes les portes de la ville et du château.

Toute la cavalerie s'avança dans la plaine à deux lieues en avant du côté d'Erfurt; la cavalerie des ennemis fit sa retraite en très bon ordre, et les généraux ne jugeant pas à propos d'aller plus loin, firent marcher la cavalerie en arrière et la placèrent sur les plateaux de la rive gauche de la rivière, les croates occupèrent les vallons et les maisons qui s'y trouvaient, et les hussards autrichiens, au nombre de cinq ou six cents, restèrent en avant.

Dans cette disposition les princes montèrent au mont de Gotha pour y voir le prince et la princesse; à peine y furent-ils qu'on dit que les hussards qui étaient de l'autre côté de la rivière étaient attaqués; on fit la disposition de retraite, mais les grenadiers ayant trop tôt désemparé la ville, les quelques officiers de l'état-major qui y étaient entrés furent pris; les hussards prussiens poussèrent ceux d'Autriche avec beaucoup de vivacité et s'avançaient en force sur leur arrière-garde, mais les croates qui se retiraient par les hauteurs leur tirèrent quelques coups de canon et les hussards prirent la fuite, ce qui termina tout.

MM. de Lorge et de Gastine opinaient pour établir le camp autour du bassin d'Eisenach en se mettant à cheval sur la Nesse et sur l'Hörschel; mais cette position ayant l'inconvénient d'une gauche totalement découverte, on convint que celle proposée par M. de Bourcet sur les rideaux qui se trouvent à la rive gauche de la rivière d'Hörschel au-dessus de la ville et à la rive gauche de la Nesse au-dessous, devait être préférée, et le roi de Prusse, qui ne put reconnaître que les troupes campées aux bois, c'est-à-dire par rapport aux vallons, n'osa pas se compromettre par une attaque et se contenta d'envoyer quelques détachements de hussards.

EXEMPLE X.

CAMP D'UNNA. — 1761.

La position du camp d'Unna était établie suivant les bons principes militaires; sa droite s'appuyait à une hauteur que les ennemis ne pouvaient tourner, à cause de la rapidité des penchants qu'on aurait eu à parcourir entre elle et la rivière de la Roër qui s'en trouvait très rapprochée; elle ne pouvait pas d'ailleurs être attaquée sans un grand désavantage de la part des ennemis, parce que, par la première position de la réserve aux ordres de M. le prince de Condé, l'avant de la droite se trouvait occupé; mais comme on s'aperçut que cette réserve, campée en avant dans un petit vallon qui la séparait de l'armée, pourrait s'y trouver compromise, on lui fit passer ledit vallon, et elle fut placée en prolongation de la droite du camp, ce qui rendait cette même droite inattaquable. La gauche du camp d'Unna était très effacée et appuyait au marais; par la direction du front de bataille de ce camp, l'armée se trouvait placée sur le flanc gauche du principal débouché de l'ennemi, qui n'aurait pu s'avancer sur elle qu'en lui prêtant le flanc et en essuyant tout son feu pendant sa marche; elle avait encore l'avantage de laisser cinq à six cents toises de distance entre sa gauche et un ravin que les ennemis auraient eu à traverser, ce qui lui aurait donné la faculté de couper l'armée ennemie dans sa marche au point qu'elle aurait voulu. (Planche n° 26.)

Toute l'armée du prince Ferdinand, réunie avec le corps du prince héréditaire, arriva le 29 au matin, et campa dans une direction très rapprochée du camp de l'armée de Soubise; le prince Ferdinand, qui avait le plus grand intérêt de l'attaquer avant sa jonction avec l'armée de M. de Broglie, reconnut sur tous les points les moyens d'engager une affaire générale; mais la bonne position de l'armée de Soubise ne lui en fournit aucun, et se voyant réduit à n'oser rien entreprendre, il partit de son camp la nuit du 1er au 2 juillet sur quatre colonnes, dans la direction de Hamm; on fit des détachements pour harceler son arrière-garde, qui la suivirent jusqu'à près de deux lieues, d'où en revenant ils assurèrent que les ennemis marchaient sur la Lippa; mais le prince Ferdinand, ayant résolu de tourner l'armée de Soubise par sa gauche pour se trouver sur ses derrières entre Dortmund et Unna, fit faire halte à son armée à quelque distance en arrière de la rive droite de la Siscka, où elle resta trente-six heures sur le ventre.

On plaça les troupes légères sur la rive gauche de la rivière de Siscka vis-à-vis celles des ennemis qui bordaient la rive droite de cette rivière; les troupes légères se battirent toute la journée du 2, et l'armée du prince Ferdinand resta au bivouac, à peu de distance desdites troupes, sans qu'on pût en être instruit; ce ne fut que le 2, à midi, qu'on vit leur armée s'avancer en colonne, couverte par la Siscka et par le ruisseau de la Courle, sur les derrières de l'armée de Soubise. Dès que le prince de Soubise fut informé du projet qu'avait formé le prince Ferdinand de le venir attaquer par le derrière du camp d'Unna, il détermina son mouvement sur Hesmerden.

La nouvelle que M. de Campfort, officier des troupes légères, donna à M. de Soubise qu'il avait vu une colonne de six cents Anglais s'avancer dans la plaine de Dortmund, ne laissait plus le moyen à M. de Soubise que de marcher tout de suite à son nouveau camp ou de prendre une position différente et telle qu'il pût en imposer aux ennemis; cette jonction aurait exigé qu'il eût retiré sa gauche en faisant marcher toute son armée par sa droite, de façon que cette même droite, dans laquelle était la réserve de M. le prince de Condé, se trouvât sur les hauteurs à la naissance du ravin de Nassau, et que la gauche se fût trouvée à la position première du roi de Piémont, c'est-à-dire que la droite fût devenue la gauche de la première position. Cette position indiquée par M. de Bourcet aurait été d'autant plus avantageuse que l'ennemi n'aurait pu tourner ni la droite ni la gauche, et que, pour l'attaquer sur son front, il aurait eu des penchants très rapides à parcourir, sur lesquels toute l'artillerie de Soubise aurait tiré et fait perdre au prince Ferdinand la moitié de son armée avant d'arriver à son point d'attaque.

EXEMPLE XI.

PASSAGE DU TANARO. — 1745.

Lorsque après la prise de Tortone, en 1745, il fut question de déposter les ennemis de la rive gauche du Tanaro, on projeta de les attaquer sur plusieurs colonnes, et M. de Bourcet, qui en avait combiné les moyens, après avoir reconnu la position de l'armée ennemie, fut chargé par M. de Maillebois d'en faire la disposition générale. (Planche n° 27.)

Cette entreprise se fit du 26 au 27 septembre, sur cinq colonnes dont la première de la droite et celle de la gauche étaient divisées en deux colonnes particulières, en sorte que les ennemis eurent de la jalousie sur sept points différents.

Les troupes partant de Castelnuovo-di-Scrivia se mirent en marche, suivant la formation des colonnes, dès l'entrée de la nuit, et arrivèrent une heure avant le jour sur les points qu'on leur avait indiqués. Le signal convenu de trois fusées volantes pour le moment de l'attaque générale fut fait à la petite pointe du jour, mais il n'y eut d'abord que les deux colonnes du centre qui purent donner; l'une était commandée par M. d'Aremburu, lieutenant général espagnol, et l'autre par M. de Montal, lieutenant général français; les grenadiers de l'une et de l'autre colonne passèrent la rivière au gué, ayant de l'eau jusqu'à mi-cuisse, dans un ordre admirable; les ennemis firent quelque résistance, mais à peine les avant-gardes des colonnes eurent passé qu'ils se retirèrent sur le penchant du rideau voisin. Dans cet intervalle, les colonnes qui passaient la rivière en bataille et sur un grand front arrivèrent à la queue des grenadiers, et le tout formé continua sa marche avec tant de valeur que les Piémontais furent forcés, avec peu de résistance, de se retirer avec la plus grande précipitation; un détachement de deux colonnes entoura le village de Rivarone, où les ennemis avaient trois pièces de canon en batterie, et s'en rendit maître.

La colonne de la droite, où était M. de Guyes et dont une division était conduite par M. de Sève, lieutenant général espagnol, n'ayant pu s'engager aussitôt que celle du centre, par le retard de l'arrivée des troupes qui la formaient, ne put faire donner son infanterie; mais après avoir mis la cavalerie en bataille, M. de Guyes et M. de Sève donnèrent si à propos dans celle des ennemis que cette dernière fut hachée et mise dans la plus grande déroute. On prit deux étendards, près de mille cavaliers ou dragons prisonniers, et il n'en resta aucun des autres qui ne fût sabré.

M. de Guyes se rendit maître d'ailleurs de la tête des ponts que les ennemis avaient à Bassignano pour empêcher les secours de M. de Schulembourg; on prit quatre pièces de canon auxdits ponts et sept à Rivarone ou sur le chemin de Valence; la défaite de la cavalerie fut entière, celle de l'infanterie moindre par rapport à sa fuite, mais en général cette affaire mit le roi de Sardaigne hors d'état de tenir la campagne; on a pu la regarder comme une action purement militaire par les dispositions les plus savantes et les plus propres à remplir l'objet de la conservation des troupes; on n'eut pas plus de cent hommes tués ou blessés dans l'armée combinée et dans celle de M. de Guyes, et les ennemis perdirent, tant en morts et blessés qu'en prisonniers ou déserteurs, plus de deux mille hommes, avec trente et un officiers pris prisonniers et un lieutenant général. Si les colonnes de la gauche destinées aux fausses attaques, dont l'une était commandée par M. de Senneterre, lieutenant général, et l'autre par M. de Grammont, maréchal de camp, eussent passé le Tanaro lorsqu'elles aperçurent la déroute des ennemis et le succès du passage des colonnes de leur droite, on aurait tiré beaucoup plus d'avantage de cette affaire et M. de Montal, une fois arrivé sur les hauteurs qui bordaient la rive gauche du Tanaro, eût poussé sa division quelques centaines de toises plus en avant, comme on le lui avait prescrit; il ne serait resté de ressource au roi de Sardaigne, à toute sa cour et aux troupes qui étaient campées sous Mont-Castel que dans la ville d'Alexandrie, où il eût été facile de les bloquer. On a su que le roi de Sardaigne eut à peine le temps de s'habiller, et qu'il était dans la fausse confiance que le Tanaro ne pourrait se guéer par l'infanterie.

EXEMPLE XII.

PASSAGE DES ALPES. — 1744.

La difficulté de passer en Italie par les côtes de la mer, eu égard aux chemins qui ne permettaient aucun transport d'artillerie, pas même à équipage, la mer occupée par les Anglais dont le canon pouvait inquiéter la marche des troupes dans différents points, et la disposition de cette traverse entrecoupée de plusieurs ravins sur lesquels le roi de Sardaigne pourrait se porter en force dans le temps que nous ne pourrions y arriver qu'en défilant, indépendamment du peu de ressources qu'on aurait eues, après ce passage, pour porter du secours à l'armée affaiblie par la désertion et la maladie ou par différents échecs, déterminèrent les opérations sur les frontières du Dauphiné et firent abandonner le projet de passer en Italie par la rivière de Gênes. (Planche n° 28.)

Cette détermination prise, M. le prince de Conti demanda à M. de Bourcet un mémoire préliminaire pour les opérations à faire sur la frontière du Dauphiné, et après avoir scrupuleusement examiné les raisons qu'il détailla, on convint que les positions les plus avantageuses à prendre, et qu'il indiquait, étaient celles de Briançon, Guillestre et Tournoux, qui étaient les seules qui pussent remplir l'objet qu'on s'était proposé, parce qu'elles ne laissaient que huit lieues d'intervalle de la droite à la gauche et menaçaient également toutes les vallées par lesquelles on pouvait déboucher en Piémont, et qu'elles obligeaient le roi de Sardaigne à être à vingt lieues de marche pour se porter de la vallée d'Esture dans celle de Suse.

Ce fut sur ces trois positions qu'on disposa la marche des troupes du comté de Nice par les différentes routes qui pouvaient conduire à ces points, laissant seulement huit bataillons aux ordres de M. de Castelar dans le comté de Beuil, pour s'en servir dans le besoin, comme on le verra ci-après.

Douze bataillons français et six espagnols postés à Briançon marchèrent par le col du Bourget au village de Bousson en Piémont, à portée d'Oulx et d'Exilles, dans le temps que quatre bataillons français et espagnols, débouchant de la Savoie par le col de la Roue, marchèrent à Oulx, où ils furent joints par un détachement de deux mille cinq cents hommes du camp de Bousson.

L'objet de cette marche, qui avait précédé de quelques jours celle de l'armée, était de faire prendre le change au roi de Sardaigne pour l'objet de se porter de force dans la vallée de Suse, dans le temps qu'une partie de l'armée arrivant à Guillestre et à Tournoux dans la vallée de Barcelonnette aurait été à portée de marcher le 12 dans la vallée d'Esture pour attaquer les Barricades, et que l'autre partie ferait mine d'attaquer les retranchements de la vallée de Bellins à la tête de Château-Dauphin. Cette diversion avait parfaitement réussi, mais les Espagnols n'ayant pas voulu rester à la position de Bousson pour des raisons qu'on n'a jamais pu savoir, on fut obligé de différer jusqu'au 18 en suivant l'arrangement ci-après :

M. le bailli de Givry et M. de Camposanto, avec quinze bataillons du camp de Bousson, marchèrent par la vallée de Queyras, d'où passant par le col du Fromage dans le vallon de Ceillac et de ce vallon par le col de Cristillian sur le col du Longet, ils menacèrent également la partie droite et la partie gauche de la vallée de Château-Dauphin;

M. de Gandija partant de Tournoux avec six bataillons se porta aussi sur le col du Longet en avant des quinze bataillons, du côté de la Chenal, et M. de Lautrec avec quatorze bataillons marcha à Maurin à l'entrée du même col, du côté de Barcelonnette, ce qui rassemblait le même jour trente-cinq bataillons dans cette partie; en sorte qu'il ne resta au roi de Sardaigne aucun doute que le projet d'attaque ne regardât décisivement la vallée de Château-Dauphin, tant sur les retranchements de la Tour-du-Pont que, par la Chenal, sur ceux de la vallée de Bellins, ce qui le détermina, suivant ce qu'on en espérait, à porter dans la vallée de Château-Dauphin la plus grande partie de ses forces.

Cette première position était relative à une deuxième qui devait remplir tout l'objet.

La vallée de Château-Dauphin est séparée de celle d'Esture par celle de Mayre; le roi de Sardaigne s'était établi des communications dans cette dernière vallée pour être à portée de secourir l'une et l'autre des deux premières. Il fallait aussi nous porter dans cette même vallée pour intercepter les communications des ennemis, pour avoir l'avantage de se communiquer de plus près, ou enfin pour prendre des dispositions d'où on fût en état de tourner les Barricades par leur gauche. Relativement à ces objets, on fit marcher M. le bailli de Givry avec quatorze bataillons à la tête de la vallée de Bellins sur les granges de Cornasco, et M. de Camposanto avec cinq sur la montagne de Traversière à la droite de M. Givry, qui avait ordre de reconnaître les retranchements de Bellins et de faire pousser par un détachement les premiers postes qui les défendraient.

L'objet de la position de ces corps de troupes était non seulement d'attirer de ce côté une partie considérable des ennemis et d'affaiblir leur résistance dans la vallée d'Esture, mais de se ménager un moyen sûr pour passer les Alpes de ce côté, si on ne réussissait pas à forcer les Barricades et les autres postes retranchés de la vallée d'Esture, et même de s'emparer des retranchements de Château-Dauphin et d'y prendre poste, si le roi de Sardaigne s'y affaiblissait par quelque mouvement rétrograde.

M. de Lautrec avec quatorze bataillons marcha par le col Marie aux granges de Ruisson, M. de Gandija avec six bataillons marcha à Acceil; ces deux corps également à portée de déverser ou dans la vallée de Bellins ou dans celle d'Esture; et voici les positions qu'on prit pour l'attaque des Barricades.

Ce poste, connu pour le meilleur de toute la frontière, présentait des difficulté insurmontables à l'attaque de front. Il n'aurait pas même été raisonnable d'y penser, vu les escarpements qui le défendaient; le seul moyen de s'en assurer était de présenter des corps devant son enceinte et de là de passer par la sommité des montagnes; les ennemis s'y étaient précautionnés par des parties de retranchements situées si avantageusement qu'il ne restait rien que la ressource de la supériorité du nombre.

Les huit bataillons de M. de Castelar restés dans le comté de Beuil marchèrent dans la vallée de Saint-Étienne, d'où, par le col de Barbacane et celui de Sainte-Anne, ils débouchèrent aux Planches dans la vallée d'Esture à deux lieues au-dessous des Barricades.

M. de Mauriac avec quinze bataillons espagnols et un détachement de huit cents Français, ayant marché du comté de Nice par la vallée de la Tinée dans celle de Saint-Étienne, vint occuper le col du Fer, d'où il déboucha par le vallon de Peirepore sur le derrière des Barricades.

M. de Villemur avec sept bataillons se porta par Larche et le col de l'Argentière sur le village de Ferrière, d'où il marcha sur la montagne qui domine les Barricades par leur droite.

M. d'Aremburu avec huit bataillons se présenta de front entre le village de Bréasc et celui de Preinard.

M. de Guercia avec six bataillons précédés de quatre cents hommes que commandait M. de Monteynard, partant de Maison-Méane, se porta sur le poste des Sallettes que les ennemis avaient abandonné et marcha sur le retranchement des Gipières, dans le revers de la montagne qui couvre la gauche des Barricades.

Un détachement des troupes de M. Gandija, partant d'Acceil aux ordres d'un lieutenant-colonel, marcha par Uniers, entre les retranchements de Preit et ceux des Gipières.

M. de Lautrec, avec cinq bataillons tirés des quatorze avec lesquels il devait se rendre à Preit, marchant par Acceil à Uniers, se porta sur les retranchements de la droite de Preit; cet officier général voulait absolument ne pas se séparer des quatorze bataillons et se plaignit vivement à M. le prince de Conti de ce qu'il le réduisait à cinq. On lui laissa le choix de commander les neuf ou les cinq bataillons; mais comme la destination de ces cinq bataillons était d'attaquer les hauteurs de Preit, et que celle des neuf n'était que pour faire une diversion sur la communication que le roi de Sardaigne avait établie entre la vallée de Château-Dauphin et celle d'Esture, M. de Bourcet lui conseilla de prendre le commandement des cinq bataillons et avec d'autant plus de raison que, s'il réussissait à son attaque, les neuf autres iraient le joindre, et au contraire, si les cinq étaient repoussés, ils se replieraient sur le neuf, et que dans l'un et l'autre cas il reprendrait le commandement des quatorze. Cet officier général se décida à marcher à la tête des cinq, et M. Duchâtel-Croisat commanda les neuf bataillons avec lesquels il se porta du côté de Marmora sur le milieu de la communication du roi de Sardaigne.

Tous ces corps disposés ainsi qu'il vient d'être expliqué firent craindre avec raison aux ennemis que la retraite fût coupée s'ils se laissaient attaquer aux Barricades; la certitude d'y être forcés détermina les neuf bataillons destinés à la défense de ce poste à se retirer la nuit du 17 au 18. Ils furent embarrassés dans le choix du chemin qu'ils devaient suivre, celui du bas de la vallée par les Planches et Vinay étant déjà occupé par le corps de M. de Mauriac et plus encore par celui de M. de Castelar, celui du sommet de la montagne pouvait leur être coupé aussi par le passage des huit bataillons de M. de Castelar, et celui de leurs communications sur Preit étant coupé par les cinq bataillons de M. de Lautrec et par les neuf bataillons dont ce général avait laissé le commandement à M. du Châtel, qui en avait posté trois sur le col del Mulo, en sorte qu'ils furent forcés d'en chercher un quatrième pour arriver à Demont; mais comme ils ne purent prendre ce dernier chemin qu'en passant à portée des retranchements que M. de Lautrec s'était chargé d'attaquer, ils firent essuyer plusieurs genres de défenses à cet officier général, qui ne put les forcer, mais ils ne lui tuèrent cependant ou ne lui blessèrent que soixante-deux hommes.

On ne put être sûr de l'avantage que dans la journée du 18. Le courrier qu'on dépêcha sur-le-champ à M. le bailli de Givry n'ayant pu arriver que le 19 au soir, à cause du trop grand intervalle et de la difficulté des chemins qu'un orage du 17 au 18 avait rendus presque impraticables, M. le bailli de Givry ne put être averti du succès dans la vallée d'Esture que le 19; et ce général, au lieu de s'apercevoir que les ennemis, sans doute informés que la vallée d'Esture était abandonnée, se renforçaient dans la vallée de Bellins, attaqua lui-même avec la plus grande vigueur non seulement le poste de la Gardette dans la vallée de Bellins, que M. de Chevert emporta le 18, mais même ceux de la montagne de Pierre-longue et de la Battayole au-dessus de Château-Dauphin, qu'il força et où il prit poste le 19 au matin.

Cette attaque fut vive et on en doit le succès à l'intrépidité des troupes; mais elle avait été faite mal à propos et contre l'instruction de M. le prince de Conti, qui portait en substance que M. le bailli de Givry ferait marcher le 17 un détachement de quinze cents hommes aux ordres de M. de Chevert, brigadier des armées du Roi, pour attaquer les Barricades de la Gardette, et marcherait le 18 avec toutes ses troupes par le bas de la vallée, comme pour attaquer, et n'attaquerait véritablement qu'au cas que le roi de Sardaigne se serait dégarni dans la vallée de Bellins et de Château-Dauphin pour porter ses forces aux Barricades de la vallée d'Esture.

La destination de M. le bailli de Givry pour attaquer fut la suite de quelques éclaircisements pris par M. de Chevert et M. de Mandave, aide-maréchal général des logis, qui, pour prendre quelques connaissances du pays, s'adressèrent à un berger, lequel, voyant marcher les troupes par le bas de la vallée sans en savoir l'objet ni en connaître la ruse, fit entendre à ces deux officiers que jamais ils ne forceraient leurs ennemis en marchant par le bas, et que s'ils voulaient, il leur indiquerait un chemin par lequel ils arriveraient au sommet de la montagne sans rien craindre, et d'où ils se trouveraient plus en état d'entreprendre et d'attaquer avec d'autant plus d'avantage qu'ils domineraient les retranchements ennemis.

Ces deux officiers, qui ne connaissaient pas aussi les raisons qu'avait eues M. le prince de Conti d'indiquer la marche des troupes de M. de Givry par le bas de la vallée, et s'imaginaient au contraire qu'il était indispensable d'attaquer les ennemis, saisirent avec avidité le conseil de ce berger et engagèrent M. le bailli de Givry à faire suivre aux troupes la direction de marche suivant laquelle ce berger devait les guider, ce qui contrariait la manœuvre du passage des Alpes qui avait été si bien combinée; car il n'était question que d'une diversion dans la vallée d'Esture, et si on avait fait commencer l'attaque de la Gardette la veille et ordonné de marcher le lendemain par le bas de la vallée, ce n'avait été que pour faire prendre le change au roi de Sardaigne et lui faire penser qu'on voulait pénétrer par la vallée de Château-Dauphin, dans laquelle débouche celle de Bellins, et y attirer ses principales forces, tandis qu'on percerait véritablement par la vallée d'Esture; au lieu qu'en prenant le parti de monter la montagne pour attaquer les retranchements de Pierre-Longue, assez avantageusement situés pour n'avoir pas besoin de beaucoup de renforts, on laissait la liberté au roi de Sardaigne de laisser plus de troupes aux Barricades de la vallée d'Esture, et on faisait rencontrer plus de difficultés à M. le prince de Conti d'en forcer le débouché; tant il est vrai que le zèle peut devenir indiscret, lorsque l'officier général particulier ne connaît pas toutes les branches des projets du général de l'armée. Mais pour ne pas perdre de vue cette entreprise qui a fait tant d'honneur aux troupes françaises, on dira que le berger conduisit les troupes jusqu'à la hauteur de *Bon dormir*, que cette

hauteur domine le dos d'âne sur lequel étaient établis les différents retranchements des Piémontais, quoiqu'elle fût sur le même alignement, qu'on ne pouvait par conséquent s'avancer sur
lesdits retranchements qu'en descendant de cette hauteur pour arriver sur le dos d'âne, ni se
retirer dudit dos d'âne, en cas d'échec, qu'en le remontant, et que cette considération n'ayant
pas empêché l'ordre d'attaquer, on n'a pas dû être surpris que les troupes aient refusé d'abandonner cette attaque après avoir été repoussées deux fois, malgré la retraite qu'on fit battre, parce
qu'elles comprirent qu'elles avaient plus à craindre dans leur retraite subordonnée au feu des
Piémontais qu'à une troisième attaque; au moyen de quoi elles la tentèrent avec tant de valeur
et de force qu'elles emportèrent d'assaut lesdits retranchements et y passèrent presque tous les
Piémontais au fil de l'épée. On vit des soldats dans leur acharnement s'introduire par les embrasures même et des officiers se montrer avec les drapeaux français sur les parapets.

La perte des ennemis fut très considérable; le lieutenant général commandant en chef et plusieurs officiers de distinction des troupes du roi de Sardaigne y furent tués, des brigadiers,
quelques officiers et soldats particuliers furent faits prisonniers, et si cet avantage pouvait dédommager de la perte de beaucoup de bons officiers français, jamais succès n'a pu faire plus
d'honneur à la nation, car ce poste est un des plus difficiles qu'on puisse attaquer dans les montagnes, et le roi de Sardaigne avait pris soin de le couvrir encore des retranchements les plus
forts qu'on puisse construire.

Après qu'on eut fait occuper tous les postes relatifs aux débouchés des Barricades, on se détermina à marcher sur Demont et à en faire l'investissement. La suite de cette marche intéressante
se trouve dans la campagne de 1744, où on renvoie pour les détails.

EXEMPLE XIII.

MARCHE SUR VINTIMILLE. — OCTOBRE 1747

Vintimille, dont les subsistances s'épuisaient depuis que les troupes du roi l'avaient assujettie et
abandonnée à ses propres forces, était prête à succomber sans que les généraux de l'armée combinée songeassent à rien entreprendre pour secourir cette place; les réflexions timides et peu
solides qu'opposait M. de Mortagne aux projets de vigueur qu'exigeait une circonstance aussi
critique forcèrent M. de Bourcet de représenter à M. le maréchal de Belle-Isle que son honneur et
sa gloire avaient trop de rapports avec ceux de la nation entière pour qu'il pût se refuser à marcher
au secours de Vintimille, bloquée par les ennemis et dont la perte entraînerait infailliblement celle
du comté de Nice; ce général saisit cet avis avec empressement et fit dire à M. de la Mina qu'il était
décidé à marcher le lendemain 17 sur Vintimille et que, s'il trouvait de la difficulté à faire marcher
les Espagnols, il y marcherait avec les Français seuls. Le général espagnol, dont la politique n'était
pas de se refuser à une détermination si favorable, sans faire apercevoir sa mauvaise volonté et
le peu d'envie qu'il avait d'entreprendre, fut obligé de convenir avec M. le maréchal de Belle-Isle
de la disposition de marche dans l'ordre ci-après et dont voici l'effet. (Planche n° 29.)

Une avant-garde de quatre mille hommes se rassembla à la Turbie, aux ordres de M. de Curigal, maréchal de camp espagnol, avec vingt bataillons dont douze espagnols et huit français, aux ordres de M. de Pignatelli.

Un détachement de quinze cents hommes aux ordres de M. de la Chétardie, maréchal de camp, et vingt bataillons dont seize espagnols et quatre français, se rassemblèrent à Peille, aux ordres de M. de Carvajal, lieutenant général espagnol.

Vingt bataillons français aux ordres de M. du Châtel se rassemblèrent à l'Escarène.

Quatorze bataillons français aux ordres de M. de la Ravoye se rassemblèrent à Berra.

Les ennemis étaient au nombre de vingt et un bataillons aux environs de Saorgio et trente-sept à Dolceacqua ou sur les hauteurs de Vintimille, qui pouvaient se réunir dans une même position, soit à la gauche sur les hauteurs de Castel d'Appio, de Castelar et de Castillon, soit à la droite aux environs de Sospel.

Le 18, l'avant-garde de quatre mille hommes attaqua les hauteurs de Castelar et les emporta, soutenue de vingt bataillons de M. de Pignatelli et de douze de M. de Carvajal.

Le détachement de quinze cents hommes attaqua Castillon et ses hauteurs et les emporta, soutenu de huit bataillons de M. de Carvajal qui étaient postés à la gauche de Castelar et des vingt bataillons de M. du Châtel postés entre Sospel et Castillon.

Le corps de M. de la Ravoye se porta entre le Moulinet et Sospel.

Le 19, l'armée resta dans les positions du 18 et on fit les dispositions pour l'attaque du 20.

Le 20, on attaqua les hauteurs de Maloca, de Velaude et de Balsirossi dans cette disposition :

Deux colonnes de cinq cents hommes chacune firent de fausses attaques sur le front des positions ennemies, tandis qu'une colonne composée de dix-huit compagnies de grenadiers et de vingt-six piquets français ayant à leur tête les volontaires royaux aux ordres de M. de Frémier, maréchal de camp, et une seconde colonne composée de vingt-huit compagnies de grenadiers et de vingt-huit piquets espagnols, précédés d'un bataillon de fusiliers, marchèrent sur le revers oriental de la montagne de Saint-Paul, autrement dite Castelar, et se portèrent toutes deux au point qui formait la droite des ennemis, où elles tournèrent leur position, étant soutenues par douze bataillons, dont huit espagnols et quatre français d'un côté, et de l'autre par douze bataillons dont huit français et quatre espagnols.

Ce mouvement s'exécuta avec beaucoup d'ordre et força l'ennemi à une retraite précipitée; on le fit suivre par les deux colonnes sur la gauche et par huit bataillons sur la droite qui avaient été postés aux débouchés de Balsirossi, et dans ce même jour ces différents corps obligèrent les ennemis à passer la Roya et se portèrent sur les hauteurs de Vintimille avec laquelle on communiqua et qu'on ravitailla à l'aise.

On fit encore cinq cents prisonniers et les ennemis rompirent leur pont sur la Roya, de crainte qu'on ne les y suivît plus loin; ils se rassemblèrent sur les hauteurs de Dolceacqua et de Campo-Rosso sur lesquelles ils étaient retranchés et où il aurait été difficile de les attaquer.

On renverra pour l'ordre de marche qui avait précédé cette affaire à l'ordre de marche de 1747. (Annexe 13.)

EXEMPLE XIV.

BATAILLE DE CONI. — 1744.

Lorsque après le passage des Alpes on eut pris la place de Demont et que l'armée combinée se fut avancée dans la plaine sur Vignolo, Bernesso et Caraglio, il fut proposé dans le conseil de guerre ou de marcher en force sur les ennemis postés sur la rive gauche de la Mayre à Dronero et Busca, ou de faire le siège de Coni ; la première proposition avait pour objet de faire reculer l'ennemi jusque sur la rive gauche du Pô et de se servir de la rive droite de ce fleuve pour le tenir en échec et pour faire en arrière les opérations qui auraient paru les plus avantageuses, telles que le siège de Coni, l'expédition de Mondovi, les sièges de Saorgio et de Ceva, pour s'ouvrir par les cols de Tende une communication toujours libre avec le comté de Nice et une communication par Ceva et Millesimo sur Gênes. (Planche n° 30.)

La seconde proposition avait pour objet de s'assurer le plus tôt possible d'un point d'appui dans la plaine par la conquête de Coni ; cette dernière prévalut malgré les avantages que semblait représenter la première pour le succès des opérations ultérieures.

Dans cette détermination on fit reconnaître la place, qui, se trouvant située au confluent du torrent du Gesso dans la rivière d'Esture, ne pouvait présenter que trois fronts d'attaque : l'un par le côté de l'Esture, un second par celui du Gesso et le troisième par l'intervalle des deux rivières ; et quoiqu'on se fût assuré par des reconnaissances particulières faites par quelques ingénieurs que le côté du Gesso se trouvait plus faible, l'inconvénient des communications sur deux rivières qui pouvaient augmenter considérablement par les pluies d'orage et la crainte dans ce cas de voir les tranchées inondées décidèrent le projet d'attaque par l'intervalle des deux rivières, où étaient les fronts les mieux fortifiés de la place.

Dès que ce projet fut constaté, on ne s'occupa plus que des moyens d'avoir des fascines, saucissons, gabions et autres choses nécessaires à cette opération, et on fit avancer l'artillerie et les munitions de guerre avec le plus de diligence qu'il fut possible ; le jour déterminé pour l'ouverture de la tranchée, on y procéda en confiant aux Espagnols le travail de la droite et celui de la gauche aux Français.

Le progrès des attaques dépendait donc du concert qu'il devait y avoir entre les ingénieurs français et les ingénieurs espagnols, et le travail se trouvait souvent suspendu ou ralenti selon que les uns se trouvaient plus ou moins avancés que les autres, parce qu'on était convenu de marcher à même hauteur, et comme la partie de la première parallèle des Français se trouvait beaucoup plus éloignée de la place que celle des Espagnols, il fallut une plus grande étendue de travail pour les premiers que pour les derniers, ce qui fit perdre plusieurs jours pour s'approcher des lunettes qui couvraient la droite et la gauche de l'avant-chemin couvert de la place.

Cette perte de temps, jointe à la consommation des fers coulés par les batteries de canons et de mortiers qui avaient été établies en avant de la première parallèle, et à la difficulté de pouvoir s'en approvisionner en les faisant arriver par une communication très longue venant de Barcelonnette, qui était continuellement attaquée sur quelques points, fit faire des réflexions aux généraux; et comme on les assura de nouveau que l'attaque de la place par le côté du Gesso rencontrerait beaucoup moins d'obstacles et exigerait par conséquent moins de troupes, la place dans cette partie n'ayant qu'une enceinte commencée à la rive gauche du Gesso qu'on pourrait escalader facilement, et ne présentant d'ailleurs qu'un escarpement en terre que cent coups de canon au plus auraient fait ébouler de façon à donner le moyen de le gravir pour entrer dans Coni sans trouver aucun autre obstacle, puisque les maisons de la ville bordaient lesdits escarpements sans aucune enceinte supérieure, ils se déterminèrent enfin à y envoyer un gros détachement de l'armée et à y faire travailler à une parallèle et à l'établissement d'une batterie.

Cette détermination, qui achevait l'investissement de la place qu'on avait négligé jusqu'à cette époque dans toute l'étendue des rives droites du Gesso et de l'Esture, et une attaque commencée sur le côté le plus faible de la place inquiétèrent beaucoup le gouverneur de Coni et l'obligèrent à faire, la même nuit qu'on commença cette attaque, plusieurs signaux par lesquels le roi de Sardaigne fut averti de la situation critique de la place, ce qui décida ce prince, dont l'armée était campée à cinq ou six lieues de Coni, à marcher en force à son secours par Fossano et à camper au point A, la veille de la bataille. La disposition de sa marche se fit donc sur trois colonnes dont les directions rapprochées devaient concourir au point de Notre-Dame-de-l'Orme, qui formait l'unique objet de l'entreprise qu'il voulait tenter pour s'ouvrir une communication sur Coni et y faire entrer des troupes; mais le terrain se trouvant extrêmement resserré dans cette partie, à cause de la sinuosité formée par le confluent de la rivière de Grana dans celle d'Esture, il n'y avait que sa colonne de gauche qui eût pu faire effort sur Notre-Dame-de-l'Orme.

Sa marche ayant été confirmée par des émissaires et par les déserteurs, on décida le 29 au soir qu'il fallait l'attendre, mettant la droite à l'Esture au couvent de Notre-Dame-de-l'Orme et faisant avancer sur le même front les troupes de la ligne qui s'étendait vers cette rivière et que l'on disposa suivant le détail qu'on en fera ci-après.

On eut toute la nuit des partis sur l'avant-garde ennemie qui informaient successivement des projets de sa marche dont on ne pouvait plus douter. Le 30, à la pointe du jour, les troupes furent mises en bataille avec tout l'ordre possible, suivant la nature du terrain, et le champ de bataille reconnu par M. le comte de Maillebois, maréchal général des logis, et ses aides fut préparé.

La première ligne d'infanterie appuyait au ravin de l'Esture et au couvent de Notre-Dame-de-l'Orme, poste très bien retranché et garni des canons nécessaires à sa défense. Le centre, où était la brigade de Lyonnais aux ordres de M. de Senneterre, était soutenu par une grosse cassine à droite et à gauche de laquelle on plaça deux batteries de pièces de campagne; à la gauche de cette cassine appuyaient onze escadrons de dragons de Pavie, de Frise et de Languedoc, soutenus par Royal-Piémont et Conti qui remplissaient un terrain découvert qui se trouvait entre la cassine susdite et celle de Picca-Rocca, qu'on avait retranchée et garnie de canons et que la brigade de Poitou devait défendre.

30.

La maison du roi d'Espagne, le régiment de Séville et celui du Commissaire Général formaient la première ligne de cavalerie qui commençait à la gauche de la cassine retranchée de Picca-Rocca et s'étendait jusqu'à une grosse cassine où l'on avait jeté les deux bataillons d'Anjou et placé trois pièces de canon. Le terrain dans lequel la cavalerie était placée n'étant pas fort susceptible d'un mouvement en avant, on eut soin d'occuper une cassine dans le front de la ligne où l'on plaça le régiment de Quercy pour éloigner le feu de l'infanterie, si l'ennemi avait étendu sa droite à hauteur de la gauche de l'armée combinée.

Les dragons d'Espagne, les régiments du prince de Montèze et de Chabot formaient la seconde ligne de la cavalerie.

Le régiment des dragons de la Reine et deux autres espagnols furent placés en potence sur le flanc gauche de la cassine d'Anjou, pour observer les mouvements de l'ennemi et l'empêcher de tourner la gauche de l'armée combinée.

On laissa en réserve douze bataillons espagnols ou français qui formaient la seconde ligne; et comme elle n'avait pas la même étendue que la première, on plaça de la cavalerie derrière l'infanterie de la première ligne, dans la partie où la seconde ligne ne pouvait s'étendre.

Toutes les dispositions furent faites à 9 heures du matin; les troupes placées dans le terrain où elles devaient combattre occupèrent les cassines qui se trouvèrent à la tête de la ligne et attendirent l'ennemi avec une confiance et une joie qui sont les présages les plus sûrs de la victoire. On venait déjà d'en remporter une; Borgo avait été attaqué à la pointe du jour par quatre ou cinq mille paysans ou soldats, mais M. de Lautrec, qu'on avait laissé pour commander entre l'Esture et le Gesso, l'ayant secouru à propos en y envoyant deux bataillons et le régiment Dauphin cavalerie, avec un escadron de dragons aux ordres de M. de Volvire, les ennemis furent repoussés; ils se retirèrent en déroute et furent poursuivis jusqu'à Roccavione, laissant deux ou trois cents morts ou blessés sur le champ de bataille.

L'infanterie ennemie, composée de quarante-quatre bataillons marchant sur trois colonnes en ordre de bataille, vint mettre en avant d'elle le chemin de Villa-Falletto ou de Tarantasca; sa gauche était appuyée à l'Esture, sa droite était soutenue par sa cavalerie qui était flanquée de chevaux de frise.

La colonne de la gauche attaqua Notre-Dame-de-l'Orme et les postes avancés des Espagnols;

Celle du centre, la brigade de Lyonnais et le centre de l'armée combinée;

Celle de la droite était en panne devant la ligne de cavalerie, et quatre batteries de canons de campagne bordaient le front de sa ligne.

L'action commença à midi et demi à la droite vers Notre-Dame-de-l'Orme, que les ennemis attaquèrent avec leurs grenadiers et leurs croates, elle continua dans toute la ligne d'infanterie jusqu'à la cassine du centre, où appuyait la brigade de Lyonnais. Le feu fut très vif de part et d'autre; les Français et les Espagnols combattirent d'émulation et donnèrent les plus grandes preuves de valeur et de fermeté.

Monseigneur le prince de Conti, qui se portait successivement le long de la ligne, voyant que l'ennemi faisait son effort au centre où était la brigade de Lyonnais, fit avancer pour la soutenir les régiments des Landes, Foix, Stainville, Bret et le second bataillon de Conti aux ordres de M. de Courten; ce renfort fit l'effet que le prince s'en était promis, les ennemis achevèrent leur retraite, ou pour mieux dire, leur déroute, abandonnant trois pièces de canon, leurs chevaux de frise, leurs blessés et le champ de bataille.

On fit marcher, deux heures avant le jour, M. de Corvolan, maréchal de camp espagnol, avec un détachement de douze cents hommes qui ramassa en chemin plusieurs chariots de blessés et grand nombre de munitions et suivit l'arrière-garde de l'ennemi par le chemin de Fossano.

On commanda à midi deux autres détachements plus considérables de cavalerie aux ordres de MM. de Pignatelli et du Cayla pour soutenir M. de Corvolan et se porter sur Cental et Tarantasca.

Cette affaire a coûté au roi de Sardaigne plus de cinq mille hommes tant tués que blessés ou prisonniers, sans compter les déserteurs qui sont venus en foule pendant les deux jours qui ont suivi l'action.

Il n'y a eu personne de marque parmi les morts que M. de la Force. M. de Senneterre, lieutenant général, fut blessé à la première charge de la brigade de Lyonnais ainsi que M. de Chauvelin, major général, et M. de Chabannes, maréchal des logis.

Les Espagnols ont eu MM. de Gandija et de Garcia, lieutenants généraux, blessés et M. de Kindelon, aide-major général, tué.

RÉFLEXIONS SUR CETTE BATAILLE.

Suivant le plan du terrain sur lequel on a combattu, le poste retranché de Notre-Dame-de-l'Orme formait la droite du champ de bataille de l'armée combinée; les cassines de Lyonnais et celle de Picca-Rocca en faisaient le centre, et une grosse cassine où l'on avait mis le régiment d'Anjou formait la gauche.

Quoique le combat n'eût commencé qu'à midi et demi ou 1 heure, les ennemis parurent à 10 heures du matin sur trois colonnes et indiquèrent par cette disposition qu'ils n'en voulaient qu'au poste de Notre-Dame-de-l'Orme, car leurs colonnes étaient toutes dirigées sur ce point.

Mais comme, pour arriver sur les retranchements de Notre-Dame-de-l'Orme, elles étaient interrompues dans leur marche par quelques maisons auxquelles on n'avait pas pris le parti de mettre le feu et que d'ailleurs le terrain était trop serré par rapport à la sinuosité de la rivière, les deux colonnes de leur droite se développèrent et longèrent le chemin de Tarantasca sur une étendue de sept à huit cents toises, en prêtant toujours leur flanc gauche à l'armée combinée, et, à proportion que ce développement se faisait, elles établissaient en avant d'elles la ligne de leurs chevaux de frise, dont la gauche commençait à cent toises de l'armée combinée et la droite formait un retour d'équerre, pour couvrir leur cavalerie placée à droite de leur infanterie; sur quoi on a fait ces réflexions :

Premièrement, si on n'avait pas été dans le cas de prendre une position de défensive par rapport à la faiblesse de l'armée, il semble qu'on aurait pu inquiéter l'ennemi dans sa marche pour ce développement, pendant lequel il prêta toujours son flanc gauche, comme il est dit ci-dessus;

Secondement, l'établissement que l'ennemi fit devant lui d'une ligne de chevaux de frise fut une preuve qu'il ne voulait pas avancer, puisqu'il mettait un obstacle à sa marche, et qu'au contraire il voulait absolument se précautionner contre les efforts et les mouvements qu'auraient pu faire la cavalerie et les dragons de l'armée combinée dans le temps qu'il ferait l'attaque sur le poste de Notre-Dame-de-l'Orme et la cassine de Lyonnais qui n'en était pas éloignée; et on s'assura du gain de la bataille en renforçant le point de Notre-Dame-de-l'Orme;

Troisièmement, le front de l'infanterie française et espagnole n'occupant qu'un petit intervalle, si on en excepte les cassines de Picca-Rocca où était le régiment de Poitou, et celles où étaient les régiments d'Anjou et de Quercy, assez éloignées les unes des autres et dont l'intervalle était rempli par la cavalerie et les dragons, et le front de l'infanterie des ennemis étant de sept ou huit cents toises, par conséquent plus long que celui de l'armée combinée, il est évident que le terrain de leur gauche n'était pas assez étendu pour contenir leur infanterie et qu'ils n'avaient cherché à s'étendre que pour obliger celle de l'armée combinée à en faire de même et diminuer par là les forces qui soutenaient sa droite; sur quoi on peut imaginer qu'on aurait pu faire un plus grand effort d'offensive dans cette partie, et ne pas se contenter seulement de la défendre, malgré le feu de deux batteries qu'ils y avaient établies et dont l'une avait été prise par M. de Courten; mais le terrain était trop resserré et d'ailleurs les cassines qui se trouvaient dans cet angle y formaient un obstacle;

Quatrièmement, quoique la ligne d'infanterie des ennemis fût plus longue que celle de l'armée combinée, comme celle-ci avait mis à cette ligne beaucoup de cavalerie, elle dépassait de plus de deux cents toises l'étendue de celle des ennemis; et sur ce qu'on vit que l'ennemi allongeait son infanterie, on avait pris la précaution de mettre en potence à la gauche de la cavalerie deux régiments de dragons, dans la crainte que les ennemis ne cherchassent à tourner l'armée combinée. Si dans cette circonstance la cavalerie espagnole avait marché sur sa gauche pour se joindre aux dragons qui prenaient déjà en flanc celle des ennemis, il y a lieu de croire qu'étant de beaucoup supérieure, elle aurait eu l'avantage. Les obstacles qui se trouvaient sur le terrain, par quelques petites ravines qui le traversaient et par le retour d'équerre que formaient les chevaux de frise, étaient de quelque considération, mais ils auraient pu permettre le mouvement dont le succès aurait non seulement arrêté les ennemis dans leur retraite, mais les aurait enfermés dans un angle où ils se seraient trouvés compromis;

M. le prince de Conti fit des instances successives et très fortes à M. le marquis de la Mina pour qu'il donnât ordre à M. de Pignatelli de marcher en avant et de tourner la droite des ennemis, mais ce général ne voulut jamais y consentir et on perdit par là le plus grand fruit que l'on aurait pu tirer de cette bataille; c'est l'effet ordinaire des armées combinées, lorsque chaque armée a son général particulier.

Cinquièmement, on s'aperçut que l'infanterie des ennemis faisait un mouvement en marchant sur sa gauche et diminuant de moment en moment la grandeur du front qu'elle occupait, à proportion qu'elle remplaçait celle qui combattait à portée de Notre-Dame-de-l'Orme, ce qui indiquait la retraite des ennemis; et il aurait été bien avantageux d'en profiter en faisant avancer la cavalerie de la gauche de l'armée combinée;

Sixièmement, la sinuosité de la rivière dont les ennemis n'avaient pas connaissance rendit l'effort de deux de leurs colonnes inutile. On prétend que le roi de Sardaigne, s'étant aperçu en marchant de cet inconvénient, avait envoyé à son général de la droite ordre de faire un mouvement qui l'aurait corrigé, et qu'un des deux aides de camp que ce souverain envoya donna à ce général un ordre contraire et qu'il n'a pu savoir auquel des deux s'en prendre parce qu'ils furent tués tous deux ;

Septièmement, si le roi de Sardaigne, au lieu de se diriger sur Cental et Fossano pour marcher au secours de Coni, se fût porté sur Caraglio et Vignolo pour se donner la main avec les paysans qui attaquèrent Borgo, quelle ressource restait-il à l'armée combinée ? aucune autre que celle de marcher droit sur les ennemis et de les attaquer dans une position avantageuse pour eux et sur laquelle la supériorité de la cavalerie devenait inutile; ou celle de se retirer par Mondovi et de gagner le pays de Gênes, ce qui aurait découvert toute la communication, la vallée de Barcelonnette et la frontière de Mont-Dauphin et de Briançon;

Huitièmement, on a vu que le défaut de connaissance d'une petite sinuosité a occasionné une mauvaise disposition d'attaque de la part des ennemis; et combien, par conséquent, il est nécessaire de mettre d'application dans les connaissances du pays et de ne rien négliger dans les parties de son détail. On a vu que l'armée combinée ne pouvant prendre des quartiers d'hiver en Piémont, a été forcée de se retirer avant la chute des neiges;

Neuvièmement, que si le roi de Sardaigne s'était campé la veille de la bataille au point B plutôt qu'au point A, sa marche et ses dispositions auraient pu se faire de façon à faire son principal effort à Notre-Dame-de-l'Orme, et que l'armée combinée n'aurait pu prendre de position que parallèlement à la rivière d'Esture, ou qu'elle aurait été forcée d'abandonner Notre-Dame-de-l'Orme, contre les principes des positions;

Enfin l'inconvénient d'avoir une communication trop étendue, celui de manquer de munitions de guerre, puisque malgré le gain de la bataille on a été forcé de lever le siège, faute de poudre et de fers coulés.

Voilà les principales observations sur le combat où le roi de Sardaigne a risqué le tout pour le tout, et dont le succès en sa faveur aurait été tout au moins aussi funeste à l'armée combinée, puisqu'elle n'aurait pu se retirer que par le penchant de la rive gauche de l'Esture qui était à son dos et sur lequel il aurait pu prendre des posititions bien avantageuses pour l'inquiéter et la mettre totalement en déroute. (Annexe 13.)

ANNEXES.

IMPRIMERIE NATIONALE.

NOTICE

LA FAMILLE, LES SERVICES ET LES TRAVAUX DE PIERRE DE BOURCET,

LIEUTENANT GÉNÉRAL DES ARMÉES DU ROI.

Pierre de Bourcet naquit le 1er mars 1700, à Usseaux [1], dans la vallée du Pragelas, qui faisait alors partie de la province du Dauphiné. Il était fils de Daniel-André Bourcet, capitaine réformé d'infanterie, partisan dans la garnison de Briançon, qui avait été consul de la communauté d'Usseaux.

Son bisaïeul Pierre Bourcet avait servi sous Louis XIII comme capitaine commandant une compagnie de cent hommes et s'était distingué dans les guerres de cette époque, notamment au passage du pas de Suse, en 1629. Le Roi lui témoigna son contentement en lui donnant, à cette occasion, un drapeau blanc orné de deux fleurs de lis et de deux dauphins avec cette épigraphe : « Vive, vive capitaine Bourcet [2]. »

Son aïeul Michel Bourcet, d'Usseaux, pasteur, après avoir souffert des guerres de religion dont le Pragelas fut le théâtre, prêta serment de fidélité à Charles-Emmanuel II, le 9 novembre 1657 [3].

Daniel-André Bourcet, père du lieutenant général, entra au service en 1677. Il prit part à presque toutes les campagnes qui eurent lieu pendant le long règne de Louis XIV, et se distingua particulièrement dans la guerre de la Succession d'Autriche, comme capitaine d'une compagnie franche.

---

[1] Le premier jour du mois de mars 1700 est né Pierre Bourcet, fils légitime de M. Daniel-André Bourcet, capitaine et ex-consul de la communauté d'Usseaux, et de Mlle Marie-Madeleine Légier, mariés, au lieu d'Usseaux; le même jour a été baptisé par Jean Poncet, prêtre et curé de la paroisse d'Usseaux (diocèse de Pignerol). Son parrain a été M. Louis Bourcet et sa marraine Louise Dufrênes, ses oncle et tante, habitant Balboutet.

[2] *Notice manuscrite* par Jean-Pierre de Bourcet, neveu de Bourcet, écrite en 1806.

[3] « Le synode du Dauphiné donna aux églises vaudoises des marques de ses sympathies fraternelles, en leur envoyant plusieurs pasteurs; mais le gouvernement piémontais se prévalut de leur origine étrangère pour les expulser du pays. Quelques-uns cependant furent autorisés à y résider à condition qu'ils prêteraient serment de fidélité à Charles-Emmanuel II. Michel Bourcet, d'Usseaux-en-Val-Cluson, fut de ce nombre. » *L'Israël des Alpes*, par Alexis Muston, t. II, p. 399.

« En 1689, les milices du Briançonnais étaient sous les ordres de M. de Larrey, à Salbertrand, quant le pont en fut forcé par les Vaudois; Daniel-André commandait l'une des compagnies; dans les années suivantes, elles furent chargées successivement de la garde du poste
de la Balzille, après le départ des Vaudois, et de celle des différents cols de la frontière. Le
capitaine Bourcet était établi avec sa compagnie, en 1706, pendant le siège de Turin, sur les
hauteurs qui séparent la vallée de Saint-Martin de celle de Luzerne, et si avantageusement
posté qu'il vit la possibilité d'enlever le duc de Savoie quand celui-ci se réfugia dans la combe
de Rora; il en fit la proposition à la Feuillade, alors à Pignerol, mais l'autorisation lui fut refusée.

« En 1708, ce furent deux compagnies briançonnaises, sous les ordres de Bourcet, que
Villars chargea de la défense du col de la Fenêtre, quand, trompé par une fausse manœuvre du
duc de Savoie, il abandonna les vallées transalpines pour se porter en Maurienne. Exilles,
abandonné à ses propres forces et surpris par les troupes savoyardes, s'était rendu au bout de
trois jours; après la prise de cette place, Victor-Amédée voulut se porter sur Fenestrelle. Il
fit marcher M. de Rhebinder, l'un de ses généraux, avec quatorze compagnies de grenadiers et
quatorze piquets pour attaquer la redoute du col de la Fenêtre; Rhebinder, arrivé aux trois
quarts de la montagne, envoya comme parlementaire un tambour qui s'avança en battant
sa caisse jusqu'à la barrière de la redoute; là il trouva Bourcet et le somma, de la part de son
général, de se rendre s'il voulait obtenir une bonne capitulation. Le capitaine lui fit boire un
verre d'eau-de-vie et le renvoya en le chargeant de dire à M. de Rhebinder qu'il ne se rendrait
pas, mais qu'il avait un gigot de mouton et une bouteille de vin de Riez à lui offrir s'il voulait
venir parlementer avec lui. Le général, outré de cette réponse, marcha tambour battant pour
attaquer le poste. Il ne put y arriver: Bourcet avait eu la précaution de faire accumuler des tas
considérables de pierres au sommet des pentes qui dominaient les avenues; il lui suffit de
faire sortir six hommes à droite et six à gauche de la redoute pour les faire rouler et arrêter
toute tentative d'assaut. Rhebinder, obligé de rétrograder, se décida à gravir la montagne de
Fatière, à l'est du col de la Fenêtre : la redoute pouvant ainsi être non seulement dominée
mais tournée, Bourcet se décida à l'abandonner après l'avoir fait sauter. Cinq barils de poudre
lui restaient : il en fit placer un à chaque angle et l'autre au milieu, et se retira avec sa troupe,
ne laissant qu'un sergent et deux hommes chargés de mettre le feu au moment où l'ennemi
s'approcherait pour pénétrer dans la fortification. Cet ordre fut exécuté avec précision; plusieurs
officiers savoyards furent tués, et l'explosion fut si forte que le tirant de la charpente du toit
de la redoute fut lancé jusque dans le bas de la vallée à plus de deux kilomètres de là.
Bourcet se retira à Fenestrelle. Le gouverneur le chargea de défendre avec sa troupe une redoute qui en protégeait les approches; cette redoute tint huit jours de plus que la forteresse,
et avant de donner l'ordre de la rendre, Bourcet la quitta secrètement, emmenant avec lui
cinquante ou soixante hommes des plus valides. C'est avec cette troupe d'élite qu'il rejoignit
Villars, campé aux Souchières-Basses, après avoir passé à portée de quatorze corps de garde
des ennemis et presque au milieu de leur camp. Ce trait d'audace presque incroyable est
d'autant plus méritoire que M. de Rhebinder avait fait prisonniers, à Fenestrelle, la femme et
les enfants du capitaine, dont la famille était, nous le rappelons, originaire d'Usseaux, entre
Fenestrelle et les Souchières.

«Pendant les campagnes de 1710 à 1713, le capitaine Bourcet, établi à la Vachette, près de Briançon, fut chargé par le maréchal de Berwick de protéger le quartier général de l'armée à l'aide d'un bataillon de mignons et de trois compagnies franches. Berwick lui avait laissé carte blanche sur la manière d'organiser et de diriger le service de sûreté. On ne citera à ce propos qu'un seul fait.

«Le quartier général était à Pont-de-Cervières; Berwick n'avait aucune nouvelle des ennemis campés dans les vallées de Cézane et de Bardonnèche; il chargea Bourcet de s'en procurer. Celui-ci détacha un sergent et dix hommes de sa compagnie, auxquels il indiqua un itinéraire qui devait les conduire par la crête des montagnes et des passages non gardés jusque sur la grande route de la vallée de la Doire, entre Exilles et Suse. Ils y arrivèrent en effet et arrêtèrent un courrier de l'armée ennemie escorté par deux officiers et deux cavaliers, dont l'un fut tué; les trois autres furent ramenés avec la malle des dépêches, d'abord à la Vachette, chez Bourcet, puis à Pont-de-Cervières, chez le maréchal de Berwick, qui trouva dans le paquet des instructions détaillées du duc de Savoie. Le sergent, qui en quarante-huit heures avait exécuté ce hardi coup de main, fut fait officier [1]».

Ce partisan était en même temps un capitaine des guides modèle qui s'entendait très bien au service d'état-major, comme le prouvent les mémoires qu'il a laissés et dont quelques-uns ont été attribués à son fils. Berwick, qui l'appréciait et qui lui donna de nombreux témoignages de son estime [2], ne se contentait pas de lui confier le service de sûreté de l'armée; il le chargea souvent de reconnaissances particulières, et l'on peut juger, d'après le mémoire relatif à l'une d'elles, de l'importance qu'elles avaient et de la part qui revient au père dans l'éducation du fils.

«Le maréchal de Berwick, qui était campé avec douze bataillons à Guillestre, craignant que les ennemis, qui étaient campés dans la vallée de Barcelonnette, ne vinssent prendre ses derrières et retomber sur son camp du Chatel-de-Vars par les hauteurs ou lui couper la communication avec Queyras, m'envoya visiter la gorge de Laval pour voir si on ne pouvait pas s'y porter, et me prescrivit de lui en rendre compte, ce que je fis. Après quoi, il envoya un lieutenant-colonel et trois cents hommes pour garder cette vallée, lequel se porta d'abord à Seillac, envoyant des gardes sur les cols de Cristillian et de Maurin, et se retira ensuite à Laval, gardant ces mêmes postes et celui de la Colette-verte, qui est en avant et que j'ai dit, au commencement, tomber de la gorge de Seillac dans celle de Laval [3]».

D'après une biographie inédite due vraisemblablement à son neveu l'ingénieur Baratier,

[1] *Les vallées vaudoises*, par A. de Rochas d'Aiglun, chef de bataillon du génie.

[2] «Vous voulez bien, Monsieur, que je vous écrive en faveur de M. de Bourcet, qui était capitaine d'une compagnie franche, servant pendant la guerre dernière sur les frontières du Piémont. C'est un homme d'une grande distinction, dont tous les généraux ont été si contents, qu'ils ne faisaient quasi rien qu'il n'y eût une bonne part; il a eu une infinité d'actions qu'il a toujours conduites avec intelligence et prudence; son désintéressement et son attachement au Roi l'ont déterminé à refuser les offres qui lui ont été souvent faites par le roi de Sardaigne, et à abandonner son bien, qui est au delà des monts, plutôt que de rester sous une domination étrangère; tout cela mérite bien qu'on ait pour lui des égards; en un mot, c'est un des plus dignes sujets, des plus vertueux, des meilleurs officiers qu'il y ait en France, etc.» Lettre du maréchal de Berwick datée de Bordeaux 26 septembre 1716 et adressée au Ministre de la guerre. Extrait de la *Notice manuscrite* déjà citée.

[3] *Mémoire sur la vallée de Ceillac et les vallons avec lesquels elle a communication.* Daniel-André Bourcet.

Pierre Bourcet fit ses premières armes dans la compagnie de son père [1], où il servit en qualité de lieutenant depuis 1709 jusqu'en 1713, époque à laquelle ce capitaine, mécontent de la manière dont on avait récompensé ses services, se retira et vint se fixer à Grenoble, emmenant avec lui ses deux fils Pierre et Jean.

Bourcet, suivant le désir de son père, étudia d'abord le droit avec succès; mais entraîné par son goût pour l'état militaire, il renonça bientôt à la carrière que son père voulait lui faire embrasser pour faire, sans son consentement et sans secours, la campagne de 1719 sur les frontières d'Espagne, en qualité de volontaire dans le régiment de Lorraine-Infanterie. Une lieutenance lui fut offerte par le colonel de ce régiment, à la sollicitation du maréchal de Berwick; mais, d'après la menace que son père lui fit de le méconnaître pour son fils s'il l'acceptait, il se rendit à Grenoble dans l'espoir de le fléchir et d'obtenir son consentement; en effet, après bien des instances, il lui fut permis de suivre l'état militaire, pourvu toutefois qu'il s'adonnât aux mathématiques. Quelques principes de géométrie qu'il avait reçus lui en donnèrent les facilités; il fit des progrès si rapides qu'il fut bientôt en état de suppléer le professeur, qui peu de temps après tomba malade. Il s'en acquitta avec tant de zèle et d'intelligence que M. de Burani, qui commandait l'École d'artillerie et qui avait reçu le jeune Bourcet dans son corps, lui fit donner l'emploi d'officier pointeur en 1722.

En 1726, il suivit M. de Launay, lieutenant général d'artillerie, dans la tournée qu'il fit en Provence et en Dauphiné; il fut chargé par cet officier général, d'après une permission du Ministre de la guerre, d'aller faire l'inspection des places d'Entrevaux, Guillaume et Colmars et de lui en rendre compte à Avignon.

Bourcet méditait d'entrer dans le corps du génie; mais il fallait qu'il servît d'abord dans un régiment d'infanterie, parce que MM. d'Asfeld et du Maine, l'un commandant des ingénieurs, et l'autre grand maître de l'artillerie, s'étaient promis réciproquement de ne se prendre aucun des officiers de leurs corps respectifs; en conséquence il sollicita, à l'insu de son général, des lettres de lieutenant dans le régiment de Royal-Vaisseaux, en attendant qu'il pût faire connaître ses talents pour l'état d'ingénieur. Il reçut ses lettres à Romans, pendant son retour d'Avignon à Grenoble.

Il fut fait sous-aide-major dans le régiment de Royal-Vaisseaux et chargé ensuite des détails du second bataillon dans les différentes garnisons qu'occupa ce corps jusqu'en 1728, époque à laquelle M. d'Angervilliers, pour lors ministre de la guerre, joignit ses instances à celles du maréchal de Berwick pour engager M. d'Asfeld à l'admettre dans le corps du génie.

---

[1] Le lieutenant général commença à servir en 1709, ainsi à l'âge de neuf ou dix ans. Dans deux lettres de 1742, datées, l'une du 26 juillet et l'autre du 7 novembre, il dit qu'il a trente-trois ans de services, tant dans l'infanterie et l'artillerie que dans le génie. Dans une lettre du 14 décembre 1777, il dit soixante-neuf ans de services. (*Notice sur les services du général de Bourcet*, par le colonel Augoyat, *Spectateur militaire* 1856.) Bourcet lui-même confirme cette précocité étonnante dans un mémoire écrit de sa main et relatant son entrevue à Turin avec le roi de Sardaigne, à l'occasion de la délimitation de 1760. Répondant à ce souverain qui se félicitait que le roi de France, son neveu, eût choisi, pour cette mission, un officier qu'il croyait son sujet, Bourcet lui dit : «Qu'il n'avait point cet honneur, quoiqu'il fût né dans la vallée du Pragelas, parce qu'il était officier en France avant la cession des vallées par la paix d'Utrecht.» A.

Il fut compris dans la promotion de 1729 avec la réforme de lieutenant dans Royal-Vaisseaux et envoyé en résidence à Mont-Dauphin, et quinze jours après à Briançon, où il fut chargé par M. de la Réric, directeur des fortifications, des ouvrages de cette place, de ceux des forts et notamment du pont de pierre qui sert de communication de la ville aux forts, ouvrage d'autant plus difficile que les deux piles sont établies dans un escarpement considérable sur les deux rives de la Durance [1].

Bourcet fit, en qualité d'ingénieur, les campagnes d'Italie de 1733 à 1735 : il assista aux sièges de Milan, de Novare, de la Mirandole, et se trouva aux deux attaques de Colorno en 1734, aux sièges de Reggiolo, de Borgo-Forte, de Governolo et de la Ferrata en 1735. Chargé de reconnaître le Seraglio, il s'empara de Borgo-Forte, sur la rive gauche du Pô, avec quinze grenadiers et quinze hussards et prit ensuite Governolo, sur la rive gauche du Mincio.

En 1741, il devint ingénieur en chef et fut envoyé à l'armée de Westphalie, commandée par le maréchal de Maillebois, qui l'employa à faire les reconnaissances de ce pays [2] jusqu'au mois de juin 1742, époque à laquelle il fut appelé à Paris par le marquis de Breteuil, ministre de la guerre.

Il existe aux archives historiques du Ministère de la guerre, minuté de la main même de Bourcet, un récit très curieux de l'entrevue qu'il eut à l'occasion de ce voyage avec le cardinal de Fleury. C'est de là que date sa fortune.

Le cardinal de Fleury, après s'être assuré, dans un long entretien qu'il eut avec Bourcet, que tout ce que M. d'Asfeld, directeur général des fortifications, lui avait dit de cet ingénieur et de sa connaissance des frontières du Dauphiné et du Piémont, était fondé, l'envoya secrètement à Grasse, où se trouvait l'Infant d'Espagne don Philippe avec une armée de quatorze mille Espagnols. Bourcet remit ses dépêches au comte de Glimes, général de l'armée d'Espagne, et fut présenté à l'Infant.

Cette visite donna lieu à la marche de l'armée d'Espagne sur Barcelonnette : pendant ce temps Bourcet se rendit à Mont-Dauphin, où il venait d'être nommé ingénieur en chef et d'où il était plus à même de remplir son rôle de conseiller secret auprès de l'Infant d'Espagne.

L'armée d'Espagne, qui se trouvait dans le Boulonnois, ayant été forcée de se retirer dans le royaume de Naples, les quatorze mille Espagnols de Barcelonnette n'étaient plus en état de la rejoindre et M. de Glimes reçut de la cour d'Espagne l'ordre de passer en Savoie.

«Le sieur Bourcet ayant eu une entrevue avec M. de Glimes, lui donna la route et lui prescrivit d'aller se poster à Fréterive, en Savoie, sur la rive droite de l'Isère, de se saisir du château de Méolans, qui n'aurait fait aucune résistance, et d'occuper la Charbonnière, sur la rive gauche de cette rivière, au débouché de la Maurienne, au moyen de laquelle position il n'aurait à craindre le roi de Sardaigne ni par le débouché de la Tarantaise ni par celui de la Maurienne; ce que M. de Glimes n'exécuta point, parce que s'étant entretenu avec le curé de la

---

[1] Tous les détails relatifs aux premières années de Bourcet et à ses débuts dans la carrière des armes sont dus à l'obligeance de M. le commandant du génie de Rochas d'Aiglun. A.

[2] Bourcet reconnut, avec Mandave, le cours de la Lippe, depuis Dorstein jusqu'à Paderborn. Colonel Augoyat. *Notice citée.*

Chambre, bourg compris dans l'intervalle de Saint-Jean-de-Maurienne à Ayguebelle, ce prêtre lui dit que, dans un semblable pays, il ne serait pas étonné qu'on lui enlevât l'Infant en marche au milieu de son armée, ce qui inspira tant de crainte à M. de Glimes qu'il abandonna l'idée qu'on lui avait donnée de la position de Fréterive et marcha avec son armée pour se mettre sous la protection du Fort Barrault, en abandonnant la Savoie, ce qui donna lieu au roi de Sardaigne de s'avancer dans cette contrée avec douze à quinze mille hommes et d'y prendre une position entre Montmélian et le château des Marches.

« Cette détermination de M. de Glimes l'ayant fait rappeler en Espagne, M. le marquis de la Mina vint le remplacer et M. de Glimes quitta l'armée aussitôt son arrivée, sans lui donner connaissance d'un projet que lui avait donné le sieur Bourcet pour une diversion de laquelle aurait résulté une impossibilité réelle au roi de Sardaigne de se retirer [1]. Ce projet consistait à établir deux ponts sur l'Isère au-dessous de Barrault, à avoir quarante ou cinquante bateaux pontables ou pontons sur des chariots, à marcher en droiture dans la direction de Chambéry jusqu'à la hauteur du château d'Aspremont qui se trouvait vis-à-vis la droite de la position du roi de Sardaigne, et, à l'entrée de la nuit, à marcher à colonne renversée, c'est-à-dire que son arrière-garde fît son avant-garde, à passer l'Isère sur les deux ponts établis au-dessous de Barrault, et à s'avancer jusqu'au-dessus d'Ayguebelle pour établir sur l'Isère un pont au moyen duquel il aurait occupé la position de Fréterive qui aurait compromis toute l'armée du roi de Sardaigne et même sa personne; mais, comme M. de la Mina ne savait rien de ce projet et n'avait entendu parler que de la marche sur le château d'Aspremont, il n'exécuta que cette marche qui occasionna la retraite du roi de Sardaigne, laquelle se fit sans difficulté et sans perdre un seul homme [2]. »

Par suite d'un oubli de M. de Glimes, M. de la Mina n'avait pas été instruit de la nature de la mission de Bourcet, qu'il prit sans doute pour un officier dégoûté du service de France, et il répondit aux offres qu'il lui fit en l'invitant à se mettre en rapport avec un colonel de son état-major à Grenoble; mais cet officier espagnol n'ayant pu faire comprendre à M. de la Mina ce qui s'était dit dans les entretiens qu'il avait eus avec Bourcet, ce général pria l'ingénieur français de se rendre en Savoie, où il se rencontra avec lui sur les frontières des deux royaumes. M. de la Mina, ayant reconnu à qui il avait affaire, sollicita aussitôt de la cour de Versailles l'autorisation pour Bourcet de se rendre à Chambéry et d'y rester aux ordres de l'Infant, ce qui n'eut lieu toutefois qu'à l'époque où le Roi accorda à l'Espagne quatorze bataillons sous les ordres de M. le comte de Marcieux.

Bourcet prit alors officiellement les fonctions de maréchal général des logis de l'armée d'Espagne, et ce fut d'après ses instructions que cette armée se mit en mouvement et arriva en

---

[1] Dans l'entretien que Bourcet eut à Turin avec le roi de Sardaigne en 1760, ce souverain lui dit : « Qu'il n'avait jamais fait de plus grande faute que de s'avancer en Savoie en 1742, contre l'avis de ses généraux et par trop de jeunesse et trop peu d'expérience; qu'il savait que M. de Glimes avait projeté une diversion pour le surprendre du côté de Fréterive sur ses derrières; heu-reusement pour lui l'Espagne avait rappelé ce général et l'avait remplacé par M. de la Mina, qui, ignorant ledit projet, ne l'avait point exécuté et lui avait laissé la liberté de sa retraite, convenant que ledit projet l'aurait perdu, s'il avait été exécuté. » A.

[2] Mission particulière de M. Bourcet. *Archives historiques du Ministère de la guerre.*

quatre marches, sur deux colonnes, à Briançon en même temps que les quatorze bataillons français campaient à la Bessée sur la rive gauche de la Durance.

« Jusqu'à la fin de septembre, on était persuadé qu'on entrerait en Piémont alliés avec le roi de Sardaigne; mais ayant appris que ce souverain avait traité à Worms avec la reine de Hongrie, il fut question alors d'entrer en guerre et de déboucher dans ses États par la vallée de Château-Dauphin, pour lequel effet il fut tenu un conseil de guerre à Briançon auquel assistèrent l'Infant, les généraux français et espagnols ainsi que le sieur Bourcet, qui, ayant fait le rapport du local et des obstacles qu'on trouverait à ce débouché, donna le projet de s'y avancer par trois colonnes, dont deux se dirigeraient sur la Chenal par les cols de Lagnel et de Saint-Véran, et la troisième par le col du Longet sur la vallée de Bellins, celle-ci dans l'objet de tourner les retranchements que le roi de Sardaigne avait fait établir à la Tour de Pont et au Villaret, sur la rive gauche de la Vraïte.

« Ce projet fut adopté par tous les officiers qui formaient le conseil de guerre, à l'exception de M. de la Mina qui se refusa absolument à la troisième colonne, dans la crainte du succès qu'il voyait inévitable, et n'ayant d'autre objet en lui-même que d'engager le roi de France, par ce seul acte d'hostilité, à soutenir son alliance avec l'Espagne; d'autant mieux qu'il n'avait pas quinze jours de vivres et qu'il n'était point préparé à passer son hiver en Piémont. Pour preuve de l'opinion qu'on lui suppose, comme les neiges et les frimas commencèrent au moment qu'on arriva près de la Tour de Pont et qu'on ne fit qu'un simulacre d'attaque, l'armée fit un mouvement rétrograde et, remontant les cols de Saint-Véran et de Lagnel huit jours après sa descente en Piémont, rentra en France et prit ses quartiers d'hiver tant en Dauphiné qu'en Savoie.

« Il arriva à cette retraite que les douze pièces de canon de quatre que les Espagnols avaient empruntées au roi de France, ayant remonté les deux tiers de la montagne, sous prétexte de la gelée M. de la Mina ne voulut pas qu'on continuât à les monter jusqu'au sommet, d'où on aurait pu les ramener jusqu'au Château-Queyras, et que, n'ayant point voulu écouter le sieur Bourcet, qui lui assurait qu'avec vingt ducats il ferait monter lesdites pièces à bras d'hommes, il ordonna qu'on brûlât les affûts et qu'on précipitât les pièces; ce qui donna la tentation de croire qu'il l'avait fait exprès pour piquer le roi de France et l'engager à soutenir la guerre contre le roi de Sardaigne; et effectivement, la campagne de 1744, le Roi donna quarante bataillons, etc. [1] »

Le Roi, voulant récompenser Bourcet des services qu'il avait rendus dans cette expédition et des talents dont il avait fait preuve dans la mission secrète qu'il lui avait confiée, le nomma chevalier de Saint-Louis.

Il était encore lieutenant réformé à la suite de Royal-Vaisseaux lorsque le prince de Conti, qui allait commander l'armée d'Italie, le prit avec lui comme ingénieur. Bourcet arriva le 24 mars 1744 à Antibes, où se trouvait alors le prince, qu'il accompagna dans la reconnaissance qu'il fit du Var le 25, et peu de jours après il écrivit sous sa dictée les dispositions du passage de cette rivière torrentueuse, qui eut lieu la nuit du 31 mars au 1er avril. Par ordre du 1er avril,

---

[1] Mission particulière de M. Bourcet. *Archives historiques du Ministère de la guerre.*

il fut attaché en qualité d'aide-maréchal des logis au comte de Maillebois, qui remplissait les fonctions de maréchal général des logis de l'armée d'Italie.

Le 6 avril, il reçut une commission de capitaine réformé à la suite de Royal-Vaisseaux. En accusant réception de ses lettres de service au Ministre de la guerre, qui accueillait avec faveur sa correspondance, Bourcet lui exprimait son opinion sur les opérations de l'armée; il se prononçait contre le projet de vouloir passer en Italie en suivant la côte de Gênes, et indiquait comme préférable le passage par la vallée de la Stura, en faisant les sièges de Demont et de Coni. Il eut une grande part aux dispositions que fit le prince de Conti.

Les services qu'il rendit dans cette campagne, au cours de laquelle il se distingua à l'attaque des comtés de Nice et de Villefranche, à la prise de Château-Dauphin, aux sièges de Demont et de Coni et à la bataille de la Madone del' Olmo, lui valurent l'attestation suivante du prince de Conti :

« Employé en qualité de chef de brigade à l'armée d'Italie, S. A. S. Mgr le prince de Conti s'en est servi très utilement dans les dispositions qui ont été faites pour les opérations dans le comté de Nice et en dernier lieu dans les vallées d'Esture et de Château-Dauphin. Il donne témoignage qu'aucun officier de l'armée n'a mieux mérité une récompense distinguée. »

Il obtint à cette occasion une première pension sur le trésor royal.

L'année suivante, Bourcet servit comme brigadier d'ingénieurs aux sièges de Tortone, de Valence du Pô [1] et d'Alexandrie [2]. Il fut chargé avec sa brigade de diriger l'attaque de ces deux dernières places et se trouva au combat de Bassignano. On lui accorda, en raison des services signalés qu'il avait rendus dans ces différentes occasions, la commission de lieutenant-colonel réformé à la suite de Royal-Vaisseaux, le 11 novembre 1745. Il servit encore avec la plus grande distinction aux batailles de Tidon [3] et de Plaisance en 1746, et fut gratifié d'une nouvelle pension sur le trésor royal « pour le siège de Valence, auquel il commanda les officiers du génie, et pour les passages du Pô et du Tanaro en 1745-1746 ».

Le 1er janvier 1747, il fut nommé colonel réformé à la suite de Royal-Vaisseaux. Sous les ordres du maréchal de Belle-Isle, qui l'honora tout particulièrement de sa confiance, il contribua, par ses projets d'opérations, à chasser les ennemis de la Provence en janvier et février 1747, ainsi qu'à la prise de Villefranche, de Nice, de Montalban et de Vintimille au mois de juin de la même année. Il avait remis à M. le chevalier de Belle-Isle des notes sur les mesures qu'il convenait de prendre pour assurer l'investissement des places d'Exilles et de Fenestrelles

---

[1] Le maréchal de Maillebois et son fils s'approchèrent assez du Tanaro, sur la rive gauche duquel était campée l'armée austro-sarde, pour acquérir la connaissance du camp piémontais et des chemins par lesquels on pouvait y arriver. « Cette connaissance, dit le marquis de Pesay (Histoire des campagnes du maréchal de Maillebois, t. II, p. 133), fut complétée dans ses détails par les soins de M. de Bourcet, aujourd'hui lieutenant général, et dont les talents devaient être promptement reconnus par un homme qui en avait autant que le comte de Maillebois. »

[2] « J'envoie le sieur Bourcet vous porter la nouvelle de notre conquête. Il vous en fera le détail mieux qu'un autre, puisqu'il commandait les ingénieurs français et a dirigé tout le siège. C'est un sujet si supérieur, tant pour son métier que pour les autres parties de la guerre, que je ne puis trop vous presser de lui donner quelque marque de distinction. » (Lettres du maréchal de Maillebois au Ministre de la guerre, 30 octobre 1741.)

[3] Ce fut Bourcet qui indiqua le point le plus propre à jeter un pont sur le Pô. Voir Principes de la guerre de montagnes, exemple 1er, p. 183.

(annexe 5), auxquelles ce général ne se conforma malheureusement pas, et dont l'exécution aurait assuré le succès de cette expédition.

Le Roi, à qui il fut rendu compte de la part que Bourcet avait prise aux opérations de Provence de 1747-1748, lui accorda une troisième pension sur le trésor royal [1].

Il obtint le grade de brigadier d'infanterie par brevet du 1er janvier 1748, et il reçut la mission, avec quelques officiers du génie réunis sous ses ordres à Grenoble, de dresser la carte du Dauphiné.

« On avait éprouvé plusieurs fois pendant la dernière guerre combien il était difficile d'ordonner des dispositions militaires dans le Dauphiné et en Piémont, en s'appuyant sur les cartes qu'on avait de ces provinces. « Je ne vois rien de plus important, écrivit en 1748 « M. d'Argenson au maréchal de Belle-Isle, pour les mouvements des troupes, que de connaître « l'intérieur du Dauphiné, de la Provence et des comtés de Nice et de Beuil. » On profita de l'occupation de ces comtés pour les faire lever en 1748, et le Ministre, voulant faire rassembler le travail que les ingénieurs détachés dans l'intérieur du pays avaient fait, en chargea Bourcet, jugeant que personne n'était mieux capable de s'en acquitter. Aux cartes des comtés Bourcet joignit des mémoires contenant la description du terrain et des positions militaires qu'il présente.

« Après ce travail, Bourcet fut chargé en chef, pendant sept ans, de 1749 à 1755, de lever la carte de la frontière du Dauphiné, en suivant les mesures déterminées par Cassini, tant pour la distance de Grenoble à Embrun que pour la position de plusieurs signaux intermédiaires dont cet académicien avait fait usage. Il n'eut d'abord pour aides que quatre ingénieurs militaires et deux ingénieurs géographes. En 1752, le nombre des premiers fut porté à neuf : les ingénieurs géographes étaient Montanel, Dupain et Villaret; la carte ne devait être communiquée à personne, pas même aux militaires les plus respectables; les minutes étaient envoyées à Versailles sans qu'il en dût rester vestiges entre les mains de Bourcet ou de ses aides. » Nous renvoyons au *Mémorial du dépôt de la guerre*, t. 1er, p. 306 de l'édition in-4°, pour l'appréciation de ce travail [2]. En 1753, il dut en abandonner la direction pour remplir diverses missions importantes dans le nord de la France sur la frontière de la Flandre.

Le 1er janvier 1756, il était appelé aux fonctions de directeur général des fortifications du Dauphiné.

Par ordre du 1er mars 1757, il fut envoyé à l'armée d'Allemagne, qu'il joignit au mois de juin; il y commanda l'artillerie et le génie du corps d'armée qui marcha en Saxe sous les ordres du prince de Soubise, au mois d'août, et se trouva à la bataille de Rosbach le 5 novembre.

[1] « On dut à M. de Bourcet la combinaison de tous les mouvements qui forcèrent M. de Leutrum à se retirer partout devant nos troupes. La lettre que M. le maréchal de Belle-Isle écrivit au Ministre à ce sujet est un modèle trop précieux pour que nous ne nous fassions pas un devoir de la reproduire ici :

« Quelque instruit que vous soyez du mérite de M. de Bourcet, il est impossible que vous le connaissiez dans toute son étendue; il réunit tant de talents et de vertus que je ne puis vous supplier assez de les récompenser; il a été l'âme de tout ce qui vient de se faire ici. »

Le marquis de Pesay ajoute : « Les talents de M. de Bourcet avaient été mis en valeur dès les campagnes précédentes par M. le maréchal de Maillebois et son fils, qui en avaient trop l'un et l'autre pour ne pas les distinguer au premier coup d'œil. » Pesay, t. II, p. 323. Colonel Augoyat, *notice déjà citée.*

[2] Colonel Augoyat, *notice déjà citée.*

3 2.

Il commanda les ingénieurs de l'armée d'Allemagne au combat de Sandershausen et à la bataille de Lutzelberg en 1758, et obtint le grade de maréchal de camp par brevet du 1er février 1752. Au mois de janvier 1759, il fut chargé avec Filley, Reverson et Bellidor de préparer l'ordonnance du 10 mars 1759 ayant pour objet de régler d'une manière précise et stable le service des ingénieurs tant à la guerre que dans les places.

Il fut employé, par lettre du 1er décembre 1759, comme commissaire principal du Roi pour le règlement des limites à établir sur les frontières du Dauphiné, de la Provence et de la Bourgogne, et se rendit à Turin, où il fut présenté au roi de Sardaigne par M. le marquis de Chauvelin, ambassadeur de France en Piémont. Ce souverain lui fit l'accueil le plus flatteur et lui dit qu'il possédait son « projet de passage des Alpes »; à quoi Bourcet répondit que ce projet avait été fait par trois ou quatre officiers et qu'il était simplement du nombre; le roi lui dit qu'il savait à quoi s'en tenir et qu'il lui avait appris à connaître son pays. Il ajouta qu'il connaissait sa science des Alpes et sa capacité militaire et qu'il avait fait tout ce qu'il avait pu pour le faire prisonnier.

Par lettre du 1er mai 1760, M. de Bourcet fut employé comme lieutenant général en Dauphiné.

En 1761, il commanda le corps des ingénieurs à l'armée du bas Rhin. Il avait sous ses ordres un commandant en second, un major, un aide-major et cinq brigades fortes chacune de neuf ingénieurs. Il fut ensuite appelé à Versailles, en 1762, par M. de Choiseul et chargé de la correspondance avec l'armée de Portugal commandée par le prince de Beauveau. Celui-ci, étonné des instructions précises qu'il recevait de la Cour, écrivait au Ministre : « Vous avez à côté de vous un diable ou un ange qui vous fait deviner toutes nos positions[1]. »

« Cependant M. de Bourcet n'avait pas vu le pays où l'on faisait la guerre, mais il avait si bien observé la configuration du terrain en général que, pourvu que les eaux fussent bien indiquées sur une carte, il reconnaissait la forme du terrain, de même qu'il lui suffisait de voir un côté de la montagne pour indiquer avec beaucoup d'exactitude la configuration du revers qu'il ne voyait pas et les endroits par où l'on pouvait traverser cette montagne. Quand on lui demandait comment il devinait tout cela, il répondait que c'était par le *pendant des eaux*; puis il démontrait le relief du terrain en le figurant avec son poing[2]. »

Les services et les mérites de Bourcet allaient enfin recevoir la récompense qui leur était due. Le 21 juillet 1762, il obtint une place de commandeur de l'ordre de Saint-Louis, et par pouvoir du même jour le grade de lieutenant général des armées du Roi.

En 1764, Choiseul établit à Grenoble, sous la direction de Bourcet, une école d'instruction pour les officiers qui se destinaient au service de l'état-major des armées. Ces officiers étaient assujettis à faire quatre campagnes et à subir quatre examens. La première campagne était employée à des reconnaissances locales sur la frontière; la deuxième à déterminer les points d'offensive et de défensive; la troisième aux combinaisons des marches, des troupes et des subsistances; la quatrième aux plans des opérations. Pour faciliter leur travail, on leur adjoi-

---

[1] D'Arçon, *Considérations militaires et politiques*, p. 101.

[2] *Mémoires militaires sur les frontières de France, de Piémont et de Savoie*, etc. Levrault frères, an X.

gnait des dessinateurs et des guides, et à la fin de chaque année, sur le compte rendu par Bourcet au Ministre relativement à leurs aptitudes, on augmentait leur traitement. Cette institution dura jusqu'en 1771: elle tomba avec le ministre qui l'avait fondée. C'est pour ses élèves que Bourcet rédigea les *Principes de la guerre de montagnes*.

En 1769, les troubles de la Corse nécessitèrent l'envoi dans cette île d'un officier général de réputation pour y commander en chef. Le comte de Vaux, lieutenant général, fut choisi pour cette mission et emmena avec lui Bourcet, qui lui avait été recommandé pour les services qu'il pouvait rendre au Roi dans la guerre des montagnes et pour former un plan fixe d'établissement en Corse. Dumouriez, qui a fait cette campagne, dit à ce sujet dans ses *Mémoires*, t. I, p. 118, édition de 1823, que «M. de Vaux avait amené avec lui, comme volontaire, son ami intime le vieux lieutenant général du génie Bourcet, officier d'un très grand mérite, qui a fait un ouvrage très savant sur la guerre des Alpes», et il cite une anecdote où M. de Vaux dit: «Bourcet m'a prouvé que vous aviez parfaitement raison et que le poste est essentiel.»

Bourcet fit un projet de fortification pour Corte, auquel quatre bataillons furent sur-le-champ employés, et après une tournée dans l'île il revint à Toulon[1].

Le 11 avril 1770, Bourcet fut promu à la dignité de grand-croix de l'ordre de Saint-Louis.

Il était alors à la tête de l'état-major des armées du Roi, qu'on pouvait appeler son ouvrage, car il l'avait formé, et beaucoup de jeunes officiers se faisaient gloire d'y servir sous ses ordres. Il était en même temps directeur général des fortifications en Dauphiné et commandant en second de cette province.

En 1775, un ordre du Roi le fit reconnaître dans son grade dans les provinces du Dauphiné, de Bourgogne et de Provence «afin de lui donner l'autorité nécessaire pour remplir les commissions dont il était chargé sur cette frontière, en veillant à la levée des plans et cartes desdites frontières et en suivant l'exécution du traité de limites convenu entre S. M. et le roi de Sardaigne le 14 mars 1760». Cette même année il adressa au maréchal du Muy, pour être remis au roi Louis XV, le manuscrit intitulé *Principes de la guerre de montagnes*; il en fit parvenir un double au duc de Choiseul, qui avait toujours été son protecteur et son ami.

En 1777, le Ministre écrivit à Bourcet relativement aux minutes des cartes qu'il avait fait lever; il répondit qu'il n'en avait conservé aucune, que toutes devaient être à Paris, que Villaret en avait fait une réduction qui avait été gravée. Il rappelait le don qu'il avait fait récemment de ses derniers manuscrits, se défendant noblement de solliciter aucune grâce en cette considération. A une nouvelle lettre ministérielle du 26 décembre il répondit le 25 janvier 1778 par l'envoi d'un grand nombre de cartes, plans et mémoires qui étaient dans ses papiers. «J'aurais pu mieux meubler le Dépôt, disait-il, si l'incendie de la campagne de 1744, à Aison près Demont, n'avait pas brûlé mon portefeuille et mon équipage.» Il joignait à sa lettre le spécimen d'une carte de chaîne de montagnes levée rapidement, comme modèle d'un genre de dessin auquel les géographes et les officiers du génie devaient être exercés[2].

---

[1] Colonel Augoyat, *notice déjà citée*. — [2] Colonel Augoyat, *notice déjà citée*.

Le 22 janvier 1777[1], il se retira du service avec 6,000 livres de pension[2], dans sa petite maison de campagne de Meylan, aux portes de Grenoble, au-dessous du fort nouveau auquel on a donné son nom. Il s'y éteignit doucement le 14 octobre 1780, devenu presque aveugle par suite de ses travaux, ne laissant aucun rejeton de son union avec Marianne de Penne, fille de Louis de Penne, ingénieur en chef au corps royal du génie.

Le seul survivant mâle de Bourcet était son neveu Pierre-Jean Bourcet de la Saigne, conseiller au parlement de Grenoble[3], fils de son frère Jean Bourcet de la Saigne, directeur des fortifications et maréchal de camp, décédé en Corse le 10 août 1771[4].

Héritier de son père et de son oncle, il avait recueilli après leur mort un grand nombre de mémoires et de cartes offrant les détails les plus instructifs sur la frontière des Alpes. La connaissance qui en fut prise fit juger qu'ils pouvaient être très utiles au service du Roi et on les demanda au sieur de Bourcet pour les conserver au Dépôt de la guerre. Ce magistrat, qui avait peu de fortune et une famille nombreuse, «réclama les bontés de S. M. pour un dédommagement d'effets aussi intéressants et en considération des services très distingués de son oncle et de son père». Une pension de 1,500 livres lui fut accordée le 23 octobre 1785. Il fut, vers cette époque, nommé premier valet de chambre du Dauphin et adressa sous ce titre au duc d'Harcourt, gouverneur du Dauphin, une copie de la *Campagne de guerre factice* qui forme le livre VI des *Principes de la guerre des montagnes*.

En l'an x, le neveu de Bourcet habitait aux Rochers de la Balme près Grenoble. Il existe au Ministère de la guerre plusieurs mémoires de lui qui donnent lieu de supposer qu'il n'avait pas observé très exactement le contrat passé avec le Dépôt de la guerre : l'un d'eux, intitulé *Mémoire local et militaire sur les Alpes*, est adressé au général Molitor. C'est un projet de reconnaissance de la frontière des Alpes depuis le Petit-Saint-Bernard jusqu'à la mer, en deux mois

[1] «A Versailles, le 22 janvier 1777. — Le Roi ayant jugé à propos, Monsieur, de faire un nouvel arrangement dans le corps du génie, Sa Majesté s'est fait rendre compte des services des officiers qui le composent, elle a paru très satisfaite de ceux que vous lui avez rendus jusqu'à présent dans cette partie, elle a même ordonné de vous le témoigner de sa part, mais elle a jugé en même temps que votre grand âge devant vous mettre nécessairement dans le cas d'avoir besoin de repos, l'occasion de la nouvelle disposition qu'elle vient d'établir devait être le moment de vous accorder la récompense que vos services vous ont si bien méritée, sans cependant se priver de vos conseils dans les occasions où elle croira pouvoir se servir des lumières que votre expérience et vos mérites vous ont procurées, etc.

«Prince de Montbarey.»

[2] Bourcet jouissait en outre de 26,400 livres de pensions et traitement tant sur le trésor royal que sur l'extraordinaire des guerres, les fonds des affaires étrangères et comme grand-croix de Saint-Louis, dont 7,800 livres réversibles sur sa veuve. A.

[3] Jean Bourcet parait avoir joint à son nom celui de la Saigne, à partir de 1739. Il était né en 1710, et fut élevé par son frère, qui obtint pour cela la continuation de la pension de 400 livres sur le trésor royal dont jouissait leur père. Ingénieur en 1739, il travailla de 1749 à 1755 au lever de la carte du Dauphiné et fut chargé des grandes opérations. En 1768 il fut nommé brigadier et directeur des fortifications de l'île de Corse. Il laissa quatre enfants, deux fils et deux filles. L'une de ses filles avait épousé le vicomte de Jarjaye, lieutenant en premier, et l'autre le sieur Baratier, ingénieur ordinaire. Le 9 novembre 1771, le Roi accorda à feu M. de la Saigne (sic) le grade de maréchal de camp à compter du mois d'avril 1771, et ce, «dans la vue de conférer la noblesse à la famille de cet officier, afin de permettre à sa veuve de donner à ses enfants les moyens de jouir des avantages accordés à la noblesse militaire». A.

[4] Pierre-Jean, né à Grenoble le 17 juin 1752, était entré au service en 1768, il le quitta en 1778. A.

et par journée. La péroraison mérite d'être citée : «Si jamais il vous est nécessaire, et que vous croyiez digne d'ajouter à vos connaissances supérieures sur la guerre quelques *générations* d'une expérience consommée et souvent utile, par amour pour mon pays et pour vous personnellement, le patriarche des Rochers de la Balme vous fera connaître, dans tous les temps, ce que les généraux Bourcet de glorieuse mémoire lui ont transmis de plus précieux sur une partie intéressante de la France, où les yeux du gouvernement doivent être fixés sans cesse. Vous ne dédaignerez pas cette offre, mon général, si vous voulez bien recevoir de moi la positive assurance que la réputation de ces officiers généraux était méritée et que les maréchaux de Berwick, de la Feuillade, de Catinat, de Belle-Isle et de Maillebois n'ont rien fait *qu'avec eux et par eux* dans les montagnes des Alpes.» Signé Bourcet, *militaire sans activité.*

Pierre-Jean de Bourcet adressa aussi à Napoléon Ier, avec une dédicace, les *Principes de la guerre des montagnes* et les *Mémoires historiques sur la guerre que les Français ont soutenue en Allemagne depuis 1757 jusqu'en 1762.* Le premier de ces manuscrits a disparu en 1871, mais le second existe aux Archives historiques. Les mémoires historiques sur la guerre de Sept ans ont été imprimés à Paris en 1792. Les deux premiers volumes sont de Bourcet, mais ce ne sont que des fragments; l'ouvrage entier, enrichi de plans et de cartes détaillées, est encore inédit. Le troisième volume est de M. de Vaux et contient l'histoire de la campagne de 1751, sous le titre d'*Extrait de la correspondance du duc de Choiseul avec MM. de Soubise et de Broglie.*

On a encore de Bourcet des *Mémoires militaires sur les frontières de la France, du Piémont et de la Savoie, depuis l'embouchure du Var jusqu'au lac de Genève,* par feu M. de Bourcet, lieutenant général au service de France, etc. Paris et Strasbourg, chez Levrault frères, imprimeurs-libraires, an x, et Berlin, chez Decker, 1802.

Enfin sa belle carte topographique du haut Dauphiné, dont les cuivres existent au Service géographique, est un modèle de clarté et d'exactitude. Cette carte est en neuf feuilles grand in-folio et à l'échelle du $\frac{1}{86400}$; «l'œil le plus novice y suit les mouvements du terrain et y distingue sans peine les chaînes principales, les contreforts, les plateaux, les ravins, etc. Dans son ensemble elle est basée sur une projection horizontale, mais Bourcet a eu soin de plier son trait et de représenter à la cavalière les parois verticales ou les crêtes dentelées qu'il eût été impuissant à faire sentir autrement. Il n'a pas cherché, comme on le fait dans les cartes modernes, une exactitude uniforme d'où résulte une confusion qui en rend la lecture difficile au plus grand nombre; mais, négligeant certains détails, il s'est attaché surtout à rendre d'une façon saisissante les accidents qui donnent au pays sa physionomie et qui intéressent l'homme de guerre». Cette carte était accompagnée de mémoires destinés à en compléter les indications, mais ils n'ont pas été publiés : le volume publié à Paris, Strasbourg et Berlin, dont il vient d'être question, en contient cependant sept sous le nom de Bourcet; mais le premier est de la Blottière, le deuxième est de Milet de Monvelle (1743) et le sixième de d'Aguiton (1753). Les troisième, quatrième, cinquième et septième peuvent seuls être attribués à Bourcet.

ARVERS.

OUVRAGES CONSULTÉS.

Chronologie historique militaire, t. VI, par Pinard, commis au bureau de la guerre, 1763.

Biographie universelle ancienne et moderne, t. V, Beuchot, 1812.

Mémoire militaire sur les frontières de la France, du Piémont et de la Savoie, depuis l'embouchure du Var jusqu'au lac de Genève, par feu M. de Bourcet, lieutenant général au service de la France. Paris-Strasbourg, Levrault frères, an x, in-8°. — Le même, chez Decker, à Berlin, 1802.

Mémoires historiques sur la guerre que les Français ont soutenue en Allemagne depuis 1757 jusqu'en 1762, par M. de Bourcet, lieutenant général des armées du Roi. Paris, 1792.

Notice historique sur les services du général Bourcet, par le colonel Augoyat. Extrait du *Spectateur militaire*, 1856.

Aperçu historique sur les fortications, les ingénieurs et sur le corps du génie en France, par le colonel Augoyat, t. II. Paris, Dumaine, 1862.

Topographie militaire de la frontière des Alpes, par M. de Montannel; éditée par le commandant du génie de Rochas d'Aiglun. Grenoble, 1875.

Les vallées vaudoises, étude de topographie et d'histoire militaire, par le commandant du génie de Rochas d'Aiglun.

ANNEXE N° 2.

MÉMOIRE MILITAIRE

SUR

LES FRONTIÈRES DE SAVOIE ET DE PIÉMONT,

DEPUIS LE CONFLUENT DU GUIER DANS LE RHÔNE JUSQU'À LA VALLÉE DE BARCELONNETTE.

AVANT-PROPOS.

On se propose, dans ce mémoire, de traiter : 1° de la guerre offensive que le roi de Sardaigne peut entreprendre dans le Dauphiné; 2° de celle que la France peut porter en Piémont.

Pour remplir cet objet et le faire avec ordre, on le divisera en trois parties : dans la première on parlera des places que nous avons sur la frontière du Dauphiné et de leur situation par rapport à la défense du pays; dans la seconde on traitera des débouchés dont l'ennemi peut se servir pour se porter du Piémont dans le Dauphiné, et on indiquera les positions à occuper relativement à la défense des places de la frontière; dans la troisième on détaillera les passages les plus essentiels pour pénétrer dans le Piémont, dans le cas d'une guerre offensive de notre part, et les dispositions nécessaires pour entreprendre quelques sièges.

PREMIÈRE PARTIE.

DE LA SITUATION DES PLACES DE LA FRONTIÈRE.

Barrault et Grenoble sont les places qui sont sur la partie de la frontière du Dauphiné qui avoisine celle de la Savoie. Le roi de Sardaigne peut déboucher du Piémont dans la Savoie par la Tarantaise et par la Maurienne :

Par la Tarantaise, en passant le col du Petit Saint-Bernard par où il peut amener son artillerie, et par la Maurienne, en passant le col du Mont-Cenis qui n'est praticable que pour des bêtes de charge. Si l'ennemi se propose de pénétrer en Dauphiné par la vallée de Grésivaudan, pour venir entreprendre le siège de Barrault, il sera obligé de se servir de ces débouchés pour tirer ses subsistances et pour voiturer son artillerie du Piémont. Il sera d'autant plus obligé à conserver ces communications qu'il n'a aucune place d'entrepôt dans la Savoie pour assurer ses magasins. D'ailleurs, quelques précautions qu'il prenne, il ne pourra nous cacher son projet par suite de la difficulté et du temps qu'il lui faut pour faire des chemins, ce qui nous donnera

33

toujours le temps de rassembler sous Barrault les troupes qui seraient en Dauphiné et même celles des provinces voisines.

Le fort de Barrault est situé sur la rive droite de l'Isère, à la tête de la vallée de Grésivaudan, à une demi-lieue de la frontière de Savoie. Il est sur un plateau, au pied de la montagne du Haut-du-Seuil, dominant sur la rivière d'Isère. Cette place est ceinte d'un rempart, de demi-lunes et de fossés; elle peut contenir environ douze cents hommes de garnison. Barrault par lui-même n'est pas susceptible d'une grande défense, et il est de la nature de ces places auxquelles il faut un camp retranché pour les défendre. Sans cette précaution, l'ennemi peut aisément s'en emparer et se porter ensuite sur Grenoble par la vallée de Grésivaudan. L'objet de cette place étant de couvrir cette vallée, il faudrait qu'elle fût fortifiée et mise dans l'état de la défense dont elle est susceptible malgré sa situation extrêmement dominée.

La ville de Grenoble est située dans la vallée de Grésivaudan à sept lieues de Barrault. Elle est sur la rivière d'Isère, à six cents toises de son confluent dans le Drac. La plus petite partie de cette ville est sur la rive droite, au pied du mont Rachais. Elle n'est composée que d'une seule rue qui forme deux faubourgs contigus qu'on nomme la Panière et Saint-Laurent. La partie qui est sur la rive gauche, et qui compose la ville, communique aux faubourgs par deux ponts, dont l'un est en bois et l'autre en pierre.

La ville de Grenoble est assez grande et fort peuplée, mais sujette à des inondations dont on ne saurait la garantir qu'en l'adossant contre la montagne et en faisant passer le lit de l'Isère au pied des glacis.

Elle est entourée d'un revêtement dont l'épaisseur n'est pas assez considérable pour soutenir un rempart; les demi-lunes, fossés et avant-fossés sont aussi en mauvais état.

Cette place ayant été regardée de tout temps comme devant servir d'entrepôt général, pour les munitions de guerre et de bouche, à une armée qui agirait sur la frontière, et pour l'approvisionnement des places du haut Dauphiné, sa situation, quant à cet objet, exigerait qu'elle fût fortifiée et mise en état d'une bonne défense. Elle assure d'ailleurs par sa situation les communications, par la grande et la petite route, des places du haut Dauphiné, qui ne pourraient plus recevoir de secours que par la Provence si l'ennemi s'emparait de Grenoble.

Le Piémont est séparé du haut Dauphiné par la chaîne des grandes Alpes. De cette chaîne naissent une grande quantité d'autres chaînes que l'on peut considérer comme des contreforts adossés à la grande, et qui forment entre elles plusieurs vallées et vallons, dont les uns vont déboucher dans la plaine du Piémont et les autres en Dauphiné.

Les vallées du Piémont qui communiquent avec le haut Dauphiné sont celles de Suse, Pragelas, Saint-Martin, Luzerne, Château-Dauphin, Mayre et Esture. Les ruisseaux qui coulent dans ces différentes vallées vont se jeter dans le Pô qui coule dans la plaine du Piémont.

Les vallées du Dauphiné qui confinent à celles du Piémont que je viens de nommer sont celles de Nevache, Cervières, Queyras, Ceillac et Barcelonnette, dont les ruisseaux viennent se jeter dans la Durance. Les places de Briançon et de Mont-Dauphin sont situées au débouché de ces différentes vallées, et l'ennemi ne pourrait pas se porter plus avant sans s'être emparé auparavant de l'une de ces deux places.

Briançon est situé sur la rive droite de la Durance, au pied de la montagne où se trouve la

Croix de Toulouse. Il y a plusieurs forts sur la rive gauche de cette rivière qui dominent la place à portée de canon. Elle peut être considérée comme une des plus fortes du royaume et couvre par sa situation quatre débouchés.

Le premier est celui de la vallée des Prés dans laquelle se trouve le passage du Mont-Genèvre; le second, celui de la vallée de Cervières; le troisième, celui de la vallée du Monestier où est le passage de la petite route de Grenoble à cette place, et le quatrième, celui de la vallée de Briançon à Mont-Dauphin.

Mont-Dauphin est situé sur un plateau au pied de l'escarpement duquel passe le Guil, à un quart de lieue de son confluent dans la Durance. Cette place est dans une position avantageuse; le plateau sur lequel elle se trouve est escarpé dans presque les trois quarts de son pourtour. Elle n'offre qu'un seul front d'attaque, qui n'a qu'une très petite étendue, et elle pourrait être regardée comme une place de premier ordre si elle était mise dans l'état de défense dont elle est susceptible. Elle couvre les quatre débouchés du Queyras et de Ceillac, du col de Vars venant de la vallée de Barcelonnette, celui de Briançon à Mont-Dauphin et celui d'Embrun.

La ville d'Embrun est située sur la rive droite de la Durance. Elle était autrefois en première ligne avant qu'on n'eût bâti Mont-Dauphin; mais depuis qu'on a établi cette place, on ne doit la considérer que comme une place d'entrepôt provisionnel. Elle est d'ailleurs située dans une position qui n'offre qu'une très mauvaise défense, étant dominée de très près par la montagne, au moyen de quoi elle serait d'une très petite ressource pour arrêter les conquêtes de l'ennemi s'il s'était emparé de Mont-Dauphin.

DEUXIÈME PARTIE.

DE LA GUERRE DÉFENSIVE EN DAUPHINÉ.

Si le roi de Sardaigne débouche par la Tarantaise et la Maurienne dans la Savoie, et qu'entreprenant une guerre offensive il vienne camper au camp des Marches, ayant sa droite au ruisseau de Saint-Jouard, occupant le château d'Aspremont, son centre au château des Marches, sa gauche à Francin, cette disposition de l'ennemi annoncera qu'il veut pénétrer dans le Dauphiné par la vallée de Grésivaudan et venir faire le siège de Barrault. Pour s'opposer à l'ennemi, il faut venir occuper avec les troupes, que je suppose ne pouvoir agir que défensivement, le camp sous Barrault.

M. le maréchal de Villars, lorsqu'il occupa ce camp en 1708, avait fait des retranchements sur la rive droite du ruisseau le Furet, ayant sa gauche appuyée à la montagne du Seuil et la droite un peu en arrière du fort de Barrault qui flanquait le front de sa ligne.

M. de Vauban, dans une tournée qu'il fit dans ce pays, examinant la position qu'avait occupée M. de Villars, trouva qu'elle était défectueuse en ce qu'elle laissait devant elle le ruisseau de la Quillée, dont l'ennemi pouvait se servir pour se mettre en bataille et d'où il était à portée de l'attaquer dans sa position; ce qui l'obligea à la porter sur la rive droite de ce ruisseau, ayant toujours sa gauche à la montagne et sa droite un peu en avant de Barrault.

M. le maréchal de Berwick changea encore cette position, parce qu'il trouvait que, si nos troupes y étaient forcées, celles qui occuperaient la gauche ne pourraient pas se retirer sous

33.

Barrault, parce que sa ligne était rapprochée de la place; et il la porta encore plus avant, ayant devant lui le ruisseau de Serenon et le bois de Servette.

Outre ces trois positions que je viens d'indiquer, il y en a une quatrième qui est beaucoup plus avantageuse, c'est le plateau de l'Araignée, sur lequel est situé Barrault, qui est assez spacieux pour contenir un camp de quinze à vingt mille hommes. Il est couvert à gauche et au centre par le ruisseau du Furet qui est fort profond dans toute cette étendue, la droite est escarpée et domine sur la rivière de l'Isère. Cette position est d'autant plus respectable qu'elle est appuyée sur le fort de Barrault qui la domine et en défend les approches. Il n'est pas à présumer que l'ennemi vienne nous y attaquer ni qu'il entreprenne de passer entre la montagne et Barrault, à cause de la difficulté qu'il aurait de faire sa retraite.

L'ennemi ne tentera pas de nous attaquer dans cette position, mais il pourra, de son camp des Marches, en passant l'Isère, se porter sur Pontcharra qui se trouve sur la rive gauche de l'Isère. On ne saurait l'en empêcher, parce qu'on ne peut pas garder le ruisseau de Bréda, qui vient d'Allevard, à cause qu'il a une trop grande étendue et que d'ailleurs la vallée est trop ouverte dans cette partie.

L'ennemi arrivé à Pontcharra pourra faire les dispositions pour se porter sur Grenoble en descendant le long de la rive gauche de l'Isère. S'il prend ce parti, on abandonnera sans doute la position de Barrault pour venir en occuper une plus rapprochée de Grenoble, en portant la droite aux montagnes de la Coche, occupant l'arête de la montagne qui sépare les vallons de Laval et de Sainte-Agnès, ayant devant soi le ruisseau qui coule dans le vallon de Laval, se mettant à cheval sur l'Isère et établissant plusieurs ponts sur cette rivière, en fortifiant le plateau de Saint-Lazare qui est sur la rive droite et en l'escarpant sur les parties qui l'exigeront. Il faudra aussi construire une redoute sur un autre plateau qui est à portée et appuyer la gauche à la montagne de Saint-Ismier.

Cette position peut être défendue avec quinze ou vingt mille hommes. On est d'autant plus intéressé à la défendre que, si l'ennemi nous y attaquait, en cas d'événement fâcheux, on aurait une retraite assurée sous Grenoble, et que, au contraire, il compromettrait sa gauche, si elle était repoussée, à cause de la difficulté qu'elle aurait de se retirer devant la garnison de Barrault et le camp qu'on aurait laissé sous cette place. D'ailleurs, en occupant cette position, on est à portée de secourir Barrault si l'ennemi entreprenait d'en faire le siège; il ne saurait nous empêcher de communiquer avec cette place, par la difficulté qu'il aurait de former une ligne qui fermât toute la vallée de Grésivaudan qui a une trop grande étendue dans ses environs. Il serait obligé d'occuper seulement la rive droite de l'Isère, ce qui nous laisserait maîtres de communiquer par la rive gauche en passant la rivière sous la protection du canon de la place.

L'ennemi, voyant le danger qu'il y aurait de nous faire abandonner cette position en nous y attaquant de vive force, entreprendra de le faire par diversion en se portant à Saint-Jean-de-Coux, d'où il sera à portée de nous donner de la jalousie sur les débouchés des Échelles et du Pont-de-Beauvoisin.

Le débouché d'Entremont peut aisément se garder en ayant un poste aux Cucherons, hauteur qui se trouve sur la montagne qui sépare les vallons d'Entremont d'avec celui de la Chartreuse.

En occupant ce poste, il faut aussi garder ceux de la Rochette et du château d'Entremont qui communiquent dans le vallon de la Grande-Chartreuse. Ces deux derniers passages peuvent aisément se garder avec peu de monde parce qu'ils se trouvent dans des défilés.

Si l'ennemi se porte aux Échelles ou au Pont-de-Beauvoisin, il sera alors maître d'entrer dans le Dauphiné, parce que nous n'avons aucune position à prendre dans cette partie de la frontière, ce pays étant très couvert et le ruisseau du Guier pouvant se passer partout, même dans la mauvaise saison, étant à sec la plus grande partie de l'année. L'ennemi étant aux Échelles et au Pont-de-Beauvoisin peut avoir deux objets : le premier, de prendre une position qui appuie sa gauche au Pont-de-Beauvoisin et sa droite au Rhône, pour être à portée de faire contribuer, avec des détachements, le Lyonnais et la Bresse; le second, de se porter sur Grenoble pour en faire le siège et s'emparer de cette place qui lui serait d'autant plus avantageuse que, par elle, il couperait la communication des places du Dauphiné qui ne pourraient plus recevoir de secours de la Provence.

Si l'on peut prévoir que l'ennemi n'a en vue que d'exiger des contributions, il faudra laisser de fortes garnisons dans les places et surtout dans Grenoble, que je suppose être mis en état de défense, et porter le reste des troupes à Lyon, où, aidées des bourgeois, elles se retrancheraient du côté de la Croix-Rousse, sur la rive droite du Rhône, et couperaient le pont de la Guillotière. Au moyen de ces précautions, on sera en état d'empêcher le roi de Sardaigne de faire contribuer cette ville d'où il tirerait des sommes immenses et dont il ruinerait totalement le commerce.

Si au contraire on juge que l'ennemi veut entreprendre le siège de Grenoble, ce qu'il sera aisé de conjecturer par les établissements qu'il aura faits sur la frontière, par l'artillerie qu'il aura amenée et par le temps qui lui restera de la campagne, il faudra alors abandonner la position de Saint-Lazare dans la vallée de Grésivaudan et venir en occuper une du côté de Voreppe, qui empêche l'ennemi d'arriver sur Grenoble, en portant sa droite au village de Fontanil et sa gauche sur la rivière au Bec de Voreppe, étant à cheval sur la rivière. On occupera toujours le poste d'Entremont et on enverra des détachements sur le haut de Bellevue, le Bec de l'OEil et Lassure, qui sont des passages qui communiquent du vallon de la Grande-Chartreuse dans ceux du Quaix et du Sappey. Il est d'une conséquence infinie d'occuper cette position avant l'ennemi, parce que, s'il nous y prévenait, il ne serait plus possible de l'en chasser, et il se trouverait tout posté pour faire le siège de Grenoble, qui se trouverait bloqué, n'ayant plus aucune communication avec Lyon.

S'il arrivait que nous ne fussions pas en état de nous soutenir dans cette position de Voreppe où que l'ennemi nous y eût prévenus, nos troupes alors n'auraient point de meilleur parti à prendre que de se retirer dans l'Oisans, pour être à portée des places du haut Dauphiné et à même de garder les passages qui communiquent de l'Oisans dans la vallée de Grésivaudan.

Si l'ennemi, étant dans la position de Voreppe, voulait entreprendre le siège de Grenoble, et s'était rapproché de cette place et mis à cheval sur la montagne qui sépare le vallon du Quaix de celui du Sappey, ayant un corps de troupes sur la rive droite du Drac occupant le Pont-de-Claix et tenant un autre corps de troupes sur l'arête de la montagne qui est au-dessus de Vizille, Vaulnaveys et Uriage pour observer nos troupes du Bourg-d'Oisans, il serait, par ces dispositions, en sûreté pour les opérations du siège, et nous ne pourrions pas entreprendre sur lui. Mais, comme il est à présumer, dans ces circonstances, la Cour se déterminerait à envoyer au secours de cette province des troupes qui s'assembleraient à Lyon.

L'ennemi étant occupé au siège de Grenoble, prendra le parti d'aller avec son armée au-devant des nouvelles troupes pour les combattre, afin d'empêcher la jonction, ou bien il se tiendra dans sa position pour faire le siège qu'il a entrepris.

Si l'ennemi prend le premier parti, dès qu'il aura marché en avant pour se porter du côté de Lyon, les troupes du Bourg-d'Oisans, qui sont à portée, viendront tout de suite occuper la position de Voreppe, et pour lors Grenoble sera délivré du siège.

Si au contraire l'ennemi prend le parti de finir le siège, dès que les nouvelles troupes seront arrivées à Lyon, on pourra les faire aller en deux marches dans les montagnes des Bauges en Savoie, en passant le Rhône entre Seyssel et le Fort de l'Écluse, où elles feront jonction avec celles du Bourg-d'Oisans qui se porteront, par le pas de la Coche, dans la vallée du Grési-vaudan et remonteront la rive gauche de l'Isère qu'elles passeront au-dessus de Barrault, d'où elles arriveront dans les montages des Bauges. Il n'est pas douteux que l'ennemi n'attendra pas que cette jonction soit faite pour lever le siège de Grenoble, à cause de la difficulté qu'il aurait de recevoir des secours que nous serions à portée de lui enlever. Il ne lui resterait même aucun autre parti que d'aller tout de suite dans le vallon d'Entremont, en mettant le Cozon devant lui, pour être à portée de rentrer dans son pays.

On communique de Grenoble à Briançon en trois jours de marche, en passant par Vizille, le Bourg-d'Oisans, le Villars-d'Arène et le Monestier. Il est d'une conséquence infinie de s'assurer de cette communication, parce que des troupes peuvent s'y porter dans trois jours de marche, tandis qu'il en faut près de huit par la grande route en passant par la Mure, Corps, Embrun et Mont-Dauphin. Cet avantage est si considérable qu'il diminue de moitié le temps à des troupes qui voudraient arriver à Briançon, et il diminuerait aussi, par la même raison, de moitié les frais de transport pour les approvisionnements des places du haut Dauphiné et pour ceux d'une armée qui agirait sur cette frontière. La Cour ne pourrait rien faire de plus utile pour le service que de la mettre dans un bon état en réparant les endroits qui se dégradent annuellement par la fonte des neiges, et d'établir un fonds pour l'entretien de ces chemins. Mais comme cette route est dans des défilés continuels et à portée de la Maurienne, lorsque les armées agiront sur cette frontière, il sera nécessaire d'avoir des troupes destinées à sa conservation, à cause que l'ennemi, avec des détachements qu'il pourrait avoir dans la Maurienne, serait très à portée pour venir nous enlever les convois.

Six bataillons campés à Auris suffiraient pour la garantir. Ils formeraient des détachements au poste de Valloire, qu'il serait à propos d'occuper, et au poste de Vaujany, pour la garde des cols de Villars, du Goléon, de Cestrières, de Saint-Sorlin, de la Batie et des Berches, qui communiquent de la Maurienne dans l'Oisans et dans la vallée du Mont-de-Lans et la Combe de Malval. On établirait aussi des postes en échelons pour protéger les premiers, en cas qu'ils fussent obligés de se retirer, et ils viendraient ensuite se réfugier au Mont-de-Lans où ils seraient en sûreté. Si l'ennemi s'était porté dans l'Oisans par les cols du Goléon, de Saint-Sorlin, de la Batie, etc., et qu'il voulût aller sur Grenoble, il faudrait alors occuper avec un corps de troupes le premier passage déterminé dans le vallon d'Ornon, occuper aussi par des détachements, à droite la montagne de Villar-Emont et à gauche celle de l'Oulle, qui communiqueraient avec les troupes qui seraient postées au pas de Gavet, entre Cuche et Bellecaux, qui sont deux rochers très rapprochés entre Gavet et Séchilienne et qui ne laissent d'autre intervalle dans la plaine que le lit de la rivière et le chemin qui est à côté. Il faut aussi couper les passages qui sont sur la montagne qui sépare l'Oisans d'avec la vallée de Grésivaudan, et surtout s'emparer du pas de la Coche qui est le passage le plus essentiel et qui est très facile à garder.

Par ce moyen on empêche l'ennemi, qui serait dans l'Oisans, de venir sur Grenoble par le vallon d'Ornon, le Valbonnais, la Combe de Gavet et le pas de la Coche. Il n'est pas à présumer qu'il entreprenne jamais d'y venir en corps d'armée, à cause de ces défilés que l'on peut garder avec très peu de monde.

Nous pourrions empêcher le roi de Sardaigne, qui serait en force dans la Maurienne, de pénétrer dans la vallée du Monestier par les cols du Galibier et de la Ponsonnière, en occupant le poste de Valloire qui se trouve dans le vallon de même nom en Maurienne. Il est situé sur un plateau à mi-penchant de la montagne, fermé à sa gauche par un ruisseau profond dont les bords sont escarpés, et à sa droite par une montagne impraticable. Ce poste est très bon et l'ennemi ne saurait nous en chasser, parce qu'il ne peut y arriver que par deux sentiers déterminés et qui peuvent se défendre fort aisément.

Si l'ennemi étant dans la Maurienne s'était emparé du poste de Valloire et qu'il pénétrât dans la vallée du Monestier par les cols du Galibier et de la Ponsonnière, il pourrait avoir pour objet de faire contribuer l'Oisans ou de venir sur Briançon pour en faire le siège. Notre objet principal devant être de couvrir cette place, il faudrait abandonner l'Oisans à l'ennemi et occuper la position du Chardonnet qui couvre Briançon, ayant la droite au col de l'Œil-Noir, la gauche à celui du Chardonnet, et occupant toute l'arête de l'un à l'autre de ces cols.

Dans cette position on laisse l'ennemi maître d'arriver dans la vallée du Monestier par les cols du Galibier et de la Ponsonnière, mais il ne saurait arriver sous Briançon, étant obligé de défiler par le bas de la vallée, exposé au feu de nos troupes qui auraient les hauteurs des montagnes de Buffère où elles peuvent aisément se porter.

La partie de la frontière depuis le col du Galibier jusqu'au col de Vars ayant été développée dans le mémoire de l'année dernière, les positions relatives à la défense y ayant été traitées fort au long, on ne fera que les rappeler dans celui-ci, ainsi que les différents cols et passages qui communiquent dans les vallées du Piémont et dans celles du Dauphiné.

On peut considérer la partie de la frontière du Dauphiné, depuis la vallée de Nevache jusqu'au col de Vars, comme une ligne droite dont Briançon forme la gauche et Mont-Dauphin la droite. Les débouchés des vallées de Nevache, Cervières, Queyras, Ceillac et du col de Vars sont ceux par lesquels l'ennemi peut pénétrer en Dauphiné et qui se trouvent fermés par la situation des places de Briançon et de Mont-Dauphin, de sorte que si le roi de Sardaigne était entré de son pays dans quelqu'une de ces vallées pour agir offensivement en Dauphiné, il serait obligé de déboucher sous l'une de ces deux places et d'en faire le siège.

Notre principal objet dans une guerre défensive devant être d'occuper des positions qui empêchent l'ennemi d'arriver sur ces places, on va indiquer celles qui offrent la meilleure défense relativement aux mouvements de l'ennemi.

Si le roi de Sardaigne paraissait en force dans le Val d'Aoste et dans la vallée de Césane, il menacerait d'un côté Barrault, où il pourrait se porter par le col du Petit Saint-Bernard en descendant par la Tarantaise, et il menacerait aussi Briançon par les troupes qu'il aurait dans la vallée de Césane.

La meilleure position à opposer à l'ennemi est celle qu'avait occupée M. de Berwick en 1710. Il avait la plus grande partie de ses troupes à Valloire qui était son centre, ayant devant lui Saint-Jean-de-Mauriennne; il établit sa gauche à Barrault, où il communiquait par le col de la Croix à Allevard, et sa droite à Briançon communiquant à Valloire par les cols du Galibier et de la Ponsonnière. Dans cette position il pouvait se porter de la gauche au centre et du centre à la droite dans deux marches seulement. Par ces dispositions il en imposa au roi de Sardaigne qui n'osa rien entreprendre sur ces places.

Si l'ennemi assemblait son armée dans la vallée de Suse, ayant en vue de faire le siège de Briançon, et se portait de cette vallée dans celle de Nevache par les cols de l'Échelle, des Thures, des Acles, de l'Ours et de la Baissa (*les Trois frères mineurs*), il faudrait alors occuper la position de Buffère, ayant la gauche au col du Chardonnet et la droite à la Croix-de-Toulouse, montagne au-dessus de Briançon où l'on communique de très près. Il faudrait occuper toute l'arête de cette montagne en fortifiant les endroits qui en seraient susceptibles, et avoir des détachements sur les cols de l'Échelle, des Thures, des Acles, de l'Ours et de la Baissa, qui observeraient l'ennemi et qui auraient ordre de se retirer à son approche en coupant tous les ponts qui seraient sur la Clarée, qui coule dans la vallée de Nevache.

Il faudrait aussi occuper les hauteurs de Gimont et du Gondran par un fort détachement qui aurait sa retraite assurée au fort de Briançon. Par cette position on laisse l'ennemi maître d'arriver sur Briançon par le bas de la vallée de Nevache, qu'on lui abandonne, mais il ne peut pas en entreprendre le siège parce qu'il ne peut l'investir.

Si l'ennemi était en force dans la vallée du Pragelas pour déboucher dans la vallée de Cervières par les cols de Cervières et du Bourget et ensuite faire le siège de Briançon, il faudrait, dans ce cas, occuper la position de Gimont et du Gondran en fortifiant l'arête de la montagne de l'un à l'autre de ces cols et avoir un détachement au poste de Clavières pour garder le débouché du Mont-Genèvre : cinquante hommes suffisent pour la garde de ce passage. Cette position n'ayant qu'une très petite étendue est susceptible d'une très bonne défense, et l'ennemi ne saurait entreprendre le siège de Briançon tant qu'il ne nous en aura pas chassés.

Si l'ennemi s'est porté en force dans la vallée de Suse et qu'il présente des têtes de troupes dans les vallées de Saint-Martin, de Luzerne et de Château-Dauphin pour pénétrer dans la vallée du Queyras par les cols de Saint-Martin, de Lacroix, de l'Agnel et de Saint-Véran, pour lors il faut se porter au camp du Roux dans la vallée du Queyras.

M. le maréchal de Catinat l'avait occupé en 1700, lorsqu'il fut chargé de la défensive. Il avait sa droite au château de Queyras, le centre vis-à-vis le village de Souliers et la gauche à la montagne de Bouchier. En occupant cette position, on empêche le roi de Sardaigne, qui se serait porté dans la vallée du Queyras par les cols que j'ai nommés ci-dessus, de venir sur Mont-Dauphin par la combe du Queyras et sur Briançon par le vallon d'Arvieux et le col d'Hyzouard.

Cette puissance peut encore assembler des troupes dans la vallée d'Esture pour entrer dans celle de Barcelonnette, en passant le col de l'Argentière, et venir ensuite sur Mont-Dauphin par le col de Vars. Pour lors il faut occuper le camp de Tournoux qui se trouve au débouché inférieur des combes de Saint-Paul et de Meyronnes.

Ce camp est situé sur un plateau qui a à dos et au couchant une montagne inaccessible, au midi et au levant un escarpement qui tombe sur la rivière, et au nord un ravin dont les bords sont très profonds et escarpés; de sorte qu'il n'y a que quelques passages déterminés pour arriver sur ce plateau qui sont très faciles à garder.

Douze bataillons suffiraient pour la garde de ce camp et y seraient très en sûreté. Ils empêcheraient la marche de l'ennemi, qui ne pourrait plus arriver sur Mont-Dauphin. Mais il est bon d'observer qu'il est d'une très grande conséquence de prévenir l'ennemi dans ce camp, parce que, s'il s'en emparait le premier, il y aurait les mêmes avantages que nous et il serait alors maître de venir sur Mont-Dauphin par le col de Vars, que l'on ne saurait garder à cause que le penchant qui déverse du côté de la vallée de Barcelonnette est si accessible partout que l'ennemi peut s'y présenter en bataille.

Comme dans le cas d'une guerre imprévue l'ennemi est fort à portée de s'emparer de ce camp, il faudrait, pour s'en assurer, que la Cour se déterminât à y faire construire une redoute pour y tenir quelques paysans de garde, même en temps de paix, et un détachement en temps de guerre, qui pût s'y soutenir et donner le temps d'y faire arriver du secours.

Les positions de Valloire, Buffère, Gondran et des camps du Roux et de Tournoux ferment ensemble le développement de la frontière depuis le Galibier jusqu'à la vallée de Barcelonnette. Elles ont pour objet d'empêcher le roi de Sardaigne de pénétrer en Dauphiné et de défendre les approches des places de la frontière. Elles sont à portée les unes des autres et l'on peut se rendre de l'une à l'autre dans une marche seulement, tandis que l'ennemi est obligé d'en employer plusieurs pour y parvenir.

Elles sont d'un avantage si considérable pour la guerre de défensive que la Cour ne pourrait rien faire de plus utile que de tenir ces différentes positions en état en y faisant construire des retranchements ou des redoutes conformément à la situation des lieux, ce qui donnerait la facilité au général qui serait chargé de soutenir cette guerre de pouvoir les occuper suivant le besoin et de les trouver toujours en état de défense.

Le roi de Sardaigne, au commencement d'une guerre que la Cour n'aurait point prévue, pourrait bloquer les places de Briançon et Mont-Dauphin en occupant une seule position. Il faudrait, pour qu'il y réussît, que d'abord, après cette déclaration de guerre, il eût son armée en état de marcher partie dans la haute Maurienne et partie dans la vallée d'Esture.

Les troupes qu'il aurait en Maurienne occuperaient le poste de Valloire, d'où elles pourraient s'emparer de celui des Ardoisières, passage déterminé dans la petite route de Grenoble à Briançon près du village de la Grave, en se servant des cols de la Ponsonnière et du Galibier. Il occuperait la rive gauche du ruisseau de Moria, qui coule dans le vallon du Goléon et dont le col de même nom lui servirait pour communiquer avec Valloire.

Quelques détachements suffiraient pour garder la rive gauche de la Romanche, qui n'est composée que de montagnes inaccessibles et couvertes de glaciers. Les troupes qu'il aurait dans la vallée d'Esture pourraient se porter dans celle de Barcelonnette par le col de l'Argentière et venir ensuite s'emparer du col de Vars et du pont de Saint-Clément, situé au-dessous de Mont-Dauphin, ayant un autre corps de troupes au Lauzet, passage déterminé dans la vallée de Barcelonnette.

Toute la chaîne de montagnes depuis le pont de Saint-Clément jusqu'aux Ardoisières n'offre que les trois cols des Tourettes, de Fraissinières et de l'Alp-Martin, qui communiquent des vallées du même nom dans celle de Briançon ou à Mont-Dauphin. Il peut très aisément s'emparer de ces trois cols et les défendre, en y faisant construire des redoutes qu'il occuperait par des détachements.

Si le roi de Sardaigne était maître des positions que je viens d'indiquer, il occuperait les deux communications de la grande et de la petite route, et les places de Briançon et Mont-Dauphin se trouveraient bloquées de façon à ne pouvoir point espérer de les secourir. Il pourrait alors faire à son aise le siège de ces deux places sans crainte d'être inquiété. Cette position lui est si avantageuse qu'il peut s'y soutenir avec peu de troupes, et nous ne pourrions tenter de l'en chasser qu'en l'attaquant de vive force dans un des points de sa position ou en faisant une diversion dans le comté de Nice.

Pour l'attaquer dans un point de sa position, il faudrait assembler nos troupes dans le bas Dauphiné et les faire marcher sur quatre colonnes : la première, pour se porter au Bourg-d'Oisans et venir camper vis-à-vis des troupes qui occuperaient le pas des Ardoisières; la seconde, à la fourche des deux vallons de Champoléon et d'Orcière, pour opposer aux troupes qui garderaient les cols des Tourettes, de Fraissinières et de l'Alp-Martin; la troisième camperait à Savines et à Embrun vis-à-vis des troupes du pont de Saint-Clément; et la quatrième, au fort Saint-Vincent, pour faire face au poste du Lauzet. Par cette disposition on donne de la jalousie au roi de Sardaigne sur toute l'étendue de sa ligne, ce qui l'oblige à se tenir en force partout parce qu'il ne peut pas prévoir sur quel point on peut l'attaquer. D'ailleurs nous avons sur lui l'avantage de pouvoir rassembler l'armée, dont la droite et la gauche peuvent se porter au centre dans une marche seulement, tandis qu'il en faut au moins deux à l'ennemi pour faire les mêmes mouvements.

Pour profiter de cet avantage et tâcher de lui dérober une troisième marche, il faut que les troupes de la gauche et de la droite se mettent en marche à l'entrée de la nuit et qu'elles se rendent en diligence à Savines et à Embrun, pour qu'elles soient à portée d'attaquer l'ennemi avant qu'il ait le temps d'y amener ses troupes. Il faut laisser des détachements dans l'Oisans vis-à-vis les cols des Tourettes, de Fraissinières et de l'Alp-Martin pour y faire de fausses attaques et obliger l'ennemi à ne pas se dégarnir sur ces parties.

Il faudrait que les instructions fussent combinées de façon que nos troupes pussent être rendues deux heures avant le jour pour commencer les attaques au point du jour. Les différentes attaques se feraient sur les deux penchants de la montagne qui sépare la vallée de Barcelonnette d'avec celle d'Embrun. Si l'ennemi est forcé dans quelqu'un de ces points, il sera obligé alors de se replier et d'abandonner sa position, ce qui nous laissera maîtres de nous porter sur Mont-Dauphin et Briançon. Mais comme il ne craint d'être attaqué que sur les deux penchants que j'indique, il n'est pas douteux qu'il s'y retranchera avec soin, ce qui exigera de notre part beaucoup d'activité et de précision dans l'exécution, qui ne pourra réussir qu'autant que nous préviendrons les secours qu'il pourra y amener.

Si l'on voulait obliger le roi de Sardaigne à abandonner sa position par une diversion, il faudrait assembler les troupes à Manosque en Provence, situé sur la rive droite de la Durance, pour les faire marcher ensuite sur Guillaumes, Entrevaux, le Broc et Saint-Laurent, qui sont sur le Var. Lorsque l'ennemi verra cette disposition de notre part, il prendra le parti de rester dans sa position pour continuer le blocus des places de Mont-Dauphin et Briançon, ou bien il viendra sur la rive gauche du Var pour nous empêcher d'entrer dans le comté de Nice. S'il reste dans sa position, on passera le Var pour pénétrer en Piémont par le col de Tende. Comme l'ennemi pourrait l'occuper, on se portera sur la Roya, et de là, par Rezzo, à Pont-de-Nava d'où l'on arrive dans la plaine de Piémont.

Lorsque l'ennemi nous verra arriver dans son pays, il prendra le parti de l'abandonner, parce qu'il pourrait être inquiété par ses derrières. Si, au contraire, il prend la résolution de défendre le Var pour nous empêcher d'entrer dans le comté de Nice, il sera obligé de s'étendre sur toute la partie basse de cette rivière, à cause qu'il y a plusieurs gués dans cette partie qu'il doit garder avec quelques détachements, et le long de la Tinée dont les bords sont très profonds et escarpés et qu'il peut garder avec très peu de troupes. Pour lors nous serons maîtres de nous porter par la gauche sur le col de la Cayolle et d'arriver dans la vallée de Barcelonnette avant lui pour nous rendre sur Mont-Dauphin, qui se trouverait encore dégagé par ce moyen.

Les différents mouvements qu'on serait obligé de faire pour forcer le roi de Sardaigne à abandonner les positions des Ardoisières et du pont de Saint-Clément doivent faire sentir la nécessité qu'il y a de l'empêcher de s'en rendre maître. Il y a un avantage si considérable qu'il peut, avec très peu de troupes, l'occuper et se soutenir dans une position qui le mette à même de faire le siège des places de Briançon et de Mont-Dauphin, surtout celui de Briançon qu'il peut attaquer par les hauteurs sans qu'il craigne d'être inquiété dans ses opérations. Le meilleur moyen de prévenir cet inconvénient est celui de s'assurer des cols de Fraissinières, des Tourettes et de l'Alp-Martin, qui communiquent, dans la vallée de Briançon, à Mont-Dauphin d'où l'on pourrait faire arriver du secours.

Il serait nécessaire de faire construire une redoute sur chacun de ces cols et de les faire garder, même en temps de paix, par les paysans des villages voisins, et en temps de guerre par des détachements des garnisons de Briançon et de Mont-Dauphin. Cette précaution assurerait les trois communications qui nous donneraient la facilité de secourir les places en cas de besoin, et les positions des Ardoisières et du pont de Saint-Clément deviendraient nulles.

On doit observer que la plupart des positions qui ont été indiquées dans ce mémoire sont situées sur les penchants ou les sommets de montagnes dont quelques-unes sont inaccessibles et les autres d'un si difficile accès qu'il serait dangereux qu'une armée, même de beaucoup supérieure, entreprît d'y attaquer de vive force des troupes qui y seraient retranchées.

Mais si, en occupant ces positions, on est obligé de se tenir sur la simple défensive, l'ennemi supérieur en troupes sera maître, par des diversions, de les tourner. C'est là un inconvénient qu'on peut regarder comme général dans les pays de montagnes, et il n'en est presque aucune qui en soit à l'abri, ce qui devrait déterminer la Cour, lorsqu'elle sera dans le cas d'agir défensivement sur cette frontière, de donner au général qui commandera l'armée un nombre de troupes qui soit assez considérable pour faire la défensive active et pour qu'il puisse être à même de profiter des fausses démarches de son ennemi, et de faire changer, s'il est possible, la constitution de cette guerre, en la rendant offensive de notre part.

TROISIÈME PARTIE.

DE LA GUERRE OFFENSIVE EN PIÉMONT.

Depuis qu'on a démoli Montmélian, le roi de Sardaigne n'ayant plus aucune place fortifiée en Savoie, n'y saurait laisser des troupes en quartier d'hiver, à cause que nous serions à portée de les lui enlever, et c'est ce qui fait qu'on regarde cette province comme un pays neutre dont nous serons toujours maîtres de nous emparer dès qu'on aura la guerre avec cette puissance.

Il y a deux principaux passages qui communiquent de la Savoie en Piémont :

Le premier est celui du Petit Saint-Bernard qui va de la Tarantaise dans la vallée d'Aoste. On peut voiturer de l'artillerie par ce passage, mais on ne peut entreprendre de pénétrer en Piémont par cette vallée, parce qu'elle a environ vingt lieues de longueur depuis le col du Petit Saint-Bernard jusqu'à son débouché dans la plaine. Elle est fermée à son extrémité par le château de Bard, qui est situé sur une butte escarpée dans presque tout son pourtour. Il faudrait une campagne entière pour pouvoir l'assujettir. D'ailleurs cette vallée, ayant une étendue de vingt lieues de longueur, exigerait un nombre de troupes considérable pour conserver les communications. Ces troupes pourraient être coupées par celles que le roi de Sardaigne aurait dans les vallées contiguës. Aussi ce débouché ne peut-il servir tout au plus que pour faire une diversion, donner de la jalousie à l'ennemi sur cette partie de la frontière et l'obliger à y tenir des troupes;

Le second débouché est celui du Mont-Cenis qui communique de la Maurienne dans la vallée de Suse et qui n'est praticable que pour les bêtes de somme. Il déverse sur le fort de la Brunette, place de premier ordre. Dans les vallées d'Exilles, du Pragelas, de Prali ou de Saint-Martin, de Luzerne, de Château-Dauphin, de Mayre et d'Esture existent autant de débouchés qui aboutissent dans la plaine du Piémont, mais toutes ces différentes vallées sont fermées les unes par des places ou des forts, et les autres par la difficulté qu'il y aurait d'y faire des chemins pour y voiturer l'artillerie.

La vallée d'Exilles ou de Suse est un des passages les plus considérables pour pénétrer en Piémont avec de l'artillerie. C'est une grande route pour aller à Turin; elle est fermée par les places d'Exilles et de la Brunette, qui sont très respectables et qu'il faudrait assujettir avant de se porter plus en avant.

On communique dans la vallée du Pragelas par le col de Sestrières qui est praticable pour l'artillerie. Cette vallée est fermée par le fort de Fenestrelles dont les fortifications sont immenses et que le roi de Sardaigne entretient et augmente tous les jours, et dont il fait une place très forte. Il faudrait s'emparer de cette place avant que de pouvoir arriver dans la plaine de Piémont. C'est sur la montagne située entre elle et celle d'Exilles que sont tracés les retranchements de l'Assiette.

Les vallées d'Exilles et de Fenestrelles faisaient autrefois partie de la province du Dauphiné. La France les céda en 1713, par le traité d'Utrecht, au roi de Sardaigne, qui, en échange, rendit celle de Barcelonnette. On peut bien dire que la Cour ne connut pas alors l'importance de ces vallées, qui nous assuraient un passage dans le Piémont et dans l'Italie.

On communique de la vallée du Queyras dans celle de Saint-Martin par le col de même nom qui n'est praticable que pour des bêtes de charge. Il n'y a aucune place dans cette vallée, qui est très resserrée en bien des endroits, et on ne saurait y faire passer de l'artillerie.

Du vallon de Ristolas, dans la vallée du Queyras, on communique dans la vallée de Luzerne par le col Lacroix. Ce débouché est praticable pour des bêtes de somme; on ne saurait y voiturer de l'artillerie. Il y a dans cette vallée le château de Mirabouc.

La vallée de Château-Dauphin est assez ouverte : on y communique, des vallons de Molines et de Saint-Véran dans la vallée du Queyras, par les cols de l'Agnel et de Saint-Véran. On peut faire passer de l'artillerie par le premier de ces cols. Il y avait autrefois le Château-Dauphin qui fut démoli par les Espagnols en 1743. On ne saurait pénétrer dans la plaine par ce débouché, parce qu'il faudrait plus d'une campagne entière pour construire les chemins propres à y faire passer l'artillerie. Ainsi on ne peut se servir de cette vallée que pour tenter une diversion; on peut aussi, par elle, se porter dans la plaine de Piémont pour y exiger des contributions et se retirer tout de suite par la même voie.

C'est dans les vallées de Saint-Martin, de Luzerne et de Château-Dauphin qu'habitent les Vaudois, paysans très aguerris, que le roi de Sardaigne arme lorsque nous sommes en guerre. Ils se gardent eux-mêmes dans leurs vallées et viennent quelquefois piller et faire contribuer les communautés de la vallée du Queyras. Le roi de Sardaigne les oblige souvent à suivre ses armées et il s'en sert comme troupes légères.

La vallée de la Mayre n'est pas considérable; on y communique de la vallée de Barcelonnette par le col de Marie où il ne peut passer que des chevaux et des mulets. Cette vallée est fort resserrée et presque toute dans des défilés. Par ce moyen elle se garde elle-même et le roi de Sardaigne ne craint pas que nous pénétrions de ce côté.

De la vallée de Barcelonnette on communique dans celle d'Esture par le col de l'Argentière. On peut voiturer de l'artillerie par ce passage, qui est un des plus considérables de toutes les Alpes, et qu'on devrait choisir lorsqu'on veut pénétrer dans la plaine. Il y a dans cette vallée le château de Demont dont il faut s'emparer, ainsi que de Coni qui est dans la plaine. Ces deux places assujetties serviraient d'entrepôt et assureraient les communications; mais, avant d'entreprendre ces sièges, il faut occuper le passage des Barricades, qui est situé au milieu de la vallée, avant d'arriver au château de Demont.

On peut conclure de ce qui a été dit ci-dessus que, de toutes ces différentes vallées qui communiquent dans la plaine de Piémont, il n'y a que celles de Suse, du Pragelas et d'Esture qui soient propres à y voiturer de l'artillerie et qui puissent servir de débouché à une armée qu'on voudrait faire entrer en Italie. On ne peut se servir de celles de Mayre et de Château-Dauphin que pour tenter des diversions et obliger les ennemis à se tenir en force dans cette partie de la frontière. Lorsque la France voudra entreprendre une guerre offensive et qu'elle se proposera de pénétrer en Italie, il faut que le projet ait deux branches, l'un par la vallée

d'Exilles et l'autre par celle d'Esture, ces deux débouchés étant à portée des places de Briançon et de Mont-Dauphin, qui devraient être munies d'un train d'artillerie et de toutes les munitions de guerre et de bouche nécessaires à une armée que l'on voudrait porter en avant pour
entreprendre des sièges.

Pour mettre cette armée en état d'opérer, il faut l'assembler de bonne heure, avoir la droite
à Mont-Dauphin et la gauche à Briançon, à portée des passages du Mont-Genèvre et du col
de Vars, ayant devant soi tous les débouchés de la vallée du Queyras.

Lorsque le roi de Sardaigne saura notre armée campée dans cette position, il sera obligé
d'en prendre une centrale qui le mette à portée des débouchés de la gauche, du centre et de
la droite, que nous menaçons également. Celle qui peut le mieux remplir son objet est celle
qu'il avait occupée dans la dernière guerre dans la vallée de Château-Dauphin, ayant la
gauche à Pierre-Longue et la droite au mont Viso. L'ennemi, campé dans cette position,
observera nos mouvements pour savoir si on débouchera par le Mont-Genèvre ou par le col de
l'Argentière pour entrer dans la vallée d'Esture.

Si l'on veut pénétrer par le Mont-Genèvre pour aller faire le siège d'Exilles dans la vallée
de Suse, il faudra faire faire à l'armée des mouvements qui puissent faire prendre le change
à l'ennemi et lui persuader, au contraire, qu'on en veut à la vallée d'Esture pour y faire le
siège de Demont.

L'armée étant prête à se mettre en mouvement, le général commandera des paysans qu'il
occupera à raccommoder les chemins du côté de Vars. Il y fera même voiturer l'artillerie et
mettra ensuite l'armée en marche sur quatre colonnes :

La première se portera par le col de Vars dans la vallée de Barcelonnette, d'où elle arrivera
dans la combe de Meyronnes, pour menacer le col de l'Argentière ;

La seconde, de la vallée de Ceillac se portera sur le col de Maurin, dans la vallée de Barcelonnette, afin d'être à portée d'entrer dans celle d'Esture ;

La troisième se portera dans la vallée de Cervières, et par le col d'Hyzouard arrivera dans
celle du Queyras, d'où elle pourra entrer dans celle de Ceillac par le col du Fromage, pour
être à portée de celle de Barcelonnette ;

La quatrième restera sous Briançon.

Si ces mouvements déterminent l'ennemi à abandonner la position de Pierre-Longue pour
se porter au poste des Barricades, alors il faudra faire revenir l'armée qui marchera en colonnes
renversées. La portion qui aura demeuré sous Briançon se portera par le Mont-Genèvre dans la
vallée de Suse, et, en forçant sa marche, arrivera aux retranchements de l'Assiette où elle sera
jointe par les autres troupes qui auront ordre de s'y rendre. Les troupes qui seront sur le col
d'Hyzouard se porteront sur le col du Bourget, et de là se joindront à celles qui seront arrivées aux retranchements de l'Assiette. La colonne qui aura débouché dans la vallée de Ceillac
reviendra dans celle du Queyras par le col du Fromage et se portera, par celui d'Hyzouard, dans
la vallée de Cervières, d'où, par le col du Bourget, elle arrivera aussi à l'Assiette. La première
colonne, qui se sera portée dans la vallée de Barcelonnette par le col de Vars, reviendra par le
même chemin à Briançon et viendra joindre l'armée, passant par les cols de l'Échelle et du
Mont-Genèvre.

Si par ces mouvements on est parvenu à occuper la montagne de l'Assiette et le pont qui se trouve sur la rivière de Doire entre Exilles et Suse, on sera alors en état de faire le siège d'Exilles sans que l'ennemi puisse nous inquiéter. Mais si l'ennemi, ayant prévenu le projet qu'on aurait formé de faire le siège d'Exilles, occupait la position de Saint-Sicaire sur la rive droite de la Doire, dans la vallée de Césane, ayant sa droite aux Jouvenceaux, le centre à Saint-Sicaire et la gauche à Champlas, il serait à portée d'aller occuper les retranchements de l'Assiette, qu'il aurait derrière lui. L'objet de la Cour de France étant de faire le siège d'Exilles pour s'emparer de cette vallée, et l'ennemi étant campé comme je viens de le dire, notre armée pourrait s'assembler dans la plaine du Grand-Villars sous Briançon, pour être à portée de déboucher dans la vallée de Césane par les cols de l'Échelle, du Mont-Genèvre et du Bourget et d'aller camper à Bousson, sur la rive gauche de la Doire; on établirait plusieurs ponts sur la rivière pour attaquer l'ennemi dans la position de Saint-Sicaire. Il est à présumer qu'il l'abandonnerait à notre approche, parce qu'il ne pourrait s'y soutenir sans se compromettre, pouvant marcher à lui en bataille; il quitterait donc ce camp pour venir occuper les hauteurs de Sestrières, qu'il abandonnerait encore à l'approche de notre armée, ainsi que la position de cette place, à cause de la facilité que nous aurions toujours de marcher à lui par le penchant de la montagne qui est fort doux. Il réoccuperait enfin les retranchements de l'Assiette, ayant la droite à Exilles, le centre au col de Sestrières et la gauche à Fenestrelles, avec des corps de troupes retranchés au poste des Quatre-Dents, à Saint-Colomban et au Deveis, sur la rive gauche de la Doire.

L'ennemi, occupant ces retranchements de l'Assiette, sera dans une position inexpugnable où il sera très dangereux de l'attaquer de vive force. On ne pourrait tenter de lui faire abandonner cette position qu'en le tournant dans ses retranchements et en faisant quelques diversions.

Comme on suppose une guerre offensive, et par conséquent notre armée supérieure à celle de l'ennemi, on pourrait laisser en sa présence une partie de l'armée, assez considérable pour lui en imposer, dans une position retranchée où elle fût en sûreté. L'autre partie se porterait dans la Maurienne et sur le col du Mont-Cenis, qui est situé de façon que nous aurions toujours la supériorité du terrain pour déboucher sur l'ennemi par un vallon qui va se jeter dans la vallée d'Exilles, un peu en arrière de cette place. Pour lors les troupes de l'ennemi qui occuperaient les postes des Quatre-Dents, de Saint-Colomban et de Deveis seraient obligées de se replier, ainsi que celles qui seraient dans les retranchements de l'Assiette, à cause qu'elles seraient prises sur les derrières. Les troupes qui auraient débouché par le Mont-Cenis camperaient entre Suse et Exilles, occupant le pont qui se trouve sur la Doire au delà de cette place, qui par ce moyen se trouverait bloquée, et les troupes qu'on aurait laissées vis-à-vis des retranchements pourraient en faire le siège.

Pour obliger encore l'ennemi à abandonner la position de l'Assiette par une diversion, il faudrait assembler l'armée dans la Savoie et la diviser en deux parties, en faire marcher une sur le col du Petit Saint-Bernard, dans la Tarantaise, pour aller dans la vallée d'Aoste et se poster au château de Bard et à Ivrée, et l'autre par la Maurienne, pour déboucher par le Mont-Cenis dans la vallée de Suse et d'Exilles. L'ennemi serait encore pris par derrière et obligé d'abandonner la position de l'Assiette pour aller au secours des places. Alors le corps de troupes qu'on aurait eu soin de laisser sous Briançon se porterait sur ces retranchements qu'il occuperait en attendant les autres troupes, qui, en deux marches, le joindraient pour faire le siège d'Exilles, qui se trouverait encore bloqué.

Lorsqu'on voudra pénétrer dans la plaine du Piémont par la vallée d'Esture, il faudra assembler l'armée entre Briançon et Mont-Dauphin, et tâcher de donner le change à l'ennemi en lui persuadant qu'on en veut à Exilles ou à Fenestrelles. Il faut avoir un détachement dans la vallée du Queyras, répandu sur les principaux passages de cette frontière, et un corps de troupes en Maurienne qui fera imaginer qu'on veut le faire déboucher sur Exilles par le Petit Saint-Bernard.

Lorsque l'armée sera prête à marcher, on emploiera des travailleurs pour accommoder les chemins du Mont-Genèvre et pour y faire passer l'artillerie, que l'on pourrait même y faire voiturer. L'armée se mettra ensuite en marche sur trois colonnes :

La première se portera à Briançon et dans la vallée des Prés, où elle se divisera en deux parties, dont l'une se portera sur le col du Mont-Genèvre et l'autre sur le col de l'Échelle ;

La seconde entrera dans la vallée de Cervières et se présentera au col du Bourget ; la troisième, qui partira de Mont-Dauphin, viendra sur Briançon ;

Le détachement de Maurienne se présentera sur le col du Petit Saint-Bernard et les troupes de la vallée du Queyras se replieront au Château pour venir rejoindre le corps de l'armée. Toutes ces colonnes en mouvement et portées sur les cols qui déversent dans la vallée de Bardonnèche et de Césane détermineront sans doute l'ennemi à venir occuper la position de l'Assiette pour couvrir les places d'Exilles et de Fenestrelles. Lorsqu'on aura avis qu'ils y seront postés, l'armée reviendra sur ses pas en colonnes renversées ;

Le détachement de la vallée du Queyras se portera dans celle de Ceillac, et, par le col de Maurin ou de Tronchet, dans la vallée de Barcelonnette, d'où, par le col de l'Argentière, il arriverait dans la vallée d'Esture et s'emparerait du poste des Barricades. La colonne qui serait partie de Mont-Dauphin monterait le col de Vars pour venir dans la vallée de Barcelonnette et dans celle d'Esture par le col de l'Argentière. Elle serait suivie par les troupes qui se seraient portées sur les cols de l'Échelle et du Mont-Genèvre ;

La troisième colonne, du col du Bourget, passera par le col d'Hyzouard, pour venir ensuite dans la vallée du Queyras et prendra le même chemin que les troupes qui étaient dans cette même partie.

On fera aussi revenir les troupes qui étaient en Maurienne et qui joindront l'armée dans la vallée d'Esture. Au moyen de cette jonction, elle sera en état de marcher sur Demont pour en faire le siège, et ensuite sur Coni. Lorsqu'on en sera maître on pourra se porter dans la plaine, ayant une communication sûre au moyen de ces deux places, qui serviront d'entrepôt.

Si le roi de Sardaigne ne prenait point le change et qu'il se tînt en force du côté des Barricades, on aurait toujours la ressource de pénétrer du côté d'Exilles et de Fenestrelles. Ainsi, de quelque côté qu'il se porte, on aura toujours un débouché pour pénétrer en Piémont, parce qu'il ne saurait se tenir en force partout, et surtout dans le cas d'une défensive de sa part.

Mais il est à propos d'observer qu'il serait plus avantageux pour la France de pouvoir pénétrer par la vallée d'Esture en s'emparant des places de Demont et de Coni qui nous assureraient une communication et qui nous donneraient l'avantage de pouvoir établir des quartiers d'hiver dans le pays, au lieu que, par les débouchés d'Exilles et de Fenestrelles, on est toujours obligé de retirer ses troupes de la plaine, où elles ne seraient pas en sûreté, à cause que l'on n'aurait aucune place pour les soutenir et qu'on ne saurait les secourir si elles étaient attaquées pendant l'hiver.

BOURCET.

ANNEXE N° 3.

───

MÉMOIRE

SUR

LES MOYENS D'ENTRER EN ITALIE PAR LE COMTÉ DE NICE,

LE LONG DE LA MER,

ET PAR LA RIVIÈRE DE GÊNES. — 5 AVRIL 1747.

───────

Ce projet a été exécuté avec succès dans la campagne de 1745, pour les causes ci-après :

1° Les Espagnols avaient occupé, pendant l'hiver de 1744 à 1745, tous les bourgs et villages le long de la côte jusqu'à Albenga;

2° Ils y avaient fait des approvisionnements suffisants pour leur passage, fait occuper les postes et s'étaient mis en état de devancer l'ennemi sur les sommets de la montagne, au cas où ce dernier aurait conçu le dessein de s'opposer à leur marche;

3° Étant allié des Génois, et ceux-ci étant maîtres de Vintimille, de Finale et de Savone, on était assuré de ces positions et d'y pouvoir faire débarquer de l'artillerie et des munitions de guerre et de bouche;

4° L'armée de la reine de Hongrie étant pour lors sur les frontières de l'État Ecclésiastique occupée à observer celle de M. de Gages, le roi de Sardaigne n'osa pas se mettre en campagne avec ses seules forces et n'y eut pas assez de confiance pour tenter de défendre les débouchés de ses États.

Cet exposé, quoique simple, pourra suffire pour prouver les inconvénients qui résulteraient de l'exécution de ce même projet, si l'on était privé de tous les avantages qui en avaient favorisé le succès en 1745. Mais on ajoute à ce mémoire une réflexion sur chacune des difficultés qui se présenteraient, dans le détail ci-après, et on concluera, après l'examen scrupuleux qu'on aura pu faire du peu de ressources et de moyens qu'on aurait à les lever, que ce projet doit être regardé comme impossible dans son exécution pour les opérations de la campagne prochaine.

PREMIÈRE DIFFICULTÉ.

On ne peut déboucher le long de la côte que par divisions de quatre à cinq mille hommes, qui ne se succéderont qu'à deux jours d'intervalle : 1° parce que cette route ne présente qu'un défilé où deux hommes à peine peuvent passer de front; 2° qu'on ne pourra assembler des corps un peu considérables qu'à Oneille, à Albenga ou à Finale, d'où ces corps rassemblés seront encore forcés de déboucher par divisions.

RÉFLEXION.

Le roi de Sardaigne peut assembler son armée à portée d'Ormea, parce qu'on ne lui laisse aucun doute sur la partie où l'on veut opérer. De cette position il est le maître de descendre sur l'un des points d'assemblée ou dans le milieu de l'intervalle qu'ils laissent entre eux, par conséquent d'arrêter le progrès de la marche, de séparer les divisions ou de tomber sur le corps qui lui paraîtra le plus faible. On ne saurait parer à cet inconvénient qu'en établissant à une certaine distance de la gauche de l'armée une chaîne de postes, tels que Castillon, la Penne, Dolceacqua, Pigna, la Pieve, etc., postes que l'ennemi pourra toujours forcer et qu'on aura de la peine à replier pour leur faire faire l'arrière-garde de l'armée.

DEUXIÈME DIFFICULTÉ.

La grande étendue des communications à garder, qui obligera :

1° À laisser des troupes dans le comté de Nice, tant pour empêcher les incursions des Piémontais dans ledit comté que pour empêcher qu'ils ne débouchent en force par le col de Tende pour inquiéter l'arrière-garde de l'armée;

2° A faire marcher un corps de troupes dans la montagne pour couvrir la gauche de l'armée et pour observer tout ce qui pourrait déboucher par la Briga, du côté de Tende, sur Pigna et Triola, ou par Pont de Nava et Ormea, sur la Pieve, Rezzo et la principauté d'Oneille;

3° A faire fournir par les troupes qui formeraient l'avant-garde de l'armée des détachements sur les débouchés qui peuvent conduire sur le Tanaro et sur Ceva, afin d'être avertis du mouvement des ennemis.

RÉFLEXIONS.

Le premier point, qui concerne la sûreté du comté de Nice, exige des réflexions par rapport aux subsistances et aux secours que l'armée peut en tirer.

Le roi de Sardaigne peut y déboucher par quatre principaux chemins, savoir :

1° Celui qui, des vallées de Sture et de Vaudier communique à la vallée de Lantosque et de là à Levenzo;

2° Celui de la grande route du col de Tende, par Saorgio, Sospel et Lescarène, sur Nice;

3° Celui qui, de Sospel, communique par Castillon sur Sainte-Agnès et Peille ou sur Gorbio et la Turbie, et par la gauche sur Castellar et Menton;

4° Le chemin de Breglio par la Penne, ou de Sospel par l'Olmette, sur la Bevera et Vintimille.

Outre ces quatre principaux débouchés, il y a une infinité de points par où le roi de Sardaigne peut descendre dans le comté de Nice, soit à Coaraza et Luceram, soit au Moulinet, au-dessus de Sospel, soit au col de Braus, entre Breglio et Sospel, soit enfin sur Dolceacqua, Pigna et Triola.

35.

Suivant cette hypothèse, il est indispensable de garder ces débouchés, répondant toujours aux quatre principaux. Quoiqu'il ne paraisse pas vraisemblable que le roi de Sardaigne veuille tenter une diversion dans le comté de Nice lorsque l'armée sera à portée de déboucher sur le Tanaro, on peut craindre un détachement de paysans soutenus par quelques troupes réglées qui n'auraient pas beaucoup de peine à forcer les bataillons destinés aux postes de la Turbie, et qui, en coupant la communication de notre armée avec le comté de Nice, nous forceraient à faire marcher un détachement proportionné sur nos derrières pour les chasser, sans pouvoir remédier au mal qu'ils auraient déjà pu faire.

Le second point mérite aussi beaucoup d'attention, car si le roi de Sardaigne prenait une position à Triola, Rezzo ou la Pieve, on serait obligé de faire une disposition de la plus grande partie de l'armée pour l'en déposter, et il serait entièrement dangereux de déboucher par la côte en divisions particulières, parce que le corps qui serait posté à l'un de ces endroits pourrait couper facilement celle des divisions qui lui conviendrait, et peut-être repousser avec pertes le détachement qu'on y ferait marcher.

L'ennemi aurait d'autant moins à craindre dans cette position qu'il aurait le temps de faire une diversion sur nos derrières et pourrait encore se retrouver sur les débouchés de Garessio et de Ceva avant que l'armée pût être en état d'y marcher.

Le troisième point, qui regarde la marche des détachements pour se porter sur Garessio et Ceva, peut rencontrer beaucoup de difficultés si les ennemis sont postés sur les croupes qui dominent les grands chemins, d'autant mieux que, suivant les reconnaissances qui ont été faites, c'est un pays rempli de bois, où les chemins sont difficiles et où il est moralement impossible de former un corps un peu considérable.

TROISIÈME DIFFICULTÉ.

1° Les moyens d'avoir l'artillerie avec ses agrès et ses munitions pour le siège de Ceva ou pour ceux de Finale et de Savone, qu'on ne saurait se dispenser de faire si on veut communiquer avec Gênes;

2° Les moyens de former des emplacements de fourrages, grains et farines à Vintimille, à Oneille, à Albenga et en avant, tant pour le passage des troupes que pour les séjours que les différentes circonstances peuvent occasionner.

RÉFLEXIONS.

La mer occupée par les Anglais ne laisse que des ressources trop équivoques pour ces approvisionnements, et il ne paraît pas prudent d'engager des convois en avant sur des chebecs ou petites barques sans y avoir d'avance des têtes de troupes, comme il serait dangereux aussi d'engager une armée dans ce débouché sans être certain du succès de ces transports.

Le moyen de faire arriver les matières par des mulets, qui en exige un nombre trop considérable et augmente la difficulté des subsistances en fourrages, doit encore être regardé comme nul; et il n'est pas difficile de se convaincre que, dans un défilé d'une aussi grande étendue, il serait moralement impossible de se servir du moyen de faire les transports à dos d'homme.

On conclut donc :

1° Par l'expérience qu'on a faite qu'un nombre de trente à quarante bataillons gardait faiblement l'étendue de cette communication;

2° Par les obstacles qu'on a trouvés à approvisionner cette côte dans un temps où les ennemis n'en occupaient aucune partie et dans lequel les Génois pouvaient nous donner tous les secours nécessaires;

3° Par l'incertitude d'y faire arriver l'artillerie de campagne et de siège nécessaire à une armée considérable;

Que le projet d'y marcher et d'y attaquer de vive force les ennemis est d'une difficulté insurmontable et doit être regardé comme impossible, malgré le succès des opérations de la campagne de 1745.

A Grenoble, ce 5 avril 1747.

BOURCET.

Annexe n° 4.

PROJET D'OPÉRATIONS

CONCERNANT LES VALLÉES DE SUSE ET DU PRAGELAS.

Cet objet deviendrait fort essentiel si le Roi voulait reprendre les vallées cédées et se procurer une entrée libre dans les États de Piémont et du Milanais, ainsi qu'il l'avait avant le traité d'Utrecht.

Les moyens de réussir dans ce projet exigent les opérations dont le détail est ci-après, soit pour le siège d'Exilles et le blocus de la Brunette, soit pour le siège de Fenestrelles.

Il faut faire marcher l'armée qu'on pourrait assembler sous Briançon et aller camper sur la chaîne des montagnes qui séparent la vallée de Suse de celle du Pragelas, appuyant la droite au Duc et la gauche aux Jouvenceaux, hameau de la communauté d'Oulx, observant de mettre la cavalerie entre l'abbaye et le bourg d'Oulx.

De cette position, si on veut faire le siège d'Exilles, il faut : 1° faire marcher une ou deux brigades d'infanterie sur le penchant de la montagne au-dessus de Salbertrand, qui puissent porter leurs grand'gardes le long du ravin qui est à la gauche du Serre de la Voûte; 2° occuper la hauteur qui est au centre du col de Côte-Plane et le plateau d'Arguel; 3° avoir des postes à portée du pont d'Exilles qui communique à Chaumont, sur les penchants de droite et de gauche, pour intercepter la communication de cette place et en former l'investissement.

Comme cette place n'a qu'un front d'attaque où il serait difficile de faire des approches en règle, et que sa capacité est très petite, il faut abattre et ruiner ses défenses avant de procéder à une ouverture de tranchée, et ce siège, à proprement parler, ne doit être regardé que comme une expédition d'artillerie qu'on n'augure pas devoir durer plus de quinze jours.

L'artillerie peut passer par le col du Mont-Genèvre et arriver à Oulx, d'où on la transportera en partie sur les plateaux de la hauteur de Saint-Colomban, qui dominent Exilles, en y faisant les chemins.

Après l'expédition d'Exilles ou pendant qu'elle se fera, on peut marcher au col de la Fenêtre et en faire l'attaque. Ce col est fermé par deux redoutes qui se communiquent au moyen d'un chemin couvert palissadé; mais comme il est dominé de très près par la hauteur de Fatière, et qu'il est facile d'arriver sur Fatière en suivant toujours la sommité de la montagne dont l'armée occupe la position, il est facile aussi de se rendre maître de ces redoutes.

L'occupation du col de la Fenêtre procure plusieurs avantages : premièrement, on peut descendre à Méane et arriver à Bussolen, pour bloquer la Brunette, sans avoir rien à craindre sur ses derrières ni sur sa droite; secondement, on peut établir une communication de ce col au camp de Catinat, où commencent les nouvelles fortifications du roi de Sardaigne sur Fenestrelles, et par ce moyen tenter l'attaque du fort de l'Elme qui leur sert de donjon; troisièmement, on peut faire usage de toute la vallée du Pragelas depuis Fenestrelles jusqu'au col de Sestrières, soit pour le transport de l'artillerie, soit pour celui des subsistances, en gardant seulement les chemins du Laux et d'Usseaux à Fenestrelles, afin de les préparer ainsi que tout ce qui pourrait avoir rapport à l'aisance du siège de Fenestrelles, si on l'avait résolu : mais on n'imagine pas que ce siège puisse se faire pendant la première campagne, à cause du trop grand travail qu'exigerait la communication du col de la Fenêtre au camp de Catinat, comme on ne pense pas que cette place soit bien difficile à assujettir lorsque cette précaution aura été prise d'avance.

Le siège de Fenestrelles doit être l'objet principal dans les opérations sur le débouché des vallées de Suse et du Pragelas, et les autres expéditions ne doivent être regardées que comme des accessoires. Le seul moyen de prendre cette place est d'en former l'attaque par le camp de Catinat, comme le seul moyen de l'investir est de se rendre maître de la vallée de Saint-Martin, par où, et par les cols du Clapier et du Cerisier, on peut faire un établissement sur le plateau du Bouchet et aux hameaux de Bourcet, pour couper la communication de Pignerol et de la Pérouse avec cette place.

A Grenoble, ce 23 mars 1747.

BOURCET.

Annexe n° 5.

MÉMOIRE ET OBSERVATIONS
POUR M. LE CHEVALIER DE BELLE-ISLE.
1ᵉʳ JUILLET 1747.

DROITE.

Le même jour que les troupes de la droite auront débouché à Bousson, dans la vallée de Cézane, il sera nécessaire de faire une disposition pour couvrir le débouché du col de la Mayt sur le Sauze de Cézane, et celui du col des Thures sur Bousson : le premier, au village du Sauze de Cézane, par une garde qui deviendra un poste fixe et qui aura une garde avancée au Bessé-Haut; le tout composé de troupes irrégulières au nombre de deux cents hommes; le second, du même nombre, aux Thures, qui aura aussi une garde avancée aux Thures Gerlières.

Les deux troupes pourront se réunir à Roullières, suivant les circonstances, et se retirer sur Cézane ou sur Champlas-du-Col. On pourra placer deux compagnies de milices et quelques compagnies briançonnaises au Bourget pour observer les cols de Péas, de la Petite-Croix et de Chabaud en même temps que le col du Bourget.

L'objet de cette position est de couvrir le col du Gondran et toutes les communications sur le Mont-Genèvre, afin d'en assurer la route; comme l'objet des deux premières doit être de couvrir les convois de Cézane à Champlas-du-Col.

Lorsque les troupes de la droite se porteront de Bousson sur Champlas et sur Sestrières, il faudra établir à Champlas-du-Col cent cinquante hommes, qui fourniront en avant du village une garde de trente hommes sur une petite butte qui se trouve entre le vieux et le nouveau chemin de Sestrières, et où il sera nécessaire de faire une petite redoute pour envelopper la maison qui s'y trouve : ce poste est à un bon quart de lieue du village de Champlas.

Dès que le corps de la droite sera arrivé au Duc et au Chazal au-dessus des Traverses, on disposera les troupes montées du corps de Gantés dans le petit bassin qui est entre les Traverses et Pattemouche, et dont l'objet sera d'observer ce qui pourrait déboucher de la Tranchée, de Laval et des Jousseaux, et l'avant-garde du corps campé au Duc pourra se porter partie au Puy de Pragelas, partie à la Rua.

Si le corps de la droite se porte sur Balboutet, il marchera le premier jour aux Souchières-Basses, et son avant-garde aux Fraisses; le second jour à Balboutet, et son avant-garde se portera à Usseaux et un détachement de mille à douze cents hommes au Laux. L'avant-garde aura

un poste de deux cents hommes au Pontet pour couvrir le chemin de Fenestrelles; le détachement du Laux couvrira également le chemin de Fenestrelles et gardera le col de l'Albergian
pour observer ce qui pourrait déboucher de la vallée de Saint-Martin. Une garde de cent hommes
en avant du village du Laux, avec quelques coupures, et un pareil nombre au col de l'Albergian
suffiront.

Quoique le corps de la droite se porte en avant, il faudra laisser les troupes irrégulières de
Gantés aux Traverses et à Pattemouche pour *courre* dessus les Barbets ou Vaudois qui pourraient déboucher de la vallée de Saint-Martin; on laissera pareillement une garde de cent
hommes au Puy de Pragelas, dont la position, bonne par elle-même, sera toujours essentielle
pour la sûreté de la communication des troupes de la gauche à celles de la droite.

Le Pontet, au-dessous d'Usseaux, près de la grande descente sur Fenestrelles, ainsi que
l'avant du village du Laux, exigent des retranchements pour en couvrir encore mieux les débouchés.

CENTRE.

De Sestrières, il sera fait un détachement du corps de la droite composé de quatre compagnies de grenadiers et de huit piquets qui se porteront sur le sommet de Côte-Plane et qui
avanceront un poste sur la hauteur en avant dudit col, tirant vers celui d'Arguel.

Le détachement sera augmenté de quatre compagnies de grenadiers de la gauche et de huit
piquets, le jour que son avant-garde occupera le plateau d'Arguel, et le corps campé au
Duc s'avancera jusqu'aux Souchières-Basses et son avant-garde aux Fraisses, ainsi qu'il est
dit ci-dessus. Ce détachement portera une compagnie de grenadiers au clos d'Arguel, sur le
penchant septentrional de la montagne, à la rive droite de la Doire, à peu près à même hauteur que Saint-Colomban, qui se trouve à la rive gauche, mais à moitié montagne.

Ce même détachement, campé au plateau, se portera par échelons jusqu'au col de Fatière,
dont il reconnaîtra les retranchements, si les ennemis les occupent, afin d'en former l'attaque
après la reconnaissance; et lorsqu'il se sera rendu maître des hauteurs de Fatière, d'où il
pourra découvrir là redoute du col de la Fenêtre, il en disposera et exécutera l'attaque.

Le col de la Fenêtre étant assujetti, on y laissera deux cent cinquante ou trois cents hommes,
et un pareil nombre sera réparti entre les hauteurs de Fatière et le plateau d'Arguel; le reste des
troupes se portera aux Chalmasses, sur le revers oriental de la montagne qui sépare le col de
la Fenêtre du camp de Catinat et des nouvelles fortifications de Fenestrelles, et le même jour
le camp des Souchières-Basses se portera à Balboutet dans la disposition détaillée ci-devant et
relativement à la force et à la position des ennemis.

Le roi de Sardaigne, lorsque nous serons maîtres d'Arguel, n'a que deux positions à
prendre, celle du Laux ou celle des Chalmasses, ou toutes deux à la fois.

S'il se met aux Chalmasses, il ne saurait défendre le col de la Fenêtre et il sera facile de
le déposter parce qu'on aura toujours la supériorité sur lui; s'il se met au Laux, il sera beaucoup plus difficile de le déposter; mais dans ce cas, s'il était supérieur ou égal, il n'y aurait qu'à
rompre ou garder le débouché du pont de la Borde et le défilé du chemin qui communique
du Laux aux Fraisses, appelé le Luc, ainsi que le chemin du bord de la rivière, au-dessous

de Pourrières, ce qui sera d'autant plus facile que tout cela se trouve à portée du camp de Balboutet.

S'il occupe les deux positions à la fois, il sera faible partout, et après avoir fait les mêmes dispositions que ci-devant contre le camp des Chalmasses, on prendrait les mêmes précautions contre le corps qui serait campé au Laux.

Après l'occupation du col de la Fenêtre, il serait encore nécessaire de porter un détachement de trois à quatre cents hommes au Collet, qui se trouve à moitié descente du col de la Fenêtre à Suse, afin d'observer tout ce qui pourrait déboucher.

GAUCHE.

Les troupes destinées à la gauche étant arrivées à Oulx et aux Jouvenceaux et leur avant-garde à Salbertrand, la première attention doit être d'occuper le Serre de la Voûte et de gagner les hauteurs de Saint-Colomban, d'où il faudra se porter aux postes des Quatre-Dents, de la Chapelle Blanche et des Ramas pour observer et couvrir tout ce qui pourrait déboucher de Jaillon.

Les cols de Siguret, d'Etiache et de Valfreyde, ainsi que celui du Petit Mont-Cenis, communiquant à Bramans en Savoie, il est nécessaire de les observer; et si les Espagnols faisaient occuper Bramans par un détachement de leurs troupes, ils rempliraient la plus grande partie de l'objet, car les ennemis s'engageraient avec peine dans ces montagnes s'ils étaient observés par des troupes placées en Maurienne et par celles postées à Saint-Colomban.

Il serait plus facile de faire arriver les troupes aux Quatre-Dents et à la Chapelle-Blanche, en passant par Valfreyde, que de les y faire monter par Saint-Colomban; mais dans l'incertitude où l'on est si les neiges pourraient permettre cette marche, il faudra faire déboucher les Espagnols de Savoie à Bardonnèche, et, suivant les connaissances qu'on prendra sur les lieux, on pourra toujours faire remonter par la gauche un détachement composé de troupes des deux nations, au nombre de cinq à six cents hommes, pour lui faire prendre le chemin de Valfreyde et des Ambins, afin de gagner les hauteurs, dans le temps qu'on y marcherait du bas. C'est une combinaison qui exigerait que ce détachement se mît en mouvement deux jours avant que les troupes du bas eussent l'ordre de monter, afin que les attaques réciproques se fissent en même temps, si les ennemis étaient retranchés aux Quatre-Dents et à la Chapelle-Blanche.

L'objet des troupes de la gauche, dont le nombre peut être porté à une brigade, doit être de couper le pont sur la droite qui sert à la communication d'Exilles à Chaumont et d'occuper les postes de la montagne à la rive gauche de la rivière.

L'objet des deux autres brigades formant le corps de la gauche sera de soutenir la brigade avancée sur Saint-Colomban et de couvrir le penchant de la montagne qui est à la rive droite de ladite rivière, d'où elles pourront renforcer, suivant les circonstances, le corps du centre ou celui de la droite.

SUBSISTANCES.

Jusqu'à ce que les troupes aient pris poste en avant d'Oulx, on ne pourra faire aucun établissement qu'à Cézane, d'où on sera également à portée de fournir les corps de la gauche, du centre et de la droite, et cet établissement doit dans tous les temps être le plus considérable.

Lorsque les troupes de la droite auront leur avant-garde au Puy de Pragelas et les troupes irrégulières à Pattemouche, on pourra faire un établissement aux Traverses, et lorsque les troupes de la gauche auront leur avant-garde à Salbertrand, il faudra former un établissement à Oulx.

Les matières pour ces deux établissements pourront se tirer de celui de Cézane, qui sera nourri par Briançon.

ARTILLERIE.

Du jour que les troupes seront arrivées à Oulx d'une part et à Sestrières de l'autre, il n'y aura aucun inconvénient à faire marcher l'artillerie jusqu'à Cézane, où l'on pourra former un parc et d'où on sera en état de la faire marcher à Exilles et à Fenestrelles. Il sera nécessaire de faire examiner les chemins de Cézane à Roullières, de Roullières à Champlas et à Sestrières, et de Sestrières aux Traverses, à la Rua et aux Souchières-Basses, s'il pouvait être question du dernier objet.

A l'égard du chemin qui conduit de Cézane à Oulx, Salbertrand et Exilles, on le mettra en état d'y faire passer le canon; la partie la plus difficile sera le chemin de Deveis au plateau sur lequel seront établies les batteries destinées à battre ce fort.

BOURCET.

ANNEXE N° 6.

CAMPAGNE DE 1747.

MÉMOIRE SUR L'ATTAQUE DES RETRANCHEMENTS DE L'ASSIETTE.

L'état pressant où se trouvait la ville de Gênes, dont les armées combinées d'Autriche et de Piémont avaient formé le siège depuis longtemps, et l'impossibilité où étaient celles de France et d'Espagne d'y porter un secours direct par la rivière de Gênes déterminèrent M. le maréchal de Belle-Isle à former un plan de diversion qui remplît le même objet en obligeant les ennemis à lever le siège pour se porter au point attaqué. L'armée occupait alors la position de la Roya, ayant devant elle Vintimille, dont on venait de s'emparer, Villefranche et Montalban ayant été successivement pris, après le passage du Var précédé de la prise des îles Sainte-Marguerite et Saint-Honorat, à la suite de la retraite des ennemis de la Provence.

C'est dans ce point de vue de diversion, dont M. le maréchal de Belle-Isle était occupé, que l'on proposa de se porter avec un corps sur Demont, qui eût ouvert la vallée de Sture sur Coni et sur le Piémont, et d'unir à ce siège celui de Saorgio, dont le point eût lié par lui-même le corps de la vallée de Sture à la gauche de l'armée dans la position de la Roya; mais ce projet n'ayant point été adopté, on se détermina à porter la diversion sur Exilles, d'où l'on se proposait de faire une incursion dans le bassin de Turin jusqu'à la Vénerie, et les quatre-vingts escadrons de cavalerie et de dragons campés près Valence en Dauphiné devaient y être destinés.

Ce projet fut d'autant plus préféré à celui de Demont que, d'après les rapports suivis de M. d'Arnaud, maréchal de camp, qui avait passé l'hiver à Briançon, on croyait être assuré que les travaux que le roi de Sardaigne avait fait commencer dans cette partie, pour couvrir par une sorte de camp retranché la place d'Exilles, ne pourraient être achevés, tant relativement à leur étendue qu'à la difficulté du terrain.

C'est ce qui détermina donc à donner la préférence à cette entreprise, et en conséquence on tira vingt et un bataillons de l'armée, dont neuf furent sous les ordres de M. de Bissy, lieutenant général, et douze sous ceux de M. de Mailly, maréchal de camp; ils traversèrent les comtés de Nice et de Beuil par des chemins incroyables et se réunirent à Barcelonnette, d'où à Guillestre, sous les ordres de M. le chevalier de Belle-Isle, on y joignit quelques autres bataillons; et ce fut de ce point que le chevalier de Belle-Isle fit sa disposition première.

Elle avait été précédée des ordres envoyés à M. d'Escars, brigadier, pour marcher avec deux bataillons suisses au service d'Espagne qui étaient en Savoie, et il devait se diriger sur Exilles par la Chapelle-Blanche et les Quatre-Dents, ayant pour direction le revers des retranchements; mais cette espèce de corps n'avait pour objet que de donner le ton d'auxiliaires aux troupes françaises qui n'étaient point en guerre avec le roi de Sardaigne, et ces deux bataillons devaient figurer sur le même ton au siège d'Exilles.

Tous les préparatifs d'ailleurs du siège étaient rassemblés à Briançon ainsi que tout ce qui avait rapport à cette entreprise, et, tout étant ainsi arrangé, la marche des troupes fut disposée sur trois colonnes.

Treize bataillons, aux ordres de MM. de Villemur, lieutenant général, et de Larnage, maréchal de camp, composés des régiments de Mailly, Boulonnois, Agénois, Royal-Roussillon, Périgord, Guyenne, Beaujolais, Beauce et grenadiers royaux de Modène, dirigèrent leur marche par le Val-Queyras et le Col de Gesture (*Tures*), d'où ils gagnèrent les hauteurs qui conduisent à Fenestrelles.

L'objet de cette colonne, qui formait celle de la droite, était de se porter sur le point de la gauche des retranchements qui appuyaient à la hauteur de Fenestrelles.

La colonne du centre, aux ordres de M. le chevalier de Belle-Isle et de M. d'Arnaud, était composée de quatorze compagnies de grenadiers, de douze piquets tirés des autres corps, de la brigade d'Artois et d'un régiment de grenadiers royaux.

Cette colonne se dirigeait par le mont du Bourget et le col de Plane (*Côte-Plane*), d'où sur les hauteurs du Bois de Feu, et son objet était de se porter sur le point du centre des retranchements.

La troisième colonne, formant celle de gauche et composée des deux brigades de Bourbonnais et de la Reine, formées des deux régiments de ce nom et de ceux de Soissonnais, Guise, Béarn et Deslandes, était aux ordres de M. de Mailly, maréchal de camp; elle devait marcher par le Mont-Genèvre, Cézane et Oulx, et de là, par la montagne de Mont-Faure, au Saulx-d'Oulx, d'où, traversant la forêt de ce nom, elle devait se porter de l'autre côté sur la gauche des retranchements dont elle devait former l'attaque.

Cette colonne devait être suivie de quatre pièces de canon de quatre longues, lesquelles n'auraient trouvé aucune difficulté dans leur marche; mais M. le chevalier de Belle-Isle ayant jugé à propos de les faire passer à la suite de la sienne, les chemins impraticables l'obligèrent de les abandonner et il ne put faire suivre que les quatre pièces de fer dites « vit de mulet » qui avaient été destinées à sa colonne.

La marche de ces trois colonnes paraissait être combinée de façon à devoir arriver toutes les trois le 18 juillet, avant midi, devant les retranchements, et l'on devait en former l'attaque sur-le-champ.

Celle commandée par M. de Mailly avait seule prévenu qu'elle trouverait des obstacles dans sa marche, à l'entrée et au passage de la forêt du Saulx-d'Oulx, par les abatis que les ennemis y avaient fait faire, et ayant fait en conséquence ses dispositions en marchant, il les fit attaquer en arrivant.

Et comme le feu en fut assez vif, M. le chevalier de Belle-Isle lui envoya dire de ne point attaquer que sa colonne ne fût à la même hauteur que la sienne; mais comme il était important de chasser tout de suite les ennemis de la forêt pour qu'ils ne s'y établissent pas en force, M. de Mailly crut devoir les faire attaquer en même temps sur tous les points des abatis, et il les chassa en entier du bois, à la tête duquel il s'établit en s'étendant sur son front par des abatis dont il se couvrit en attendant l'arrivée des autres colonnes.

Il n'était alors que 10 heures du matin, mais la colonne de M. le chevalier de Belle-Isle n'arriva qu'à 7 heures du soir, et l'on eut à peine des nouvelles de celle de M. de Villemur, qui n'arriva au point de sa direction que le lendemain matin à 8 heures.

Dans cet intervalle, M. de Mailly avait été reconnaître la gauche des retranchements à portée desquels il se trouvait et dont l'attaque lui était destinée; il en avait fait lever le plan par un de ses aides de camp.

Il avait appris en même temps par des déserteurs qu'il venait d'arriver, du camp devant Gênes, plusieurs bataillons autrichiens qui devaient être suivis le lendemain de quelques autres, et, selon le rapport d'autres déserteurs qui lui arrivèrent dans la nuit, il devait y avoir le lendemain matin vingt-huit bataillons dans les retranchements.

M. de Mailly fit part de toutes ces choses à M. le chevalier de Belle-Isle au moment de son arrivée; et, comme les détachements qu'il avait chassés de la forêt s'étaient établis sur quelques plateaux en face du bois et qu'ils en incommodaient fort la sortie, il demanda la permission de les faire attaquer, mais M. le chevalier de Belle-Isle ne le jugea pas à propos.

Il vint trouver M. de Mailly le lendemain matin à la pointe du jour, et celui-ci lui ayant fait observer le plan de la gauche des retranchements, qu'il avait fait lever la veille, M. le chevalier de Belle-Isle voulut y aller lui-même, mais il ne lui fut pas possible d'en approcher par le feu continuel des ennemis qui occupaient les plateaux d'où M. de Mailly avait voulu les chasser, et sur la permission que M. le chevalier de Belle-Isle lui donna de les attaquer, il les fit tourner et s'empara des deux hauteurs, qu'il occupa.

Ce fut dans ce moment que l'on vint rendre compte à M. le chevalier de Belle-Isle de l'approche de la colonne de M. de Villemur, ce qui le détermina à retourner à la sienne où il régla son plan d'attaque.

Toutes les colonnes se trouvèrent alors à un petit quart de lieue des retranchements; mais avant de parler des points de leurs attaques et de la disposition qui en fut faite, il paraît nécessaire de dire un mot sur la situation et l'état effectif où se trouvaient ces retranchements.

Ils s'étendaient depuis les hauteurs de Fenestrelles, où la gauche des ennemis appuyait, jusqu'à la rivière de la Doire qui fermait leur droite tombant à peu près sur Exilles.

Cette étendue pouvait être d'environ cinq à six lieues relativement aux sinuosités, et tout le front en général faisant le centre jusqu'à la gauche également escarpée était établi en pierres sèches de quatre, cinq et six pieds d'élévation, selon la position.

Dans ce prolongement, il y avait de distance en distance des redoutes dont les unes simplement en pierres sèches et les autres en fascines longues ou merlons piquetés étaient élevées de quinze à dix-huit pieds, selon le terrain du sol, et telle était celle qui formait le point d'attaque du centre dont on va parler à l'article de la colonne de M. le chevalier de Belle-Isle.

Enfin la droite du retranchement formant la gauche de notre attaque, après avoir formé du point de la redoute du centre un rentrant de plus de huit cents toises en arrière dont les branches étaient couvertes d'un retranchement en pierres sèches établi sur un roc fort escarpé, allait se terminer à travers le bois par une branche tirée presque droite jusqu'à la rivière de la

Doire, et cette partie était simplement élevée de quatre pieds en terre ou gazon, selon les fonds du sol; c'était la partie que M. de Mailly avait reconnue la veille et dont il avait fait lever le plan.

Tel était l'état des retranchements, bien différents de ce que M. d'Arnaud les avait annoncés, puisqu'il prétendait qu'ils n'étaient en général qu'en gazon et de trois à six pieds au plus d'élévation.

Toutes les colonnes enfin reçurent à 10 heures du matin leurs ordres de marche, et leurs points d'attaque leur furent en même temps désignés.

Celle de la droite, aux ordres de MM. de Villemur et de Larnage, eut ordre de se porter sur la gauche des retranchements à la hauteur de Fenestrelles, avec ordre de masquer par un détachement sur son flanc droit le débouché de Fenestrelles.

Celle du centre, aux ordres de M. le chevalier de Belle-Isle, ayant sous lui MM. d'Arnaud, de Monteynard, d'Andlau, maréchaux de camp, devait former l'attaque du centre et se porter sur le point de la redoute dont on vient de parler.

Et enfin celle de gauche, aux ordres de M. de Mailly, devait entrer et se prolonger dans l'angle rentrant dont on a parlé et attaquer le point intérieur des retranchements.

D'après cette disposition envoyée à M. de Mailly, celui-ci crut devoir faire quelques représentations à M. le chevalier de Belle-Isle et il se rendit à sa colonne.

Il lui représenta la difficulté de pénétrer par un rentrant où sa colonne serait écrasée avant de parvenir au pied du retranchement, et il lui proposa au contraire de ne faire paraître de troupes dans cette partie que la valeur d'une fausse attaque et de diriger la véritable sur la branche droite du retranchement qui tombait sur la rivière, dont il lui avait fait voir déjà le plan et qu'il venait de reconnaître une seconde fois par lui-même. M. de Mailly appuya sa proposition de tout ce qui pouvait être le plus clairement démontré, mais tout ce qu'il put présenter fut inutile.

Et enfin il fut obligé de se réduire à demander qu'il lui fût au moins permis de faire attaquer en même temps cette branche droite des retranchements afin de garantir le flanc gauche de sa colonne du feu de cette partie, et c'est ce qui lui fut accordé.

M. de Mailly revint à sa colonne, et, d'après ce qui venait d'être convenu, il en détacha douze piquets sous les ordres de M. de Bourdenave, lieutenant-colonel de Bourbonnais, destinés pour l'attaque de la branche du retranchement.

La disposition d'ailleurs de sa colonne était la suivante :

Une avant-garde composée de douze compagnies de grenadiers;

Une compagnie de mineurs,

Et douze piquets.

Elle était aux ordres de M. de Gouy, colonel de la Reine.

Les deux brigades de Bourbonnais et de la Reine suivaient en colonne, ayant des demi-piquets sur les flancs faisant feu sur les retranchements, la colonne ne devant point tirer, et elle était fermée par un détachement de dragons du Roi à pied, tiré de Briançon, où ce régiment se trouvait.

Le détachement de M. le chevalier de Belle-Isle fut simplement disposé en colonnes; mais la disposition de celui de M. de Villemur fut en plusieurs sortes. Il en fut tiré un détachement de douze cents hommes aux ordres de M. de Laval, colonel de Guyenne, pour occuper les hauteurs sur Fenestrelles et les masquer.

On forma un corps de grenadiers aux ordres de M. de Larnage, maréchal de camp, soutenu de deux bataillons, qui s'approcha des retranchements, et le surplus fut disposé en panne sur les hauteurs, aux ordres de M. de Villemur.

D'après ces dispositions générales, toutes les colonnes s'ébranlèrent, il était 4 heures un quart après midi : celle du centre, aux ordres de MM. le chevalier de Belle-Isle et d'Arnaud, voulut d'abord (à l'abri d'un petit monticule sur lequel on avait établi quatre mauvaises pièces dites *vit de mulet* et qui ne firent aucun effet) se réduire à fusiller sur la redoute; mais incommodé par le feu sous lequel elle se trouvait, M. d'Arnaud se détermina à porter ses grenadiers au pied du retranchement dont le revers du monticule formait une espèce de fossé, et il fut tué en débouchant.

Une partie des grenadiers se replia dans ce moment sur M. le chevalier de Belle-Isle, qui était au centre de la colonne et qui, les ayant ralliés, les ramena au pied de la redoute; mais leurs efforts pour y monter furent inutiles, son élévation de plus de seize pieds ne pouvait le permettre et la plus grande partie de ceux qui s'y étaient portés fut assommée soit par les pierres, soit par le feu que les ennemis firent en baissant leurs armes le long du revêtissement de la redoute, et ce fut le moment où M. le chevalier de Belle-Isle fut tué.

On ne peut à cette occasion s'empêcher de parler ici de l'action d'un grenadier qui, ayant monté sur les épaules d'un de ses camarades, s'attacha aux fascines de la redoute et étant parvenu jusqu'au haut en gravissant, se saisit d'un drapeau qui était planté sur la redoute et combattit le sabre à la main jusqu'à ce qu'il eût été criblé de coups; il allait être suivi de quelques autres lorsqu'il fut précipité.

La colonne de gauche, commandée par M. de Mailly, s'avança dans l'angle rentrant de son attaque, mais à peine l'avant-garde eut-elle marché cent pas qu'elle essuya une décharge générale qui l'écrasa en entier.

M. de Mailly, qui était à cheval à la tête de la colonne, s'y porta pour rallier ce qui lui restait, et n'ayant pu y réussir, il fit avancer le premier bataillon de Bourbonnais en forme d'avantgarde, qui, arrivé au même point de direction, éprouva le même feu des retranchements et plia.

On doit ajouter que la tête en fut vivement endommagée. M. de Goas, colonel, et jusqu'au douzième rang, tout fut écrasé.

Pendant ce temps, M. de Bourdenave avait marché sur la gauche de la colonne avec ses douze piquets à la branche d'en bas des retranchements, et, après avoir essuyé sans tirer deux décharges des ennemis, il les attaqua la baïonnette au bout du fusil et sauta dans le retranchement, d'où il les chassa sans avoir perdu un seul homme.

Ce moment, qui fut suivi des cris de *vive le Roi*, attira une partie du premier bataillon de Bourbonnais qui avait plié, et M. de Mailly, ayant fait avancer sur-le-champ le second, eut la douleur de voir qu'après une troisième décharge que les ennemis firent à la même place, ce bataillon plia comme le premier.

Enfin il fit avancer le troisième qui marcha avec une fermeté sans pareille; le nommé

Dubourdet le commandait; il fut suivi du quatrième de la brigade de la Reine sur le même ton; ce que voyant, le premier et le second bataillon, qui avaient plié, se rallièrent, et revinrent, en coupant au-devant du troisième, reprendre leur place à la tête de la colonne, d'où ils se portèrent avec des cris de fureur jusqu'au pied du retranchement où ce qui restait de la colonne fut presque entièrement détruit par le dernier feu des ennemis.

Enfin, ne restant plus à peine de ces deux brigades que trois ou quatre cents hommes, M. de Mailly fit battre la retraite, et il vint reprendre la même position d'où il avait marché en avant.

Et comme il avait lieu de craindre que les ennemis ne sortissent du retranchement et ne marchassent sur lui, il changea sa disposition en colonne et fit mettre les trois cent cinquante hommes qui lui restaient en bataille à deux de hauteur; ce mouvement fut prompt et se fit de façon que les ennemis, voyant un front fort étendu, crurent que c'était un renfort de réserve qui venait de lui arriver.

Il était alors 6 heures et demie, ce qui fit deux heures un quart d'attaque.

Quant à l'attaque de la colonne de droite de M. de Villemur, elle en imposa sans doute aux troupes de Fenestrelles et à celles des retranchements, mais elle ne se compromit pas, quoique peut-être elle n'eût au plus que deux bataillons vis-à-vis d'elle.

Le détachement seul des grenadiers, commandé par M. de Larnage, et quelques bataillons qui en étaient à portée y perdirent quelques hommes.

Les trois colonnes s'étant donc repliées et la nuit approchant, il fut question de savoir quel était le parti que l'on prendrait.

M. de Mailly, à qui un officier de la colonne de M. le chevalier de Belle-Isle vint annoncer sa mort, se rendit à la colonne du centre, où M. de Villemur se rendit de son côté, et d'après l'avis des officiers généraux réunis, il fut décidé que l'on se retirerait dans la nuit.

M. de Mailly fut chargé de l'arrière-garde et de faire enlever les blessés; on lui donna tous les grenadiers qui restaient des trois colonnes et il fut convenu qu'il contiendrait les ennemis en restant en bataille vis-à-vis des retranchements jusqu'à minuit, après quoi il ferait sa retraite.

Mais comme un objet des plus intéressants était de retirer les blessés, et qu'il n'avait pas été possible de les faire transporter dans la nuit jusqu'au Saulx-d'Oulx où se trouvait l'hôpital-ambulance, M. de Mailly resta dans sa position jusqu'à 10 heures du matin, puis il se replia sur le village du Saulx-d'Oulx à une lieue en arrière des retranchements; et après en avoir fait enlever les blessés qu'il était possible de transporter et y être resté jusqu'à midi, il envoya un officier et un commissaire des guerres avec un tambour à M. de Briqueras, général piémontais, pour lui demander d'envoyer un détachement pour la conservation et la garde des blessés qui se trouvaient hors d'état d'être transportés; ce qui fut rempli aux termes de la réponse de ce général et de la convention, qui fut faite par écrit, que les effets de l'hôpital, les fonds de la caisse, ainsi que tout ce qui appartenait au Roi, et les personnnes y attachées ne seraient point dans le cas de prise ni de prisonniers.

Ce dernier objet étant rempli, M. de Mailly joignit l'armée au village d'Oulx, où le corps de M. le chevalier de Belle-Isle avait été porté et où on lui rendit les derniers honneurs.

Depuis ce temps il a été transporté à Embrun.

Enfin toutes les troupes se replièrent sur le Mont-Genèvre, où M. le maréchal de Belle-Isle renvoya M. d'Argouges, lieutenant général, avec les ordres de la destination des troupes et des généraux.

M. d'Argouges se porta à Guillestre.

M. de Villemur retourna commander dans la vallée de Barcelonnette,

Et M. de Mailly fut chargé du commandement du Briançonnais. Il eut ordre de s'y maintenir vis-à-vis des ennemis, de concert avec les Espagnols qui occupaient la Savoie, et il fut chargé d'établir depuis Briançon des retranchements [1] dont la droite fut appuyée à une montagne au-dessus du fort d'Anjou, dite de l'Infernet, que l'on fit escarper et sur laquelle on établit une espèce de fort qui subsiste encore aujourd'hui, et dont la gauche tombait au-dessus de la vallée de Saint-Jean-de-Maurienne pour communiquer avec la Savoie; l'étendue de ces retranchements pouvait occuper de vingt-cinq à trente lieues relativement aux sinuosités.

M. de Mailly envoya le plan de ces retranchements à M. le maréchal de Belle-Isle, ainsi que celui des retranchements de l'Assiette et ceux des camps du col de Vars, de la vallée de Barcelonnette et de Tournoux.

Ces travaux étant remplis et les ennemis, après différentes dispositions dans cette partie qui n'aboutirent qu'à quelques actions de détachements où ils furent successivement repoussés, ayant pris le parti de marcher par leur gauche, M. de Mailly eut ordre de laisser trois bataillons sous Briançon et de les côtoyer à même hauteur, il se rendit ainsi dans le comté de Nice où il rejoignit l'armée et où il se trouva à l'affaire de la Roya qui termine cette campagne.

Tel est à peu près le précis de la campagne de 1747 relativement à l'affaire de l'Assiette, et il serait bien difficile, d'après l'exposé que l'on vient de faire de la disposition générale des attaques, d'en justifier le malheureux succès.

Et en effet, sans canons, sans fascines, sans blindages et surtout sans échelles, l'attaque de ces retranchements paraissait être démontrée impraticable.

L'heure même où elle fut entamée, et surtout le temps que l'on donna à l'ennemi de juger de la disposition, en augmentèrent les obstacles.

Et en effet les têtes des colonnes se trouvèrent portées sur les retranchements à 10 heures du matin et l'attaque ne commença qu'à 4 heures et quart après midi, aussi ne cessa-t-on de voir les ennemis établir et changer successivement leurs dispositions conséquemment à celles que nous leur présentions, et il leur fut même facile de calculer le nombre de nos troupes, tandis que leur position nous mettait hors d'état de connaître celui des leurs.

Cependant, et l'on ose le dire avec assurance, si l'on eût porté un peu plus de réflexion dans cette attaque, il n'eût pas été impossible d'en espérer tout le succès; et il ne s'agissait même que de changer les formes de la disposition générale qui, dans le grand, était bien prise.

La colonne de M. le chevalier de Belle-Isle ne devait être qu'une fausse attaque.

Celle du point destiné à M. de Mailly devait en être de même.

Les deux colonnes décisives auraient dû être, celle de M. de Villemur par la droite sur la gauche des ennemis à la hauteur de Fenestrelles, et celle de M. de Mailly sur leur droite au point de l'attaque dont le sieur de Bourdenave fut chargé.

[1] Voir l'annexe n° 8.

Mais il aurait fallu en même temps que toutes ces dispositions n'eussent été faites que le soir même de l'attaque et que l'on eût, pendant la nuit, inquiété l'ennemi par des détachements sur tout son front pour former ensuite des attaques décisives une heure avant le jour.

Il eût été en même temps facile de préparer pendant ce temps les matériaux si nécessaires à ces sortes d'actions, tant en fascines qu'en échelles, etc., la droite et la gauche étant appuyées aux bois.

Telles furent aussi les réflexions que l'on présenta alors, mais elles ne furent pas plus utiles que celles que l'on avait présentées, d'après les nouvelles qui arrivèrent, à M. le chevalier de Belle-Isle à la hauteur de Cézane, et où on l'instruisait de la marche en force des ennemis dans ces mêmes retranchements.

Sur ces nouvelles, on rappela à M. de Belle-Isle l'objet de la diversion pour lequel il marchait à Exilles.

Il n'était autre que celui d'obliger les ennemis de lever le siège de Gênes, et, par une conséquence nécessaire, on pouvait juger qu'ils ne pourraient se porter dans les retranchements qu'aux dépens de la levée du siège, d'où l'on inférait que si en effet ils s'y portaient, l'objet conséquemment de la diversion était rempli.

On ajoutait en même temps que, dans la position où l'on se trouvait, on pouvait retirer un double avantage en maintenant les ennemis dans les retranchements où ils s'étaient portés pour couvrir Exilles, et en établissant un corps de vingt bataillons sur les hauteurs de Cézane pour les tenir en respect, afin de former, pendant ce temps, l'investissement et le siège de Demont dont le corps de Cézane ferait l'armée d'observation, les ennemis ne pouvant se porter sur Demont qu'en prêtant le flanc à cette position.

Enfin le train d'artillerie destiné pour Exilles et assemblé à Briançon était également à portée de Demont, et tout enfin paraissait se réunir, d'après le premier objet rempli, à un autre qui, on ose le dire, eût couronné cette campagne.

Mais la fatalité fut entière pour le moment et pour les suites et surtout dans la perte énorme, relativement à l'espèce d'action, que l'on fit dans cette malheureuse journée.

Les troupes y firent tout ce qu'on était en droit d'en attendre, et aussi reçurent-elles des récompenses sans nombre en brevets, croix de Saint-Louis et gratifications.

Il y eut plusieurs brigadiers, et le Roi voulut bien créer en faveur de M. de Mailly le gouvernement d'Abbeville dont le brevet annonçait en même temps le principe de cette grâce.

L'état des tués et des blessés fut au delà de 4,625 hommes et d'environ 400 officiers.

La seule colonne de M. de Mailly eut 1,160 hommes et 268 officiers.

Les officiers de marque tués furent :

MM. le chevalier de Belle-Isle, lieutenant général; d'Arnaud, maréchal de camp; le comte de Douges, colonel de Soissonnais; le comte de Goas, brigadier et colonel de Bourbonnais; Dimécourt, colonel de Périgord; le comte de Brienne, colonel d'Artois; de Morilles, lieutenant-colonel de Boulonnais; la Taille, aide-major général.

Ceux blessés furent :

MM. le comte de Mailly, maréchal de camp; le comte de Gouy, colonel de la Reine; De Marcieu, colonel de Deslandes; baron de Corsac, aide-maréchal des logis; de Beauregard, brigadier et lieutenant-colonel de Guise; Civrac, colonel d'Aunis; marquis de Montcalm, colonel d'Auxerrois; Ruffé, colonel de Boulonnais; Briannet, lieutenant-colonel de Santerre; Bourdarien, lieutenant-colonel de Royal-Roussillon; de Danguy, lieutenant-colonel de Périgord; marquis de Besons, colonel de Beaujolais; de Séguy, lieutenant-colonel de Beaujolais; La Granville, colonel de Saintonge; chevalier de Bazin, lieutenant-colonel de Saintonge; Dagieu, major général; chevalier de Modène, colonel des grenadiers royaux; M. de Mailly, colonel de Mailly.

Comte DE MAILLY.

Annexe n° 7.

EXTRAIT

DES

ÉTATS DE SERVICE DE M. LE COMTE DE MAILLY.

Il fut ensuite détaché avec son corps qui traversa les Alpes depuis le comté de Nice jusqu'aux hauteurs d'Exilles, où l'affaire de l'Assiette se passa et dont il est nécessaire de présenter ici l'extrait.

L'attaque des retranchements était formée sur trois points :

Celle de droite, commandée par M. de Villemur, était dirigée sur la partie de Fenestrelles ;

Celle du centre, commandée par M. le chevalier de Belle-Isle, avait pour objet l'attaque de la redoute saillante ;

Et celle de la gauche, commandée par M. le comte de Mailly, devait attaquer l'angle rentrant des retranchements.

Cette dernière attaque était composée de la brigade de Bourbonnais et de celle de la Reine, qui étaient formées de ces deux régiments et de ceux de Beaune, de Soissonnais et de Guise.

La disposition des retranchements de cette attaque était telle que, indépendamment de l'angle rentrant dans lequel on devait se prolonger pour attaquer et monter dans son intérieur, il y avait à l'extrémité une branche de retranchement où appuyait la droite des ennemis, qui se dirigeait jusqu'au pied de la montagne qui se terminait à la rivière d'Oulx.

D'après cette position reconnue, M. de Mailly crut devoir faire attaquer en même temps cette branche droite et il y fit marcher le sieur de Bourdenave, lieutenant-colonel de Bourbonnais, avec douze piquets tirés des deux brigades ; cet officier y marcha en colonne, la baïonnette au bout du fusil, et sans tirer ; il essuya trois décharges avant d'arriver au pied du retranchement, et, en étant à portée, il abandonna sa troupe qui escalada le retranchement et en chassa les ennemis qui n'osèrent pas la *rattaquer*.

Dans le même temps les deux brigades en colonne s'avancèrent dans l'angle du retranchement ; elles étaient précédées d'une avant-garde composée de douze compagnies de grenadiers, de douze piquets et d'une compagnie de mineurs ; mais, à la première décharge, elle fut presque en entier écrasée. M. de Gouy, colonel du régiment de la Reine, qui la commandait, eut la cuisse cassée, et presque tous les officiers furent tués.

M. de Mailly, qui était à cheval à la tête de la colonne derrière l'avant-garde, se porta en avant pour rallier ce qui en était resté, mais ce fut inutilement, et ayant fait avancer le premier bataillon de Bourbonnais pour la remplacer, ce bataillon ne put tenir au feu qu'il reçut en arrivant, en tête et sur ses deux flancs, et il fut obligé de plier.

M. de Mailly fit avancer le deuxième bataillon, qui, ayant éprouvé le même feu, ne tint pas plus longtemps que le premier; ce qui obligea M. de Mailly de prendre un des drapeaux et de le placer sur un rocher qui faisait le point de direction, et il y fit avancer le troisième bataillon, qui, prenant la tête de la colonne, se porta en avant avec une valeur et une détermination incroyables; ce que voyant, le premier et le deuxième bataillon, qui avaient plié, se rallièrent et revinrent à toutes jambes reprendre leur rang à la tête du troisième bataillon; ils se portèrent avec fureur tous ensemble presque au pied des retranchements, où la colonne fut entièrement détruite, n'en étant resté que trois cent cinquante hommes avec lesquels M. de Mailly fit sa retraite.

M. de Goas, colonel de Bourbonnais, y fut tué ainsi que le comte de Douges, colonel de Soissonnais, et trois officiers de l'état-major de l'armée.

M. de Gouy, colonel de la Reine, y fut blessé, M. de Mailly le fut légèrement, et plus de deux cents officiers y furent blessés ou tués.

Les deux autres colonnes y perdirent beaucoup moins, mais elles ne furent pas plus heureuses. M. d'Arnaud, maréchal de camp, et M. le chevalier de Belle-Isle furent tués à celle du centre; la perte au total fut de plus de trois mille hommes.

M. de Mailly fut chargé avec ces mêmes régiments, auxquels on joignit tous les grenadiers, de faire le lendemain l'arrière-garde de l'armée, qui se retira sous Briançon.

Le Roi voulut bien, en considération de cette action, créer en faveur de M. de Mailly le gouvernement d'Abbeville et S. M. y joignit les chasses des forêts et domaine de Ponthieu.

M. de Mailly, ayant ramené son corps sous Briançon, fut chargé de contenir dans la partie du Mont-Genèvre les ennemis et de faire faire des retranchements depuis la hauteur de l'Infernet au-dessus des Forts Dauphin et d'Anjou, à Briançon, jusqu'à la Savoie, dans l'étendue de plus de dix lieues, pour couvrir le Dauphiné; et après avoir rempli cet objet, il revint rejoindre l'armée et fut détaché à la colonne de gauche sous les ordres de M. du Châtel, lieutenant général, pour marcher aux ennemis à l'affaire de la Roya, qui termina la campagne et fut suivie, après l'hiver, de la paix.

ANNEXE N° 8.

LETTRE ÉCRITE AU MINISTRE PAR M. LE COMTE DE MAILLY

SUR L'ÉTABLISSEMENT DES RETRANCHEMENTS
DU BRIANÇONNAIS, QU'IL VENAIT DE FAIRE CONSTRUIRE, ET SUR LEUR DÉFENSE.

Briançon, ce 1ᵉʳ septembre 1747.

J'ai l'honneur de vous envoyer le plan des environs de Briançon dans lequel sont compris les différents retranchements que je viens d'y faire établir.

Leur objet a été non seulement de couvrir cette place par des ouvrages qui en défendissent les approches, mais encore d'en rendre l'investissement impossible à l'ennemi, en couvrant en même temps la communication de cette place avec Grenoble, par conséquent cette ville elle-même et toute la partie supérieure du Dauphiné.

Ces retranchements consistent en trois parties dont celle de droite, établie sur la hauteur de l'Infernet, couvre la tête des forts de Briançon.

La redoute dont cette hauteur est couronnée n'est dominée de nulle part, elle est coupée à pic de plus de trois cents toises par l'escarpement du roc que l'on y a fait; on y a établi un corps de garde au centre pour y tenir cinq cents hommes; on peut y placer la quantité de canons que l'on jugera à propos, et cet ouvrage peut être rafraîchi et soutenu par un chemin que l'on a communiqué au fort de Randouillet.

Cette redoute établie en pierres peut être regardée comme permanente et peut, à tous égards, tenir lieu de l'ouvrage que l'on s'était proposé et qui, en effet, eût été indispensable.

Les retranchements du centre ferment l'entrée de la Vallée des Prés et de Nevache sur Briançon; on a, pour cet effet, enfermé le village de la Vachette d'un retranchement dont les maisons, placées heureusement pour cet objet, forment les angles des différentes parties; on a lié ce village par sa gauche à la montagne avec une redoute qui en défend le flanc, et par sa droite on a fermé le retranchement à la Durance. On a de même établi quelques redoutes à une crête de l'autre côté de la rivière, qui, par un feu croisé avec celui du village, en défend le passage, et ce poste peut, avec cinq cents hommes, être regardé comme inattaquable.

Les retranchements de la gauche, dont l'objet est de couvrir la vallée du Monestier et de rendre, comme on l'a dit, l'investissement de Briançon impossible, en même temps que l'on en couvre la communication avec Grenoble et que, par conséquent, on couvre également cette place et le Dauphiné, sont établis sur la crête des cols de Bertot (les *Barteaux*), Grenou-lette (*Granon*), Croset (*Cibières*), Lonjet (*l'Oule*), Cristoville (*Cristol*), la Chation (?) et Buffer

(*Buffère*), qui dominent également sur les vallées de Nevache et des Prés comme sur celle du Monestier.

La droite de ces retranchements est appuyée au col de Berlot (les *Barteaux*) dont la cime domine par un escarpement de plus de cinq cents toises sur le village de la Vachette. De ce col on est venu occuper celui de Grenouvil (*Granon*) d'où l'on joint ceux de Longet (l'*Oule*), Cristoville (*Cristol*), la Chation et Buffer (*Buffère*) pour fermer sa gauche à celui de Buffer qui la bouche et la réunit à la partie des Alpes de la Savoie, et dont l'accès impossible ne peut permettre que l'on tourne ces retranchements par la gauche.

On a établi des redoutes sur la crête de tous ces cols et on les a liées ensemble par un retranchement continu de huit mille toises.

On a en même temps défendu l'approche de ces retranchements par les cols inférieurs qui y aboutissent; ils sont au nombre de quatre dont les débouchés tombent sur la vallée de Nevache ou des Prés, et la difficulté de leur accès les met en état d'en défendre par eux-mêmes la tête par des redans et des coupures qui, soutenus de l'un à l'autre jusqu'au pied des retranchements, peuvent, après avoir été défendus, protéger et soutenir la retraite de ces mêmes postes jusqu'aux retranchements.

Tous ces ouvrages sont établis en pierres sèches pour la plus grande partie. On leur a donné sept pieds de haut au revers sur six d'épaisseur pour le pied et ils sont couronnés en terre; on y a fait régner une banquette dans toute leur étendue, on a pratiqué un chemin qui, de la droite à la gauche, coule le long des retranchements, et on en a établi un autre destiné à conduire l'artillerie avec facilité d'un bout à l'autre, avec des chemins communiquant aux endroits destinés pour la placer.

Ces retranchements, au reste, peuvent dans leur étendue être gardés et défendus par fort peu de troupes, la plus grande partie en ayant été rendue inaccessible par les escarpements; de façon que leur défense se réduisant à quelques points principaux, on peut les défendre avec cinq à six bataillons de troupes réglées et les compagnies d'ordonnance du pays.

D'après la disposition de ces retranchements, on peut regarder Briançon, Grenoble et le haut Dauphiné couverts en entier; c'est ce qui doit en rendre l'entretien intéressant, et il n'est pas moins facile à faire en ordonnant tous les ans trois ou quatre cents hommes du pays pour rétablir les dégradations de l'hiver.

D'après cette disposition générale de défensive, on a établi en avant des postes vers ceux de l'ennemi, et on les a de même divisés d'après les trois points principaux des retranchements qui doivent former leur retraite.

Celui de la droite, en avant de l'Infernet, est établi à Cervières, dont l'église retranchée ne peut être emportée d'aucune façon; ce poste occupe en avant de lui le village de Serre-Galian près le col du Bourget, par sa droite celui de Lalau (le *Laus*) près le col d'Yzouard (*Hyzouard*), et par sa gauche celui de l'Alp qui communique avec le col de Gondran.

La retraite de ce poste est sur l'Infernet ou sur le Randouillet.

Le poste du centre, en avant de celui de la Vachette, est établi au village du Mont-Genèvre, occupant en avant de lui la redoute sur Clavières, par sa gauche celle du col de la Lauze ou de Dormillouze, et à sa droite celle du col du Gondran qui communique avec le poste de Cervières.

Ce poste a sa retraite sur celui de la Vachette et pour la lui faciliter on a établi une redoute sur le revers du Mont-Genèvre.

Le troisième enfin, qui est celui de notre gauche et qui répond de même à nos retranchements fermant cette partie, est le poste du Blanc-Pinet (*Plampinet*). Il occupe en avant de lui le col de l'Échelle, sur sa gauche celui de Turas (*les Turcs*), et sur sa droite celui des Acles.

Ce poste a sa retraite sur les quatre débouchés qui montent, comme nous l'avons dit, aux retranchements et il doit occuper dans sa retraite les redoutes qui en ferment l'arrivée.

Comte DE MAILLY.

38

ANNEXE N° 9.

—

PRINCIPAUX MOTIFS

QUI ONT FAIT ÉCHOUER LE PROJET D'EXILLES ET DE FENESTRELLES

ET OCCASIONNÉ L'AFFAIRE DE L'ASSIETTE,

PRÈS DU COL D'ARGUEL, EN 1747.

———

La marche du chevalier de Belle-Isle, partant de Barcelonnette et du camp de Tour-noux pour se porter dans les vallées cédées et pour s'emparer des hauteurs retranchées de l'Assiette et en déposter l'ennemi avant qu'il y fût renforcé, devait se faire en trois jours et on devait attaquer les ennemis le quatrième, ainsi que M. de Lautrec l'exécuta en 1745. M. le chevalier de Belle-Isle aurait gagné une journée sur le roi de Sardaigne, dont les principales forces étaient près de Saluces et dans la vallée d'Esture, pour couvrir Coni et Demont, me-nacés par les Français campés alors dans la vallée de Barcelonnette. Pour lors, du camp de Tournoux il serait venu le premier jour à Guillestre et à la Bessée; le deuxième jour à Briançon et à Cézane; le troisième il aurait avancé une division au Saulx-d'Oulx et une autre, par le col de Sestrières, dans la vallée du Pragelas, et le quatrième il aurait attaqué les retranchements de l'Assiette.

M. d'Arnaud avait donné le plan de cette marche forcée, et, voyant que le chevalier de Belle-Isle avait mis trois jours de Barcelonnette à Briançon, il fit son testament, prévoyant les suites funestes d'une marche si lente.

Les retranchements ne furent attaqués que trois jours après être parti de Briançon, ce qui donna le temps au roi de Sardaigne de faire avancer sept à huit bataillons.

La division qui partit de Bardonnèche passa par Rochemolle, les Ambins, Séguret, les Quatre-Dents, la Chapelle-Blanche, pour s'emparer des hauteurs de Saint-Colomban, ce que les neiges l'empêchèrent de faire; elle fut obligée de revenir à Bardonnèche et à Oulx pendant l'attaque de l'Assiette. Si cette division avait rempli son objet, les ennemis auraient abandonné les retranchements malgré notre perte du 19 juillet, et un officier de milices bourgeoises des vallées qui se trouvait dans les retranchements m'a assuré que, si nous avions occupé le poste des Quatre-Dents, ils les auraient abandonnés également parce qu'ils manquaient de munitions. Le général ennemi s'était fait transporter, à cause de sa vieillesse, près de Fenes-trelles, après avoir donné ordre de se retirer; ce ne fut que la bravoure de M. de Saint-Sébastien, fils de Mlle de Saint-Sébastien, qui détermina les troupes à se soutenir jusqu'à ce que, manquant tout à fait de munitions, elles virent les Français faire leur retraite.

OBSERVATIONS.

Si l'on reprenait dans la suite des temps les erreurs des campagnes de 1745 et 1747 sur Fenestrelles et Exilles, on reconnaîtrait : 1° qu'il faut être maître de la Savoie et y avoir plusieurs bataillons de fusiliers de montagne et un corps d'infanterie aux environs de Grenoble, prêts à marcher dans la haute Maurienne pour former la gauche de l'armée ; 2° qu'il faut être supérieur à l'ennemi de la moitié ; 3° qu'il faut occuper un point principal, comme le plateau de Guillestre, dont la position embarrasserait l'ennemi, qui ne saurait pas si l'on veut aller par le col de Vars dans la vallée d'Esture sur Coni ou Demont, comme en 1744, ou si l'on marchera par la vallée du Queyras sur la Chenal ou Château-Dauphin par Saint-Pierre et Saluces, comme en 1743, ou enfin par Briançon et le Mont-Genèvre sur Fenestrelles et Exilles, comme en 1745 et 1747. De Guillestre on peut se porter en peu de temps aux endroits du Piémont susnommés par des rayons de cercle, et l'ennemi aurait un arc à décrire pour s'y opposer à l'endroit attaqué, ou il serait obligé de diviser ses forces pour se porter partout. On peut aussi, de Guillestre, se porter par Briançon, le Monestier et le col du Galibier de Bonnenuit en Savoie ; ce fut la route de don Philippe en arrivant de Provence dans le haut Dauphiné, lorsqu'il s'en rendit maître en 1742 ; ce prince revint par le même chemin jusqu'à Briançon pour aller par le col d'Hyzouard et la vallée du Queyras, en 1743, à la Chenal, où il fut repoussé avec pertes et laissa son canon. Le roi de Sardaigne a le même avantage en partant de Turin pour pénétrer en France ; 4° qu'il faut avoir à Briançon ou à Mont-Dauphin tout ce qui est nécessaire pour un siège, avec des subsistances de toute espèce ; 5° comme une grosse armée est difficile à faire subsister dans des rochers et dans un pays où l'on ne doit avoir que des dragons et le moins de cavalerie possible, on la ferait subsister entre Gap et Sisteron ; elle formerait, avant l'ouverture de la campagne, un camp et deviendrait, par cette position, avec les garnisons d'Embrun, Mont-Dauphin et Briançon qui se trouvent sur la même ligne, le centre de l'armée ; 6° le gros de l'armée, qui formerait la droite, devrait être sur le col de Vars, dans la vallée de Barcelonnette, et au camp de Tournoux.

A moins que la belle saison ne fût prématurée, il n'est pas possible d'ouvrir la campagne avant le mois de juillet dans les Alpes, de sorte que, au commencement de ce mois, la droite ferait semblant de se porter sur la vallée d'Esture par le col de l'Argentière, faisant avancer un gros détachement jusqu'à Brézès où l'on tâcherait d'attirer les forces de l'ennemi, après quoi ce détachement se retirerait à Larche et à Maison-Méane.

Les troupes du camp de Tournoux se porteraient en une marche à Guillestre par le col de Vars, et la cavalerie longeant la rivière d'Ubaye, à Barcelonnette, où elle serait jointe à la Rissole par une partie des troupes qui auraient rétrogradé de Brézès et de Larche, après avoir rempli leur objet ; elle se porterait ensuite par Saint-Paul à Maurin, où elle camperait.

La colonne qui serait arrivée à Guillestre, avec les troupes des garnisons d'Embrun et Mont-Dauphin qui s'y réuniraient, se diviserait en deux corps : le premier marcherait par la vallée du

Queyras le long du Guil et irait camper le même jour à Ville-Vieille, au delà de Chateau-Quey-
ras; l'autre corps, avec le quartier général, se porterait ce jour-là à Briançon.

Le corps de troupes de Savoie et de Grenoble, ayant en même temps marché à Modane en
Maurienne, y ferait un détachement de huit à neuf cents hommes qui se rendrait à Bardonnèche par le col de la Roue, et le reste irait camper à Saint-Pierre de Bramans.

Le centre de l'armée à Briançon, en partirait le même jour que les troupes de Modane,
celles-ci passeraient par la vallée de Nevache et le col de l'Échelle et iraient camper à Bardon-
nièche avec le détachement venu par le col de la Roue.

La colonne de Briançon et le quartier général iraient à Cézane, où l'on camperait, faisant
avancer au Saulx-d'Oulx un gros détachement qui tâcherait de conserver le pont Ventoux.

La division campée à Ville-Vieille en Queyras se partagerait aussi en deux corps dont la
moitié ou les deux tiers passeraient par le col de Péas et viendraient camper au Bourget, montagne de Cervières, pour de là se porter par Bousson à la droite du col de Sestrières.

L'autre partie de cette division monterait le col de Lagnel, soutenant, par cette marche, la
cavalerie et les troupes campées à Maurin, qui se porteraient le même jour, par le col de Longet,
à la Chenal.

Les troupes restées quelques jours à Larche et Maison-Méane se replieraient au camp et sur
les redoutes de Tournoux pour en garder les portes et couvrir la vallée de Barcelonnette.

OBJET DE CHAQUE DIVISION : APRÈS LES TROIS JOURS CONSÉCUTIFS DE MARCHE SUR EXILLES ET FENESTRELLES RELATIFS AUX PROJETS DE 1745 ET 1747.

Savoir :

1° L'objet des troupes de Saint-Pierre de Bramans, passant par le Petit Mont-Cenis et le col
de la Touille, et de celles de Bardonnèche, passant par Rochemolle et Siguret, est de se rendre
maître des hauteurs de Saint-Colomban, des Quatre-Dents et de la Chapelle-Blanche, et de
couper le pont sur la Doire sous le fort d'Exilles, pour former l'investissement de cette place par
sa gauche.

Cet objet fut rempli en 1745. Les neiges en empêchèrent l'exécution en 1747, et les troupes
qui en étaient chargées furent obligées de revenir sur leurs pas à Oulx et à Bardonnèche pendant
l'attaque des retranchements de l'Assiette.

2° L'objet des troupes de Cézane et de leur détachement au Saulx-d'Oulx est de conserver le
pont Ventoux et de s'emparer avec toute l'activité possible des hauteurs entre Exilles et Fenestrelles pour former l'investissement entier de cette première place.

L'objet d'investissement d'Exilles avait réussi en 1745 et échoua en 1747 par le mauvais
succès de l'attaque des retranchements.

3° L'objet des troupes du Bourget venues du Queyras par le col de Péas, en passant par Bousson, est de se rendre maître du col de Sestrières avec un détachement de Cézane qui monterait
par la gauche de Saint-Sicaire et Champlas, et de s'emparer des hauteurs de la droite de Fenestrelles pour en faire l'investissement de ce côté.

4° L'objet des mouvements sur le col de l'Argentière en Barcelonnette et dans la vallée de

Château-Dauphin n'étant que pour attirer l'ennemi dans la vallée d'Esture avant l'ouverture de la campagne, afin de le prévenir par une marche prompte sur Fenestrelles et Exilles, les corps de ces deux divisions formeraient un corps de réserve à Château-Dauphin, pour couvrir les vallées de Barcelonnette et du Queyras et le haut Dauphiné en conservant par les cols de Longet et Maurin la communication de Château-Dauphin avec le camp de Tournoux.

A l'égard de Fenestrelles, on n'y peut mener du canon que par Sestrières, Usseaux, et de là sur la montagne de la Pinée; il y aurait beaucoup de travail pour y faire passer l'artillerie nécessaire au siège de Fenestrelles; mais on peut cependant en surmonter les obstacles.

Sans signature. (Papiers de Bourcet.)

Annexe n° 10.

MÉMOIRE

RELATIF À LA CARTE CI-JOINTE DES COLS ET VALLÉES

LES PLUS AISÉS POUR DÉBOUCHER EN PIÉMONT.

Il est aisé de s'apercevoir que les vallées de Cézane, d'Oulx, de Chaumont et de Suse ne peuvent servir pour entrer en Piémont qu'après s'être rendu maître d'Exilles et de la Brunette par des sièges en règle, ce qui demande un temps considérable et des préparatifs proportionnés.

La vallée du Pragelas serait encore plus difficile par la situation des fortifications de Fenestrelles qui ne permettent ni attaque en règle ni blocus, il n'y aurait que l'intervalle de cette dernière place aux deux premières qui pût favoriser un passage; on arriverait du col de Sestrières, en gardant toujours le sommet des montagnes, jusqu'au col de Fatière, d'où il serait facile de chasser les troupes qui garderaient les redoutes du col de la Fenêtre, par où, en descendant à Méane et en longeant la montagne sur sa droite, on arriverait à Bussolen et de là à Veillane et Rivoli dans la plaine de Piémont; mais il serait moralement impossible d'entretenir une communication libre après le passage de l'armée dans cet intervalle, et les convois seraient inquiétés alternativement par les garnisons d'Exilles, de Fenestrelles et de la Brunette.

La communication en Piémont, par la vallée du Queyras, le col de la Croix et la vallée de Luzerne, est extrêmement difficile à cause des défilés presque continuels et par la position de la redoute de Mirebouc qu'il est impossible de se soumettre.

On a vu, à l'article de la vallée d'Esture, les difficultés qui s'y rencontrent par rapport aux Barricades et à Demont, et on conviendra sans peine qu'il ne reste que les vallées de Château-Dauphin et de Saint-Pierre où cette entreprise paraisse et soit effectivement le plus facile.

L'avantage de ce débouché par rapport à tous les autres consiste : 1° en ce que les chemins y sont déjà assez bons et qu'ils sont susceptibles d'être élargis; 2° en ce qu'il n'y a aucune place qu'on soit obligé de s'assujettir; 3° en ce qu'on peut y déboucher par les vallées de Barcelonnette et du Queyras dans le même temps; 4° en ce qu'on y trouve nombre d'assez gros villages où l'on peut faire des établissements et qui ont d'assez grosses provisions de fourrages pour la nourriture de leurs bestiaux pendant l'hiver. Dans le cas qu'on pût être repoussé par un gros nombre de troupes qui en gardât l'entrée dans la plaine, on a toujours la retraite assurée par la vallée du Queyras, sous le château de cette vallée, et par la vallée de Barcelonnette, au camp de Tournoux, d'où l'on peut, quand on voudra et sans courir aucun risque, venir se mettre sous le feu de Mont-Dauphin, place située très avantageusement à l'entrée de la vallée du Queyras et au bas du col de Vars qui communique à Saint-Paul et à Tournoux.

La disposition pour le passage dans ces deux vallées que la même rivière arrose exigerait, selon l'auteur de ce mémoire, qu'on eût un égal nombre de troupes dans la vallée du Queyras et dans celle de Barcelonnette, et que l'entrepôt des munitions et autres agrès nécessaires se fît d'une part à Saint-Paul et de l'autre à Château-Queyras et à Ville-Vieille.

La colonne qui, partant de Maurin, monterait le col du Longet et la colonne qui, partant de Ville-Vieille, monterait le col de Lagnel arriveraient toutes deux dans le même temps à la Chenal, premier village du Piémont, et on pourrait être averti de la hauteur à laquelle se trouverait l'une ou l'autre de ces deux colonnes par des signaux. En partant de la Rua, village de la communauté de Molines, on peut encore marcher sur deux colonnes, l'une qui monterait le col de Lagnel et l'autre le col de Saint-Véran.

Mais avant que ces colonnes se mettent en marche, il est absolument nécessaire de faire occuper toutes les hauteurs de droite et de gauche par des fusiliers de montagne qui puissent en imposer aux Vaudois ou Barbets, afin d'empêcher ces derniers de prendre des positions d'où ils pourraient inquiéter les troupes tant par leurs tirs redoublés que par de grosses pierres qu'ils détacheraient de la montagne pour les faire rouler jusque dans les fonds des vallées; *cette sorte de défense est extrêmement dangereuse, six hommes peuvent arrêter une armée dans certains endroits et on ne peut, sans témérité, faire avancer la colonne qui parcourt la vallée qu'à proportion que les détachements de droite et de gauche se seront saisis des hauteurs.* On peut être averti du progrès desdits détachements par des signaux, lorsqu'on ne peut plus les suivre de vue; mais il faut qu'ils soient toujours en avant, et comme la chaîne des montagnes se trouve quelquefois interrompue par des vallons, il faut que la colonne s'arrête pour donner le temps auxdits détachements de regagner les hauteurs de l'autre côté desdits vallons; il convient aussi de faire reconnaître, plusieurs jours à l'avance, par de petits détachements de ces mêmes fusiliers les hauteurs qui dominent les chemins par où on a projeté de passer, afin de les mettre en état d'occuper les postes les plus avantageux et de connaître les cols par où on peut y communiquer. C'est toujours de cette connaissance que dépend le succès d'une entreprise dans les montagnes; et on doit être prévenu que ces Vaudois ou Barbets sont fort aguerris et bons tireurs; étant tous habitants des vallées, les passages leur sont parfaitement connus ainsi que les usages qu'ils en peuvent faire en cas de guerre.

Il faut s'attendre aussi que les hauteurs des cols de Lagnel et du Longet seront occupées par des détachements que les camps qui sont à portée pourront fournir; ainsi on ne peut se dispenser de faire une disposition pour l'attaque de ces postes, qui doit se faire la nuit ou quelque temps avant le jour; c'est le succès de cette attaque qui détermine la liberté du passage, *parce que quand on est maître de la sommité desdits cols on a toujours le dessus sur son ennemi*, et il est aisé de le chasser devant soi pour se faire jour; on peut, dans le même temps qu'on aura déterminé ces attaques, faire marcher des troupes qui par la vallée de Mayre viennent tourner celles qui gardent la hauteur des cols, au moyen de quoi on les met entre deux feux et on les oblige plus facilement à se soumettre; mais il faut que les marches soient bien combinées par rapport au jour et au commencement de l'attaque.

On finit ce mémoire par une dernière observation qui est de faire paraître des têtes de troupes à portée de plusieurs débouchés afin de diviser les forces de l'ennemi et de lui mieux cacher l'endroit de la véritable attaque: les troupes qui seront dans la vallée de Barcelonnette pourront fournir au col de l'Argentière, et celles du Queyras aux cols de la Croix, du Bourget et du Mont-Genèvre. (1742.)

BOURCET.

Annexe n° 11.

MÉMOIRE

POUR SERVIR À LA CONNAISSANCE DE TOUTES LES FRONTIÈRES

PAR UN DÉVELOPPEMENT GÉNÉRAL DES COLS OU PASSAGES ET DES VALLÉES [1]
QUI COMMUNIQUENT EN PIÉMONT
TANT PAR LA SAVOIE QUE PAR LE DAUPHINÉ ET LA PROVENCE.

La plaine du Piémont est séparée de la Savoie par des montagnes fort élevées qui n'en permettent l'entrée que par des chemins très difficiles, au travers de ces mêmes montagnes, et ces chemins s'appellent du nom général de cols; les uns sont praticables pour des voitures et peuvent servir au transport de l'artillerie; les autres ne sont que pour des bêtes de charge et les plus difficiles ne sont praticables que pour les gens à pied; mais les uns et les autres sont fermés pendant près de huit mois de l'année par la grande quantité des neiges, en sorte qu'on ne saurait entreprendre un passage au travers des Alpes que pendant les quatre mois de juin, juillet, août et septembre, et, à la vérité, dans ce temps-là on communique facilement partout.

OBSERVATIONS GÉNÉRALES.

De toutes les vallées dont il est parlé dans ce mémoire, celles d'Aoste, de Suse, du Pragelas, de Luzerne et d'Esture sont les seules qui soient traversées par quelque fortification, et il n'y a que la vallée d'Aoste et celle d'Esture qui aient des places à leur débouché dans la plaine, savoir : Ivrée, au bas de la vallée d'Aoste; et Coni, au bas de celle d'Esture.

La plus ou moins grande facilité des communications par rapport à l'ouverture des vallées a obligé le roi de Sardaigne à prendre plus ou moins de précautions pour les défendre. Dans la vallée d'Aoste, outre la fortification du château de Bard, il a celle d'Ivrée; dans celle de Suse il a Exilles et la Brunette; dans celle du Pragelas il a Fenestrelles qui est une fortification inattaquable; et dans celle d'Esture il a les Barricades, Demont et Coni; d'où il est aisé de conclure que ce sont les parties où il craint davantage et sur lesquelles ses ennemis doivent former leurs projets. Il en est ainsi dans les fortifications particulières d'une place, le côté qui est le plus couvert d'ouvrages avancés dénote le faible de la partie, en supposant que ce soient des ingénieurs entendus qui en aient fait le projet; mais comme il peut arriver qu'avec les ouvrages

---

[1] Extrait d'un mémoire descriptif des vallées des deux versants des frontières de France et du Piémont.

IMPRIMERIE NATIONALE.

avancés qu'on ajoute à la partie faible on la rende autant et même plus forte que les autres parties, de même le roi de Sardaigne peut se flatter d'avoir mis des obstacles tout au moins équivalents dans les vallées dont l'accès est le plus facile, si on en excepte la vallée de Château-Dauphin où cette puissance ne paraît pas avoir pris assez de précautions, s'étant fondée sans doute sur la difficulté des établissements dans les vallées de France qui y débouchent, qui ne sont cependant pas insurmontables.

Grenoble, ce 7 juin 1743.

BOURCET.

ANNEXE N° 12.

RÉFLEXIONS

SUR LE PROJET DE CAMPAGNE CONCERNANT LA VALLÉE D'ESTURE

ET LES SIÈGES DE DEMONT ET DE CONI,

EN SUPPOSANT QUE L'ARMÉE D'ESPAGNE NE SE SÉPARE PAS DE CELLE DE FRANCE.

1744.

Si on abandonne le comté de Nice à ses propres forces et qu'on ne veuille faire aucun usage du col de Tende, à cause de la difficulté qui se rencontre dans plusieurs points de ce débouché, il serait imprudent de pousser un corps de troupes dans le vallon de Vaudier (*Valdieri*) :

1° Parce que, si le roi de Sardaigne ne se dépostait pas de la vallée d'Esture, il lui serait facile de couper ce corps, qui n'aurait de communication avec le reste de l'armée que par des chemins longs et difficiles au travers des grandes montagnes;

2° Parce que ce corps ne pourrait déboucher dans la vallée d'Esture qu'entre Demont et les Barricades et par conséquent au centre de l'armée des ennemis.

Il faut donc réduire ses opérations, dans les frontières de la vallée de Barcelonnette, sur la vallée d'Esture.

Pour opérer dans cette vallée avec quelque espérance de succès, il faut nécessairement prendre une position qui, en donnant de la jalousie à l'ennemi sur tous les débouchés, l'oblige à diviser ses forces et à se déposter des environs de Coni et Demont.

Cette position doit menacer plus particulièrement Exilles que la vallée de Château-Dauphin, parce que, de la vallée d'Esture à celle de Château-Dauphin, on ne saurait jamais donner le change à l'ennemi, qui, à la faveur de la communication nouvellement établie entre les deux vallées, pourrait faire la navette, et qu'il n'en est pas de même dans la vallée de Suse où il ne peut se porter qu'en plusieurs jours de marche et en rétrogradant dans la plaine.

Il faut en conséquence : 1° approvisionner Briançon comme si effectivement on en voulait à Exilles, et faire camper à Sainte-Catherine, au-dessous de Briançon, un nombre de bataillons qui puissent se porter dans un jour de marche au col du Bourget, d'où ils pourront, le lendemain, aller occuper le col de Sestrières, en combinant leur marche pour cette opération avec celle des colonnes, en sorte que la tête d'une colonne arrive à Briançon le même jour que les

39.

bataillons marcheront sur Sestrières, afin de les renforcer le cas échéant; 2° faire travailler aux chemins du Mont-Genèvre, de Cervières et du col de Vars en même temps. Les deux premiers sont relatifs au siège d'Exilles, et le troisième est toujours nécessaire pour le passage de l'artillerie dans la vallée d'Esture.

Pour l'exécution de ce projet, l'armée peut marcher sur deux colonnes par divisions de huit à dix bataillons, savoir : celle de la gauche par Grasse, Castelane, Digne et Seyne sur Embrun; et celle de la droite par Entrevaux, Colmars et le col d'Allos sur la vallée de Barcelonnette: faisant passer l'artillerie et les équipages par Manosque et Sisteron.

Si le roi de Sardaigne se déposte de la vallée d'Esture, on sera à portée de faire marcher la première division de la colonne de la droite en deux corps : l'un partant de Barcelonnette, par les Granges-Communes et la montagne de Salce-Morêne, d'où, par le lac de Morgon, on peut se porter sur Pont-Bernard au-dessous des Barricades; l'autre partant du même endroit, par les cols de Clapouze et de la Moutière, à Saint-Dalmas et Saint-Étienne-sur-Isola, d'où, par les cols de Sainte-Anne, du Fer, de Barbacane ou de Mouton, on arrivera également dans la vallée d'Esture au-dessous des Barricades.

La deuxième division, marchant par Saint-Paul à Maurin et montant le col Marie, entrera dans le Val de Mayre et fera sur la gauche ce que la première division fait sur la droite, tandis que la troisième division, allant à Larche et passant par le col de l'Argentière, pourra s'avancer jusqu'à Preinard au-dessus des Barricades.

On observe que tous ces corps se communiquent par les cols du Lausanier, de Sautron et des Monges; d'ailleurs, la première division pouvant suffire à Briançon pour fortifier le corps de Sestrières, il sera facile de porter les deux dernières divisions de la colonne de la gauche au point où elles paraîtront le plus nécessaires, par le col de Vars. En partant de Guillestre et en faisant marcher les divisions à un jour d'intervalle, elles pourront opérer dans le même temps sur tous les points; mais il convient qu'on prenne la position de Sestrières, deux jours d'avance au moins, sur la division de la vallée de Barcelonnette.

On pourra voir le mouvement de ces troupes sur les cartes, et il sera facile d'en combiner les marches.

BOURCET.

MÉMOIRE

DES OBSERVATIONS FAITES PENDANT LA CAMPAGNE DE 1744

SUR LA POSITION ET L'ATTAQUE DU FORT ET DES RETRANCHEMENTS DE MONTALBAN, DU MONT
GROS ET DU CHÂTEAU DE VILLEFRANCHE, DANS LE COMTÉ DE NICE, AINSI QUE DES RETRAN-
CHEMENTS DE LA VALLÉE D'ESTURE ET DES SIÈGES DE DEMONT ET DE CONI, EN PIÉMONT, EN
CONSÉQUENCE DE LA LETTRE QUE M. LE COMTE D'ARGENSON M'A ÉCRITE LE 14 DÉCEMBRE
1744.

1° Montalban est un petit fort carré qui est à la droite du chemin de Nice à Villefranche, situé sur le rideau qui sépare ces deux villes et qui les domine également, dans lequel il peut tenir tout au plus soixante à quatre-vingts hommes de garnison, qui ne s'y peuvent soutenir au plus que deux jours, en établissant une batterie de canons et une de mortiers sur le chemin de Nice à Villefranche, ce que l'expérience a fait voir lorsqu'on l'a pris.

2° A la droite de ce fort, à l'extrémité du rideau, on a fait un retranchement que l'on nomme fort Matheus, dont la figure est une espèce d'étoile, partie faite en terre revêtue de saucissons avec des embrasures, et l'autre en maçonnerie à pierres sèches. Dans l'intervalle de ces deux forts, sur la longueur de quatre cents toises, on avait fait une ligne de retranchements du côté de Nice, flanqués par des redans fort bien disposés, dans lesquels il y avait des batteries de canons qui découvraient tout ce revers et dont le feu se croisait on ne peut mieux, ce qui rendait cette partie très forte et très respectable. Aussi, lors de l'attaque des retranchements, on n'y fit qu'une fausse attaque où l'on ne laissa pas que de perdre beaucoup de monde.

3° A la droite et à la gauche du chemin de Nice à Villefranche ils avaient fait deux batteries, fort près l'une de l'autre, qui se flanquaient mutuellement, afin d'empêcher que l'on ne pût pénétrer par cette gorge. Cependant ce fut justement par cet endroit qu'une colonne française et espagnole pénétra, contre l'attente des ennemis, puisqu'il y eut cinq bataillons qui étaient campés tout auprès, qui furent bloqués de tous côtés, ainsi que le marquis de Suse, n'ayant pas eu le temps de prendre leurs armes; aussi furent-ils pris prisonniers de guerre.

4° A la gauche de cette gorge il y a une hauteur, beaucoup plus haute que celle où est le fort de Montalban, que l'on nomme Pierregrosse, laquelle était bordée de retranchements faits en pierres sèches dont la position était fort avantageuse. Les ennemis y avaient fait, d'intervalle en intervalle, des batteries de canons fort bien dirigées, dont les feux se croisaient on ne peut mieux. En avant de ces retranchements, dans l'éloignement de dix toises, ils avaient fait des redans détachés, éloignés les uns des autres d'environ trente toises, qui se flanquaient mutuellement, pour pouvoir mieux découvrir les avenues des chemins qui aboutissent à la Trinité et à Eze.

5° A la droite de ces retranchements, sur le chemin d'Eze ou de Monaco, il y a une seconde hauteur, que l'on nomme la montagne d'Eze, sur laquelle il y avait en plusieurs endroits différents des retranchements fort bien disposés, entre autres celui du Colimaçon, dont la position était fort avantageuse aux ennemis pour nous empêcher de pouvoir découvrir les autres retranchements. Aussi se bornèrent-ils à défendre ce dernier en abandonnant tous les autres de ladite montagne. Dans l'intervalle du Colimaçon aux retranchements de Pierregrosse ils avaient fait de petits redans également éloignés pour favoriser leur retraite, supposé qu'ils fussent forcés au poste du Colimaçon, ainsi que pour empêcher qu'ils ne fussent tournés dans le temps qu'ils auraient défendu ledit poste; ce qui était on ne peut mieux ordonné.

6° Malgré l'avantage qu'avaient les ennemis d'avoir des retranchements aussi bien faits et dans des positions si favorables pour eux, le bon ordre et les bonnes dispositions qu'avaient faits S. A. S. Mgr le prince de Conti et M. le comte de Maillebois ont bien fait voir que les ennemis ne pouvaient plus s'y soutenir après pareille manœuvre sans risquer d'y être tous pris prisonniers de guerre; ce qui serait arrivé indubitablement, si on avait bien exécuté à la lettre les instructions qu'on avait données à chaque officier général qui commandait des colonnes pour l'attaque, et l'on n'y aurait pas perdu à beaucoup près tant de monde. Suivant les observations que j'ai faites, je crois qu'il aurait convenu d'attaquer le poste du Colimaçon un jour d'avance, afin de faciliter à chaque officier général de pouvoir mieux faire ses dispositions d'attaque en voyant les retranchements, ce qu'une partie n'ont pu faire parce qu'ils se sont trouvés dans l'impossibilité de les connaître avant l'attaque. Cela aurait encore eu son bien, en ce que, étant maître de ce poste, on voyait de revers tous les retranchements de Pierregrosse, et que l'on aurait obligé les ennemis à les abandonner au moyen d'une batterie de canons que l'on aurait établie sur le plateau, si on ne les avait pas voulu attaquer de vive force; ce que j'ai vu par expérience, puisqu'ils ont pris le parti de s'embarquer dès que nous avons été maîtres de ce plateau et que nous avons fait mine d'y construire une batterie.

7° Le château de Villefranche est une espèce d'ouvrage à cornes ayant à ses ailes des redans et des flancs bas; il est de peu de capacité, ne pouvant contenir que trois cents hommes de garnison au plus, faute de bâtiments civils. Ce château a un fossé d'environ six toises de largeur et trois de profondeur, avec un chemin couvert bien palissadé dont le glacis est tout roc, sur la largeur de vingt toises, ce qui est très avantageux à la défense par la raison qu'on ne peut déboucher pour faire le logement du chemin couvert qu'avec des sacs à laine et à terre. Ce château est éloigné de Villefranche d'environ deux cents toises et se trouve dominé de tous côtés, à la réserve de celui de la mer, ce qui en fait une mauvaise position de toutes façons, puisque l'on peut en approcher, par le moyen d'un ravin qui se trouve à sa gauche, sans être aperçu jusqu'à près de quarante toises, et que l'on peut établir des batteries de canons pour ruiner les défenses et pour faire brèche, à soixante toises au plus de la place; ce château peut soutenir un siège, à la rigueur, pendant sept à huit jours, quoique les ennemis aient fait voir le contraire en se rendant le lendemain qu'on a ouvert la tranchée, ce que je n'aurais pas fait si j'avais eu l'honneur d'y commander. Voilà pourquoi il est du bien du service que les commandants des places ne puissent pas capituler que préalablement ils n'aient consulté les ingénieurs de la place pour savoir d'eux si on peut s'y soutenir encore, ceux-ci étant plus qu'eux en état de juger de pareilles choses. Ce château est fort utile pour garder le port de Villefranche, étant impossible à aucun bâtiment d'y pouvoir entrer sans risquer d'être coulé à fond, le feu étant rasant.

8° Les retranchements que le roi de Sardaigne a fait construire en différents endroits pour empêcher l'entrée de notre armée en Piémont par la vallée d'Esture étaient on ne peut mieux disposés. On y aurait indubitablement échoué si on les avait attaqués de vive force, sans chercher à les tourner, leur position étant des plus avantageuses, comme on le verra par la description que j'en vais faire.

A moitié chemin de Preinard à Pont-Bernard commençaient les retranchements des ennemis que l'on nomme les Barricades, qui sont entre deux rochers fort élevés, coupés à pic, n'y ayant que la largeur de la rivière d'Esture et celle du chemin d'un rocher à l'autre. Ce retranchement était fait en terre, revêtu intérieurement et extérieurement avec des saucissons. A cinq toises en avant était un chemin couvert bien palissadé pour empêcher que l'on ne parvînt tout de suite au pied du retranchement. A trois toises du rang de palissades était la rivière qu'il fallait passer à gué, les ennemis ayant rompu le pont, et de l'autre côté de la rivière, à quinze toises, était un rang de palissades dont la droite appuyait à l'escarpement et la gauche à la rivière, qui n'avait été posé là, à proprement parler, que pour les avertir, supposé que nous eussions voulu les attaquer pendant la nuit: ce qui nous aurait effectivement découvert par le bruit que nous aurions été obligés de faire pour couper ou pour arracher ces palissades.

9° A la droite des Barricades, au-dessus de l'escarpement, il se trouve deux plateaux en amphithéâtre que l'on nomme la Loubière-Haute et la Loubière-Basse, et que l'on avait fort bien retranchés, quoique la nature ait pris tous les soins possibles de rendre ces plateaux respectables par eux-mêmes.

A une portée de fusil au-dessus de la Loubière-Haute il y avait encore un poste excellent que l'on nomme Brique-Rouge, par où la colonne que commandait M. le marquis de Villemur a passé. Il est sûr que si les ennemis n'avaient pas abandonné ce poste et qu'ils y eussent été en force, on aurait eu beaucoup de peine à s'en rendre maître, et l'on y aurait perdu beaucoup de monde si on l'avait attaqué de vive force.

10° A la gauche du poste des Barricades, au-dessus de l'escarpement, il y a plusieurs plateaux en amphithéâtre, beaucoup plus élevés que ceux des Loubières, que l'on nomme la Montagnette, lesquels on avait aussi bien retranchés pour nous empêcher d'y pouvoir passer pour tourner les Barricades, ce que nous aurions pu faire par deux débouchés, savoir : celui de Brézés par Servagnier (*Servagno*), et celui du vallon d'Oronaire (*Oronaye*), qui passe par les Sallettes, Prat-Challier et le col de Servagnier, en supposant qu'on se serait rendu maître du poste des Sallettes (*Scaletta*), que les ennemis y ont fait et dont je ferai le détail. Il est sûr que la Montagnette était de grande conséquence pour les ennemis, parce qu'une fois qu'on s'en est rendu maître, il est impossible qu'ils puissent rester dans aucun de leurs postes des Barricades et des Loubières, à moins qu'ils ne veuillent se faire prendre prisonniers de guerre, en les prenant par les derrières en descendant au castel de Peireporc (*Pietraporzio*) ou à Sambuc. Aussi ont-ils pris tous les soins imaginables pour en faire un excellent poste, qu'ils gardaient par un camp de quatre bataillons qui était plus que suffisant pour le bien défendre.

11° Le poste des Sallettes est situé au-dessus du lac de Riouburent, à trois heures du village de Larche dans la vallée de Barcelonnette et à une heure et demie des villages de l'Argentière et de Brézés dans la vallée d'Esture; son accès est fort difficile du côté du lac et même inattaquable de ce côté, étant obligé de monter à découvert pendant une demi-heure fort rapidement par un sentier en tourniquet, où l'on ne peut passer qu'un à la fois, ce que l'on ne peut faire sans se reposer, l'ayant vu par expérience. On peut tourner ce poste en passant par le vallon d'Oronaire, où il se trouve un chemin qui va au col de Fouillouse (*Feuillas*) et qui se sépare d'avec celui qui va aux Sallettes, près du lac d'Oronaire, en passant à gauche à moitié chemin de ce lac au col de Fouillouse.

On prendra à droite pour aller sur le col des Sallettes, duquel on découvre fort bien le poste des Sallettes que l'on voit de revers à une petite portée de fusil, et de ce col on coupe toute retraite aux ennemis qui y seraient, s'ils attendaient qu'on s'en fût rendu maître.

Il est très important, selon moi, de se rendre maître du poste des Sallettes par où on peut aller aux granges de Prat-Challier sans être inquiété, car de ces granges on peut aller, en prenant à droite, à la Montagnette en passant par le col de Servagnier, et par la gauche à Acceil dans la vallée de Maire, ainsi que par le centre on peut aller aux retranchements des Gipières qui sont à une demi-heure du chemin des granges de Prat-Challier.

12° Les retranchements des Gipières sont faits partie en gazon et partie en pierres sèches, dans une position qui n'est pas difficile et que l'on peut attaquer en colonne sur plusieurs points à la fois, ce qui est un présage sûr de la réussite. Pour les forcer on peut même établir des postes sur la droite et sur la gauche pour prendre des revers sur eux et obliger l'ennemi, par cette manœuvre, à se retirer du premier poste, qui est, selon moi, le plus difficile. Le second retranchement du même nom est directement sur le sommet du col de la montagne de Pianes, à trois quarts d'heure de chemin éloigné du premier. Ce dernier n'était pas achevé lorsqu'on a fait l'attaque, et quand même il l'aurait été, on l'aurait toujours forcé, à moins que les ennemis n'eussent été plus en force que nous, les abords en étant fort aisés sur toute leur longueur, n'étant qu'une pelouse.

Suivant les observations que j'ai faites, je crois que ce poste est le plus essentiel que les ennemis aient à garder, par la raison qu'ils ne peuvent pas se soutenir dans tous les autres postes de la vallée d'Esture qui servent à garder les Barricades, à moins qu'ils ne veuillent se faire prendre prisonniers de guerre, en leur coupant la retraite; ce qui serait aisé à faire en prenant poste sur tous les débouchés de la montagne de Pianès, dans le temps qu'un corps de troupes passerait au col de Sambuc pour descendre au village du même nom, pendant qu'un second corps irait attaquer les ennemis sur la Montagnette par leurs derrières et qu'un troisième les attaquerait du côté de Servagnier, ce qui les mettrait entre deux feux et les obligerait à se retirer au plus vite au castel de Peireporc et ensuite par la vallée d'Esture, supposé qu'on ne se fût pas rendu maître du village et des hauteurs de Sambuc; sans quoi ils sont forcés malgré eux de se rendre prisonniers de guerre, n'ayant pas d'autre débouché pour pouvoir se retirer, à moins qu'ils ne passent sur le col du Fer et ensuite par la vallée de Saint-Étienne ou de la Tinée, pour aller passer par Roquebillière et le mont de Raus et par le col de Tende, ce qui est fort difficile à faire et qu'on peut empêcher aisément en se portant au col du Fer avant l'attaque générale.

Ce poste de la montagne de Pianes est si avantageux par sa position, que, si on avait formé un camp volant de deux à trois mille hommes pendant la campagne dernière, on aurait empêché par ce moyen tous les mouvements des ennemis dans la vallée d'Esture, et par conséquent nous aurions assuré notre communication, laquelle n'a jamais été bien sûre, ce que l'expérience a fait voir.

13° A une heure de chemin du retranchement des Gipières, sur la montagne de Pianes, il y a un autre retranchement nommé Preit, beaucoup plus fort que celui des Gipières par sa position et par les ouvrages qu'on y a faits en amphithéâtre entre deux rochers qui forment une espèce d'entonnoir, afin de nous empêcher de communiquer du vallon de Marmora et de Preit sur la montagne de Pianes, qui est tout ce qu'ils avaient de mieux à garder, et par conséquent c'était tout ce qu'ils avaient de plus à craindre. Ce poste aurait coûté beaucoup plus de monde pour le forcer, mais heureusement qu'il ne sert à rien dès qu'on est maître de celui des Gipières, et qu'il faut absolument que les ennemis l'abandonnent dès qu'on est maître de l'autre, parce qu'on les prend par derrière.

14° Dès que les ennemis, qui étaient campés à la Montagnette et au castel de Peireporc au nombre de huit bataillons, apprirent que nous nous étions rendus maîtres de la montagne de Pianes et qu'une colonne d'Espagnols s'était emparée du village des Planches, ainsi qu'un fort détachement du col du Fer, et qu'ils aperçurent dans le temps le camp de la colonne de M. le marquis de Villemur au village de Ferrière et un camp d'Espagnols sous Brézés, ils prirent le parti de se retirer, à l'entrée de la nuit, de tous leurs postes avec précipitation et nous abandonnèrent, par cette manœuvre, le passage des Barricades en passant par les cols de Sambuc, de Chalanches et de la Mule, ainsi que par le vallon de l'Olme pour se rendre sous Demont; ce qu'ils n'auraient pu faire le lendemain, parce que la colonne de M. le comte de Lautrec se serait emparée du col et du village de Sambuc afin de les empêcher, par ce mouvement, de pouvoir passer par le vallon de l'Olme, qui était la seule retraite qu'ils eussent pour pouvoir se retirer depuis que la colonne de M. le marquis de Castellar s'était emparée du village des Planches, ce qui les empêchait de se retirer par la vallée d'Esture.

Cette manœuvre faite par nos troupes, ensuite des instructions que S. A. S. Mgr le prince de Conti avait fait donner à chacun des officiers généraux qui commandaient des colonnes, a été si bien concertée que l'ennemi en a été épouvanté à un tel point qu'il s'est retiré sans coup férir de la plupart de ses postes, avec une grande confusion dans sa retraite, ce qui fait bien de l'honneur à S. A. S. Mgr le prince de Conti ainsi qu'à M. le comte de Maillebois et à tous les autres généraux qui commandaient des colonnes pour l'attaque.

15° Le fort de Demont est situé sur une hauteur isolée de trois côtés, savoir : au midi, au couchant et au nord, dont une partie est un escarpement de roc et l'autre un terrain fort rapide; le fort est de l'autre côté de la rivière de l'Olme et à trois cents toises des premières maisons de la ville de Demont. Sa figure est une espèce de carré long à double enceinte assez bien fortifié et qui n'est dominé d'aucun côté. La capacité du plateau que la fortification renferme est peu de chose, ne pouvant contenir, dans le temps que nous en avons fait le siège, que mille hommes de garnison au plus. Il est sûr que si le roi de Sardaigne avait eu le temps de continuer les ouvrages projetés, dont partie était commencée, la capacité du plateau aurait été plus vaste, parce que son projet était de raser l'ancien fort pour avoir plus d'emplacement à y pouvoir faire des bâtiments civils, qui est justement ce qui y manquait dans le temps que nous l'avons attaqué, n'ayant que le gouvernement et le bâtiment de la porte d'entrée, qui contenait tout l'état-major et la garnison, ayant fait à tous les étages des entresols en charpente afin d'y pouvoir loger toute la garnison. Je ne fais pas un plus long détail de ce fait parce que je ne doute pas qu'on ne vous ait envoyé le plan qu'on en a fait lever. Je dirai seulement que, comme ce fort n'était pas entièrement fini, le roi de Sardaigne y a fait travailler provisionnellement pour le rendre en état de défense, ce qu'on a fait en fascinages, en gabionnages et en saucissons, heureusement pour nous, puisque c'est ce qui l'a fait rendre en y mettant le feu, sans quoi nous ne l'aurions pas pris sitôt, n'y ayant aucune brèche de faite ni prête à faire. Lorsqu'il s'est rendu les batteries étaient à plus de quatre cents toises, ce qui est la moitié trop loin, selon moi, pour pouvoir faire brèche.

Suivant les observations que j'ai faites de ce fort, en ce qui regarde l'attaque, il m'a paru que le seul endroit où il convenait de la faire était au bastion droit du front qui fait face au Poggio, étant le plus faible de tout le fort, ce qui était aisé à faire en continuant la parallèle que l'on avait déjà faite jusque sur le sommet du Poggio, dans lequel endroit on aurait établi des batteries de canons, pour faire brèche et pour ruiner les défenses, aussi près qu'on aurait voulu de la fortification, sans aucun obstacle, n'y ayant ni fossé, ni chemin couvert, ni escarpement jusqu'à la première enceinte, ce qui est un grand point. Il est presque sûr que l'on aurait été obligé d'en venir à cette attaque si le feu n'avait pas pris à ce fort, parce qu'il aurait été impossible de pouvoir faire brèche de nos batteries, à cause de leur éloignement, ne pouvant pas les approcher davantage de la place, parce qu'elles auraient été trop basses et qu'elles n'auraient pas pu découvrir le rempart dudit fort, à cause d'un escarpement de roc qui est en avant.

16° La ville de Coni est située au confluent des rivières d'Esture et de la Gesse, ce qui est une fort bonne position pour en faire une excellente place, si le roi de Sardaigne fait continuer les ouvrages qu'il a déjà commencés du côté de la Gesse opposé au midi et au front de la porte de Turin opposé au levant, dont la fortification est peu de chose quant à présent, si on la compare aux deux fronts que nous avons attaqués, qui sont opposés au couchant, et au côté de la rivière d'Esture opposé au nord, dont la berme est fort rapide et de plus de vingt toises de hauteur, ce qui rend cette partie impraticable pour la pouvoir attaquer. Je ne ferai pas mention de la fortification de cette place, par la raison que je crois qu'on vous en a envoyé le plan, ce que je ne puis faire moi-même, n'ayant pas pu en avoir une copie.

Suivant les observations que j'ai faites concernant le siège de cette place, il faut, en premier lieu, que le général de l'armée en fasse faire l'investissement pour empêcher qu'aucun secours ni munitions de guerre et de bouche y puissent entrer, ce qui ne s'est pas pratiqué en dernier lieu, aussi a-t-on perdu toute espérance de la prendre dès les premiers jours du siège, ce que l'événement n'a que trop vérifié. On aurait cependant pu la bloquer en faisant un camp retranché dont la gauche appuyât à Notre-Dame-de-l'Olme et la droite à la Frérie, pour y contenir trois brigades d'infanterie, lequel on aurait pu rendre aussi fort qu'on l'aurait voulu, dans l'intervalle de quinze jours, pour que le roi de Sardaigne n'eût pas pu l'attaquer de vive force et qu'il eût fallu qu'il en fît un siège en règle qui nous aurait donné le temps de continuer le nôtre. On aurait disposé tout le reste de l'armée le long de la rivière de la Gesse en appuyant la gauche à la rivière d'Esture, au-dessous du confluent de ces rivières, en réservant un corps de trois brigades d'infanterie et de dix escadrons de cavalerie que l'on aurait campés entre les deux rivières d'une berme à l'autre, en leur faisant des lignes de circonvallation, comme on l'avait fait en dernier lieu. Dans ce cas, il fallait faire construire plusieurs ponts sur pilotis sur la rivière de Gesse auprès de Saint-Roch, quoiqu'il n'y eût pas d'eau au commencement, pour éviter tous les inconvénients que la crue des eaux aurait pu occasionner. Il aurait fallu aussi en construire plusieurs sur pilotis sur la rivière d'Esture, dont partie au-dessous du confluent des deux rivières pour communiquer de Notre-Dame-de-l'Olme à la gauche de notre armée, et l'autre partie à la gauche du camp retranché à la hauteur de la Frérie pour communiquer au camp de Saint-Roch, qu'il aurait fallu faire avec toutes les précautions possibles, afin que les crues des eaux ne les eussent point emportés, comme la chose est effectivement arrivée trois jours après le combat de Notre-Dame-de-l'Olme sous Coni, qu'ils le furent tous, sans en excepter aucun, faute d'avoir été bien construits; ce qui coupa toute communication de notre armée au camp de Saint-Roch pendant quatre jours, sans aucun espoir de secours si les ennemis qui étaient dans la place avaient fait une sortie, ce que l'on craignait beaucoup, étant peu de monde pour pouvoir leur résister.

Dès qu'on aura fait l'investissement de la place, s'il y a des postes avancés qui empêchent de pouvoir bien reconnaître les environs, le commandant des ingénieurs en rendra compte au général de l'armée afin qu'il donne ses ordres pour faire attaquer ces postes de vive force, supposé qu'ils soient éloignés des fortifications, pour pouvoir s'y poster et s'y soutenir jusqu'à ce que l'on ait bien reconnu la place.

Les ingénieurs qui seront chargés de reconnaître la place la reconnaîtront pendant plusieurs fois dans toutes ses parties, en plein jour, le plus près que faire se pourra, et ils la reconnaîtront ensuite au point du jour, en sortant deux heures avant avec un détachement tel qu'ils le demanderont et qu'ils posteront dans les endroits qui seront les plus utiles pour les soutenir. Ils prendront de ce détachement une dizaine d'hommes des plus hardis avec lesquels ils se glisseront sans bruit le plus près que faire se pourra du chemin couvert, où ils resteront jusqu'à ce qu'ils commencent à voir les ouvrages de la place ainsi que les dehors; ce que l'on peut faire sans être aperçu par l'ennemi, étant d'expérience qu'on peut bien voir les fortifications d'une place sans en voir les sentinelles ni en être vu. Après qu'ils auront bien examiné les fortifications et la nature du terrain, ils se retireront sans bruit et feront retirer leur détachement, en ayant attention de bien examiner l'espace de l'endroit où ils ont été jusqu'à l'intervalle de quatre cents toises, en suivant à peu près les capitales, pour savoir s'il ne s'y trouve point aucun obstacle pour empêcher d'y ouvrir la tranchée.

Le commandant des ingénieurs, après avoir bien examiné par lui-même tous les fronts de la place et les avoir fait examiner de la manière marquée ci-dessus par les brigadiers et autres ingénieurs, qui lui en rendront un compte exact, se déterminera au front d'attaque qu'il croira le plus convenable de concert avec tous les brigadiers, ce qui ne s'est point pratiqué à ce siège; aussi l'expérience a-t-elle fait voir qu'on aurait pu mieux faire en attaquant le côté de la Gesse par préférence, puisque c'est cette seconde attaque qui a obligé le roi de Sardaigne à venir avec son armée au plus vite pour secourir cette ville, après les différents signaux que le gouverneur a fait faire dès le lendemain de l'attaque; ce qui occasionna le combat de Notre-Dame-de-l'Olme cinq jours après la tranchée ouverte.

On aurait pu faire une seconde attaque au front de la porte de Turin dans le même temps que celle de la Gesse, étant la partie la plus faible, selon moi, après la précédente, ce qu'il aurait été aisé de faire en continuant la parallèle qu'on avait déjà faite sur la droite jusqu'à la rencontre de la rivière d'Esture et le plus près que faire se pouvait de la berme. Ensuite on aurait débouché auprès du confluent pour passer la rivière de la Gesse, sur laquelle on aurait fait des ponts avec des épaulements les plus solides qu'on aurait pu, ce qui était aisé à faire au commencement, n'y ayant absolument pas d'eau. Après quoi l'on aurait fait une seconde parallèle, laquelle on aurait continuée autant qu'on aurait pu sur la gauche, afin qu'on pût s'en servir pour la première attaque, lorsqu'on aurait été à même de monter à l'assaut de ce côté, en supposant que la rivière de la Gesse aurait grossi au point de ne la pouvoir pas guéer.

On aurait ensuite fait une troisième parallèle qui n'aurait embrassé que le front de la porte de Turin, laquelle on aurait fait à vingt ou trente toises du chemin couvert, et en avant de cette troisième parallèle on aurait aussi établi des batteries de canons pour faire brèche, ce qui aurait été de peu de durée, étant si près, après quoi on aurait fait le logement du chemin couvert.

Le commandant des ingénieurs, après avoir décidé le front d'attaque, doit faire mesurer géométriquement l'intervalle qu'il y a de la place à l'endroit où il sera décidé d'ouvrir la tranchée, par les ingénieurs ordinaires; ce qui est indispensable pour pouvoir placer à propos les batteries de canons et de mortiers, ainsi que pour savoir ce qu'il reste à faire jour par jour, en déduisant du total de l'ouvrage ce que l'on en a déjà fait; et ce qu'on n'a jamais pu savoir au siège de Coni que par situation, n'ayant pas fait d'opérations géométriques pour le pouvoir savoir.

Le commandant des ingénieurs fera dessiner par son dessinateur un plan en grand du front d'attaque, dans lequel il tracera le projet d'attaque, et il fixera la première parallèle à trois cents toises du chemin couvert, à moins qu'il ne se trouve des obstacles contraires, la seconde à deux cent soixante toises et la troisième à deux cents toises, pour être plus à portée de faire le logement du chemin couvert et de le soutenir; il marquera aussi la communication d'une parallèle à l'autre directement sur les capitales des bastions et demi-lunes, ce que je n'ai point vu pratiquer. Il faut encore qu'il marque des places d'armes sur la droite et sur la gauche, en forme de demi-parallèles, pour soutenir les parallèles contre les sorties que les ennemis pourraient faire; ce que j'ai vu pratiquer en dernier lieu et que j'ai trouvé fort utile.

Après que le tout aura été tracé sur le plan, il y marquera aussi les batteries de canons et de mortiers en avant de la seconde parallèle, pour être plus à portée de ruiner les défenses;

ce qu'il est impossible de faire de loin, l'expérience me l'ayant fait voir au siège de Coni où les batteries étaient à la première parallèle qui était à trois cent cinquante toises de la place au moins; aussi ne firent-elles aucun effet. Il faut encore qu'il ait l'attention de placer les batteries de façon que le feu n'incommode pas ceux qui se trouveront dans la communication, comme la chose est arrivée au siège de Coni, ce que l'on peut faire aisément en les plaçant dans l'intervalle d'une communication à l'autre et toujours éloignées d'une dizaine de toises en avant des parallèles. Pour ce qui est des batteries qui doivent servir à faire brèche, on ne doit les faire établir que sur le chemin couvert.

Dès que le tout aura été bien tracé, il en rendra compte au général de l'armée afin qu'il décide le jour qu'on ouvrira la tranchée, et qu'il donne en conséquence ses ordres au major général de faire faire par les régiments des fascines, gabions et piquets, pour qu'on n'en manque pas dans l'intervalle de la durée du siège, étant plus utile qu'il en reste beaucoup que s'il en manquait. Il est très nécessaire de donner les dimensions des gabions aux officiers-majors des régiments, afin qu'ils commandent des officiers intelligents et entendus pour se trouver présents lorsque les soldats les font, pour qu'ils les fassent faire de même hauteur et de même grosseur et qu'ils fassent bien appointer leurs piquets, pour qu'ils soient mieux faits qu'ils ne l'ont été aux sièges de Demont et de Coni, où ils étaient affreusement faits et bien mauvais; ce qui est décisif pour la bonté et la diligence de l'ouvrage, quoique cette attention ne paraisse à bien des gens qu'une minutie.

Dès qu'il sera décidé du jour qu'on ouvrira la tranchée, le commandant des ingénieurs assignera au major général un endroit sûr, à portée du lieu où l'on devra l'ouvrir, pour servir d'entrepôt, dans lequel endroit les travailleurs se rendront aux heures marquées, avec des fascines, des gabions et des piquets bien appointés, autant qu'il en sera nécessaire. Messieurs de l'artillerie y feront transporter les outils nécessaires, savoir : des pelles, des pioches, des pics à roc, des pinces, des masses de fer et de bois, ainsi que des sacs à terre, des cuirasses et pots en tête pour les ingénieurs et les sapeurs, avec des gabions farcis, le double de grosseur des autres au moins, pour s'en servir dans l'occasion; ce que je n'ai pas vu pratiquer au siège de Coni.

Le commandant des ingénieurs fera donner tous les jours par son dessinateur un plan au trait du front d'attaque aux brigadiers des ingénieurs qui monteront la tranchée, dans lequel sera marqué l'ouvrage qui sera fait et celui qu'ils doivent faire faire, pour qu'ils l'exécutent de même et le fassent exécuter aux ingénieurs de leur brigade, à moins qu'il ne se trouvât quelque obstacle insurmontable qu'on n'aurait pas prévu; ce que je n'ai vu pratiquer aux sièges de Demont et de Coni que verbalement. Il est aussi très essentiel qu'il soit permis à tous les ingénieurs ordinaires d'avoir une copie du plan de la place qu'on attaque où soit marqué le projet général, non seulement afin qu'ils ne soient pas embarrassés de ce qu'il faut faire lorsqu'ils sont de tranchée, comme on a paru l'être au siège de Coni, où l'on ne savait rien de ce qu'on devait faire qu'à l'entrée de la nuit et encore verbalement, ce qui n'est pas suffisant pour empêcher de faire des fautes à ceux des ingénieurs qui manqueraient d'expérience pour les sièges, mais encore pour faire connaître aux ingénieurs, par la disposition générale de ces tranchées, l'arrangement et la disposition qu'elles doivent avoir entre elles pour se soutenir mutuellement, et pour les mettre en mesure de profiter de l'expérience de leurs chefs et d'être par la suite en état de faire un bon projet d'attaque.

Le commandant des ingénieurs ne doit pas permettre qu'aucun ingénieur débouche en avant de la seconde parallèle à la sape volante, comme je l'ai vu pratiquer en dernier lieu, afin d'épargner les hommes, qui seraient trop exposés, et pour que l'ouvrage en soit mieux fait. Car il est sûr qu'un ouvrage fait avec précipitation, ce qu'on ne peut pas faire autrement à cause du danger, ne peut pas être solide; ce que l'expérience m'a fait voir, puisque la plus grande partie de l'ouvrage qu'on faisait s'écroulait, ce qu'il fallait réparer au jour pour se mettre à couvert dans la tranchée; au lieu qu'en débouchant à la sape réglée, l'ouvrage est plus solide et presque aussitôt fait, quand les ingénieurs y mettent l'ordre, ce qu'il est aisé d'obtenir en faisant travailler les sapeurs tour à tour et en leur fixant la quantité de gabions qu'ils seront obligés de poser avant d'être relevés, ce qui les fait bien dépêcher afin d'avoir plus tôt fini.

Il serait très utile qu'il y eût un commis du trésorier de l'armée, qui ne fût occupé pendant les sièges qu'à payer les travailleurs de tranchée dès qu'ils sont relevés, ce qui engagerait bien les soldats à mieux travailler qu'ils ne le font d'habitude, parce qu'ils ne sont payés que longtemps après le siège. Ainsi les travailleurs qui avaient été occupés aux tranchées de Demont n'étaient pas encore payés après le siège de Coni, ce qui faisait murmurer les soldats et les engageait à ne rien faire, malgré les menaces que les ingénieurs leur faisaient.

Une chose qui serait encore fort utile, c'est que, lorsque le général aurait ordonné de faire des lignes de circonvallation et de contrevallation, ou des camps retranchés, et que les ingénieurs les auraient tracés, on les donnât à la tâche aux régiments et qu'on fixât une gratification pour le régiment qui aurait le plus tôt fini, ce qui leur donnerait beaucoup d'émulation pour bien travailler. Il est sûr que, si on avait pris ces précautions pendant la dernière campagne, les retranchements que l'on a fait faire n'auraient pas langui comme ils l'ont fait, malgré la vigilance et l'assiduité des ingénieurs.

BOURCET.

TABLE DES MATIÈRES.

LIVRE PREMIER.

DE LA CONNAISSANCE DU PAYS.

LIVRE II.

DES POSITIONS D'ARMÉES.

LIVRE III.

MARCHE DES ARMÉES.

LIVRE IV.

DES PLANS DE CAMPAGNE ET DES PROJETS DE GUERRE.

LIVRE V.

OBJET GÉNÉRAL D'UNE ARMÉE EN CAMPAGNE.

LIVRE VI.

CAMPAGNE FACTICE DANS UN PAYS CONNU.

IMPRIMERIE NATIONALE.

ANNEXES.

Défauts constatés sur le document original

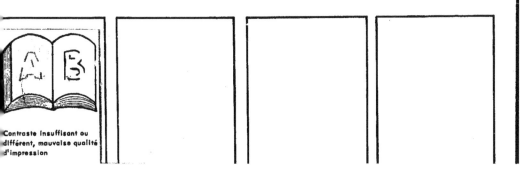

Contraste insuffisant ou
différent, mauvaise qualité
d'impression

www.ingramcontent.com/pod-product-compliance
Lightning Source LLC
Chambersburg PA
CBHW071109060525
26252CB00034B/380